刑辩实战

练就办案高手的细节与技能

杨矿生◎著

法律出版社 LAW PRESS · CHINA
北京

图书在版编目(CIP)数据

刑辩实战：练就办案高手的细节与技能 / 杨矿生著. -- 北京：法律出版社，2022(2023.9 重印)
ISBN 978 - 7 - 5197 - 6670 - 2

Ⅰ. ①刑… Ⅱ. ①杨… Ⅲ. ①刑事诉讼－辩护－研究－中国 Ⅳ. ①D925.210.4

中国版本图书馆 CIP 数据核字(2022)第 065561 号

刑辩实战:练就办案高手的细节与技能
XINGBIAN SHIZHAN:LIANJIU BAN'AN GAOSHOU DE XIJIE YU JINENG

杨矿生 著

策划编辑 杨大康
责任编辑 李云虹
装帧设计 汪奇峰

出版发行 法律出版社
编辑统筹 法治与经济出版分社
责任校对 晁明慧
责任印制 吕亚莉
经　　销 新华书店

开本 A5
印张 23　**字数** 457 千
版本 2022 年 8 月第 1 版
印次 2023 年 9 月第 3 次印刷
印刷 天津嘉恒印务有限公司

地址:北京市丰台区莲花池西里 7 号(100073)
网址:www. lawpress. com. cn
投稿邮箱:info@ lawpress. com. cn
举报盗版邮箱:jbwq@ lawpress. com. cn

销售电话:010 - 83938349
客服电话:010 - 83938350
咨询电话:010 - 63939796

书号:ISBN 978 - 7 - 5197 - 6670 - 2　**定价**:128. 80 元
凡购买本社图书,如有印装错误,我社负责退换。电话:010 - 83938349

致每个脚踏实地的刑辩人

序　一

杨矿生出生于襄阳古城，少年历经苦涩与动荡，为追寻梦想而寒窗苦读。1981 年，他以湖北省襄樊市（现襄阳市）文科状元考入武汉大学法律系。

那年是武汉大学法律系恢复重建的第二年，马克昌教授亲自给本科生讲授刑法课，杨矿生在那时开始接触刑法并对此产生了浓厚的兴趣。经马克昌教授推荐，杨矿生于 1985 年本科毕业后考入中国人民大学刑法研究生班继续学习刑法，我给他们讲授刑法总则，王作富教授讲授刑法分则。

研究生毕业后，杨矿生被选入最高人民检察院刑事检察厅工作。作为刑事检察厅较早的一批研究生，他在这里得到了锻炼和成长，对刑事司法的理论和实践有了进一步的理解和深层次的思考。

刑事诉讼有两个终极目标，惩罚犯罪和保障人权。我国《刑事诉讼法》确立了被告人有权获得辩护的制度，辩护制度成为我国刑事法律基本制度之一，控、辩、审三方构成了刑事诉讼的基本架构，中国法治的进程为刑事辩护律师打开了维护当事人合法权益的大门。杨矿生在最高人民检察院从事刑事检察工作 10 年之后，于 1998 年专职从事刑事辩护工作，开始了富有挑战性的律师生涯。做一名优秀刑事辩护律师，成了他的新目标。

在他当律师期间，我们也时有接触。除了开会以外，他经常会为一些案件中的疑难问题，请我们这些当年的老师进行分析论证，很多案件取得了较好的法律效果，社会效果也不错。由此也体现了杨矿生对自己办理的刑事案件认真执着，对工作精益求精，对当事人高度负责的精神，这是法律人应有的态度，更是刑事辩护律师应有的基本素质。

杨矿生专职从事刑事辩护 20 多年，对于刑事辩护的发展有着直观深刻的认识。良法的制定需要良好的实施，高质量的刑事辩护对推进法律正确实施是必不可少的，对保护公民的合法权益更是不可或缺。杨矿生律师及其团队成员用自己的行动一直在探索如何进行高质量的刑事辩护，这本书便是实践的结晶。该书围绕律师在刑事辩护中会见、阅卷、举证质证和法庭辩论的基本技能展开，内容紧扣辩护过程中所遇到的实际问题。书中所提到的解决问题的做法和想法，都是来自杨矿生及其团队成员在刑事辩护工作中的经验总结和观察感悟，实用性较强。这些刑事辩护的基本技能知识源于实践，也应当回归指导实践。因此，我愿意介绍这本书给从事刑事辩护的入门者和年轻律师，希望对他们能够起到一定的帮助和借鉴作用。

这本书是杨矿生离开学校 30 多年后，在自己从事刑事辩护 20 多年的基础上，厚积薄发写就的第一本作品。这本书的写作，也表明了杨矿生对刑事辩护事业的热爱。我为他对刑事辩护的这份执着而高兴，为他能够运用当年所学的刑法知识为刑事辩护高质量发展贡献力量而高兴，为他将自己的办案经验毫不藏私地分享给年轻律师而高兴。看到当年的学生写出这样一本书，我乐意应邀为之作序，并愿与广大的刑事辩护律师共勉。

高铭暄

2022年4月

序　二

循因刑辩之道，提升刑辩之能，舒展刑辩之德，是刑辩应有之良知。道者，无名天地之始，有名万物之母。生育天地，运行日月，看不见，摸不着，无处不在，无时不有，是宇宙运行最根本的规律。德者，道之舍，以无为之谓道，舍之之谓德，符合道之言行谓之德。

助力全面依法治国，必须建设一支德才兼备的高素质法治工作队伍。律师，是依法治国的重要力量，是法律职业共同体成员，是中国特色社会主义法治工作者，是以师名业的职业，理当模范信守、精准善用包括刑事法律在内的各类法律法规。

本书表达了作者在刑辩实践中，积累、沉淀的案例和过往，思考、总结的几多经验和感悟。其重点是聚焦解决实际操作的技能问题。全书分为 11 个部分，近 100 篇文章，内容包括客户委托、审前辩护、律师会见、审阅卷宗、证据审查、庭前准备、庭前会议、庭审发问、举证质证、法庭辩论、庭后工作等。其中涉及约谈沟通、建立委托、诚信尽责、力求实效、维系客户、理解客户、服务客户等。

这些问题触及了刑事辩护全流程各环节的基本问题，都是刑辩实务中的常见问题。解决这些问题的做法和经验属于刑事辩护基本技能范畴，是刑辩律师应当掌握的基本功。刑辩律师要兼具工匠精神和高参视野，要兼备理论厚度和实操技能。本书关注以上问题之解决，若干认识很有见地，值得一读。仁者见仁，智者见智，其启迪与警示作用于青年律师，尤有参考借鉴价值。

同时，作者通过本书宣达了职业良知。更可贵之处在于大局意识、法的精神、三个效果统一的价值追求，兼而有之。希望读者从本书中感受到刑辩之道，提升刑辩之技，弘扬刑辩之德。希望有更多作品更多高论问世，以助推刑辩群体成为党和政府放心，人民群众满意的队伍，助力刑辩水准和执业操守共同进步。

高子程

2022.4.

前　言

“熟悉了法律条文，却在办案中举步维艰”，这是很多年轻刑事辩护律师（以下简称刑辩律师）遇到的困扰。刚入行的刑辩律师，他们在学校虽然学到了一些专业理论知识，但缺乏实际操作能力，难以进行有效辩护，有的甚至屡闯“红线”。

刑事辩护是一项实践性、操作性极强的工作，刑辩律师除了需要具备专业知识，还要具备刑辩思维和相应的实践技能。刚入行的刑辩律师，很难进行系统性实战培训，也并不是每一个刑辩律师都能找到好的师父进行手把手传授。虽然一些机构会举办类似的培训讲座，但这种学习也是碎片化的。如沟通、会见、阅卷、举证质证、法庭辩论等方面的重要实践技能，需要通过多年的训练才能掌握。因此，将这些重要的经验与技能系统化地集结出书，对于年轻刑辩律师的成长是具有重要意义的。

这本书基本不谈理论，也不过多研究法律规定，内容就聚焦在实际操作的技能方面。比如，怎样让客户选你做律师，怎样使客户对你的信任能够维系下去，怎样和办案人员打交道，怎样通过阅卷发现问题，会见要解决哪些问题，控辩双方在庭审过程中经常对哪些问题产生分歧，辩护律师怎样应对等，这些问题都是来自刑辩实务中的常见问题，说起来简单，做起来难。而解决这些问题的做法和经验属于刑事辩护基本技能的范畴，是刑辩律师应当掌握的基本功。从业 24 年，我深知在刑事辩护各个环节经常会碰到哪些问题，以及处理这些问题的操作方法和经验教训，本书旨在解决以上的问题。

本书基本框架和提纲的确定用了 4 个月的时间，从着手写作到交稿又历经了整整两年。本书分为 11 个部分，近 100 篇文章，内容包括客户委托、审前辩护、律师会见、审阅卷宗、证据审查、庭前准备、庭前会议、庭审发问、举证质证、法庭辩论、庭后工作等刑事辩护全流程主要环节中的各类重要问题。为了找准当下年轻律师在刑事辩护过程中经常遇到的问题，我多次组织刑辩团队进行调研。除了本团队的成员外，我们还邀请了石红英、曹传华、侯海燕、韩骁、熊旭、李彤、王文林、于国强、何峤巍等刑辩同人座谈讨论，他们提出了很多有价值的建议。

本书的写作过程是漫长而艰辛的。对我来说，最难的是需要挤时间。因为自己办案的经验教训太多，看到的、听到的也不少，各种感受都很深刻，想写的内容也很多。于是，想到什么问题，我就随时记录下来。这些文字有的产生在庭审的过程中，有的来自案件讨论会，有的产生于与当事人和办案人员沟通的过程中，还有的甚至是在散步时想到的……我要感谢法律出版社杨大康先生的精心策划，他告诉我“对读者要忠诚，要给真正有价值的东西”。可以说，没有他的坚持和引导，就没有这本书的写作和问世。这本书还要感谢许兰亭、钱列阳、郝春莉、刘卫东、王兆峰、赵运恒、毛立新、朱勇辉、毛洪涛、程晓璐、赵春雨 11 位刑辩同人，他们的智慧和努力激励了我持续写作的决心。这本书同样凝结了我的团队成员赵铭、赵志华、杨国斌、杨琪琛、孟义鹏、吴湘群、夏心丽以及刘羽等律师的心血，一并表示衷心的谢意。这是我出的第一本书，我的家人也非常关心。一路走来，他们都给了我很大的支持，我对他们的感激和爱一直藏在心里。

交稿之时，我想起了自己的三位恩师。在武汉大学，马克昌教授的教诲让我对刑法产生了浓厚的兴趣，开启了我的法治梦想，引导我踏上了法律人的道路。在中国人民大学攻读刑法研究生期间，高铭暄教授和王作富教授的亲传，培养了我运用刑法理论分析实践问题、办理实际案件的能力，这些技能和思维方式已经融入我现在办理的每一个案件中，让我在法律人的道路上越走越踏实。这本书也算是我作为学生在毕业 30 多年后向老师提交的一篇实践论文。

值得说明的是，为了方便读者阅读，本书中“律师”一般指“刑事律师”；“客户”一般涵盖被告人、犯罪嫌疑人及其家属、企业代理人等刑事案件委托人；“委托人”一般是指与律师事务所签订辩护委托合同的另一方；“当事人”一般指刑事诉讼中的犯罪嫌疑人或被告人；本书案件中涉及的当事人姓名均为化名。为了适应当下读者的阅读习惯，本书篇幅短小、语言风格偏重口语，一些知识点可能多次出现，这样设计的目的是希望加深读者对重要问题的印象。另外，本书追求的效果是提供一个角度供读者思考和借鉴。如果书中的某些观点能对您有所启发，就达到了阅读的目的；如果有不严谨之处或您有不同的观点，也希望您能发电子邮件提出批评指正。在这本书写作的过程中，我们中同律师事务所刑辩团队将“刑辩实战”内训活动变成了“内训＋外邀”活动，不仅邀请其他律师事务所的年轻同人参加，而且还邀请其他律师事务所经验丰富的律师和专家教授培训授课，将“刑辩实战”搭建成了一个开放的平台。在这个培训过程中积累的宝贵成果，将会展现在未来的知识分享中。

刑事辩护在路上，“刑辩实战”也在路上。让我们共同成长。

杨矿生

（读者交流邮箱：yks1010vip@sina.com）

2022年4月

本书所称新《刑事诉讼法解释》是指最高人民法院于2021年2月4日发布的《最高人民法院关于适用〈中华人民共和国刑事诉讼法〉的解释》。

目录

C O N T E N T S

第一部分

客户委托

如何建立信任这张"名片"

第二部分

律师会见

辩护从看守所会见开始

第三部分

审前辩护

“战场”并非只在法庭之上

第四部分

审阅卷宗

控辩双方的庭前较量

第五部分
证据材料

控辩双方
争夺的
制高点

第六部分
庭前准备

并非
临阵磨枪

第七部分

庭前会议

控、辩、审

三方“预演”

第八部分

庭审发问

如何运用

有价值的

问题和答案

第九部分

举证质证

打好证据链条的“拉据战”

第十部分

法庭辩论

如何恰当运用法、理、情、术

第十一部分 庭后工作

辩护成功的延伸和深化

第一部分

客户委托

如何建立
信任这张
“名片”

怎样让客户选你当律师

在我与律师朋友聊天时，经常会聊到一个问题。有的客户上门虽然与律师谈了很长时间，却没有签合同的意向；有的客户即使与律师谈了很多次，最终也未能签约。

特别是执业时间不长的律师，对这个问题更加感到苦恼。有些客户好不容易与你见到面，见面之后就问：你办过哪些有名的案件？你对我的案件有把握吗？几个问题问下来，双方的谈话就无法再继续下去了。

如何让客户选定你当律师呢？这是我们每个从业者都会考虑的基本问题。根据我们的经验和观察，应当从以下几个方面下功夫。

初步判断

律师与客户见面后，双方能否达成委托意向，我认为有两个问题需要解决。

1. 明确客户选律师的标准

我们要明白客户要选什么样的律师，他们有没有什么具体的要求，你是不是属于他要选择的律师类型。

根据我们的观察，客户选择律师时通常会考虑以下因素：执业经验、专业能力、责任心、知名度等。

如果你不属于客户想找的律师类型，那么客户根本不可能和你见面，即使见了面也谈不了多久就会离开；如果你属于客户想找的律师类型或者具备他要找的律师的条件，你们才有深入谈下去的可能。

2. 是否愿意接受委托

很多年轻律师因为案源少对客户来者不拒，但经验证明这并不是理性的做法，因为这有可能浪费很多时间。很多律师会有自己挑选客户的标准。在实践中，不同的律师可能有不同的选择客户的标准。

双方经过沟通以后，如果客户认为你符合他们选择律师的条件，同时，你也有接受委托的意愿，当这两个前提有交叉重合的时候，你才能考虑下一个问题，怎样让客户选定你作为这个案件的辩护律师。

因为符合客户选择条件的律师有很多，你可能只是他挑选的对象之一，即使你符合客户选择的条件，他最后选择的律师也不一定是你。

专业储备

无论客户找律师时有哪些考虑，他们都会希望自己找的律师业务能力强，这是共同的想法。同时，也是对律师最基本的要求，其他的因素一般都是附加的条件。

所以，如果你有深厚的专业知识和技能储备，你就具有了被选择的必备条件；反之，你被淘汰的概率会很大。

客户在找到你之前，可能已经走访了不少律师事务所，见过了很多律师。他们对相应的专业用语、专业词汇、专业表达已经非常熟悉了。如果你的专业不过硬，只是用一些肤浅的语言表达，是很难被他们选中的。

特别是涉企案件的客户，这些客户可能本身就是企业高管。他们观察人的能力很强，你是不是一个真正有专业水平的律师，他们是能够辨别出来的。

所以，律师要想取得客户的信任，主要依靠的是真才实学。仅靠耍嘴皮子便能够让客户信服，这是非常不切实际的想法。

事先准备

律师在与客户见面之前，一定要提前做好充分的准备。只有做好准备，才能有好的表现，才有可能给客户留下好的印象，进而增加客户委托你的概率。

有人可能会说，专业能力和专业素质需要长期积累，临时抱佛脚的作用不大。这种说法虽然有一定道理，但是临阵磨枪，不快也光，见面之前做好充分的准备，能起到事半功倍的效果。

我国的法律法规以及相应的司法解释的内容非常庞杂，辩护律师没有必要也不可能将所有的条文背得滚瓜烂熟。因此在使用之前，我们还是要把与业务有关的法律法规和司法解释找出来，好好地做功课。

实践中，有些律师喜欢“裸谈”，不做任何准备工作。他们和客户见面谈到某个问题时，要么现场翻阅法律规定，要么随意应付一通，这样的做法无疑会给客户留下极其不专业的印象，很难获得客户的信服，当然也就很难获得客户的委托。

即使你的专业水平和专业素质很高，也应当提前做好准备，这样可以使你的表现更加从容、更加专业，也会给客户留下更加深刻的印象。

根据我们的实践经验，大致有以下几个方面的工作，需要提前做好准备。

1. 提前了解案情

在见面之前，我们应当尽可能地了解对方案件的情况，大致的案情是什么，特别是要了解对方可能涉及的罪名是什么。

如果我们无法了解到涉及的罪名，也要事先了解对方当事人的基本情况，以便对其可能涉案的罪名进行预测。

2. 提前熟悉法律法规

律师针对了解的案件情况，找出相应的法律法规和司法解释，提前熟悉相关规定。

3. 提前预测问题

律师针对法律规定，预测当事人可能涉及的问题，预测可能出现的问题焦点，提前进行分析。

4. 提前研究案例

如果你没有办理过或很少办理类似案件，最好提前对类似案例进行一些研究，可以查找人民法院公布的相关案例，也可以重温自己办理过的类似案例。

对类似案例进行研究后，你与客户见面分析案件时，就有了参照，并可以给客户留下好的印象。

善于发问

有很多律师在会见客户的时候，往往沉不住气，谈话才几分钟，看客户还没有签订委托合同的意思，就失去了兴趣和耐心。

有的律师生怕客户认为自己没有水平，对客户提出的问题不厌其烦地进行回答，并且不断地发表自己的分析意见，而不善于发问。

如果律师忙于回答客户的问题，被客户的问题牵着鼻子走，不仅会使自己处于被动的地位，而且还会因为担心对问题的错误回答而露怯。

根据我们的经验，律师在会见客户时，不仅要耐心倾听客户谈案情、谈想法、谈要求，更要善于发问，向客户提出问题。这样不仅能掌握谈话的主动权，而且提出的问题越专业、越全面，越能显示出律师的专业水准。

通过发问，你还能发现很多客户没有主动反映的问题。在后面分析案情、预测案件走向时，你就有可能更加准确、更加到位，也更能赢得客户的信任。

精辟分析

律师通过客户的介绍以及向客户的发问，对案情有了一定的了解，客户也会要求律师分析案情，预测案件走向。律师在分析案情、预测案件走向时，一定要体现出自己的专业水准。

只有精辟到位的分析，才能够打动客户，才能够让客户对律师的业务水平信服。

什么样的分析才是精辟到位的分析，这可能需要多年的探索和积累。

如果非要确定一个可以量化的标准，那就是律师必须抓住案件中控方指控存在的不足和漏洞，找到案件中存在的对当事人有利的辩护空间。只有这样，才能使律师的分析和预测更有水准。

律师之所以在案件中能够得到客户的信任和委托，其中很重要的一点就是对案情的分析和预测，能够给客户留下非常专业的印象。这种专业的印象也是从这方面表现出来的。

比如，笔者在一起受贿案件的起诉意见书中，发现侦查机关所列的证据目录中缺少了一个非常重要的证人证言，笔者分析，这个证人证言可能就是对犯罪嫌疑人有利的证据。

笔者的这个意见打动了客户，他说他找了很多律师，都没有谈到这个问题。最后他可能就是因为笔者发现了这个问题，而与我们律师事务所签订委托协议。

后来的事实也证明，起诉意见书中所缺的那个重要的证人证言，确实是对犯罪嫌疑人有利的证据，而这个证人证言改变了整个案件的事实走向。该被告人最后被判无罪。

打消不当期待

有些情况下，虽然客户对律师的专业性已经产生了很强的信任，但客户还有一些其他的要求和期待，而且还把这些要求和期待作为他们选择律师的条件之一。

在有些情况下，客户已经形成了委托的意愿，但客户的某些要求和期待是不合理的，是律师难以做到的，当然也是不能接受的。

面对这种情形，律师一定要准确地了解客户对案件的诉求和对律师的要求，对于客户的不当期待和要求，应当设法说服，降低他们的期望值，让他们打消不合理的要求，特别是违法的要求。

只有这样，双方建立的信任才是牢固的，才不会给双方的未来合作埋下“地雷”，双方的合作才有可能顺利。

提出建议

很多时候，双方多次见面并洽谈，但客户仍然没有表示要签订委托协议，也没有表示放弃，而是表示愿意与律师继续接触下去。

在这种情况下，律师不要有迫切想接这个案件的心态；相反，应当以一种超然的心态，向客户介绍周围其他的律师，建议他们去找这些律师谈谈。即使客户与其他律师签订了协议，有问题也可以回过头来找自己咨询。我们通常的做法就是这样。

这样的态度才是正确的，也会给客户留下非常好的印象。许多客户在经历了反复选择、反复摇摆后，最终还是会选定你当辩护律师，有的甚至与其他律师签订协议之后，又回过头来找你当辩护律师，可能就是这个因素起到了催化剂的作用。

准备个人简介

律师与客户见面时，应当准备一份个人简介。有的律师在网上可能有比较全面的个人介绍，但如果网上没有全面的介绍，就有必要准备一份比较完整的个人介绍材料，在适当的时候供客户查阅。这样的个人简介材料，对于客户最后做出选择，也会产生很大的作用。

底层逻辑

过硬的专业水平是客户选择你的基础条件。

充分准备是最好的见面礼。

必要的沟通技巧是客户选择你的催化剂。

哪些重要事项应让客户事先知道

很多律师与客户见面，经过简单沟通后，总是急于签订委托协议，这样做往往会给后面的合作留下些扯皮的后遗症。

刑事辩护涉及的情况很多，律师和客户在围绕委托关系进行讨论的过程中，能够谈到的情况是有限的。大部分客户对律师行业并不熟悉，有些很重要的问题，如果律师不主动提出来，他们不可能会想到去了解。实际上他们对律师的工作、对案件的情况，会有很多疑惑和想法，一时也难以全部表达出来。

如果律师没有将一些重要的情况同客户进行充分沟通，双方对一些问题的看法没有达成共识，在后来合作的过程中，免不了会发生矛盾。有的客户可能会解除合同，有的甚至还会投诉律师。

因此，针对有些情况，如果不与当事人讲清楚，即便签订了委托合同，双方的委托关系也难以坚持到辩护工作结束。

因此，在委托关系确立之前，律师与客户之间要充分沟通交流，双方对一些必然会涉及的问题，应及早沟通，争取达成共识和理解，使双方的互信关系能够扎扎实实地建立起来。

根据我们在实践操作中的探索，应当与客户事先谈清楚的事项，包括以下几个方面。

让客户知道律师的职责

很多客户是第一次遇到刑事案件，第一次与刑事辩护律师打交道，对律师的情况和职责并不了解。他们可能会对律师提出许多与职责无关，或者与职责相悖的要求，对律师的期望也很高。

我们必须要让客户知道律师进行刑事辩护的职责是什么，让客户对律师有一个原则性的了解，这样就能为双方以后的委托关系奠定基础。

让客户了解律师的工作内容

律师进行刑事辩护具有很强的程序性和专业性，对此，客户很可能并不了解。如果客户对诉讼各个阶段的特点，以及辩护律师在各个阶段的工作内容不太了解，就可能会对律师的工作产生一些误会。

因此我们有必要把律师参与辩护的流程，以及各个阶段的具体工作内容清楚地告诉客户，并且把这些内容体现在委托协议中。这样对双方都有好处，同时也对双方有一定的约束作用。

比如，对客户来说，在案件的各个阶段，通过律师的事前介绍，以及随时的沟通，客户对案件的进程会有大概的预测和了解。客户就会根据案件的进展，对律师的辩护工作予以配合，并提供便利条件。

让客户知道律师的工作特点

一些客户对律师不满意的地方是认为律师收了律师费，但感觉没做什么事；一些客户投诉律师的理由之一也是工作不尽责，收费太高；也有一些客户喜欢对律师的工作进行指挥和安排。

为了避免出现这些问题，在签订委托协议之前，律师必须让客户了解律师辩护的工作程序、工作方式、工作特点，以及工作难度。

在签订委托协议之后，随时沟通工作进展情况，让律师的辩护工作以客户看得见的方式进行。

让客户知道律师不能做什么

让客户知道律师不能做什么，这是很重要的一点。律师和客户往往在这个方面发生矛盾。

我国《刑法》《刑事诉讼法》，以及司法部和律师协会出台的各种执业规范，对律师的行为都作出一些禁止性的规定，这些禁止性规定中所禁止的事项，律师都不能做。

比如，律师在会见犯罪嫌疑人时不能传递纸条等物品，不能串供、串证；在案件公开开庭审理之前，不能把案件的证据情况告诉家属；不能教唆证人作伪证等。

这些禁止性规定，律师事前都应当告诉客户，及时为他们进行解读。特别是要让客户知道律师能做什么，不能做什么，可以争取做什么。这样就能够增进客户对律师的理解和信任，有利于减少律师的执业风险，使律师能够专心地做自己应该做的工作。

了解客户的想法，打消不合理的期望

刑事案件不仅关系到公民的名誉和前途，更关系到公民的自由和生命；同时，其不仅关系到犯罪嫌疑人本人，而且还关系到其家庭、亲属、子女的未来，所以许多客户都会把希望寄托在律师身上，对律师抱有很多不切实际的期望和想法。

因此，在合同签订之前，律师就必须了解客户对律师代理案件有哪些期望和想法，对于合理的期望和想法，选择接受；对于不合理的期望和想法，应当及时回应并予以解释，打消他们这些不合理的期望和想法。

如果这个工作不提前做好，即使签订了委托协议，在以后双方合作的过程中也必然会发生矛盾，甚至导致委托关系破裂。

告诉客户诉讼有风险

双方在签订委托协议之前，客户总是会咨询一些法律问题，客户也总是会让律师对案件进行分析和预测。律师在对案情进行分析和预测时，要把握好分寸。

1. 客观分析案情及案件走向

律师向当事人讲解相关法律规定，对案情和案件走向进行分析时，要尽量客观地发表看法和意见，不能盲目下结论。

2. 提示法律风险，避免误导

律师在分析案件时，一定要向客户提示法律风险，避免产生误导。要告诉客户，律师对案件的分析和预测，并不代表一定正确，因为刑事案件任何一个细节的改变都会影响案件的走向。要告诉客户，尽管律师认为自己的观点是正确的，但并不代表必然是正确的，更不代表办案机关一定会采纳律师的意见。律师的意见有可能被采纳，也有可能不被采纳。

如果我们不做好上述工作，不让客户对律师的分析和预测有一个正确的态度，就有可能留下后遗症，为以后双方发生矛盾埋下“地雷”。

告诉客户律师不能承诺案件结果

在讨论委托协议的时候，客户往往会要求律师对案件的结果做出承诺，甚至很多客户要求收费与办案结果挂钩。

在实践中，一些客户投诉的理由是律师当时对案件结果做出了承诺，但是最终案件没有达到这个结果，所以要求退费。有的客户甚至还以录音作为证据。

为了避免出现这种情况，律师与客户商谈委托事项的时候，一定要明确告诉客户，律师进行刑事案件的辩护与代理民事案件有很大的不同。律师代理民事案件可以把律师收费与胜诉结果挂钩。但律师进行刑事案件辩护，双方协商收费方式时，可以按件收费，也可以计时收费，但不能把收费与案件结果挂钩，更不能对案件结果进行承诺。

律师应明确告知客户，律师分析案件不是对案件结果的承诺和打包票。

如果律师对刑事案件的结果进行了承诺，就违反了相关执业规定，要对相应的后果承担责任。

经过律师和客户的充分沟通，在客户对上述情况有了充分了解之后，就可以打消和纠正客户的一些不合理的要求，降低一些不符合实际的期望，排除潜在的纠纷隐患，避免出现虚假承诺、打包票等不诚信的现象。

底层逻辑

要让客户明白律师能做什么，不能做什么，可以争取做什么。

要让客户明白律师的意见有可能被采纳，也有可能不被采纳。

要让客户明白律师不能打包票，不能承诺案件结果。

对客户要约法三章

根据我们的实践经验，律师在与客户签订委托协议的同时，对客户就某些事项提出一些要求是非常必要的。事先对客户提出这些要求，表明和强调律师的态度，可以对客户形成一定的约束，也有利于维持双方的合作关系。

如果事先没有就这些事项对客户提出要求，没有强调律师的态度，双方在未来合作的过程中，就有可能会因此发生矛盾和摩擦，双方的信任可能就会被冲淡，甚至导致委托关系的解除。这样的情况是非常多见的。

因此，我们在签订委托协议时，应当对客户提出一些特定的要求，我们把这个做法称为对委托人约法三章。

约定客户不能对律师提出违法要求

律师在与客户签订委托协议之前，应当向客户讲明律师能够做什么，不能做什么，只有在客户对这些情况清楚了解后，双方建立的委托关系才会是稳固的。

为了保证辩护工作顺利开展，在签订委托协议之后，律师还应当与客户再次明确约定，律师只能依法辩护，客户也只能对律师提出合法的要求。

如果客户提出的要求超越了法律规定，甚至让律师采用违法犯罪的手段进行辩护，比如，要求律师帮助伪造证据、作伪证、串供、贿赂办案人员等，律师对这些违法要求有权且必须拒绝。

约定客户不能对律师提出不合理要求

当事人和家属在与律师的合作过程中，会对律师提出一些五花八门的要求，有些要求虽然不一定违反法律规定，也不可能构成犯罪，但有可能违反律师职业道德和执业纪律，或者不符合有关规定。

有些要求违反了看守所的相关管理规定，比如，要求律师在会见犯罪嫌疑人时拍照片、传递食物、香烟、纸条等。也有些要求是不符合律师职业道德或者律师执业纪律的，比如，要求律师把案情或者辩护词发布到网上进行讨论等。

律师与客户在签订委托协议的前后都应该明确约定，客户不能对律师提出不合理要求，如果客户提出不合理要求，律师有权拒绝。

在办案实践中，我们就经常遇到这类情况。有的客户在商谈委托协议之前，提出了特殊要求，希望律师能够把有关案情或者律师的观点发布到网上。对于这种要求，我们一般都会设法让客户打消这种想法，如果客户坚持这种要求，便告知客户委托其他律师。

比如，我们在办理一起涉黑案件时，当事人的朋友出面请求我们担任二审的辩护律师，其中一个条件就是把辩护观点发布到网上，最终我们婉拒了这个案件。

有些家属虽然在签订委托协议之前没有提出这样的要求，但在辩护的过程中，有时也会提出这样的要求。对于这些不当的要求，我们都会委婉地予以拒绝。

如果客户坚持这些要求，我们就可以依据相应条款解除委托关系。这种情形在实践中也是常见的。

约定客户不能指挥律师工作

在实践中，有些当事人或者家属把律师当成了下属员工，或者当成了他们的劳务人员，任意指挥和安排律师的工作。

根据我们的观察和实践，客户对于律师的工作经常会提出以下三种要求：

一是想什么时候约见律师，律师就必须什么时候见。

二是想谈到什么时候结束，律师就得陪同谈到什么时候。

三是想让律师什么时候会见，律师就得听从他的安排会见。

客户任意或者强行安排律师的工作，当然是强人所难。这种情形就表明客户完全不了解律师的工作规律和工作特点。

为了避免当事人和家属出现这种情况，我们一般都会在签订委托协议之前，向客户讲明当事人和家属应当配合律师的工作，为律师的辩护工作提供便利。对于律师的工作安排，当事人和家属可以提出建议，供律师参考，但不能干扰律师的工作安排，更不能任意指挥和强行安排律师的工作。在签订委托协议后，我们会再次明确约定，律师的工作安排和工作节奏由律师掌控决定。

有些律师在与客户沟通的过程中，不敢开诚布公地与当事人和家属谈这个问题，担心明确提出这种要求会丢失客户。这种担心有一定的道理。律师在拒绝客户不合理的要求时，一个前提是要注意方式方法和客户的心理感受，要让客户感觉到律师的拒绝是有道理的，从而能够接受律师的拒绝。

一般来说，我们会和客户说明我们接受委托以后，一定会尽心、尽力、尽责，会根据案件的进展和实际情况，及时安排律师的工作，会随时与他们保持沟通，使他们掌握我们的工作进展情况，让他们放心我们绝不会耽误工作。这样，把道理说透、说明白，大多数客户是能够理解和接受的。

为了让客户遵守这些要求，我们会把这些与客户约法三章的内容记录在收案谈话笔录中，作为委托协议的附件，这样可以对客户形成有效约束。

当然有些客户即便在约法三章之后，仍然会强行安排律师的工作，这时律师一定要有耐心，与客户进行沟通。当然，如果你认为客户实在难缠的话，也可以解除委托关系。

笔者曾经由于客户的原因推掉过这样一个案件。笔者在接受涉及一名电视节目主持人的委托后，及时到外地会见犯罪嫌疑人，封闭办案一周，回到北京后的当天晚上便与当事人家属沟通了相关情况。

沟通完毕后，家属向我们团队的另外一名律师表示，想与我们谈通宵。感受到家属的这种心情后，笔者就让律师第二天告诉家属，他的这种要求不符合律师的工作特点，让他尽快委托其他律师，我们辞去委托，不再代理这个案件。

底层逻辑

对客户提出的违法要求，律师要敢于拒绝。

对客户提出的不合理要求，律师应当学会说“不”。

律师的工作安排和工作节奏，应当由律师自己掌控。

委托协议中不能含糊的几个事项

律师事务所和客户之间的委托协议，多数都是在事前已拟好的模板或框架的基础上，经过讨论修改后确订的。

有些律师在起草和讨论委托协议的条款内容时，喜欢简单，不喜欢复杂，有的委托协议内容很简单，还不到一页纸。他们认为合同内容简单些，客户容易理解，讨论时容易达成一致意见，自己也能够主动些。

这种做法对于客户来说显然不太公平。因为他们是非专业人士，对刑事案件的诉讼程序不了解，对律师的工作内容、工作特点和工作方式都不清楚，不知道委托协议应该签什么内容，只关心交多少律师费，所以，这样的协议对客户是不公平的。

实际上，委托协议的内容太过简单，对于律师也是不利的。比如，在有些案件中，律师辛辛苦苦忙了很久，客户却要解除合同，要求退回全部律师费，如果合同中对这样的事项没有约定，处理起来就很麻烦。

因此，律师事务所与委托人签订的委托协议中，除了合同应有的基本内容外，还有一些事项也是非常重要的。对这些事项的约定，既不能忽略，也不能过于原则、含混不清。

为了保护双方的合法权益，律师事务所和客户在协商委托协议时，应当对以下三个容易被忽略、容易含混不清的事项，进行明确约定。

关于协议的解除

在律师事务所与客户签订的委托协议中，对于是否设立解除条款，以及如何设立这些条款，各家律师事务所的做法五花八门。有的没有约定解除条款；有的甚至约定不得解除，如果委托人无故解除协议，则律师费不予退回。在笔者看来，这些做法都是不合适的。

特别是如果在协议中约定了委托人不得解除协议，如果委托人单方解除委托，律师费不予退回的条款，那么委托人起诉到法院后，相关的条款肯定不会得到支持。

合同解除条款的设立，不仅对委托人的合法权益是一种保护，对律师的合法权益也是一种保护。

如果没有设立解除条款，一旦委托人提出解除委托，并因此与律师事务所产生纠纷，这种纠纷解决起来很麻烦，甚至有可能会被委托人起诉，不仅耗时耗力，而且会对律师事务所的声誉产生负面的影响。

我们的做法是，在与委托人商谈委托协议时，针对司法实践中可能发生的合同解除的各种情形，先与客户进行协商，达成一致意见后，再订立相对应的解除条款。这样，一旦发生纠纷，也能找到相对应的处理条款，不至于因约定不明，必须通过法院判决才能解决纠纷。

关于工作完成的约定

对律师辩护工作完成的约定非常重要，对这个问题如果没有明确规定，在后期可能会引起很大的争议和纠纷。

1. 合同到期标志着律师辩护工作的完成

正常情况下，律师辩护工作的完成是以合同到期为标志的。

合同期限是合同的基本内容之一，律师事务所与客户签订的委托协议中，对于合同的有效期限一般是按照诉讼阶段确定的，每一个诉讼阶段结束时，都会有一个确定的行为标志，而这个行为标志的出现日期，就可以作为合同期满的日期。

比如，侦查机关出具起诉意见书，就表明侦查阶段结束，案件进入审查起诉阶段；检察机关出具起诉书，就表明审查起诉阶段结束，案件进入一审阶段；一审法院作出判决或者裁定，就表明一审阶段结束；二审判决或者裁定的日期就是二审阶段的结束日期。

上述司法机关作出决定或判决、裁定的时间，表明律师在该阶段的辩护工作已经结束，也就是委托协议期限届满的时间。

比如，一审委托协议的合同期限，一般是这样约定的，即“本合同自双方签订之日起生效，至一审判决或裁定作出之日止”。

由于收到上述司法文书的时间通常较晚，所以，在司法实践中，律师或当事人对于律师在某个阶段辩护工作的完成，都以收到相应司法文书的时间为准。

在刑事辩护实践中，当然也有以某个行为完成作为标志的单项委托。比如，家属仅委托律师会见当事人一次，律师在会见完毕后，该单项委托任务即告完成，表明合同期限届满。

2. 律师的某些行为完成，标志着辩护工作的结束

虽然各个诉讼阶段的结束都有特殊的日期作为标志，但实际上有很多辩护工作在那个特殊的日期之前就已经完成。

比如，在侦查阶段，律师多次会见犯罪嫌疑人，也向侦查机关反映了律师的意见，只是在等待侦查机关的处理结果。在这种情况下，律师在该阶段的实质性工作可以说已经完成。

又如，在审查起诉阶段，律师已经复制卷宗，阅完卷宗材料，也与犯罪嫌疑人核实了相关证据，交流了对案件的辩护观点，也向检察机关反映了律师意见，只是在等待检察机关的决定。在这种情况下，律师在该阶段的实质性工作也可以说已经完成。

在审判阶段也是这样，律师参加了开庭审理，进行了法庭调查，发表了辩护意见，被告人也作了最后陈述，一审的流程已基本完毕。在这种情况下，虽然一审的判决结果还没有宣告，但可以说，律师的实质性辩护工作在判决宣告之前已经基本完成。

在辩护实践中，经常会发生这样的情况。比如，某个诉讼阶段还没有结束，但是律师在该阶段的主要任务已基本完成，在等待办案机关作出决定的这段时间里，委托人解除了对律师的委托。在侦查阶段、审查起诉阶段和审判阶段都可能会发生这样的情况。

在这些情况下，如何认定律师辩护工作的完成情况，是否需要退费，以及退款多少，这些问题非常复杂，且经常会发生争议。因此，对于这些问题，也应当在委托协议中进行明确约定。

关于发回重审的问题

案件进入二审阶段，当事人和家属在与律师事务所签订二审委托协议时，双方都想得比较简单，合同约定的内容也比较简单，双方约定的事项就是委托进行二审辩护，约定的合同期限，也就是到二审判决或者裁定作出之日止。

在二审委托协议中，一般很少考虑到发回重审的问题，但实际上发回重审的情况还是比较常见的，而且比较复杂。

有些案件刚进入二审阶段不久，二审法院就直接作出裁定，将该案发回原一审法院重审；有些案件进入二审阶段的时间较长，而且二审律师也复制了卷宗，有的甚至已经提出了二审的辩护意见，二审法院经过审理后，将该案发回原一审法院重审。

发回重审的案件，有些在经过原一审法院重新审理后宣判，如果双方不再提起上诉或检察院不提起抗诉，该判决就生效了。但是有些案件还有可能开始二审程序。

对于这些发回重审的案件，由于委托协议中没有考虑到这些情况，因此，对于律师辩护工作的完成情况如何认定，是否需增加律师费，就会在双方之间产生分歧和争议。

如果仅按字面上的理解，二审辩护工作的合同期限是到二审判决或者裁定作出之日止，那么，即使发回重审，原一审法院进行审理后，如果控辩双方提出上诉或者抗诉，开始的二审程序，也依然包括在合同约定的期限之内。在这种情况下，发回重审的案件，相比不发回重审的二审案件来说，程序要复杂得多，律师的工作量也要大得多。律师对这种情况显然要予以重视。

如果认为裁定发回重审就意味着律师二审阶段的辩护工作完成，发回重审后需另外计算律师费，客户肯定也不愿意，对其也不公平。

由于发回重审的情况比较复杂，律师事务所在与委托人签订二审的委托协议时，就必须把发回重审的各种情况考虑进去，明确约定双方的责任和代理费用。

底层逻辑

委托人随时会解除委托。

律师在不同阶段完成辩护工作的标准要明确。

二审辩护案件可能会发回重审。

如何谈收费

如何收取律师费是客户和律师共同关心的问题，也是委托协议讨论的焦点。律师和客户在后期发生争议，很多情况下也与律师费有关，客户投诉律师的诉求之一也是要求退回律师费。

因此，怎样和客户商谈律师费，怎样避免之后在律师费方面发生争议，怎样避免因律师收费问题而被投诉，这些问题对律师来说极其重要，有许多问题值得注意。

确定双方能接受的律师费用

律师在对律师费进行报价时应当考虑各种因素，并且要善于争取和妥协，确定一个双方都能接受的价格。

影响律师费用价格的因素比较复杂，在商谈律师费用的过程中，要考虑以下因素。

1. 考虑客户的心理期待

一般来说，客户对律师费用的高低会有一个心理期待，律师也会有一个心理期待。如果双方的心理期待接近，就很容易谈成；如果双方的心理期待差距过大，价格协商的难度就相应增大，协商不成的风险也随之增大。

为了达成协议，律师在报价之前应当采用多种方法了解客户的心理期待。客户提出的所谓能接受的价格，有时可能是真实的，有时也可能是有水分的。

律师如果发现自己的报价和客户的心理期待差距太大，就应当综合其他因素，判断能否调高客户的心理期待，同时考虑能否降低自己的心理期待，使双方的心理期待逐渐靠近。这个过程有些熬人，也是要下功夫的。

2. 考虑客户的经济能力

客户的报价和客户能够承受的经济负担基本上是成正比的，也就是说他有多大的支付能力，决定了他有多高的心理期待，也决定了律师报价的范围。

所以，律师在和客户商谈的过程中，要尽量了解客户的经济能力，不能不考虑客户的能力，一厢情愿地根据自己的心理期待报价。

3. 考虑律师的时间排期

如果在某一段时期内，自己的案件比较少，时间排期不紧张，在这种情况下，如果想接案件的话，可以适当降低律师自己的心理期待。

如果自己的时间很紧张，而客户报出的价格与自己的心理期待有一定的差距，就可以不接案，或者把这类案件推荐给团队的其他律师主办。

4. 考虑辩护空间和社会影响

如果案件的辩护空间较大，或者社会影响较大，即使客户支付的律师费少一些，律师也可以接下案件。因为这类案件有一定的宣传效应，在一定程度上也可以弥补律师费的不足。

在实践中也是这样，很多律师愿意降低代理费来接受这类案件，甚至有些律师不收费，反而主动上门寻找这些热点案件，原因就在于此类案件能够起到一定的宣传作用。

5. 客户的信任度也是考量因素

客户对律师的信任程度，对律师费的确定也起到一定的影响作用。如果客户对律师非常信任，认定非该律师不可，在这种情况下，如果客户的经济条件允许，他是可以接受较高的律师费；同样，如果客户对律师非常信任，委托意愿很强，即使客户的经济条件稍微差一些，律师考虑到信任问题，也可以在律师费上做出适当让步。

由谁出面商谈律师费

由谁出面与客户商谈律师费，每家律师事务所的做法各不相同，有的律师事务所统一由负责业务拓展的部门根据固定的价格进行报价；有的律师事务所是合伙人出面报价；有的律师事务所则是由主办律师出面报价。

律师事务所或团队最好由专人负责商谈律师费，即使没有专人负责，笔者建议也不要由主办律师或主办合伙人亲自出面报价，由其他人帮助出面商谈报价较好。

我们团队是由赵铭律师统一负责和客户商谈报价事宜的。与客户见面商谈时，一般先由赵铭律师出面进行初步协商，然后笔者作为团队负责人或主办律师再出面和客户沟通交流。在商谈律师费时，笔者就退出，由赵铭律师与客户协商。

在商谈的过程中，赵铭律师随时可以同笔者协商，然后再与客户沟通。这样的交流有时可能会进行多个回合，才能与客户最终确定律师费的价格。

这样做的好处是，不让主办律师或合伙人冲在第一线，可以使双方有缓冲回旋的空间，不至于使谈判陷入僵局。

主办律师或合伙人不方便和客户当面就价格进行协商，如果反复变动价格，就会给客户留下不稳妥、不慎重的印象，也显得律师事务所的报价太随意。如果不作变通，很有可能会使商谈陷入僵局。

可分阶段收费

有些客户在咨询中了解到刑事诉讼分为三个阶段以后，会要求按诉讼阶段付费，有些律师也同意按阶段收费。

在按阶段付费的案件中，一定要注意不同阶段的工作重心和工作量是完全不同的，三个阶段的律师费也不能完全相同，这一点一定要取得客户的理解。

根据我们的实践经验，如果按阶段收费，侦查阶段的工作量相对要轻一些，可以单独收费。

审查起诉阶段的工作量比侦查阶段的工作量要大很多，因为它涉及复印卷宗、阅卷、核对证据，甚至还涉及一些调查取证工作，所以审查起诉阶段收取的律师费可以比侦查阶段高一些。

审判阶段的律师费，可以和审查起诉阶段的费用相同，也可以比审查起诉阶段的费用高一些，因为这里涉及开庭审理问题。

重大复杂的案件，开庭审理活动时间很长，可以考虑根据开庭时间再设置一些增加费用的标准。我们发现一些外地律师将开庭时间的长短和律师费相结合考虑。

我们一般不主张把审查起诉阶段和审判阶段再分开单独收费。因为在审查起诉阶段律师就会考虑对全部案情进行研究，对辩护观点进行提炼，对证据进行收集。如果律师对案件付出了很多的劳动和辛苦，到了法院审理阶段当事人却不再聘请这个律师，这对律师来说是很不公平的。

所以我们主张把审查起诉阶段和法院审理阶段作为一个整体进行报价。当然，如果客户不同意，非要分开，也不是不可以。

也可按件收费

按件收费是辩护律师经常采用的方式。按件收费有利于辩护律师通盘整体性地考虑案件的事实、证据和辩护思路，按件收费也符合刑事诉讼的规律。

因为无论是侦查阶段，还是审查起诉阶段，抑或是法院审理阶段，虽然各个阶段的工作重心有些不同，但是基本工作内容、基本要考虑的问题是一样的，就是了解案情、熟悉证据、收集证据、核对证据、研究适用的法律。

这些基本问题和基本思路是一致的，基本工作量也是一样的，工作方向也是一致的。所以，把这三个阶段合起来按件收费，是比较合理的，也是可行的。我们要尽量争取说服客户同意这种方案。

当然，即便是按件收费的案件，委托协议中也要考虑合同的解除问题。在不同的阶段解除合同，应当扣除不同的律师费。

不要私下收费

私下收费是律师最常见的违规行为，不仅属于个人的逃税、避税行为，还有损律师的群体形象，这种行为是要受到行业纪律处分的。

私下收费的行为多种多样，主要表现为以下几种形式。

1. 私自接案，私自收费

执业纪律要求必须由律师事务所统一收案，统一收费。也就是说，律师必须以律师事务所的名义与当事人签订委托协议，并且将律师费交到律师事务所。

那些私下以个人名义受理案件，或者私下使用律师事务所手续承接案件，而不将费用交到律师事务所的行为是被严格禁止的。

2. 部分费用私自截留

有些律师为了使用律师事务所的手续办理案件，不得不以律师事务所的名义签订合同，并将律师费上交律师事务所，但同时也私自截留一部分，这种行为也属于私自收费的违规行为。

3. 私下收取活动费

有些律师以协调关系的名义，收取当事人的活动费；也有当事人主动提供费用，要求律师进行协调的情况。这些行为不仅违反行业纪律和行业规范，而且严重违法，甚至有可能涉嫌刑事犯罪。

在司法实践中，我们经常能够看到个别律师被指控涉嫌构成行贿罪；也有个别律师没有把这些活动经费送出去，涉嫌构成诈骗罪。

所以，私下收取活动费的行为是必须被严格禁止的，而且律师事务所对这种行为进行监管的难度很大，主要靠律师个人自律。如果律师个人在这方面涉嫌违法犯罪，律师事务所也没有办法帮助律师分担责任。

费用最好直接交到律师事务所

一般情况下，客户应当将律师费直接交到律师事务所，不应该先交给律师，然后再由律师转交到律师事务所。特别是现在交费不用直接交现金，可以用电子手段远程直接支付款项。所以，让客户直接向律师事务所交费的方法是可行的，这样可以有效避免律师私下收费的情况。

一定要开发票

开具发票是律师事务所收到律师费款项的直接凭证，这样就相当于律师事务所的财务人员和客户再次做了一个付款的核对，可以更加有效地杜绝私下收费的情况。

二审费用最好分开谈

很多情况下，客户委托律师时把一审阶段和二审阶段一并委托了，很多委托的费用中也包括一审和二审的律师费用。

但是如何划分一审和二审律师费的数额，很多律师事务所的委托协议中都没有约定得太清楚，很可能会引发争议。

比如，有的律师费报价本来就是一审阶段的律师费，客户也同意了这个报价，但在签字时，客户反复恳求，要求律师同时把二审的辩护工作也一起承担了。一些辩护律师也就这样稀里糊涂地同意了。这样原来一审的费用变成了一审和二审的全部费用。

如果一审和二审顺利地走下来，也就没有什么大的问题。但是问题恰恰就出在二审程序中。很多案件在一审结束后，当事人及其家属出于各种原因，决定更换二审辩护律师，或者不再委托律师辩护。在这样的情况下，家属就会要求律师退费。

有的委托合同中并没有约定二审费用的具体金额，所以，有的家属就直接要求退一半律师费，这对于律师当然是不公平的。即便按照惯例，二审的费用也是一审的一半，也得退回 1/3 的费用。这样的情况使很多律师感到很窝火。

更复杂的情况是，有些案件的二审还出现了发回重审等情况，使二审的情况变得更加复杂。所以，律师在和客户签订二审委托协议时，一定要慎重，应当把相应的情况约定清楚。

底层逻辑

商谈确定律师费是一个不断碰撞磨合的过程。

律师费的确定需要考量双方的心理期待、经济承受能力等多种因素。

律师收费要走阳光之道。

与当事人交往的边界

律师接受委托，担任犯罪嫌疑人或被告人的辩护人，其目的本来是维护犯罪嫌疑人或被告人的合法权益，但不承想，案件还没有办结，在开展辩护工作的过程中，一些律师自己却因为递条子、传话、泄露案情等行为陷入了违法违规的泥坑，受到行业处分或行政处罚，有的律师甚至被追究刑事责任。这是非常可悲的，这些人可以说是辩护路上的迷途者。

究其原因，出现这些情形与他们忘记了自己的律师身份，与客户交往越过了界限有很大的关系。

因此，在给当事人提供辩护法律服务的过程中，怎样才能不过界，是我们每位刑辩律师都应当重视的头等大事。

正确定位双方关系，时刻牢记律师身份

律师开展辩护工作，会与各方打交道，特别是要与当事人及其家属打交道。在与他们打交道的过程中，首先要明确的问题是，如何正确认识律师与当事人的关系。它决定着律师与当事人及其家属打交道时应当采取什么样的原则。

律师在与当事人及其家属打交道的过程中，很容易把双方的关系简单地看成是委托关系，把辩护律师的地位与民事案件中代理律师的地位混为一谈，甚至还有人提出辩护律师应当成为当事人的代言人。在笔者看来，这种观点显然是错误的。

根据我们对法律的理解和实践，辩护律师与当事人的关系虽然也是委托合同关系，但是，刑事诉讼中的委托关系与民事案件中的委托关系完全不同。

《民事诉讼法》《刑事诉讼法》以及《律师法》对于律师在两种诉讼中的职责作用及诉讼权利作出了完全不同的规定。

在民事诉讼中，代理律师的权利源于当事人的授权，代理律师的意思应当服从和依附于当事人的意思，当事人的利益就是代理律师的利益。

但在刑事诉讼中，虽然律师的辩护权源于被告人的辩护权，但其同时也得到法律的授权，法律赋予了辩护律师在刑事诉讼中自己独立的人格和立场。辩护律师与当事人有利益相同的一面，也有完全不同的一面，双方并不是完全的利益共同体。

因而，在刑事诉讼中，辩护律师只能依据事实和法律进行辩护，不能听命于委托人，不能作为犯罪嫌疑人、被告人及其家属的代言人。

那种认为辩护律师是当事人代言人的观点，是没有法律依据的。在《律师法》关于律师职责和律师定位的制度设计中，并没有这样的规定。这种观点还是十分危险的。

如果辩护律师把自己当成了当事人的代言人， 就容易丧失自己独立的立场，当事人让律师说什么，律师就说什么，甚至有可能在当事人和家属的再三请求下，做出一些出格的行为。

比如，接受当事人的钱财，违法进行私下公关活动，违规传递纸条、物品，将案卷材料给家属看，甚至帮助当事人编造假口供、串供、妨碍作证等。

在实践中，个别律师正是因为对双方的关系存在错误认识或认识模糊，在处理与当事人的关系时，没有拿捏好分寸，出于一种善意的愿望而忘记了辩护律师的身份和执业规范的要求，说了一些不该说的话，做了一些不该做的事。

树立红线意识，坚持依法辩护

所谓树立红线意识，就是要坚持依法办案这个原则，不能突破依法这个底线，更不能踩违法的红线。

依法是现代法治社会中一切行为的基本准则，刑事诉讼是程序最为复杂、行为要求最为严格的诉讼活动。律师参与刑事诉讼，更要严格依法办案。依法办案，是律师正确处理与当事人的关系，确保办案时不犯错误的原则和基础。

在与当事人及其家属打交道的过程中，对于他们不合法、不合规的要求，应当坚决拒绝。要劝导和引导他们依照法律主张权利，不要采取非法及过激的手段。

有些人主张辩护律师应当把当事人的利益放在第一位，这种提法并不全面。当事人的利益追求中既有合法的内容，也有不合法的内容，甚至可能有涉嫌触犯刑法的利益诉求，刑事辩护律师只能维护当事人的合法权益，而且要采用合法的手段予以维护。因此，正确的提法是依法维护当事人的合法权益。

如果仅片面强调辩护律师应当把当事人的利益放在第一位，在这种意识的引导下，有些人很容易忘记依法的底线，为了追求某种结果，会做一些出格的事情。

有些辩护律师在遇到一些辩护空间比较大的案件，特别是认为冤情比较明显时，容易情绪冲动，也容易忘记依法这个底线，做出一些出格的行为。这样的教训是惨痛的。

因此，刑事辩护律师要把依法保护当事人的合法权益这个意识铭刻在心，在办理刑事案件的各个环节中，自觉严格依照法律规定和律师执业行为规范办理，不能有任何逾越法律底线的行为。

树立风险意识，坚持规范执业

树立风险防范意识是辩护律师应当树立的基本意识之一，个别辩护律师出事，就是因为缺少风险防范意识这根弦。

有些人总是把维护当事人的合法权益与律师防范风险对立起来，似乎保护当事人的合法权益就不能怕风险，似乎一提律师要防范风险就意味着律师不能有效维护当事人的合法权益。这种观点当然是错误的。

律师防范风险与维护当事人的合法权益并不矛盾，并且同等重要。维护当事人的合法权益是辩护律师的工作职责和工作目标，防范风险是辩护律师履行职责的基础。律师做刑事辩护业务不能不考虑防范风险问题。这既是执业要求，也是现实考虑。

1. 依法履行辩护职责

依法履行职责是辩护律师防范刑事风险的基础。一般来说，在辩护的过程中，如果辩护律师依法履行辩护职责，就不会存在刑事风险问题。如果律师的行为有不合法或者违法的情形，就有可能给律师本人带来刑事风险。因此，做刑事辩护律师的前提是要能守住自己的底线。

律师在与当事人及其家属沟通的过程中，要明确告诉当事人哪些事情律师可以做，哪些行为是被禁止的，哪些是律师做不到的。要向委托人提示法律风险，避免误导，不能对案件结果予以承诺和打包票。

2. 慎重处理边界模糊的事务

在有些情况下，法律法规等规定是非常明确的，但在有些情况下各方的理解不一致。辩护律师在处理这些模糊的事务时，要十分慎重。

比如，辩护律师向当事人核对证据的方式方法问题，调查取证的对象及方式方法问题，这些都是容易出现界限模糊的问题，而且特别容易出现争议，也是辩护律师容易“触礁”的地方。

3. 懂得放弃

对于当事人及其家属在办案过程中提出的非法要求，律师在无法说服对方的情况下，宁可放弃该案，也不能逾越底线。

熟悉行业规范，树立边界意识

边界来自法律法规的明确规定。有一些辩护律师对办理案件涉及的法律规定比较重视，也愿意研究，但对与律师执业行为有关的法律法规和行业规范却不太重视。在有些情况下，他们稀里糊涂就违反了相关规定，由此带来了风险。

律师应当明白，所谓依法辩护，不仅是指依照《刑法》中的某个条款的规定，对案件发表分析意见，也不仅是指依照《刑事诉讼法》的程序规定，对办案机关的办案行为是否符合相关程序规定，对被告人的合法权益在程序中是否受到侵害等问题进行审查，发表意见，同时也要求辩护律师在进行辩护的过程中，所有行为都必须符合相关法律法规和行业规范的要求。

要做到这一点，就必须对与律师执业行为有关的法律法规和行业规范非常熟悉。只有做到心中有数，才能严格遵守。

1. 学习相关法律法规

我国《刑法》《刑事诉讼法》《律师法》以及国务院颁布的行政法规和司法部颁布的部门规章，这些规定中有很多与辩护律师有关的禁止性行为规范。触犯这些规定的后果非常严重，轻者受到行政处罚，重者会受到刑事处罚。

2. 学习刑事辩护的行业规范

对于律师如何办理刑事案件，中华全国律师协会颁布了行为指引，各省市律师协会也颁布了相应的规范。

这些指引性规定虽然属于行业规范，没有太强的强制力，但是，严重违反这些规范的行为有可能触犯刑法。行业协会设立这些指引和指南的目的，是引导辩护律师规范执业，防止违规，避免因违规而触犯刑法。

3. 学习看守所的规定

在看守所的墙上都会有一些禁止性的规定，提示律师不能做哪些事情，比如，不得传递物品，不得提供通信工具等。如果违反了这些规定，就会终止会见，并通报司法行政机关和律师协会，要求给予律师处分。

辩护律师如果对上述规定不熟悉，在与当事人及其家属打交道的过程中，就很容易出现违规行为，甚至出现违法犯罪行为。

把握特殊事项的界限

辩护律师与当事人及其家属打交道的过程中，经常涉及一些难以处理的问题。在处理这些问题时，要把握边界，既要讲原则，也要讲究处理方法和技巧。

1. 传递信息或物品的边界

当事人被羁押后，在很长一段时间无法与家属见面。通常家属有很多话要对当事人说，也有很多事情要与当事人商量，所以，不可避免地会请律师向当事人传递一些信息，如传话、传递纸条、传递物品、传递照片等，甚至有些家属还要求拍照、录音录像等，各种要求五花八门。当事人同样也有类似的想法和要求。

在这种情况下，辩护律师应当保持清醒的头脑，要明确哪些是能够传的，哪些是不能传的。

（1）家庭生活信息可以传递

针对家庭生活信息，法律规定并没有禁止传递这些信息，而且传递这些信息可以给对方带来一些人文关怀，对于稳定当事人及其家属的情绪作用明显，对案件的顺利办理也有帮助。

（2）传看家庭生活照片，应征得看守所的同意

虽然传看家庭生活照片，与传递家庭生活信息属同一性质的行

为，但是照片毕竟是一种物品，看守所明确规定禁止传递物品。所以，要想把照片传递给当事人看，就必须征得看守所的同意。

如果没有征得看守所同意的话，传看的动作被录下来以后，由于不清楚传的是什么物品，就可能引发意外事件，结果就得不偿失了。所以，注意方式方法是很重要的。

（3）传递、审阅或签署商业文件，必须征得有关部门的同意

在很多案件中，被羁押的当事人是企业家。在企业经营活动中，有很多事情需要其本人签字才能进行，有些家务问题也需要其本人签字。在这些情形下，家属都会请求辩护律师把这些文件带到看守所，让当事人签署。

关于这个问题，没有明确的文件规定，但是由于看守所明确规定不得传递物品，所以，这些文件即使很重要，需要签署，也应当征得看守所或办案部门的同意才能进行。

否则，律师不仅违反了不得传递物品的规定，而且还有可能涉及其他刑事风险。比如，伪造证据、提供虚假证据，或转移赃款赃物、转移财产等，这样的后果是很严重的。

对于明显违反规定传递信息的行为，辩护律师坚决不能做，而且要善于给家属和当事人做说服工作。

在司法实践中，我们在遇到这种情况时，一般会耐心地对当事人及其家属说："你们请律师来是为你们辩护的，不是为你们做这些事情的，辩护律师只能做合法的事，做专业的事，这种事不是律师能做的事。"

一般来说，经过这样耐心的说服工作，当事人及其家属都会放弃那些不合理、不合法的要求。

2. 和家属谈案情的边界

当事人的家属作为委托人一方，聘请律师以后，在不同的阶段都会向律师询问案情，会见回来后免不了要问会见时谈了哪些问题，阅完卷后更是想了解别人说了什么。

按照规定，案件材料在公开审理前尚属于案件秘密，辩护律师不能把案情告诉家属。但是，如果律师一点案情也不跟当事人家属谈，家属就会不高兴，因为家属请律师就是想对案件情况有更多了解。如果律师跟家属谈多了，就有可能违反律师的行为规范，会受处分。在实践中，因此被起诉追究刑事责任的案例也不少见。

关于如何把握与当事人家属谈案情的边界，实践中可以把握两个原则。

（1）不谈证人问题

比如，谁是证人，证明了什么事情，这种案情属于案件的秘密，绝对不能谈。

有些律师禁不住家属的请求，就把涉及证人的一些情况也告诉了家属。这种行为不仅涉及违规和泄密问题，甚至还会涉及妨碍作证的问题。

因为律师向当事人家属谈到证人证言的问题，家属知道证人的情况后，就有可能去找证人。有些家属还可能说服证人改变原来的不利证言，这样就留下了隐患。一旦有事，律师就难逃干系，可能惹上大麻烦。

（2）不谈案情细节

在案件公开审理之前，律师不能告诉当事人家属案件细节。一般律师只告知他们案件的程序进行到哪里了、案件大概有多少本卷等情况，只让家属知道一个大致情况，但再详细一点的情况，就不能说了。有些律师把卷宗材料给家属看，这显然是错误的。

底层逻辑

辩护律师在刑事诉讼中有自己独立的人格和立场。

辩护律师只能依据事实和法律辩护，不能听命于委托人。

辩护律师不能作为犯罪嫌疑人、被告人及其家属的代言人。

辩护律师与当事人及其家属打交道要有边界意识。

避免当事人投诉的几类情形

从辩护实践来看，律师和客户的关系有时并不融洽。一方面是客户对律师不信任，担心律师说话不算数，不讲诚信，怕律师收钱不办事，有的客户对律师又用又防，私下还将和律师的谈话进行录音。另一方面，律师也认为有些客户胡搅蛮缠，不讲道理，随意指挥、干涉律师工作，任意解除委托，胡乱投诉。

老律师对年轻律师进行培训时经常会提出告诫：与客户打交道，要注意自身安全，要有风险防范意识。

也有律师干脆给自己规定了哪些类型的案件不接。比如，有的律师在网上发布了12种案件不接，其中的原因多数都与客户有关。

实践中也是这样。若律师和客户的关系没有处理好，律师会遭到投诉，被要求退费。更有甚者，还有当事人举报律师。这种现象给律师群体留下了阴影。

因此，律师在和客户打交道的过程中，怎样规范自己，防止自己成为客户投诉的对象，就成为不得不考虑的大事。

根据我们刑辩团队的经验，辩护律师和客户打交道最基本的原则是，不做违规违法的事，说的每一句话，办的每一件事都应当经得起检验。不给当事人及其家属留下把柄，也不给自己埋下定时炸弹。没有把柄，当事人就不会投诉、举报，也没有证据投诉、举报；路上没有埋下定时炸弹，律师就可以放心大胆地前行。

从操作层面讲，应当做好以下几项工作。

讲究诚信，言行一致

诚信是律师职业的内在要求，律师是最需要靠诚信支撑的行业，失去了诚信，便失去了律师生存的根基。因此，律师应当是最讲诚信的职业，讲诚信是律师工作的第一个要求。律师讲诚信就应当作到以下几点。

1. 不打包票

从客户投诉律师的原因来看，打包票是客户和当事人投诉的主要理由之一。

确实有个别律师为了赢得客户的信任，获得客户的委托，当着客户的面，对办案结果打包票，拍胸脯，称案件一定能够打赢。

这种方法不仅违反了行业规定，而且也是一种不诚信的做法。

因为刑事案件的进度是由司法机关掌控的，刑事案件的结果也是由司法机关决定的，辩护律师尽管可以根据自己对法律的认识，就案件的处理向办案机关提出自己的辩护意见。但是，律师的意见有可能被采纳，也有可能不被采纳。也就是说，辩护律师无法决定案件的结果。

所以，辩护律师对办案结果向客户和当事人打包票，分明就是一种不诚实的欺骗行为。

如果案件的结果和律师事前打包票的结果不一致，客户就会非常不满意，会要求退费，甚至还会投诉。

2. 不急于下结论，说话留有余地

有一些律师为了获得客户的委托，在为客户分析案情时，对于案情的走向和结果很轻易地下结论，说话不留余地。

最后，虽然案件接下来了，但是，案件处理的结果与律师当初的分析结论有很大的出入，甚至南辕北辙。对于这种情况，客户就有可能认为律师不诚信，甚至会投诉。

所以，我们在和客户对案情进行分析预测时，一定不能急于对案情的走向和结果下结论，说话要留有余地。

尽职尽责，精益求精

敬业，是律师赢取客户资源的法宝。法律服务是最讲认真的行业，每一个案件、每一个项目、每一份法律文件都应力求做到十全十美。律师法律服务工作绝对不允许出现漏洞，律师的法律服务没有捷径可走。刑事辩护事关当事人的人身自由权甚至生命权，更是需要竭尽全力。因此，敬业是对刑事辩护律师的基本要求之一。

当事人及其家属投诉较多的一个现象是律师不尽责。律师要做到尽职尽责，就要注意以下几点。

1. 要有始有终，不能虎头蛇尾

有些律师在开始接待客户的时候，为了能够和客户签订委托协议，对客户非常耐心，有问必答，向客户展现了一个热情专业、积极认真的律师形象。

但签订委托协议以后，对客户的一些咨询问题就不愿意再做太多的回答，总是说这个案件交给律师就行了，其他的就不要问了，说了也不懂，就耐心等结果吧；或者简单敷衍几句，就把当事人打发了，给客户留下非常冷淡的形象。

辩护律师一定要改变这种现象，要坚持始终如一，不能虎头蛇尾。

2. 要保持联系畅通，不能让当事人找不着你

很多律师在与客户商谈的前期，联系非常频繁，但在签订委托协议后，客户想找该律师，就经常联系不上，很难见着人。对此，客户的意见非常大。这种现象就成为客户解除委托并投诉的原因之一。

因此，在与客户签订委托协议后，律师必须展现专业的办案形象，必须让当事人随时能找着你。

3. 随时通报工作进展，不能让客户稀里糊涂

律师和客户之间不仅要保持联系畅通，还应与当事人保持联系，而且还要变被动为主动，将律师辩护过程中一些重要环节的工作情况，以及案件的进展及时通报给当事人及其家属。

要让自己的工作留痕，随时能让当事人及其家属看得见我们的工作过程。不能让客户对律师做了哪些工作稀里糊涂，一无所知。

4. 积极会见，不能让当事人见不着律师

当事人被羁押在看守所里，最希望见到的人就是律师，无论是否有意见交流，他们总是希望能够多见律师几次，特别是当他们有一些想法和律师沟通的时候，或很长时间没有见到律师的时候，他们更是希望尽快见到律师。

如果律师长期不去见他们，他们的意见就会很大，当然，家属更是这样，希望律师多去见当事人。

我们有些律师对会见当事人不太重视，认为没有必要过多会见。有些律师就是因为不去会见而被当事人解除了委托。

5. 充分表达意见，不能让当事人认为你不替他说话

当事人及其家属不是专业人士，他们判断律师的标准就是看律师是不是为他们说话，他们总是认为律师说的多就是为他们想的多，说的不多，就是没有为他们着想，也就是没有尽职尽责。

尽管这个观点不一定正确，但如果仅凭直观感觉来说，也有一定的道理。客户花钱请律师，特别是请大牌律师，总是希望律师能够为他们多说几句。如果律师在与办案机关打交道的过程中，说话不多，发言不够充分，当事人或家属还是能够感受到的。

我们在二审辩护案件中经常能感受到，当事人及其家属对一审律师最大的意见就是，律师在法庭上几乎没说什么，他们感到非常不平衡，认为花了这么多钱请来的律师，在该说话时，没说几句话，太不值当。

当事人或家属也知道案件的处理结果不是律师说了算，但他们有一个希望，就是律师在法庭上能够多说几句，把他们想说而不方便说的，或者想表达而不会表达的想法，在法庭上都说出来，这样才不枉费他们请律师的意义。

所以，辩护律师在发表意见之前，应当对有关案件的证据材料等进行透彻分析，对辩护观点也要透彻周全地进行思考，在表达相关意见时，也要透彻全面，特别是不能遗漏重要的问题和观点。

专业服务，让人信服

刑事辩护服务的专业化，是实现客户委托目的的基本保证。法律的内容极为丰富，包罗万象，法律服务是一项专业性、实践性极强的工作，需要律师有深厚的法律知识和丰富的实践经验。在工作中通常体现在以下几个方面。

1. 不能说外行话

客户对律师是否专业的判断，通常就是听你说的话。如果他觉得你说的话不在理，就会产生水平不高的印象。

2. 不能让办案人员对你的专业水准有负面评价

在律师和办案人员沟通接触的过程中，会给办案人员留下一定的印象，如果律师的专业能力给办案人员留下了不好的印象，就会有损律师的专业形象。

如果这种不好的印象传到当事人及其家属的耳朵里，对律师就更加不利了。因为有的办案人员，无论是有意的还是无意的，会对律师专业水准作出评价，这些评价有可能会让当事人及其家属听到。所以律师在和办案人员接触时，一定要深思熟虑后再说话，说出去的话都要有根有据，有一定的水平。

3. 法庭的表现

庭审中的法庭辩论是辩护律师的主战场，当事人及其家属对律师的希望都寄托在这个主战场上，律师的形象最终也会通过法庭辩论这一形式展现出来，辩护律师的形象也将会定格在法庭辩论这一环节。

因此，无论是从律师辩护的职能、当事人的期望，还是从律师的形象来说，法庭辩论都是非常重要的，辩护律师在法庭上的表现必须有相当的分量。

依法辩护，不触红线

依法是律师辩护的底线，如果律师在辩护工作中越过了这个底线，实施了违法行为，不仅会给客户留下投诉的把柄，也会给自己带来刑事风险。为了做到依法辩护，应当特别注意，在律师的工作中，要做到以下几点。

1. 不私下收取律师费

律师从客户那里收取律师费不交给事务所或者不全部交给事务所，这种情况还是比较常见的，也是律师受到处分的原因之一。

对于律师的这种行为，有的客户不知情，有的客户知情，有的甚至是客户怂恿律师这么做的。

辩护律师私下收费的行为，会成为客户手中的把柄。一旦客户和律师发生矛盾和争议，就会拿这个来说事，甚至以此为由进行投诉。

2. 不搞公关，不收取活动费

律师向客户收取费用搞协调，搞公关，这种行为是最危险的。如果律师把钱送出去搞公关了，有可能涉嫌行贿；如果律师没有把钱送出去，自己占有了，就有可能涉嫌诈骗。

很多出问题的律师，都是因为以协调关系为名向客户收取费用，最后的结果不如意，客户认为事情办得不理想，认为律师是在骗他，所以就要求退费，之后进行投诉，有的甚至直接向公安机关报案，律师后来就被追究了刑事责任。

3. 不违规传递物品信息

如前文所述，律师在会见当事人时帮助传递纸条，传递物品，这种行为违反了看守所的相关规定，虽然客户不会投诉这种行为，但是传递行为有可能受到看守所的投诉，也有可能引起办案部门的关注，风险很大。

4. 不泄露案情

向当事人家属泄露案情，无论是律师主动泄露，还是应当事人家属的要求被动泄露，都是违规行为，虽然当事人家属不会因此投诉律师，但是这个行为带来的隐患同样很大，甚至也有可能给律师带来牢狱之灾。

5. 不唆使作伪证、假证

辩护律师千万不能在证据问题上，为当事人及其家属支歪招，比如隐瞒、隐藏证据，作假证，教唆指使他人作伪证等；否则，当事人及其家属在证据方面出了问题，都会牵扯到律师，律师就难逃干系。

善于沟通，消除矛盾

如果律师和客户的关系发生了问题，律师一定要及时沟通，查明问题所在，并采取相应的措施，及时解决这些问题。最好是及时发现问题的苗头，要把问题解决在萌芽状态，不要让事态扩大。

如果是双方产生了误会，就要及时说明，消除误会；如果是律师工作有问题，也要及时解决，获得客户的谅解。

解除委托，放弃代理

如果发现客户对承办律师不满意，双方可以及时协商，更换其他承办律师；如果发现客户对整个律师事务所都不满意，丧失了基本信任，律师就应当及时解除委托，放弃该案。

底层逻辑

诚信是律师生存的根本。

敬业是律师赢得客户信任的法宝。

专业化是实现客户委托的基本保证。

依法辩护是律师的护身符。

让客户的信任贯穿整个辩护过程

律师因为当事人投诉而受到处分的情形有很多，从律协通报的情况来看，当事人投诉的主要情形是打包票、不诚信、不专业、不尽职。

除了遭到投诉外，甚至还有一些律师因为不被信任而被当庭解聘。这种当庭被解聘的情形会使辩护律师非常尴尬，律师的整体形象也难免会受到影响。

对辩护律师来说，不要认为签订了委托协议，就万事大吉了。实际上接受委托仅是第一步。

接受委托以后如何继续赢得当事人及其家属的信任，维持双方良好的信任关系，陪伴当事人一路走下去，把委托的事项进行到底，这才是辩护律师最应该关心的事情。这是摆在我们每一个辩护律师面前的难题，也是对辩护律师最大的考验。

根据我们团队多年来的经验，让当事人及其家属的信任贯穿整个辩护过程，最有效的办法就是，让委托人随时看见你的辩护工作。要做到这一点，需要在以下多个方面下功夫。

打消客户的不当要求

虽然在签订委托协议之前，律师对当事人家属的需求已经有了一定的了解，对他们不合理的、不合适的要求进行了解释，也打消了他们的不当要求。

但是在签订委托协议以后，当事人及其家属还会随着情况的变化不停地提出一些不合理要求。所以辩护律师在和当事人及其家属接触的过程中，对于他们提出的某些不合理要求，仍然要耐心做工作，打消他们的这些念头。

提示风险及须知事项

律师在与客户商谈委托事项的过程中，不仅要了解客户，也应当让客户了解自己，让他们了解刑辩律师的执业规范、工作职责、工作程序和工作特点，以及工作难度。事先应明确告诉客户，哪些事情律师可以做，哪些行为是被禁止的，哪些是律师做不了或做不到的。

同时律师要向客户如实宣传相关法律，对案情的复杂性及案件的走向应尽量进行客观分析，客观发表看法和意见，不能盲目下结论，更要向委托人提示法律风险，避免误导当事人。

为了使客户进一步了解双方在未来合作中应注意的事项及诉讼风险，我们特地把这些事项和风险提示编成了一份文件——《客户委托须知》，在签订委托协议的同时，向客户讲解《客户委托须知》，详细提示风险，讲清在委托中应注意的相关问题，客户理解后，在《客户委托须知》上面签字，并制作风险提示谈话笔录。

制作收案谈话笔录

我们经常可以看到，有些律师签订的委托协议和收案谈话笔录过于简单，有的甚至没有收案谈话记录，后来和客户的沟通和互信出现问题时，就会发生互相扯皮，互相指责等情况。

为了避免出现这种情况，我们在规范收案方面下了大功夫：

一是制定了统一的委托协议范本，协议中明确约定律师在各阶段的具体工作职责及工作方式，特别是对有关解除委托关系的相关问题进行了明确约定。

在签订协议时，为避免因委托协议条款的专业性而导致出现显失公平和重大误解的情况，律师应将协议中的每一个条款逐一向委托人进行解释并记录在案，确保每一个条款都是双方真实意思的表达，不要让委托人对协议条款的内容发生歧义或在事后进行指责。

二是做好收案谈话笔录，将一些不便于在协议中约定的内容记载于谈话笔录中，尽量将双方洽谈和前期沟通的基本内容，以及达成的共识记录在案，并作为合同的附件。

用文字记录将双方的互信关系确定下来，这样的效果非常好。特别是制作收案谈话笔录给客户留下了深刻的印象，客户认为我们的做法非常正规，使他们非常放心。

制订工作计划

为了掌握案件进度，争取工作主动，我们在承接每一起刑事案件后，都会按照法律规定和案件的实际进度情况，制作诉讼进度安排表。

在每一个阶段的节点时间之前，律师都会与案件承办人提前沟通，及时了解案件的进展和办案机关对办案进度的安排。

同时，根据我们对案件进展的了解和预测，对每一个环节应当做的工作，制订工作计划方案。这样我们就能够掌握主动，跟上节奏，跑在前面，也可以防止因安排不周而导致工作脱节，耽误工作等情形的出现。

制作工作记录

为了体现律师的尽职，律师对于重要办案环节所做的工作，都应当留痕，做到辩护工作的有形化，并且，还应当注意让这种留痕和有形化得到当事人及其家属的确认，让当事人及其家属看得见律师的工作。

1. 大事记

首先，辩护律师对每一个案件都应单独制作一个流水账式的大事记，简单完整地记录办案的全过程。

2. 工作记录

其次，对办案过程中每个重要环节的工作都应制作相应的工作记录。律师向办案机关了解案件进度、会见、阅卷、调查取证、申请取保候审、与办案人员沟通辩护意见、研究案件、起草辩护意见、协调开庭以及办理相关手续等事项，都属于各环节的重要工作，对这些工作情况都应制作工作记录。

案子越复杂，周期越长，所做的工作记录就越多。根据我们团队的经验，一个案件至少要制作十多项工作记录，复杂案件的工作记录更是多达几十项。

3. 通报情况

再次，办案过程中，律师应主动及时向当事人和家属通报案件进展和工作情况。

我们团队的辩护律师对于上述这些重要环节所做的工作事项，都会及时向当事人和家属进行通报。

4. 委托方确认

最后，所有的工作记录都应力求让当事人或家属事后签字确认。我们在各项工作后都及时和当事人和家属做了沟通，有的是电话沟通，有的是见面沟通，不管怎样，最好能够让当事人或者家属对这些沟通的情况，并在工作记录上签字确认，以证明他们知道这些工作情况。

建立质量跟踪卡

为了保证辩护律师的办案质量，我们采用了质量跟踪制度，就是制作一种质量跟踪卡，让当事人或者家属在不同的阶段，对律师的工作是否满意进行评价，或者提出需要改进的意见，这张质量跟踪卡经办公室审核后存档。

这种做法实际上是全国优秀律师事务所的评比标准之一，我们正是以这个标准作为我们的工作制度。采用这个制度的好处是既提高了律师的办案质量，也防止了某些当事人的秋后算账。

团队作战

接受委托后，办案律师应组建团队共同办理案件。这种团队作战方式，不仅有利于发挥集体智慧，提高办案质量，而且也不会因某个承办律师的时间错不开，而耽误案件的办理。

封闭办案

我们团队办理刑事案件最大的一个特点就是，案件进入审查起诉阶段以后，我们就会采用封闭式的办案模式。这个模式的特点与专案组相似，就是在办案所在地靠近看守所或者法院的地方找一个酒店，封闭驻扎进行阅卷，封闭办案的时间在一周到两周。

一般来说，我们会在从检察院复制卷宗材料以后的一两周，以及开庭前的一两周这两个特殊的时间段采用这种工作模式。

采用这种封闭式办案模式的优点就是效率高，能够在一段完整的时间内，集中力量，不受干扰地阅卷、会见以研究辩护观点。

当然，是否采用这种酒店封闭式办案的模式，也要视具体情况而定。

多次会见

我们承接的案件，会见次数基本上都在 20 次左右，而且，每次会见前我们都会提前准备好会见提纲，以提高会见效率。

频繁的会见，并不是为了凑出多少会见的次数，而是为了更好地向当事人了解案情，核实证据，沟通辩护思路，以及对当事人进行庭前辅导等。

这种工作方式的效果是，虽然律师很辛苦，但是被告人在法庭上的表现都很顺畅，当事人及其家属对庭审的情况都比较满意。

辩护词数易其稿

提交给法庭的辩护意见不是一次定稿的法律文书，为了更好地维护当事人的利益，律师需要根据掌握的证据情况及会见情况不断地修改调整。

我们起草的辩护意见在庭审发表前一般都要修改好几次，庭审后还要结合庭审情况进行修改调整。

虽然辩护词的起草修改工作，当事人及其家属是看不见的，但是通过庭审的法庭辩论，律师对这项工作的努力和付出，当事人及其家属是能够深刻感受到的。

控制接案数量

客户在聘请律师办理刑事案件时，最担心的一件事就是，律师有没有足够的时间办理自己委托的案件。越是重大复杂的案件，越是聘请有名的辩护律师，客户的这个担忧就越发严重。

这是一个很现实的问题，我们有些律师每年承接的案件多达几十件，有的甚至标榜自己一年办案量过百。我真不知道他们接案以后是怎么办理的，你能十天八天就办理一个案件吗？这显然是很困难的，办案的质量也让人担忧。

正是基于这个原因，为保证案件质量和工作时间，我本人每年参与办理的刑事案件，都控制在一定范围内，以确保每个案件都能有两个月左右的有效工作时间，也就是通过减少办案数量换取办案质量。

对于律师来说，这些工作方法，不仅提高了律师的责任心，而且避免了律师应付、敷衍当事人等不诚信、不尽职的现象。

对于客户来说，这些工作方法使律师的辩护工作变得可视化，使当事人及其家属能够清楚地看见或知道刑辩律师在什么时间都做了哪些工作，能够较好地体现刑辩律师的诚信和敬业，增强委托人对刑辩律师的信任，以及对辩护工作的肯定。

由于律师的工作态度、工作方法和工作过程都非常清楚地呈现在当事人及其家属面前，即使当事人和家属对判决结果不满意，但对律师本身的工作还是满意的，所以不存在因诚信和敬业问题而埋怨律师的情况。

底层逻辑

用文字将客户与律师的互信确定下来。

让律师的辩护工作过程有形化。

让委托人随时“看见”你的辩护工作。

减少办案的数量以换取办案的质量。

客户可能会对结果不满意，但绝不能让客户对辩护工作过程不满意。

第二部分

律师会见

辩护
从看守所
会见开始

律师如何妥善安排会见

很多情况下，律师对会见的整体安排问题不太重视，随心所欲。对于当事人及其家属要求会见的问题也不会妥善处理，要么是随叫随到，无休止地会见；要么就是不愿意会见。很多律师因为没有处理好会见问题，导致与当事人及其家属的关系很紧张，有些律师甚至因为长期不会见而被解除委托。

辩护律师如何妥善安排好会见，确实应当重视。根据实践经验，律师安排会见应处理好以下 6 个事项。

充分理解当事人及其家属的心情

当事人及其家属总是希望律师会见的次数越多越好，当事人总是希望会见的时间越长越好，有时候甚至恨不得让你和他住在一起。作为辩护律师，要理解当事人及其家属的这种心情。

因为在当事人被羁押期间，按照法律规定和现实情况，当事人的亲戚朋友及同事都不能会见，只有辩护律师才能够见到当事人，而且辩护律师是家属请来为当事人进行辩护的。

所以在当事人及其家属的心目中，律师就是当事人家属的代表，甚至是当事人亲人的象征，是唯一能够与当事人近距离接触，能够平等相处的人，是唯一能同情理解当事人，还要为其辩护的人。

在这种情况下，当事人及其家属对律师就会产生很强烈的心理依赖，主要的表现之一就是希望律师多会见、经常会见。

对于当事人及其家属的这种心理，辩护律师应当多给予体谅，在能够会见的情况下，尽量多会见，会见的时间尽量长一点。

会见工作要有总体计划

1. 总体计划源自会见目的

律师会见的安排是有其内在规律的，遵循这个规律进行妥善安排，有助于及时达到会见的目的，会见的作用才能够得到发挥。

因此，律师对于计划什么时候会见，在每个阶段打算会见几次，多久会见一次，每次会见的目的是什么，应当有自己的总体安排。那种没有计划，没有安排，随心所欲，跟着感觉走，想起来才会见，被催急了才会见的做法，是绝对不行的。实践中，这也是当事人及其家属对律师会见不满意的一个重要原因。

2. 由律师决定会见计划

关于会见的安排问题，还有一个十分重要的问题要处理好，就是会见应当由律师进行安排，而不是由当事人的家属安排。

会见到底应该由当事人的家属安排，还是由律师安排，很多人并不明白，尤其是家属对此更不明白。很多当事人的家属会认为，既然是我聘请了你，你就应该听从我的安排。所以他们会希望律师按照他们的要求，在他们要求的时间进行会见，或者希望律师连续会见。这些现象都是由于他们不了解律师的工作特点导致的。

实际上，律师在什么时候会见，会见需要连续进行多少次，应当由律师根据诉讼的进程、诉讼的节点，以及律师的工作时间进行安排，而不是根据当事人家属的心情和感觉进行安排。

3. 会见前需精心准备

律师在会见之前必须做好准备，不能因为当事人提出要求，而自己没有准备，就匆忙去会见。这种为了会见而会见，纯属走形式，没有任何实质目的。

有些情况下，当事人的家属没有提出会见的要求，而律师主动安排了会见，这就说明律师认为根据案件的进展和律师的工作情况，需要在此时进行会见。

有些时候，当事人以为律师去会见，见完一次就完事了，没想到律师连续会见好几天。这是因为阅完卷以后，律师认为有很多问题需要和当事人沟通，会见一次不能解决问题，需要连续会见两次，甚至连续会见三次以上，律师把阅卷中发现的问题、思考的问题都和当事人沟通了，该阶段的会见任务才算是完成了，会见才能告一段落。

所以何时会见，会见多少次，这些与会见有关的问题，都应当由律师根据案件的进程和辩护的需要确定。

会见计划要与当事人及其家属协商

有些律师对于会见有什么安排、什么时候会见，从不愿意和当事人的家属沟通协商，给他们留下的印象就是想起来了才去会见一次，想不起来就不去；被催急了才去一次，不催就不去，有时候催了也不去。

这样的做法让当事人及其家属非常不满意，不仅不利于及时保护当事人的合法权益，也损害了律师形象。

实践中，大家总结了一个好的做法就是，主动与当事人及其家属沟通会见的安排问题。比如，将律师在什么时间、什么节点会见，会见的频率、会见的次数，遇到其他案件开庭出差等特殊情况时怎么处理等问题，提前向当事人及其家属进行解释和协商，争取得到他们的理解和认同。

从实践的效果来看，经过这样的沟通和协商，当事人就不会提出无休止的会见要求，也不会因为律师的会见问题而要求更换辩护律师。

抓住节点主动会见

1. 抓住节点才能达到会见目的

律师会见中最重要的一点，就是要抓住节点。这是因为会见并不是走形式，每一次会见都是有目的的，抓住了节点，才有可能达到会见的目的，发挥会见的作用，甚至可能事半功倍。错过了节点，有些机会就错过了。

2. 第一次会见越早越好

第一次会见的节点，是越早越好。越早会见，越早为当事人提供法律咨询，就能使其更早地了解自己的行为是否构成了犯罪，知道自己的诉讼权利有哪些，有利于更好地保护其合法权益。

3. 抓住黄金救援期

在侦查阶段，有一个 37 天黄金救援期的说法，犯罪嫌疑人从被刑事拘留到被逮捕，最长有 37 天的时间，这段时间是为嫌疑人提出取保候审或者不批捕意见的最佳时期。若逮捕之后再想变更为取保候审，难度相对而言就会大很多。

但是律师提出意见的前提是必须对案件情况有所了解，只有了解了情况才能做出判断，出具的意见才有依据，这就需要通过会见了解案情。因此在这 37 天内，律师必须抓紧时间尽快会见，尽快了解案情，以便为出具律师意见打下基础。

4. 赶在起诉书制作出来之前会见

审查起诉阶段的节点，是律师必须赶在起诉书制作出来之前，向检察机关提出意见。特别是律师认为不应当起诉的案件，更应该如此。辩护律师应当积极会见，向当事人核实相关证据，听取其的辩解，从而在检察机关的起诉书制作出来之前，向检察机关提出不予起诉的辩护意见。

5. 一审会见应在开庭之前

一审阶段的节点，是辩护律师必须赶在开庭之前，与被告人交流辩护观点，制定辩护策略。

在开庭前会见被告人，还有一个很重要的任务，就是要对其进行庭前辅导，如果错过了这个时机，没有进行庭前辅导，法庭审理过程中就容易出现很多混乱的情形，整体的辩护效果就不会太好。

所以很多情况下，律师会见是为了配合辩护工作的需要而进行的，抓住节点进行会见，也就为律师抓住节点进行辩护创造了有利条件。

当然，在这些节点进行会见，不仅有利于辩护工作的开展，也能对当事人及其家属的心理起到一定的安慰作用，让他们能够看到律师在关键时刻所做的工作，看到律师会见的效果。

会见前要精心准备

会见当然是需要做精心准备的，每一次会见，要谈什么问题，要沟通哪些问题，要解决什么问题，事先都应该做好准备，因为会见的时间是有限的，只有做好精心准备，会见的效率才能够得到保证。而且会见的准备工作，也能够让当事人感受到律师的专业性和尽责精神。

及时沟通会见情况

会见后，要将会见的情况及时与当事人的家属进行沟通，这样能起到两方面的作用：一方面是让当事人的家属知道你做了什么，对你的敬业精神有进一步的感受，在心理上也能够得到相当大的安慰；另一方面也有助于当事人家属为律师的辩护工作提供更好的配合。

底层逻辑

妥善安排好会见工作，不仅是辩护的需要，也是维护好与当事人关系的需要。

律师会见要抓住不同阶段的节点。

律师的会见要让当事人家属“看得见”。

第一次会见

对于律师来说，第一次会见的主要目的就是获得当事人的信任，让他接受并确认你担任他的辩护人，因此，第一次会见对律师来说至关重要。

当然，第一次会见对于当事人也至关重要，因为尽早确定辩护律师，便能及时获得律师的专业帮助，如果辩护律师长期定不下来，当事人的合法权益也就不能得到及时保护。

根据大多数律师的成功经验，律师第一次会见，应该着重处理好以下两个方面的问题。

会见前充分准备

在当事人的家属到事务所商谈委托事宜前，为了获得他们的信任，律师需要做好充分准备。与此同理，为了获得当事人本人的信任，最终成功获得委托，律师在第一次会见当事人之前，也要做好充分准备。

1. 了解案件情况

很多当事人的家属来找律师的时候，当事人刚被带走不久，案件正处于侦查阶段，律师看不到卷宗材料，对案件情况不了解，所以在第一次会见当事人之前，应当先向家属了解有关的案件情况。

如果案件的当事人是有一定背景的企业家或者官员，律师对他们的案件情况更应该提前进行了解，并且有针对性地做些准备，这样在会见的时候，才能够顺畅地找到与当事人沟通的话题，也有助于赢得当事人对律师的信任。

2. 了解当事人的工作情况

对当事人的工作情况，律师也应当有一个大致的了解，特别是在当事人的家属对案件情况也一点都不了解的情况下，更要详细了解当事人的工作情况。如果当事人是企业家，律师对企业的经营业务、股东合作、竞争对手等情况都应有所了解。掌握这些情况有助于律师对当事人案件的范围做一个大致的预判，以便提前有针对性地为会见做些准备。

3. 了解当事人的家庭情况及性格

很多情况下，当事人对选择律师会有自己的想法，而当事人的家庭情况及个人性格，对他选择什么样的律师，可能会产生很大的影响，有时甚至是决定性的作用。

因此，律师在会见之前，对当事人的家庭情况及个人性格也应当做些了解。律师掌握了这些情况，对于当事人见到律师时的心态和想法，就能有个大致的判断，可以适当地调整会见时的谈话策略，营造融洽的谈话气氛，这对促进双方的顺畅沟通以及获得信任，能够起到非常重要的作用。

有些律师在会见时未能取得当事人的信任，最后当事人不愿意委托，就是由于话不投机、沟通不对路等原因造成的。

4. 有针对性地准备法律知识

辩护律师在会见当事人的时候，一般会向当事人提供两方面的法律咨询。

一方面是程序问题的法律咨询，也就是对刑事诉讼的流程以及当事人的诉讼权利等程序方面的事项提供法律咨询；另一方面是实体问题的法律咨询，而且这可能是更为重要的法律咨询。当事人会向律师提出一些实体性的问题，也就是帮助他分析涉案的情况是否构成犯罪、是否严重、会判多少年，有的当事人也会询问律师对辩护是否有把握等。

律师回答这些问题的前提，就是要知道涉案的罪名是什么，知道了涉案的罪名以后，还需要对相应的实体法律规定有一定的了解，才能做出正确的回答。

所以律师在会见之前，一定要对当事人可能涉及的问题进行预测，并且根据这些预测，有针对性地对相应的法律规定进行研究。只有做足了这些准备功课，律师在会见时才能够掌握主动权，才有可能取得当事人的信任。

会见时沟通的重点

第一次会见的主要目的，是确定委托关系。要想达到这个目的，就必须获得当事人的信任，在彼此互不相识的情况下要想获得信任，只有通过良好的沟通才有可能实现。为此，律师特别要注意做好以下几个问题的沟通。

1. 做好自我介绍

当事人事前不认识律师，为了获取当事人的信任，律师就必须进行自我介绍，让当事人对律师的情况有所了解。

当事人被羁押在看守所，他的心情与外边的人完全不同，看待律师的眼光也不同，所以，律师在会见前应当考虑好如何介绍好自己，要介绍自己有什么特点，有哪些特长，应当让当事人了解自己的哪些信息，这也是为什么我们强调在会见前要了解当事人性格的原因。

律师在自我介绍时，也要有一定的策略和重点，要介绍自己的长处和特点，让当事人感觉到你就是当事人要找的那个律师。

第一次会见当事人，律师要稳重大方，不要随意乱说话，也不能说狂话和大话，更不能说一些无知幼稚的话。而且还要努力拉近双方的距离，让当事人感受到你的关心和温暖，要让当事人产生亲切感，千万不能造成双方情绪的对立。

只有当事人对你有一个良好的印象，才有可能委托你担任辩护律师。如果当事人对你印象不好，认为你的水平太差，或认为你的气场太弱，或认为与你的沟通不对路，你就很难成为他的辩护律师。

2. 说明委托经过

律师第一次会见当事人，一般都是家属委托的，但你是通过哪个家属委托的，委托你的家属又是通过什么关系找到你的，当事人对这些情况有时也很关注。特别是家庭关系复杂的当事人，对这些情况更是关注，有时候这些情况甚至会影响到当事人对你是否认可。

在看守所会见当事人的时候，不仅要介绍自己的情况，对于自己是如何获得委托的情况也要介绍清楚。否则，一旦当事人对你产生了警惕和防范，就不会信任你，甚至对你的来路产生怀疑。

所以，在当事人的家属找到你，与你协商委托事宜的时候，一定要了解当事人的家庭情况，了解委托你的家属与当事人的关系，了解这个家属是如何找到你的。要事先进行一些评估，做好应对策略。

3. 提供程序法律帮助

为当事人提供法律咨询，是律师会见当事人时要做的一项重要工作。其中的一项重要内容就是要向当事人介绍有关诉讼程序方面的规定。

有些当事人对这个问题没有任何意识，所以不会想到询问这方面的问题，这时律师就应当主动介绍，这是所有刑事案件的辩护律师在会见时都要开展的工作。无论当事人是否询问，律师都要介绍这方面的内容。

律师可以通过解答当事人在诉讼程序方面的困惑，让他们对诉讼的期限有一个明确的认识和合理的心理预期，否则便容易产生不必要的烦躁心理。

当然律师更要向他们介绍当事人在各个阶段的诉讼权利和义务，向他们介绍在接受调查或讯问时应当注意的事项。

4. 提供实体法律帮助

每一个当事人都会关心自己的行为是否构成犯罪；如果构成犯罪，是否严重、会判多少年等，这些问题都涉及实体法的问题。

律师在第一次会见时，要想对这些问题有比较清楚的回答，就要事先对相关实体法的问题进行研究。如果没有事先准备，会见时涉及某个罪名的问题时，你的分析就很难说到点子上，当事人就会认为你不专业，也就很难认可并委托你作为他的辩护律师。

底层逻辑

当事人的家属委托你，只能表明你有可能成为当事人的辩护人。
律师要成为当事人的辩护人，就必须获得当事人本人的确认。
第一次会见至关重要，它关系到你能否成为当事人的辩护律师。
会见前的准备是否充分，关系到你能否获得当事人的信任。

律师有效会见的基本要点

会见是辩护律师的基础性工作，也是非常重要的工作。高质量的会见，不仅有利于律师了解案情，核实证据，听取辩解，而且也会对辩护观点及辩护策略的形成起到极其重要的作用。

但是很多辩护律师仅把会见当作一项普通的工作，对会见的重要性以及会见的技巧不太重视，会见极其不专业，有的会见就变成了聊天和亲情探望，没有发挥其应有的作用。这种现象应当改变。

根据我们的经验和观察，要想做到有效会见，必须把握好以下 5 点。

处理好几类律师会见的关系

1. 了解几类律师会见的区别

当事人最多可以委托两名辩护律师，如果委托了两名律师，这两名律师多数情况下都会来自同一家事务所，这两名律师的主要职责就是为当事人辩护。

但是有些情况下，当事人同律师除了商谈与辩护有关的法律问题外，可能还需要商谈家庭事务或者公司事务，出于某些原因，商谈家庭事务和公司事务的律师，就有可能从其他的律师事务所聘请，而这些律师也需要会见当事人。

根据会见的目的，律师会见当事人可分为以下几类。

（1）辩护会见

所谓辩护会见，是指辩护律师接受委托后，为了维护当事人的合法权益，为当事人进行辩护而会见当事人。这类会见的主要内容包括了解案情、核实证据、研究辩护观点等与辩护有关的活动。

（2）亲情会见

在实际操作中，很多律师会见的目的就是代表家属对当事人进行安抚，其主要内容就是向当事人介绍家里的一些情况，传达家属的关心，了解其本人的身体情况，以及是否需要家属寄衣物、寄钱等生活方面的问题。

这类会见，虽然律师是以辩护人的身份进行的，但是其会见的内容和目的都与辩护无关，这种类型的会见活动在律师行业内被称为亲情会见。

很多律师守在看守所附近，主要业务就是进行亲情会见，这样的亲情会见，大多数采取会见一次结算一次的方式。

亲情会见可以解决当事人与家属之间的亲情沟通和一些家庭事务问题，同时也可以减少辩护律师会见的工作量，有一定的合理性。但是亲情会见增加了会见的人数和会见的次数，加剧了会见场所的紧张程度，这也是有些看守所对会见时间进行限制的原因之一。

（3）事务会见

有一些当事人是企业家，在被羁押期间，需要详细地了解和指导企业的经营活动，甚至还要签署相关的企业文件，这就需要律师经常性地会见，向其传达公司事务方面的信息。

辩护律师不可能有太多的时间频繁会见当事人，所以很多当事人就想了一个折中方案，让辩护律师只占用一个名额，另外腾出一个名额，聘请一名事务律师，专门用来沟通公司方面的事务，或者让当事人的法律顾问以辩护人的身份进行会见，帮其沟通和处理公司事务。这样的会见，我们就称为事务会见。这样的律师会见可以会见一次结算一次，也可以按阶段结算。

2. 几类不同律师会见的协调处理

在有不同律师需要会见的情况下，会见就变得复杂起来，辩护律师必须根据案件需要，处理好与其他律师会见的关系。实践中有几个操作方法可以参考。

（1）侦查阶段让出一个会见名额

遇到亲情会见或者事务会见等情况时，一般都需要辩护律师配合，适当地做出变通处理。由于在侦查阶段，辩护律师不需要经常性地会见当事人，而且辩护律师在该阶段会见的工作量也不太大，所以可以腾出一个名额让给非辩护律师会见。

（2）审查起诉阶段要保证辩护律师会见

到了审查起诉阶段，辩护律师阅完卷以后就要开始与当事人核对相关证据，需要会见的次数就会多起来。只有一名辩护律师会见可能忙不过来，根据案件需要，非辩护律师可能就要让出会见名额。

（3）一审开庭审理之前，停止非辩护律师会见

特别是案件进入审判阶段以后，辩护律师与当事人商量的事情比较多，需要高频率会见，事务会见或亲情会见就必须停止，给辩护会见让路。

根据目的确定会见内容

辩护律师在不同的阶段，会见当事人的目的是不一样的，会见的内容当然也就不同。

比如，在侦查阶段，会见的主要目的就是了解案情，提供法律咨询；在审查起诉阶段，会见的目的就是核实证据，听取当事人对事实以及证据的分析意见，听取当事人的辩解；在审判阶段，会见的主要目的就是研究辩护观点和辩护策略，并且对被告人进行庭前辅导。

即使是每一次会见之间，其目的和内容也并不相同。比如，第二次会见和第一次会见的目的和内容就有很大的区别，收到一审判决书后 10 日内的会见与平常的会见也完全不同。

所以律师每次在会见之前都要明确，这次会见是处于什么阶段，会见的目的是什么，要向当事人提问哪些问题，要沟通哪些问题，要解决哪些问题。

如果律师不考虑这些问题，会见就成了没有目的的会见，会见的内容也无法事先确定，会见时就只能跟着感觉走，这样的会见效

率不高，也无法实现会见的目的。实践中这样的现象并不少见，这种做法显然是错误的。

事先准备会见提纲

很多律师在会见之前不愿意做准备，喜欢到看守所以后随机应变，想到什么问题就谈什么问题；有些律师虽然也会考虑会见时该谈些什么问题，但也就是在头脑里转一转，大致想想要谈哪些方面的问题，也没有做更进一步的深入思考。这些做法当然都会影响会见的效率，也不能有效发挥会见的作用。

我们建议正确的做法如下。

1. 认真思考会见时谈什么话题

每次会见时，想完成哪些工作事项，想谈什么话题，向当事人沟通什么事项，提出什么问题，怎样发问，这些问题不仅要在会见前认真思考，而且还要列出会见提纲。列出会见提纲的过程，也是对案件进一步熟悉和思考的过程。

2. 按问题环节对会见提纲进行划分

根据案件事实进展的环节或者情节进行划分，列出会见要问哪几大类问题的提纲。比如，我们在准备一起徇私枉法案的会见问话提纲时，按照起诉书指控的事实进展过程，划分 8 个指控环节，这 8 个指控环节就是会见提纲中要了解的八大类问题。

在每一类问题中，再针对每一个指控的环节，结合卷宗材料的内容进行思考，列出需要进一步了解的具体问题。

这样的划分过程，也是一个根据问题的内在逻辑进行提炼的过程，这样的会见提纲逻辑清楚，也不会遗漏重要问题。

3. 会见时问话顺序可能会被打乱

虽然我们制作了会见问话提纲，但是也不能太呆板，因为在会见时，你提出一个问题后，当事人可能会围绕这个问题展开，回答很多提纲中没有涉及的问题。

当事人有时想说的问题，与律师正在问的问题无关，但是如果你不让他说，过一会再说他可能就忘记了，所以你要允许当事人按照自己的思路表述，当然这种情况就打乱了你的问话思路。

当事人之所以会打乱律师的问话思路，就是其本人认为有比较紧急的、比较重要的事情要先说，律师不仅要让当事人把话说完，还要把当事人所说的内容及时记录下来，待其把问题讲完以后，再引导他回到律师原来的思路上，按照提纲中的顺序继续发问。

做好会见笔录

很多辩护律师会见时，不爱做谈话笔录，有的至多是拿一张纸随便记几个重点，有的则什么都不记，这样的会见极有可能就变成了一种漫谈聊天。

即便会见中谈了法律问题，也谈了专业问题，即便是当事人对某些问题做了辩解，但由于没有记录，会见结束后，很多问题可能仍被遗忘了，会见的作用就会大打折扣，对我们以后的辩护所起的作用就变小了，起不到会见应有的作用，也很难达到会见的目的。

会见后梳理会见笔录

会见后对笔录记载的内容要及时梳理，对相关问题要进行核对、调查和研究。主要包括如下环节。

1. 下次会见需要回复的问题

在会见中，律师和当事人谈了很多问题，其中有很多问题需要在会见结束以后进一步弄清楚，在下一次会见时回复当事人。

有些问题可能需要律师在会见结束后通过阅卷查清楚，有些问题可能需要通过家属问清楚，有些问题可能需要通过进一步研究法律规定弄清楚。

2. 下次会见需要再问的问题

有时在会见中，律师和当事人虽然谈到了某些话题，也问到了某些问题，但是回来整理会见笔录时，却发现还是不太清楚，需要进一步问清楚，对于这样的问题，应当单独梳理出来，列入下一次会见的问话提纲中。

3. 梳理口供中的错误

辩护律师在会见当事人时，一般会将当事人的讯问笔录同其本人进行核实，当事人如果认为讯问笔录中记载的某些内容是错误的，他就会指出来，并且还会解释为什么这些内容是错误的。

对于这样的情况，律师在会见结束后，应当把当事人认为有错误的地方梳理出来，以便作为重点内容进行研究，在之后的会见中进一步核实确认。

4. 将需要进一步查实的问题梳理出来

在某一次的会见中，不可能把所有的问题都问到，所以在每次会见结束，对会见笔录进行梳理以后，就要考虑还有哪些问题在这次会见中没有弄清楚，需要进一步查实，把这种需要进一步查实的问题梳理出来，继续查实。

5. 列出需要进一步研究的问题清单

律师在会见的时候，除了了解案情、核实证据之外，还会交流很多看法。尽管如此，我们在会见结束，梳理会见笔录时也会发现，还有很多问题需要进一步研究。我们可以将这些需要进一步研究的问题梳理出来，以后专门进行研究。

底层逻辑

有效会见，需要根据会见的目的确定会见的内容。

准备会见提纲，做好会见记录，有助于提高会见效率，实现会见目的。

梳理会见笔录，可以扩大和延伸会见的作用。

会见应围绕目的进行

有效的会见是有目的的，在不同的阶段会见的目的不同，会见沟通交流的内容当然也不同。

在实际操作中，很多律师不太重视这个问题，通常表现为：

有些律师为了会见而会见，会见的内容跟着感觉走；有些律师是因当事人家属催促不得不去会见；有些律师不愿意为当事人分析案情，只是让当事人等待；有些律师即使愿意和当事人沟通案情，也只是听当事人说，不愿为当事人分析辩护策略；有些律师和当事人沟通的话题翻来覆去就是那么几句……

经验丰富的律师都知道，律师在不同的阶段，工作重心不同，会见的目的也不同，会见的内容应该紧紧围绕这些重点展开。

侦查阶段的会见

一般来说，律师在侦查阶段会见当事人，要达到以下 3 个目的。

1. 了解案情

律师为当事人进行辩护、提供法律帮助的前提是必须了解当事人的涉案情况。在侦查阶段，辩护律师几乎看不到任何与案件有关的材料，即便向办案机关询问，也不会了解到太多信息，唯一了解情况的渠道就是会见当事人。

所以，从辩护律师的角度来看，在侦查阶段，最重要的工作任务就是了解案情，这也是律师会见的主要目的，所以律师在侦查阶段会见的问话提纲，就应该根据这个思路进行设定。

2. 提供法律咨询

当然，辩护律师在这个阶段还有一个重要的任务，就是要为当事人提供法律咨询。

辩护律师只有对案情有了一定的了解，也就是通过会见了解到当事人可能涉及的罪名后，才能更有针对性地为其提供法律咨询。

提供法律咨询还包括一个重要的内容就是告知当事人在诉讼阶段的权利和义务，以避免其合法权益在侦查阶段受到侵害。

3. 代为控告和检举

所谓代为控告，是指当事人被采取强制措施或被羁押期间，或者被询问讯问期间，当事人的人身和诉讼权利受到了办案人员或者看守人员的非法侵害，辩护律师代其向有关部门进行控告的情形。

所谓代为检举，是指当事人对其他人的违法犯罪行为通过辩护律师进行检举揭发的情形。

审查起诉阶段的会见

在审查起诉阶段，律师会见当事人，要达到以下两个目的。

1. 核实证据

在审查起诉阶段，律师就可以查阅复制卷宗材料了。经过阅卷后，律师对案件事实有了深入的了解，对证据材料也进行了研究，就会形成自己的意见和看法。

当然，毕竟嫌疑人才是案件的当事人，对案件的事实和证据比律师更清楚，更有发言权。所以辩护律师应当与当事人对这些证据进行核实，听取当事人对这些证据的意见，为发表举证质证意见奠定基础，这是辩护律师在审查起诉阶段会见当事人的主要目的，也是主要工作。

2. 听取辩解

律师在审查起诉阶段还有一个重要任务就是听取当事人的辩解。因为在这个阶段，侦查已经终结，侦查机关的起诉意见书已经入卷，侦查机关对当事人的指控内容已很清楚，证据材料也已经收集在案。

在这种情况下，辩护人当然要听取当事人对指控的辩解，听取其对有关情况的解释。这也是律师在审查起诉阶段会见当事人的重要目的和任务。

一审阶段的会见

一审阶段，律师会见当事人应当达到两个目的。

1. 沟通辩护观点和辩护策略

刑事案件进入一审阶段后，被告人和辩护律师都会收到起诉书，双方对检察机关的指控内容已非常清楚，对证据材料进行了深入分析，对案件进行了反复研究，各自形成了辩护观点。双方为了较好地配合，更好地发挥辩护的整体力量，在开庭前应当对辩护观点和辩护策略进行沟通研究。

2. 进行庭前辅导

当然，在开庭前，辩护律师还有一个重要任务就是要对当事人进行庭前辅导。

辩护律师之所以要做这项工作，是因为被告人对庭审程序不熟，不知道怎样应对庭审，开庭时情绪难免就会高度紧张。这种情况下，被告人也不可能正常地进行回答、举证及自我辩护，其辩护权就不能得到有效的行使，而且也会影响庭审的正常进行。

为了帮助当事人熟悉庭审程序，克服紧张情绪，保证庭审顺畅进行，辩护律师有必要对被告人进行庭前辅导。

特殊的会见

1. 第一次会见

律师不管在哪个阶段接受委托，第一次会见当事人的目的与之后的会见都有很大的区别，其最主要的目的就是与当事人沟通，获得当事人对其辩护人身份的认可和确认。

2. 一审判决后的会见

收到一审判决书后 10 日内的会见与之前的会见也完全不同，律师会见的主要目的就是要告知当事人享有上诉权，对上诉的事宜进行辅导，确保其对上诉权的正确理解和行使，有些情况下，律师可能还要代为书写上诉状。

3. 其他特殊的会见

此外，还有二审阶段的会见，以及死刑复核阶段的会见，其会见目的和内容与一审阶段也有很大的不同。

底层逻辑

有效的会见是有目的的会见。

会见目的不同，决定了会见内容的不同。

不同阶段，会见目的和会见内容各不相同。

及时梳理会见笔录

很多辩护律师会见后，以为会见的工作就结束了，不知道围绕该次会见还有很多工作要做，更不知道会见结束以后应当对会见笔录进行梳理，对相应的问题做进一步的研究和安排。

经验丰富的律师都知道，会见后及时对会见笔录进行梳理这项工作非常重要，这不仅可以巩固会见成果，而且还可以根据梳理的情况安排进一步的工作，使会见工作和其他工作有机结合起来，让会见的效果得到延伸扩大，为之后的有效辩护打下良好基础。

根据我们的实践，应当从以下 5 个方面对会见笔录的内容进行梳理。

补齐会见的内容

因为会见的时间有限，为了提高会见效率，有时候律师在做会见笔录时，对很多问题只是进行了简要的记录，或者只是记录了一些关键词，并没有记录完整的内容。因此，会见结束后，辩护律师应当在第一时间对这些简要记录的笔录中内容不全的部分进行回忆，把笔录的内容补齐补全，防止遗忘，这样对于我们以后思考问题更有帮助。

梳理需要进一步查清的问题

律师在会见时和当事人沟通了很多问题，有些问题当事人能够说清楚，也有些问题当事人暂时还不能说清楚，或者无法说清楚，需要在会见结束以后，进一步查清楚。

这些问题有些是需要通过进一步阅卷了解的问题，有些是需要通过向其他人进行调查了解的问题，还有些是需要通过查找其他资料了解的问题。而且，这些问题中有些是当事人急于想弄明白的问题，需要辩护律师在下一次会见时给予回复，有些是需要花费一定的时间才能了解清楚的问题。

查清或了解这些问题，对辩护律师和当事人了解案情，熟悉证据，研究辩护思路都非常重要。

为了防止遗忘，在会见结束后，就必须及时进行梳理，把这些问题单列出来，并且制订一个工作计划逐步查清。

对于需要下次会见给予回复的问题，应当抓紧时间查阅资料了解清楚，在下次会见时给予答复。如果我们不把这些问题单列出来，就很容易遗忘，等到下次会见，当事人问到这个问题时，你就无法回应。这样不仅会影响工作效率，而且也可能影响当事人对你的印象和评价。如果多次犯这样的错误，当事人可能就会解除对你的委托。

梳理当事人辩解和辩护观点

辩护律师和当事人沟通案情，核实证据，研究辩护观点时，当事人会对很多问题作出他的辩解，也会谈他对这个问题的看法和辩护观点，当事人的这些辩解和观点，有可能就是我们思考辩护观点的前提。因此，我们要对当事人的这些辩解和观点中存在的疑虑反复进行追问，让他说清说透其中的理由和道理，要让人能够听明白，并能够接受他的辩解和观点。

当然，辩护律师和当事人经过沟通，对于某些问题的看法，可能会达成共识，而这些达成共识的观点，可能就是我们将来辩护观点的基础。

为了以后进一步深入研究辩护观点，构建我们的辩护思路，我们在会见结束后，应当对当事人的辩解和观点进行梳理，特别是对那些达成共识的观点，要单独梳理出来，进一步进行思考，为我们以后系统研究辩护观点，形成辩护框架思路奠定基础。

梳理没有考虑清楚的问题

在会见中，辩护人和当事人经过沟通，对有些问题还没有研究透彻，没有形成观点，还存在疑虑和疑问；对有些问题也没有形成共识，还需要反复思考，需要进一步进行研究。

这些问题有的可能是事实和证据问题，有的可能是法律问题，这些问题可能就是案件的难点问题，就是控辩焦点问题。在会见结束以后，律师也要将这些问题梳理出来，进行专门的重点研究。

梳理当事人否认供述的内容

在会见时，辩护律师有一个很重要的工作，就是要把当事人的讯问笔录向其本人进行核实。

在核实的时候，如果当事人对某些供述内容予以否认，对这些否认的理由，一定要问清楚，要让其讲明白。对于这些否认的内容，在会见结束后，应当进行梳理，专门列出来。

由于这些问题涉及对口供真实性的评价，而且将是法庭举证质证阶段的重要内容，当事人对这些否认的内容有时不一定能完全记住，所以，在开庭前的会见中，还应当再进行一次确认。也就是说，在庭前辅导的时候，应当就他否定的问题进行专题辅导，否则有很多问题就会被遗漏，也有很多问题就很难处理。

比如，在庭审的法庭调查阶段，如果公诉人问："被告人，你原来的供述是真实的吗？"如果被告人说是真实的，其实他对某些内容又是否定的；如果被告人回答说基本上是真实的，但有些内容不是真实的，公诉人就会问有哪些内容是不真实的，被告人可能就说不上来，也可能会说出几点，但也会遗漏很多。总之，会给法官留下一个稀里糊涂的印象。

当然，有些情况下被告人还会担心，如果有些口供不真实，否定这些不真实的口供，就会导致自首被否定，还有可能会被认为认罪态度不好。所以对原来的供述中的某些内容进行否定，就会导致这些问题的产生，如何处理需要进一步思考。

所以，在会见结束后，很有必要把这些问题单列出来，进行专门的研究和辅导。

总之，为了在会见结束后更好地研究这些问题，我们常用的办法就是，把所有的会见笔录重新梳理，形成一份比较全面的会见笔录，然后再把它分成几类问题，按照问题分类合并同类项，单列出来进行专题研究。这样的会见就是一次有效率的、高质量的会见。

底层逻辑

梳理会见笔录，是巩固和深化会见成果的不二法宝。

被告人庭前辅导不可少

在实践中，很多辩护律师从来没有在开庭前对被告人进行过庭前辅导，也没有考虑过这个问题，其主要原因就是他们不知道对被告人进行庭前辅导有何重要性。

经验告诉我们，对被告人进行过庭前辅导，与没有进行过庭前辅导，二者的庭审过程及其效果完全不同，尤其是重大疑难复杂案件的庭前辅导更加必要。

高质量的庭前辅导，不仅可以使被告人少犯错误，对于辩护质量的保障也能起到事半功倍的作用。辩护律师应当重视对被告人进行庭前辅导，庭前辅导的重要性和必要性主要体现在以下 3 个方面。

了解庭审程序，适应法庭审理

法庭审理是非常严肃、非常专业的刑事诉讼活动，即便是法律专业毕业的学生，要想了解庭审活动，也要经常观摩法庭审理，甚至还要进行法庭审理的模拟练习，对于没有参与过庭审活动的普通人来说，这无疑是一件陌生的事情。

法庭审理活动直接关系到被告人的自由、财产甚至生命，因此，被告人在庭审活动中的行为表现如何，利害关系重大。

有些被告人因为对法庭审理的程序不了解，该说话时说不明白，不该说话时随意说话，不听从审判长指挥，与法庭审理的节奏不合拍，严重影响了庭审效率。

有一次我们为一起二审案件进行辩护，会见时被告人和我们谈的很多辩解观点，在一审的辩护词中根本没有体现出来。

我感到非常奇怪便问他："这些内容，一审时在法庭上你说了吗？"他的回答是："没有。"我们又问："为什么不在法庭上说呢？"他回答称："公诉人问话时，有些话我想说，但公诉人不让说，后来我也不知道该不该说，最后就没说。"我们再问："这些问题辩护人没有问过你吗？"他的回答是："辩护人没有问过。"

我们从法院复印的一审庭审笔录中也发现，一审庭审时确实没有涉及这些情况。

由此可见，出现这种情形的原因，是辩护人在一审庭审前没有对被告人进行庭前辅导，有些重要问题也没有与被告人协商沟通，最终导致被告人失去了在一审庭审中进行辩解的机会。

辩护律师在庭审前对被告人进行辅导，使被告人对庭审程序有一定程度的了解，能够帮助被告人最大限度地适应法庭审理，跟上庭审的节奏，有利于提高庭审速度和庭审质量。

克服紧张情绪，正常表达意见

被告人是法庭审理活动中的被审判者，法庭审理关系到被告人的人身自由甚至生命，被告人自然会非常紧张。

很多被告人正是由于过度紧张，无法正常回答问题，对指控证据不能进行有效的质证，对指控的问题也不能作出清晰的辩解，更无法进行高水平的自我辩护。有些人甚至情绪失控，导致庭审活动难以推进。

通过庭审前的辅导，辩护律师可以帮助被告人克服或缓解紧张的情绪，这样，被告人在庭审中便能较为顺畅地回答问题，陈述事实，表达意见和辩解。这样，也有利于法庭查清案件事实，特别是查清对被告人有利的事实，听取被告人的辩解。

避免犯错，陷入被动

庭审是一个相当严肃的诉讼过程，有时候一句话、一个字的表达就有可能影响整个案件的走向及结果，所以，律师和当事人在法庭上所说的每一句话、每一个字都应当慎之又慎。

我们在庭审现场经常发现，一些被告人回答公诉人的问题时，前言不搭后语，甚至自己的辩护人发问也是如此。在一些关键问题上该说清楚的没有说清楚，甚至没有听清楚对方的问话，就做出了错误的回答，导致对被告人极其不利的被动局面。对于这种被动的意外情况，即使辩护人在后面采取了相应的补救措施，有时候也无法挽回。

实践证明，是否经过庭前辅导的被告人在法庭审理过程中的表现是完全不一样的。因此，为取得良好的庭审效果，掌握主动，避免被动，辩护律师在开庭前应当对自己的当事人进行必要的庭前辅导。

底层逻辑

重视开庭前对当事人进行庭前辅导的价值，被告人未经庭前辅导就上法庭，就如同士兵没开过枪就上战场。

被告人庭前辅导的基本内容

对被告人进行庭前辅导虽然很重要，但是很多律师不知道应该辅导什么。因此有必要把一些好的做法进行梳理，以供参考。

根据我们的经验，庭前需要辅导的内容很多，其中主要是向被告人介绍庭审全过程的程序、每个程序的内容以及注意事项，特别是介绍公诉人、辩护人和审判人员发问的不同特点，告知被告人回答问题的正确态度和合适的语气，还要和被告人讨论如何避免庭审时过度紧张，提醒被告人参加庭审活动的禁忌。具体可以从以下 6 个方面进行辅导。

关于庭审程序的辅导

审判长宣布开庭至公诉人宣读起诉书之前这个阶段，虽然用时不会太长，但内容并不少，涉及查明被告人身份，宣布合议庭组成人员、公诉人、辩护人等人员名单，告知被告人的诉讼权利，如是否申请回避、申请调取新的证据、申请证人或专家证人出庭等 10 多项内容。之后，才会进入正式的审理活动。

对某些内容如是否申请回避、是否提出管辖异议、是否申请调取新的证据、是否申请证人出庭等，辩护律师和被告人应在开庭前进行沟通，并在开庭前协商达成一致意见，避免在法庭上出现被告人不知该如何回答的情形，更应避免在法庭上出现被告人与辩护律师意见不一致的情形。

如果案件召开庭前会议，这些内容也是庭前会议要讨论确定的问题。当然，即使召开过庭前会议，这些问题在正式庭审中还是要依照规定进行查明。

关于公诉人宣读起诉书阶段的辅导

审判长在查明上述事项后宣布进入法庭调查阶段，接着便由公诉人宣读起诉书。之后审判长会围绕起诉书的内容向被告人发问。审判长会问什么问题，如何回答这些问题，都是庭前辅导的重点。

辩护律师要让被告人知道，审判长必然会问两个基本问题：

一是审判长会问："你是什么时间收到起诉书的？"或者"你收到的起诉书与公诉人刚才宣读的起诉书的内容是否一致？"这个

问题比较容易回答。

二是审判长会问："你对起诉书指控的事实有无异议？"这个问题比较难回答，庭前辅导时律师要告知被告人掌握一个原则，就是只需进行简要回答，千万不要啰唆。

如果被告人认罪，对起诉书指控的事实没有异议，就可以简要回答"没有异议"；如果被告人对起诉书指控的事实全部不认可或部分不认可，可以简要回答"对起诉书的指控有异议"，并对有异议的地方进行简单陈述。

如何进行简单陈述，辩护人应当根据案件的实际情况对被告人进行辅导。

因为被告人一般不懂如何简单陈述，相反都会进行长篇大论的辩解和解释。一般情况下，审判长会耐心听解释，但多数情况下，审判长会打断被告人的解释，让他简要指出对起诉书中的哪些指控有异议。

如果庭审前不对被告人进行培训辅导，被告人往往就不知如何应对，有些干脆就不说了，从而失去一次很好的辩解机会。

一般来说，被告人只要针对起诉书指控的事实，指明哪些指控不属实即可，并不需要展开全面的论述。至于起诉书的指控错在哪里，为什么不对，正确的事实是什么等，这些内容基本上属于辩护的内容，可以在辩论阶段展开。

当然，如果被告人的概括能力很强，在指出哪些指控不属实的同时，也可以简单地指出正确的事实是什么。

关于发问阶段的辅导

向被告人发问，是法庭调查的主要内容和方式。向被告人发问的不仅有公诉人、审判人员和自己的辩护律师，可能还有其他同案被告人的辩护律师。

公诉人或审判人员向被告人发问，被告人必须回答，这是被告人无法躲避的环节，也是被告人最紧张、最容易出错的环节，庭前辅导的必要性在这个环节体现得最为充分。

1. 关于公诉人的发问

庭前辅导时，要让被告人了解公诉人发问的两个特点。

（1）多是不利于被告人的问题

公诉人向被告人发问，基本上都是不利于被告人的问题，对于被告人有利的问题几乎不会发问，这是公诉人发问的最大特点。这个特点也是由公诉人的角色定位决定的，公诉人向被告人发问的目的就是印证起诉书指控的事实。

（2）仅让被告人回答“是”或“不是”

在被告人回答问题并进行辩解时，公诉人往往会打断被告人，仅让被告人回答“是”或“不是”，不让其进行辩解。对于这种情况，我们在辅导时应明确告诉被告人，该辩解的就要坚持辩解，当然最好简要辩解，不给公诉人再次打断的机会。所以如何简要回答或简要辩解也是庭前辅导的重点。

当然，也要让被告人对公诉人的发问方式有一定的了解，了解后回答问题时便不会过于紧张。

公诉人发问有两种基本方式：一种是直接发问，问具体问题；另一种是先让被告人把主要事实经过讲一遍，然后再具体发问。也有的公诉人会首先问被告人在侦查阶段是不是如实供述。如果被告人回答供述属实，公诉人会继续发问。还有一些公诉人知道被告人不认罪后，就不再发问或简要问几个问题，或者等辩护人发问后再发问。

2. 关于辩护人的发问

要让被告人了解辩护人发问的以下几个特点。

（1）对被告人有利

辩护人发问的问题都是对被告人有利的问题。

（2）与辩护观点相呼应

辩护人是按照辩护思路发问，被告人的回答一般来说也会印证辩护人的辩护观点。

（3）不问新问题

辩护人发问的问题都是在会见中反复发问过的老问题，而不是新问题。

（4）不与公诉人重复

公诉人发问过的问题，辩护人一般不重复发问。

（5）纠偏补漏

对公诉人发问时被告人没有说清楚或者回答错误的问题，辩护人会重新发问，给他一个重新说清楚或纠正的机会。

3. 关于审判人员的发问

审判人员的发问一般也有两种方式：一是在公诉人宣读起诉书后，问被告人对起诉书是否有意见时，一并向被告人发问其他问题；二是在辩护人发问完毕后，认为有些重要事实还没有问清楚，便自行发问。后一种做法是通行的做法。

4. 提醒被告人回答发问时的注意事项

根据庭审的实际情况，被告人在庭审回答问题时，容易犯一些错误，辩护律师对被告人进行庭前辅导时，要提醒被告人注意以下几个事项。

（1）听清问题后再回答

对于公诉人、辩护人和审判人员所提的问题，要听清楚后再回答，如果没听清就应当请求公诉人、辩护人或审判人员重新发问。

（2）回答语速要慢

回答问题时语速要慢，这样做的目的是便于书记员把被告人回答的内容准确完整地记录下来，如果被告人回答的内容没有被记录下来，就失去了回答问题的意义，就等于浪费了一次辩解的机会。

（3）回答重要问题

要内容全面、条理清楚地把重要问题的关键节点说清楚，对于重要的事实，即使记不清原话或者准确的日期，也要把大致内容和大致时间说清楚。

（4）简单回答问题

回答问题要简单明了，不要啰唆没有重点。

（5）如实回答问题

被告人要如实回答问题，对于记不清的事实，就如实回答记不清了。

（6）回答同一问题，答案应当相同

对于某一个具体问题，公诉人、辩护人或审判人员可能会从不同的角度向被告人发问，被告人的答案都应该是一样的，而不能每一次回答都不一样，前后矛盾。

（7）回答问题时情绪不要对立

被告人回答问题时态度要诚恳，语气要和缓，不要和公诉人和审判人员形成对立情绪。

（8）回答问题要注意表达方式

被告人回答问题、发表意见时，要注意表达方式，尽量不要使用反问句，使用反问句会让人觉得态度不好，甚至会被认为你很嚣张。

关于举证质证阶段的辅导

首先要让被告人了解什么叫举证质证，以及举证质证的程序。当然，对被告人进行辅导的重点是要让被告人了解控方举证的方式，以及被告人如何发表质证意见，具体要点如下。

1. 控方可能单个举证，也可能分组举证

对重大复杂案件，公诉人一般会采用分组举证的方式。至于如何分组，具体案件中的做法各有不同。

把上述情况告知被告人的目的是让他事先有心理准备，公诉人举证时，内容庞杂，被告人要抓住与自己有直接关系的证据作为重点，认真思考，发表质证意见。

2. 要听清控方举证的内容

对于控方所举证据的内容或举证意见，如果没有听清，可以请求公诉人重新宣读或再说一遍。

3. 可以要求阅读客观书证

如果控方在举证时举出的是客观书证，可以要求阅读该客观书证。

4. 要及时发表质证意见

在公诉人举证并发表举证意见后，被告人可以对证据发表质证意见。实践中，有些被告人不太重视质证的权利，有些被告人不知道怎样发表质证意见，所以，辅导被告人如何发表质证意见，是辩护律师进行庭前辅导的重要工作。

要让被告人明白，所谓发表质证意见，就是针对控方出示或宣读的证据，对其认为证据中不符合事实或错误的内容发表意见，要讲清楚错在哪里，真实情况是怎样的。

5. 辩护人最后发表质证意见

要告知被告人，在被告人发表质证意见以后，辩护律师也会发表质证意见，对被告人发表质证意见时遗漏的、不全面的地方，辩护律师会进行补充。这样，被告人的心理负担就不会过重，庭审的紧张情绪也会缓解一些。

关于法庭辩论阶段的辅导

1. 告知辩论程序

要让被告人了解法庭辩论的程序是先由公诉人发表公诉意见，然后是被告人自行辩护，最后才是辩护人辩护。有些情况下可能还会有第二轮辩论。

2. 确定被告人是否自行辩护

庭前辅导的重点是要确定被告人是否准备当庭自行辩护。辅导时一定要向被告人讲明，其有权利自行辩护，也可以放弃这个权利，由辩护律师进行辩护。

关于被告人是否自行辩护，庭审前辩护律师和被告人应事先确定。当然被告人也可以当庭放弃自行辩护。

3. 辅导自行辩护的观点

如果被告人有自行辩护的想法，就要进一步予以辅导，要告知被告人自行辩护时主要针对起诉书、公诉意见指控的事实或观点发表辩解意见，也就是要抓住起诉书和公诉意见中不对的地方，在自行辩护时有针对性地指出来。双方在开庭前应对被告人自行辩护的观点进行沟通。

关于最后陈述阶段的辅导

最后陈述是被告人的权利，但也要让被告人清楚，最后陈述主要是表明本人对案件的态度，虽然可以对辩护观点再次进行简要概括，但不宜重新发表辩护意见。

有些被告人在最后陈述时，往往会准备长长的书面稿件，特别是有些文化水平较高的被告人，更是引经据典，充满激情地回顾历史，述说案情，喊冤叫屈。

如果案件的同案被告人不多，审判长可能会允许其尽情表达；如果被告人较多，审判长则会打断发言，提示其简要陈述，将书面材料提交法庭。

底层逻辑

让被告人了解庭审程序，是律师庭前辅导的基本内容。

让被告人抓住每个程序的重点做准备，是庭前辅导成功的基础。

缓解被告人庭审紧张情绪的方法

被告人出庭受审时，难免都会感到紧张，每个人的经历、文化程度不同，心理承受能力不同，因此紧张程度也有所不同。

为了庭审能够顺利进行，特别是让被告人能够集中精力配合律师做好庭审的辩护工作，律师有必要采取一些办法，帮助被告人缓解庭审中的过度紧张情绪。

我们根据不同案件中容易引起被告人紧张的不同因素，总结了下面几个减压的方法。

告知庭审程序：减轻因程序不熟造成的紧张

人们在参与一些与自己命运相关的重大活动时，由于对该活动的程序是什么样的，该活动会产生怎样的结果都不清楚，也无法掌控，从而产生一定的恐惧紧张心情是在所难免的。

在刑事诉讼中，被告人作为被指控的对象参与庭审，会因为对刑事审判程序不熟悉而紧张，更会因为对命运的未知而紧张。

在这种情况下，辩护律师为其介绍庭审的程序，对于被告人减少对法庭审理的陌生感和恐惧感，确实能够起到一定的作用。

以温暖示意：减轻孤独感产生的紧张

被告人作为被刑事追诉和审判的对象，在庭审中是以个人的身份面对强大的国家机关，是个人和公权力的博弈，难免感到孤独和无助。在这种情况下，只有让他时刻感受到辩护人的存在，感受到辩护人在帮助他，才能减少他因孤独感而产生的紧张情绪。

实践中，大家总结了很多简单又实用的办法。比如，告诉被告人走进法庭时，如果心情紧张，就不要过多地注视公诉人或者审判人员，而是更多地面向自己的辩护人，辩护人以温暖的笑容或者带有笑意的眼神进行回应。这种方式确实能够缓解被告人的紧张情绪。

模拟庭审发问：减轻怕说错话而造成的紧张

在法庭上，公诉人代表国家出庭支持公诉，不仅具有法律地位和权力上的优势，而且在话语权、话题的专业性表达，以及证据材料的熟悉程度上都占有优势，被告人则处于弱势。

被告人总担心在回答公诉人和审判人员的问话时会说错话，从而造成不利的法律后果，这种担忧使其更加紧张，面对公诉人和审判人员的问话就更加不知所措，也更容易说错话，造成恶性循环。

在这种情况下，辩护律师庭前辅导能够有效缓解被告人紧张的情绪。

1. 模拟控方发问

辩护律师可以模拟公诉人和审判人员对被告人进行询问。以公诉人和审判人员的思维，站在指控和审判的角度，判断被告人的弱点，预测提出公诉人和审判人员可能发问的问题，模仿公诉人和审判人员的语气，对被告人进行发问。

2. 故意刁难发问

特别是对被告人的辩解性回答，要从各个角度提出刁难性的问题，进行驳斥性地追问，从而使被告人能够适应各种刁难性的发问，并且还能做出顺畅的合理的回答和解释。

只有经过这样的模拟训练，才有可能缓解被告人在庭审中回答问题时的紧张情绪，正常发挥。

告知质证重点：减轻因不会质证而造成的紧张

被告人的另外一个担忧是，不知道公诉人在举证时会出示哪些证据，会发表什么样的质证意见，也不知道自己应该怎样发表质证意见，这种忧虑也是造成其心理紧张的原因之一。

1. 告知质证重点

我们常用的方法是，针对每一项指控，将各种证据进行分类，对控方会发表的质证意见进行预测，然后告诉被告人应当抓住的重点证据问题和重点质证意见是什么，让他心中有数。

2. 律师补救漏洞

律师还要告诉被告人，如果其当庭忘了发表质证意见或不知该如何发表意见，也不要紧，因为辩护人会事先准备书面质证意见，并当庭发表，不会将重要的质证意见遗漏。这样就可以使被告人的紧张心情得到极大的缓解，在举证质证时能够有较好的表现。

告知有权发言的环节：减轻怕失去辩解机会而造成的紧张

很多被告人因为不熟悉庭审环节，不知道在哪个环节该说什么话，担心有些重要的关键的辩解理由被遗忘了没法补救，担心该说的话因不熟悉程序而错过了，也担心有些想说的话公诉人或审判人员不让说，这些担心也是造成心理紧张的重要因素。

1. 告知发言的环节及补救办法

针对被告人的这些担忧，辩护人应当向其指明有权发言和辩解的环节有哪些，特别是要指出如果在前一个环节遗忘了某些想说的话，在后面的环节还能补上。即使被告人没有来得及说，辩护人在发表意见时也可以补上。即使辩护人也没有来得及说，在庭审后还可以用书面的形式把意见补充进去。

2. 把重点问题记录下来，防止遗漏

有必要的话，我们可以把被告人特别在意的、想说而又怕遗漏

的重要辩解意见记录下来，并且事先商量好安排在哪个环节说，以及怎样说和怎样补充。做出这样妥善的安排方案以后，被告人就不会再因担心这些事情而过度紧张。

底层逻辑

恐惧源自未知，熟悉程序是方向。

模仿庭审要训练，牢记观点很重要。

第三部分

审前辩护

“战场”
并非只在
法庭之上

与办案机关沟通要把握的节奏

司法实践中，刑辩律师为了实现有效辩护，很多工作需要与办案机关进行沟通。怎样做好沟通工作，实践中也总结了不少好的经验和做法，其中非常重要的一个做法就是要把握住节奏。

这是因为刑事诉讼有其内在的节奏，把握住了工作节奏，就能够掌握主动。同样，刑辩律师与办案机关的沟通协调，也要把握节奏，把握住了节奏，沟通工作才有可能顺利进行。

实践中，很多律师都有这样的感受，就是正想和办案机关沟通某一个问题时，却突然发现沟通已经没有必要了，因为案件已经进入到了下一阶段。这就是典型的没有跟上节奏的表现。

根据我们的经验，要想把握住沟通工作的节奏，应当从以下 4 个方面入手。

抓住案件在诉讼阶段的节奏

刑事诉讼是不断向前运行，由一个阶段向下一个阶段发展的过程，前后两个阶段之间衔接的时间节点就是案件进程的节点，也就是刑辩律师把握沟通工作的节点。

在刑事诉讼中，在不同的诉讼阶段，办案机关不同，诉讼任务和工作重心也不同，刑辩律师需要沟通解决的问题也不同。

办案机关在某一阶段的诉讼任务，必须在该阶段完成，不能超期，刑辩律师需要在该阶段沟通的问题，也应当在这个阶段提出，超过了这个期限，案件就进入下一阶段了。

因此，刑辩律师就要研究在各个不同的诉讼阶段，办案机关对案件会做出什么决定，会采取什么措施，案件会出现什么新情况，律师是否有问题需要和办案机关沟通，需要在哪个时间节点上沟通。

刑辩律师抓住了不同诉讼阶段的时间节点，才能把握住基本的沟通节奏，才有可能做到有效沟通。错过了这个节点，就失去了节奏，也就失去了对某个问题进行沟通的机会。

紧跟办案机关的工作节奏

《刑事诉讼法》规定的诉讼阶段的截止期限，只是刑辩律师与办案机关沟通的最后时间节点。法律规定的某一诉讼阶段期限届满的时间节点，有可能是办案机关结束该阶段工作的实际节点，也有可能不是实际节点，因为办案人员有可能在这个时间节点之前，就结束了该阶段的工作，使案件提前进入了下一阶段。

因此，刑辩律师把握沟通的节奏，不仅要抓住诉讼阶段之间的时间节点，更要了解和预测办案机关的办案速度和案件进展，及时调整自己的工作速度，跟上办案机关的工作节奏，跟他们的节奏合拍。他们快，我们就快；他们慢，我们就慢。

律师对某些具体问题进行沟通的节奏，比办案人员的工作节奏应当更快一些，要赶在办案人员对该问题形成意见或做出决定之前，拿出自己的意见进行沟通。

盯准案件进展中的重要节点

在侦查、审查起诉以及审判三个不同的诉讼阶段中，有许多与沟通工作有关的重要的时间节点，辩护律师进行沟通时，要盯准抓牢这些重要节点，抓住了这些节点，就抓住了沟通具体问题的节奏。

1. 与侦查机关沟通的节点

在侦查阶段，与侦查机关需要沟通的问题很多，但是沟通的问题不同，沟通的时间节点就不同。下面总结几个常见问题的沟通节点。

（1）寻找案件的沟通节点

虽然大部分案件的拘留通知书或者逮捕通知书上注明了羁押地点和办案机关，但是有些案件的当事人家属找律师商谈委托事宜时，并没有拿到这样的通知书。家属也不知道案件是哪个办案机关在办理，律师接受委托以后，就要查找案件的办理机关。查找案件办理机关的过程，就是不断沟通的过程。

查找办案机关虽然没有时间方面的规定，但也要加快工作节奏。因为辩护律师如果长时间找不到办案机关，案件可能就会进入下一个阶段，当事人家属可能也就不委托你当辩护律师了。

（2）会见事项的沟通节点

辩护律师与看守所沟通会见事宜，是刑辩律师在实践中碰到的最大难题。

各地看守所因律师会见室太少，就对会见人数和会见时间进行限制。无论现场排队，还是电话预约或网络预约，都会有很多律师当天约不上会见，只能往后推。

所以律师要想顺利会见，就一定要了解清楚看守所对于安排律师会见有什么规定，是采用预约的方式，还是其他方式；如果是预约，是当天预约，还是要提前几天预约；每天能预约会见多少人，每次能会见多长时间等，这些情况都要事先了解。了解这些情况，进行预约的过程，就是和看守所不断沟通的过程。

在这个沟通的过程中，需要把握的节点非常多，具体如下。

①每周哪几天可以预约。

②每天开始预约的具体时间点。

③每周哪几天可以会见。

④每次可以会见的时长。

只有抓住了以上这些节点，才能把握住预约会见这项工作的节奏，才有可能尽早约上会见。

（3）黄金救援期的沟通节点

所谓黄金救援期，是指侦查机关可以对嫌疑人刑事拘留 30 天，检察机关批准逮捕的审查期限有 7 天，共 37 天。如果刑辩律师想在此期间向办案机关提出变更强制措施的意见，就应当在拘留期满 30

天之前提出，一般应在拘留 25 天左右就提出律师意见。太迟的话，办案机关已经提出报捕的意见了，或案件已经进入检察机关的审查逮捕阶段了。

同样，如果要向检察机关提出不予批准逮捕的意见，由于检察机关的审查期限只有 7 天，一般也应当在检察机关受理后的三五天之内就提出意见，否则，批准逮捕的决定就作出了。

2. 与检察机关沟通的节点

（1）总的节点是审查起诉结束之前

在审查起诉阶段，刑辩律师与检察机关沟通的节点，总的时间节点是在审查起诉结束之前与检察机关进行沟通。

（2）把握时间节点，宜早不宜迟

在审查起诉阶段，有些案件中辩护律师需要与检察官沟通的事项较多，而且很多事项进行沟通的时间节点是越早越好，不能等到审查起诉的期限快要届满时，才提出这些要求。

比如：①羁押必要性审查；②申请复制卷宗材料；③审查起诉阶段申请取保候审；④申请检察机关调查取证或者调取新的证据材料；⑤希望不起诉或不认定某些指控。

（3）防止遗忘节点

由于审查起诉的期限比较长，所以有些律师对于沟通时间节点这个问题，就不太重视，总是想着后面的时间很充裕，就去忙其他事情了，或把这个事情交给助理负责。很多律师想起需要和检察官沟通的时候，案件已经起诉到法院了。

这些情形表明，某些律师实际上就是把沟通的时间节点给遗忘了，这是辩护律师必须重点防止出现的问题。

3. 与审判机关沟通的节点

案件到了审判阶段，律师与法官需要沟通的事项很多，沟通这些事项，也要抓住节点。

需要抓住沟通节点的情形大概有两类：一类是在庭审前沟通，另一类是在庭审后沟通。

（1）庭审前沟通

如果律师希望召开庭前会议，就应当及早与法官商量，提出建议。关于庭前会议要解决的事项，法律有明确的规定，刑辩律师应当就这些事项在庭前会议上与法官、检察官进行充分沟通。

除了法律规定的庭前会议可以沟通解决的问题之外，辩护律师还有很多问题，希望在庭审前进行沟通并得到解决。对于这些问题，也应当抓住庭前会议这个节点，进行沟通。

一般来说，辩护律师特别希望在开庭前解决的问题如下。

①协商获得证据目录

很多辩护律师，都希望在庭审前取得控方的证据目录复印件，特别是案情重大复杂、卷宗材料较多的案件，这种心情就更加迫切。

司法实践中，辩护律师要想获得控方的证据目录非常困难，一般情况下，检察官不会同意辩护律师复制证据目录。因此，刑辩律师要抓住庭前会议这个环节，与检察官沟通，与法官沟通，争取检察官能够同意律师复制证据目录。

②协调举证顺序和分组

因为重大复杂案件的证据材料数量庞大，控方在举证时，一般会进行分组举证。所以，辩护律师非常希望在庭审前能够了解控方的举证顺序如何安排，分组举证如何划分等情况。

辩护律师应当抓住庭前会议这个机会，明确提出复制证据目录的要求，由法院主持控辩双方进行协商，争取达成一致意见。

③协商庭审的时间安排

很多情况下，法院通知的开庭时间可能会与辩护律师代理的其他案件的开庭时间冲突，但律师请求法院调整开庭时间的难度极大。也有一些案件，特别是一些重大复杂的案件，检察院和法院的办理节奏较快，律师刚到检察院复制卷宗不久，案件就被起诉到了法院，法院受理案件没几天，很快就决定了开庭的时间。

因此，案件何时开庭、是否会与其他案件的开庭时间相冲突，是辩护律师非常关心的问题，也是辩护律师与法官打交道需要协商的重要内容。根据我们的经验，在庭前会议期间，辩护律师应抓住机会与法官协商开庭时间以及庭审中与时间有关的问题，这样就能够在很大程度上避免被动。

开庭前还有很多小问题，律师也需要与法官进行沟通。比如，被告人吃药、喝水、庭审时的用纸和用笔等问题，甚至还有被告人与亲属见面的问题等。

总之，在开庭过程中有可能会遇到的，而且又必须协商沟通的问题，律师最好在开庭之前都与法官沟通好，防止在庭审过程中发生辩、审冲突，避免因沟通不畅而妨害律师的有效辩护。

（2）庭审后沟通

在有些案件中，律师与法官在庭审以后需要沟通的事情仍然较多，律师想做的补充性辩护工作也比较多。

如果律师辩护的案件属于这种情形，就应当事先预估大概需要多长的工作时间，法官还能给律师留多久补充工作时间，法官能留给律师的时间就是律师最后的沟通节点。

如果法官不能给律师明确的时间节点，就应当通过其他方法找到沟通的时间节点，我们常用的办法就是和法官协商什么时间提交书面辩护词，请求将提交辩护词的时间尽量往后推。

从法官对提交时间的态度上可以判断出，合议庭可能在什么时间结束对案件的评议讨论，也可以判断出律师是否还有时间，以及还有多少时间做补充性辩护工作。

把握沟通节奏的基本要求

1. 沟通要有计划性

辩护律师的沟通工作要想抓住节点，跟上节奏，就必须有计划性，事先要有安排。那种没有计划，随性而为，想到什么就做什么的做法，不可能抓住沟通的节点，也不可能跟上沟通的节奏。

有计划性地安排，就是要根据不同的诉讼环节，在每个节点之前要做什么事情，要沟通什么事项，都提前做出计划和安排，然后按照这个计划和安排予以实施。

这种做法的好处，一是对重要事项的沟通不会落后于节点，不会跟不上节奏，失去沟通的机会；二是有利于防止遗漏，避免遗忘需要沟通的重要事项。

2. 计划要打出提前量

辩护律师在制订计划，以及在进行沟通的时候，都应该留出一个提前量，不能刻板地在法律规定的办案期限届满之前才去找办案机关沟通，那样，极有可能丧失沟通的机会，就有可能误事。因为虽然法律规定了各个诉讼阶段或者诉讼环节的期限，但是办案机关不一定非要把这个期限全部用满，经常会在期限届满之前就已经完成了工作，提前把案件推向了下一个阶段。

这样的情况是非常多见的，为了不失去沟通机会，必须在安排计划和实施时留出提前量。

3. 沟通要主动

工作计划虽然为沟通工作奠定了基础，但是计划的实施需要主动性，这种主动性体现在两个方面。

（1）经常主动查看计划

律师要按照计划准备和开展沟通工作，不能制订计划后就放在一边，不管不问，这样的计划等于没有计划。

（2）主动沟通

有时候虽然律师按照工作计划进行了沟通，但是前面的沟通没有达到目的，后续仍需要继续主动联系沟通，询问情况，而不能只是被动地等待，被动等待就有可能坐失良机。这样的情况在司法实践中也是经常发生的。

比如，有位辩护律师对一起案件制订了沟通计划，计划内容是在刑事拘留期间申请取保候审，如果该申请未获批准，则在报捕前与办案人员保持沟通和联系，确定报捕的具体时间后，就立即向检察院提出不予批捕的律师意见。

而且，这位辩护律师也确实在当事人被拘留的二十几天之内，就与公安机关进行了联系，向公安机关递交了取保候审申请书，但是该申请没有得到公安机关的批准。辩护律师和办案民警就下一步的事情进行了沟通，请求办案民警在案件报捕的时候通知律师，民警也答应了。在这种情况下，律师就没有再主动和民警联系了，而是被动地等待民警的通知。

好几天过去了，这位律师并没有等到民警的电话通知，得到消息的时候，这个案件已经报捕了，而且检察院已经批准逮捕了。这个案例就是缺乏主动性的典型表现。

4. 沟通要执着

执着是一种很重要的工作态度，更是一种重要的工作方式。沟通的执着性，是指要有耐心，要有韧性，不要指望一次沟通就能够达到沟通的目的。很多情况下，一次沟通可能没有联系上办案人员，或办案人员因故未和辩护律师沟通，那么，辩护律师就需要不断地和办案人员保持联系，一旦办案人员有时间了就要及时进行沟通。

如果辩护律师缺乏这样坚持执着的精神，时间很快就过去了，案件就进入了下一个阶段，想沟通也没有机会了。很多律师的会见没有约上，就属于这种情况。

底层逻辑

沟通是一种态度，更是一种工作方式。

沟通需要讲节奏，撞大运的沟通行不通。

抓住诉讼的节点，就抓住了案件进展的节奏。

律师沟通的节奏，要与办案机关的节奏合拍。

计划性、提前量、主动性、执着性是把握沟通节奏的基本要求。

黄金救援期

很多律师都知道黄金救援期这个说法，如何做好黄金救援期的工作，需要一定的经验和技巧。根据实践经验，辩护律师要在黄金救援期真正发挥作用，需要把握好3个方面的问题。

抓住黄金救援期的两个机会

所谓黄金救援期，是指嫌疑人被批准逮捕之前的这一段时间，辩护律师可以在此期间向办案机关提出对嫌疑人有利的意见，使办案机关对嫌疑人采取的强制措施朝着更加宽松的方向发展，把嫌疑人从被羁押的状态中解脱出来。

黄金救援期实际上是指两个阶段，包括侦查机关对嫌疑人刑事拘留的 30 天，以及侦查机关提请检察机关审查逮捕的 7 天，这 37 天的时间，被称为黄金救援期。

黄金救援期有两个阶段，就意味着辩护律师有两次向办案机关提出意见，为嫌疑人争取摆脱被羁押状态的机会。如果辩护律师想在这个期间向办案机关提出与强制措施有关的意见，就应当在此期限内提出。

1. 刑事拘留阶段

黄金救援期的第一个阶段，是指侦查机关对嫌疑人拘留的 30 天，这个阶段也是辩护律师和侦查机关进行沟通，提出取保候审申请的有利机会。

因为侦查机关在对嫌疑人拘留 30 天的期限届满之前，就要考虑是否向检察机关提请批准逮捕嫌疑人，是否有必要继续羁押，如果没有继续羁押的必要，公安机关就会作出变更强制措施的决定，比如变更为取保候审或者监视居住。

很多情况下，如果辩护律师不主动提出意见，不说明取保候审的理由，不强调取保候审的重要性，办案人员可能就会将嫌疑人直接报捕。那么，辩护律师就少了一次为嫌疑人争取摆脱被羁押状态的机会。

所以，经验告诉我们，辩护律师对于在拘留期间的取保候审事宜，应当作为一项辩护任务重视起来，认真研究。如果认为嫌疑人符合取保条件，有取保的可能性，就应当抓住机会，积极主动地和侦查机关沟通，提出取保候审的申请。

2. 审查逮捕阶段

黄金救援期的第二个阶段，是指侦查机关提请检察机关对嫌疑人审查批准逮捕，检察机关有 7 天的审查期限。在这个阶段，辩护律师可以向检察机关提出不予批捕的意见。

对辩护律师来说，这个阶段也是很重要的一个机会。如果律师提出的意见及时中肯，被检察机关采纳，检察机关就会作出不批准逮捕的决定，侦查机关就必须对嫌疑人变更强制措施，作出取保候审或者监视居住的决定。

很多律师想当然地认为，既然公安机关不同意对嫌疑人取保候审，如果提请检察机关批准逮捕，检察机关自然也会同意批准逮捕，所以就不向检察机关提出不予批准逮捕的意见，导致坐失良机。

从我们的实践来看，辩护律师在这个阶段提出意见，能够受到检察机关的重视，很多意见也被采纳了，检察机关最终作出了不批准逮捕的决定。可以说，这个阶段是黄金救援期的最后一块黄金。

我们曾经办理过一起诈骗案，我们负责辩护的当事人是涉案公司的副总经理。经会见了解案情后，我们认为该副总经理不构成诈骗犯罪，在侦查机关报捕前，我们提出了取保候审的申请，但是侦查机关没有同意，仍然将该副总经理与其他同案被告人一起提请检察机关审查批准逮捕。

面对这种情况，我们没有气馁，没有止步，又及时向检察机关提出了该副总经理不构成犯罪，不应批准逮捕的律师意见。最终检察机关采纳了我们的意见，对该副总经理作出了不批准逮捕的决定。

侦查机关随即对该副总经理作出了取保候审的决定。最后，在其他同案被告人的案件开庭审理以后，侦查机关撤销了对该副总经理的立案决定。

区分不同的工作目标

1. 刑事拘留期间的目标

在刑事拘留的30天之内，律师的工作目标是变更刑事拘留的强制措施，争取取保候审。

刑事拘留期间的办案主体是侦查机关，辩护律师要与其进行沟通、提交意见的对象也是侦查机关。

2. 审查逮捕期间的目标

在检察机关审查批准逮捕的7天之内，律师的工作目标是说服检察院不批准逮捕。

在这个期间，办案的主体是检察机关，辩护律师要与其进行沟通、提交意见的对象也是检察机关。

把握提交意见的时间节点

与办案机关沟通，提交律师意见，也要注意掌握好恰当的时间节点，时间过早，可能火候不到，时间过晚，可能错失良机。

1. 注意刑事拘留期间的节点

在30天的拘留期内，如果辩护律师想申请取保候审，就不能等到 30 天的期限快要届满时提出，而是要提前提出。很多律师以为，既然刑事拘留的期限是 30 天，只要在 30 天之内提交取保候审申请就可以，这个想法和实际情况相去甚远。

虽然法律规定刑事拘留的期限是 30 天，但是，侦查机关讨论决定是否要向检察机关提请逮捕的时间一般要更早，不可能到了 30 天期限届满时才讨论这个问题。从实际情况来看，为了留出领导审批的时间，以及向检察机关报捕的时间，侦查机关一般会提前几天进行讨论。

所以，辩护律师要想向侦查机关提出取保候审的申请，就必须在侦查机关讨论或作出报捕的决定之前提出，如果错过了这个时间点，侦查机关就已经作出了报捕的决定，或案件已经进入检察机关审查逮捕阶段了，你就失去了一次申请取保候审的机会。根据我们的经验，我们一般掌握在刑事拘留 20 天左右，最迟也要在拘留 25 天之前提出取保候审的申请。

我们曾经办理过一起非法经营案，这是一起涉及多人的案件，在多次会见后，我们认为当事人的行为不构成犯罪，打算向公安机关提出取保候审的申请。我们提出这个想法后，有人认为时机太早，担心申请被驳回，后面就没有机会了。于是往后拖了几天，到了第 23 天的时候，我们认为再也不能拖了，就提交了取保候审的申请，并到侦查机关进行面谈交流。最后，该当事人在被刑事拘留的第 29 天，由侦查机关办理了取保候审的手续。

2. 批捕期间的节点宜早不宜迟

在检察机关审查批准逮捕的 7 天期限之内，如果辩护律师想要向检察机关提出不予批准逮捕的意见，不能在 7 天期限届满时才提出，也要提前提出。

总的原则是宜早不宜迟。有的是案件刚到检察机关，律师的意见也随之而到，最晚也应当在检察机关受理案件后的三五天之内就提出意见。否则，批准逮捕的决定就已作出，或者等到的可能就是已经被逮捕的结果。

底层逻辑

黄金救援期，是争取嫌疑人摆脱被羁押状态难得的两个机会。

黄金救援期的两个机会，掌握在辩护律师手中。

黄金救援期，稍纵即逝。

申请取保候审

虽然取保候审是当事人及其家属所希望得到的一个先行结果，许多案件中的当事人也能被取保候审，但是实现取保候审并不是一件简单的事情，更不是所有案件的当事人都能被取保候审。即便是某个案件符合取保候审的条件，也不是只要写一份申请书就能实现的，这个过程中有大量的工作要做。

从实践来看，辩护律师在考虑能否为某个具体案件的当事人申请取保候审时，应当围绕3个方面进行思考，展开工作。

审查是否具备取保候审的条件

取保候审的条件是由法律规定的，也就是说，并不是所有的案件都符合取保候审的条件，即便对某一个特定的当事人来说，在不同的阶段，或者在不同的条件下，他是否符合取保候审的条件，也是在不断变化的。所以，辩护律师在为当事人申请取保候审时，首先要考虑的问题就是，该案是否符合取保候审的条件。

根据法律规定和司法实践，如果案件属于下面几种情形之一，律师就可以考虑为当事人提出取保候审的申请。

1. 可能判处缓刑的案件

从司法实践的情况来看，能够申请取保候审的当事人，多数情况下被判处的刑罚也较轻，其中判处缓刑的当事人，在诉讼过程中，多数也可以申请取保候审。

辩护律师经过对案件事实和证据的分析，如果认为该案的当事人有可能被判处 3 年以下有期徒刑，就有可能争取缓刑，在这种情况下，就可以向办案机关申请取保候审。

2. 认罪认罚中的部分案件

一般来说，如果当事人与办案机关签署了认罪认罚具结书，或者达成了认罪认罚的相关协议，律师对案件的量刑范围就有了比较清楚的认识和预知，在这种情况下，如果检察机关量刑建议的范围比较宽松，而且当事人被羁押的时间与量刑建议的最低刑期比较接近的话，律师就可以向办案机关提出取保候审的申请。

3. 判决无罪可能性较大的案件

辩护律师作无罪辩护的案件，虽然控辩双方的争议比较大，判决无罪的可能性较低，但是，如果当事人和辩护律师同时认为该案确属冤案，且辩护律师认为判决无罪的可能性较大的话，对这类案件的当事人也可以申请取保候审，以便给法院留下思考的空间和时间。

4. 可能"实报实销"的案件

实践中，有些案件当事人的行为可能构成犯罪，但即便认定构成犯罪，被判处的刑期也不应该很长，可是案件审理的时间却很长，很长时间内不能推进。这样造成的结果，就是在判决的时候"实报实销"，实际上就相当于给当事人增加了刑期。对于这样案件的当事人，辩护律师在适当的时候也应当提出取保候审的申请。

抓住各阶段的申请机会

很多律师以为取保候审的机会只有一次，所以在第一次申请没有得到批准后，就不再继续申请了，这样的做法实际上就是放弃了多个可以为当事人争取早日摆脱被羁押状态的机会。

从法律规定和实践来看，当事人有多次申请取保候审的机会，几乎在每一个诉讼阶段都有这样的机会。

1. 在侦查阶段提出取保候审

（1）刑事拘留阶段申请取保候审

刑事拘留阶段申请取保候审，是辩护律师可以争取的第一次机会。律师根据会见时了解的情况，如果认为当事人的情形符合取保候审的条件，就可以向办案机关提交取保候审申请书。案情相对简单的案件，建议在第一次会见后，尽早提出取保候审申请。

（2）报捕阶段提交不予逮捕意见

如果辩护律师通过会见认为当事人符合取保候审的条件，并在刑事拘留阶段向侦查机关提出了取保候审的申请，但没有得到同意，那么在侦查机关向检察机关提请批准逮捕的审查期间，辩护律师还可以向检察机关提交不予逮捕意见。如果检察机关采纳了辩护律师的意见，决定不批准逮捕，侦查机关就必须对当事人变更强制措施，改为取保候审或者监视居住。

许多案件中，嫌疑人基于各种原因没有向侦查机关陈述案情，特别是没有陈述对自己有利的内容，辩护律师知道这个情况后，应当及时与检察官进行沟通，建议检察官在审查逮捕期间提讯嫌疑人，为嫌疑人争取一个与检察官面对面沟通和向其解释的机会。

在很多案件中，这种做法增加了检察机关不批准逮捕的可能性。

（3）逮捕后申请变更强制措施

虽然嫌疑人被逮捕了，但是并不意味着嫌疑人在侦查阶段当然丧失了变更强制措施的机会。

从嫌疑人被逮捕到案件侦查终结，其间的时间还很长，少则两个月，多则可能达半年之久。在此期间，案情可能会发生很大的变化，办案人员对于嫌疑人是否能够取保候审的心态也会产生变化。所以，我们一般会坚持在侦查阶段的后期，也就是在侦查终结之前，继续向办案机关提出取保候审的申请。

从实际操作来看，我们在不少案件中坚持了这样的做法，也取得了较好的结果。

2. 在审查起诉阶段提出取保候审

在审查起诉阶段，辩护律师经阅卷认为嫌疑人不需要继续羁押的，可以向检察院提出羁押必要性审查的申请，建议检察机关对嫌疑人变更强制措施，其中就包括可以建议检察机关采用取保候审措施。

3. 在审判阶段提出取保候审

律师一般会认为，审判阶段不存在取保候审的问题，实际上，审判阶段同样也存在这个问题。从我们的经验来看，如果辩护律师认为被告人存在以下三种情形之一的，就可以向法院申请取保候审。

（1）预计判处的刑期较短

如果辩护律师认为被告人的情节较轻，判处的刑期可能不会太长，而且开庭审理的时间，与预计的可能判处的最长刑期的届满时间也比较接近，但法院迟迟没有宣判，在这种情况下，律师可以申请先行取保候审。这样做的好处是，如果法院“实报实销”，羁押多长时间就判多长时间，尽早取保候审出来，羁押的时间就可能会短一些。

所以我们在遇到这种情况时，就应当大胆提出取保候审的申请，尽力说服法官同意取保候审。

（2）可能判处缓刑

有很多案件可能会判处缓刑，对于这类案件，进入审判阶段时还没有取保候审，同时又估计开庭后判决的速度不会太快，律师也可以申请取保候审。

（3）可能作出无罪判决

从我国的司法实践来看，无罪判决的案件比例较小，而且无罪判决的案件都不会很快作出判决，需要相当长的时间进行各方协调，慎重斟酌。

所以，如果一个案件经过开庭审理后，辩护人仍然坚持被告人无罪，预判法院也可能会作无罪判决，对于这类案件，辩护律师就可以大胆地向法官申请取保候审。

重视与办案人员沟通

申请取保候审并不是律师提交一份申请书就万事大吉了，而是需要辩护律师与办案人员主动沟通、多次沟通、配合工作，方能推动申请进程取得实际效果。

1. 申请理由要有说服力

辩护律师撰写取保候审申请书也是一种沟通手段，申请书是写给办案人员看的，目的是要说服他们，打动他们，引起他们的思考，促使他们作出决定。这就要求律师的取保候审申请，不能只有几条干巴巴的条款，阐明的理由还要合情合理，要有充分的说服力，能够深入到办案人员的内心，能够引起他们的共鸣，只有这样，才有可能实现取保候审的结果。

实践中，有些律师递交的取保候审申请书是格式的套话，阅读以后很难给人留下深刻的印象，更难吸引人进一步思考，这样的申请书很容易被办案人员搁置一旁。

2. 申请取保要有耐心

提交取保候审申请书也要掌握时机，递交申请以后，还要推动办案人员重视这个问题。这就需要律师积极与办案人员沟通交流，在沟通的时候要有耐心，要多次沟通。通过沟通，了解办案人员对案件取保候审的态度。同时，还要会见当事人，让当事人做些配合性的工作，促使当事人达到取保候审的条件，为取保候审创造良好时机。

我们曾经在南方办理过一起串通投标案，该案的当事人被刑事拘留刚 3 天，我们就到达了当地。经过会见，向当事人了解情况以后，我们认为，当事人的情况符合取保候审的客观条件，就想为当事人争取取保候审，并把这项工作作为我们在侦查阶段的首要工作。

我们第一次到派出所和主管该案的所长交流，试探性地提出我们想取保的想法，所长说现在刚刚开始工作，能否取保以后再说。

一周过后，我们再次到该派出所与所长交流，专案组的其他人员正好也在，我们再次表达了取保候审的想法。办案人员回应称当事人的态度不好，不配合工作。所谓态度不好，就是讲话语气太冲，对立情绪比较严重，并没有其他的不好表现。

我们了解到这个情况以后，就到看守所给当事人做工作，让他在和办案人员交流的时候，语气尽量委婉一些，态度尽量诚恳一些，不要与办案人员有个人情绪上的对立。

我们第三次去和办案人员沟通的时候，再次提交了一份取保候审申请书，办案人员表示会认真研究，向领导反映。最后，这个当事人被取保候审，办案人员对北京律师的工作态度非常赞赏。

3. 沟通要讲究技巧

辩护律师与办案人员，特别是侦查人员的沟通，需要具备一定的沟通能力和沟通技巧，需要一定的情商。特别是需要律师换位思考，多从办案人员的角度考虑问题，搞清楚取保候审的难度和障碍在哪里，了解办案人员的想法，有针对性地解决问题，解开他们心中的疙瘩，为取保候审创造条件。

辩护律师应尽量和办案人员见面交流，以便说服办案人员采纳律师的意见，实现有效沟通。

底层逻辑

并不是所有的案件都能申请取保候审。

申请取保候审并不是律师一纸申请书就能完成的工作。

取保候审需要专业、时机和耐心等多种因素综合发力。

与侦查人员沟通的要领

在刑事辩护过程中，辩护律师的重要工作之一，就是与办案机关进行沟通，这直接关系到能否实现有效辩护的问题。其中，与侦查机关的沟通是第一道关，而且，大家普遍认为，与侦查机关的沟通也是难度最大的。

实践中，加强与侦查机关的沟通，可以从以下 4 个方面入手。

明确沟通目的

实践中，有些律师不愿意和侦查人员沟通，一方面认为侦查人员难接触，另一方面也认为沟通起不了什么作用。这些想法和现象不仅反映了律师的畏难情绪，也反映了这些律师并没有真正认识到与侦查人员沟通的重要性。

对于辩护律师来说，与侦查机关进行及时有效的沟通，不仅可以帮助律师了解案情，及早判断当事人的境况，而且还有助于辩护律师尽早提出意见，促使案件强制措施和走向朝着有利于当事人的方向发展。

所以辩护律师应当排除畏难情绪，重视与侦查人员的沟通。

确定沟通的内容

辩护律师与侦查人员之间沟通，主要包括以下几方面的内容。

1. 了解案情

所谓了解案情，主要是了解当事人涉嫌的罪名、羁押场所等基本事实，更多的情况办案人员也不会向律师通报。当然，如果办案人员需要辩护律师配合时，则会告知相应的案件情况。

一般来说，辩护律师在第一次会见当事人之前，对案情基本不了解。如果能够通过办案机关了解到一定的案情，有利于尽早安抚当事人家属，有助于辩护律师为会见提前做些必要的准备，为当事人更好地提供法律咨询，也便于律师对自己的相关工作做好统筹性的安排。

2. 了解案件动态

对于辩护律师来说，掌握案件在侦查阶段的进展，有一定的难度。虽然《刑事诉讼法》规定了侦查阶段的法定期限，但是并非所有的刑事案件都是在规定的期限届满时才结束侦查。

对侦查机关的办案进度，我们不能仅凭经验判断，而是要在关键的时间节点上，通过会见当事人、与侦查机关不定期沟通、不定期查询等方法，精准掌握侦查机关的办案进度，以便跟上案件进度和节奏，不耽误我们的辩护工作。

比如，刑事拘留的时限虽然最长是 30 天，但并不意味着侦查机关必须到第 30 天才决定变更强制措施，或者向检察机关提请逮捕。侦查机关在拘留后的 30 天之内随时都可以作出上述决定，也可能随时作出其他决定。而且，侦查机关作出决定后也不会主动通知辩护律师，这需要辩护律师随时关注侦查机关在法定期限内的办案进展，以便做出相应的工作安排，加快和调整自己的工作节奏。

律师特别是要了解侦查机关会在什么时间讨论研究报捕问题，会在什么时间向检察机关提请逮捕。

关注这些时间节点，是为了抢在相应时间节点之前向侦查机关提出取保候审的申请，或者在检察机关决定批准逮捕之前，向检察机关提出不予批准逮捕的律师意见。

3. 提交证据

在侦查阶段，辩护律师可以根据会见时当事人提供的线索，收集有利于当事人的证据，当事人的家属也可以提供证据、线索，便于辩护律师收集证据。

辩护律师收集证据要谨慎，提交证据也要谨慎。因为收集的证据提交到侦查机关以后，侦查机关必然会进行核实。在核实证据的时候，证据提供方会受到某种压力，收集的证据很容易出现新的问题，辩护律师收集证据的活动也很容易变成无效劳动。

值得注意的是，如果收集的是当事人不在犯罪现场、未达到刑事责任年龄、属于依法不负刑事责任的精神病人的证据，应当及时提交。

当然，辩护律师收集的客观证据，不会因为受到外界压力影响而改变，可以提交。收集的言词证据是否提交，则需要根据情况而定。

4. 申请变更强制措施

帮助当事人申请取保候审，改变其被羁押的状态，是辩护律师与侦查机关沟通的最主要目的，是辩护律师与办案人员沟通工作的重中之重。

刑事拘留阶段，是为当事人争取取保候审最容易成功的阶段，一旦当事人被逮捕了，就增加了取保候审的难度。所以，辩护律师如果认为当事人符合取保候审的条件，就应当向侦查机关提出申请，向侦查人员陈述律师意见，沟通变更强制措施的可行性。

即便是在当事人被批准逮捕后，也不意味着当事人在侦查阶段就当然丧失了被变更强制措施的机会，辩护律师根据情况，在侦查阶段的后期，仍然可以再次向侦查机关提出取保候审的申请。

5. 沟通变更罪名

司法实践中，经常存在这样的情况，辩护律师根据自己了解到的情况，认为侦查机关在拘留通知书或者批准逮捕通知书中认定的罪名明显错误，应当适用较轻的罪名。在这种情况下，辩护律师就应当向侦查机关提出意见，要求适用较轻的罪名。

根据我们的经验，这样做的实际效果不错，很多案件经律师提出意见，在侦查终结时，起诉意见书认定的罪名，就采用了比拘留和逮捕较轻的罪名。

6. 提出无罪辩护意见

有一些案件，当事人的涉案情况比较简单，涉案事实比较清楚。辩护人经过会见，详细听取当事人对案件情况的介绍后，认为当事人的行为不构成犯罪。在这种情况下，辩护律师当然要与侦查机关积极沟通，争取使当事人尽早从案件中解脱出来。

由于辩护律师在侦查阶段并没有看到全部卷宗材料，对当事人涉案事实以及行为性质的认定，可能符合客观事实，也可能不符合客观事实；律师的意见可能被侦查机关接受，也可能不被接受。

所以，对于这类案件，我们与侦查机关交流时，一般采用两种做法。

（1）强调可以不做犯罪处理

辩护律师发表意见时，可以从当事人涉案行为的情节比较轻微，不做犯罪处理更为适宜这个角度进行阐述，这样的观点可能更容易让侦查机关接受。

（2）顺势申请取保候审

同时，律师可以先不要明确提出无罪释放，可以先提出取保候审的申请，把当事人先从被羁押的状态取保出来，然后再慢慢消化案件。这样的做法也容易被侦查机关接受。实践中，我们经常这样做，效果相当不错。

沟通的基本方法

1. 熟悉沟通的规范

与侦查机关沟通、了解案情是法律赋予辩护律师的权利，辩护律师要想行使好这个权利，不仅要把刑事诉讼法作为保障自己执业权利的武器，还要了解公安部及当地公安机关制定的有关接待律师、与律师进行沟通的相关规定。

律师在熟悉了侦查机关办案的程序性规定，熟悉了侦查机关办理案件的流程后，就能够找到沟通的渠道，更加顺畅地与侦查机关进行沟通。

例如，《公安机关办理刑事案件程序规定》第 9 条规定："公安机关在刑事诉讼中，应当保障犯罪嫌疑人、被告人和其他诉讼参与人依法享有的辩护权和其他诉讼权利。"第 42 条规定："公安机关应当保障辩护律师在侦查阶段依法从事下列执业活动：（一）向公安机关了解犯罪嫌疑人涉嫌的罪名和案件有关情况，提出意见……"第 58 条规定："案件侦查终结前，辩护律师提出要求的，公安机关应当听取辩护律师的意见，根据情况进行核实，并记录在案。辩护律师提出书面意见的，应当附卷。对辩护律师收集的犯罪嫌疑人不在犯罪现场、未达到刑事责任年龄、属于依法不负刑事责任的精神病人的证据，公安机关应当进行核实并将有关情况记录在案，有关证据应当附卷。"

再如，北京市公安局自 2020 年 12 月 1 日起，在全市各公安分局统一推行规范辩护人和代理人提交案件材料接收工作。根据该工作流程，公安分局派出所及刑侦、经侦、治安等办案单位案管组，负责统一接收本单位所受理案件的辩护人和代理人提交的材料，当场录入执法办案平台进行登记并转办，及时告知案件主办民警的姓名及联系方式。

很多地方的公安机关都出台了接待律师、与律师进行沟通、接收材料的相关规定。

2. 通过办案单位找到办案人员

找到了办案单位，就为找到办案人员沟通奠定了基础。因为侦查阶段，参与办案的单位多，涉及的办案人员也多，很多案件中，派出所也有办案人员。所以找到了办案单位，就找到了沟通的渠道。

（1）到拘留通知书盖章单位查询

实践中，多数情况下，当事人家属找律师的时候，都能够提供当事人被拘留或者被逮捕的通知书，通过通知书，就能够找到办案单位，但是要精准找到具体办案人员，还需要辩护律师勤跑多问。

通知书上的单位一般都是分局、县局以上的公安机关，这些单位都有接待或案管部门可以进行查询。有些情况下，公安机关的接待或者案管部门会直接告知办案人员的姓名和电话；有些情况下，因为案件由公安机关内设的网监、经侦、刑侦、禁毒、扫黑等不同的部门办理，故接待或案管部门只会告知具体的办案部门，要找到办案人员，辩护律师还要到具体的办案部门查询。

（2）向通知书派送单位查询

派送通知书的单位十有八九就是办案单位，律师可以直接到该单位去查询。律师前去查询的时候要携带执业证、律师事务所函和当事人家属的委托手续。最好带上身份证，是因为很多地方不仅要核对执业证，也要查看身份证。

（3）通过看守所查询

看守所一般也能够查询到办案单位，查到了办案单位，就可以继续查找办案人员。

3. 尽量当面沟通

（1）事先商量好见面沟通的时间

律师可以先电话联系，商量确定好与侦查人员见面沟通的时间。

（2）耐心等候

因为侦查人员确实很忙，而且工作时间不是很规律，除了正常上班外，还要值连轴班、24 小时当班，还有三天两头的停休、临时勤务等。所以，即使是事先约定好的时间，也经常会受到影响。律师在等候见面的时候，必须要有足够的耐心，甚至还要做好临时取消见面，下次再来的准备。

（3）找准沟通时机

最好能摸清侦查人员的工作和休息规律，找到侦查人员相对轻松空闲，也愿意沟通的时间段，这样更有助于推进双方的沟通，沟通的效果也可能更好。

4. 通过家属出面沟通

在有些案件中，由于家属表示愿意配合工作，侦查人员也愿意与家属沟通，会通报一些案件情况，所以律师可以通过家属了解到一些具体情况。但是让家属沟通，首先要建立在家属充分信任律师的基础上，而且要注意防范执业风险。

注意事项

1. 平和理性，避免冲突

实践中，有些辩护律师感觉与侦查人员很难沟通。当他们感觉到对方的态度、语气比较冷漠时，自己的态度语气也会急躁起来。这种情形非常不利于沟通。

甚至还有些律师在与办案人员沟通时，容易被对方的言行激怒，双方的情绪逐渐对立起来，最后发生冲突。这是双方沟通的大忌，应当尽量防止出现这种情况。

在沟通时，不要受到对方态度语气的影响，一定要保持平和理性，要控制情绪，不要带着对抗和敌视的情绪对话，更不要发生冲突，这样才能够为沟通创造条件。

2. 做好心理准备

与侦查机关的沟通，既要多想办法与办案人员联系上，又要充分预估可能出现的情况，做好多种应对方案。准备工作做充分了，再加上百折不挠的毅力，相信一定可以成功沟通。

3. 讲究策略，找到切入点

有些情况下，对律师单刀直入询问案情、直奔主题的做法，办案人员可能比较反感，懒于回应，甚至有很强烈的抗拒心理。这种情形就会影响沟通效果。

律师在和办案人员沟通时，除了礼貌客气这些基本礼节以外，如果能讲究策略，找到恰当的沟通切入点，在双方的沟通之间就能起到一定的润滑作用。

针对不同的案件、不同的问题和不同的沟通对象，沟通的切入点可能不太一样。

根据我们的观察，要了解办案人员对什么样的话题感兴趣，对什么样的话题比较反感抗拒，从中找到双方都能够接受的话题，这可能就是沟通的切入点。

4. 体现专业水准

沟通的目的是解决问题，是让办案机关理解和接受辩护律师的意见，所以，虽然沟通的策略很重要，但是，关键还要看沟通的内容是否合情合理，是否有说服力。因此，辩护律师一定要在专业上下功夫，认真研究要沟通的问题，拿出有效的观点，达到沟通的目标。

底层逻辑

与侦查人员沟通最为困难，恰当的沟通策略必不可少。

沟通得当，可以使当事人的合法权益尽早得到保护。

审查起诉阶段沟通的基本内容

在审查起诉阶段，不少辩护律师除了到检察机关复制卷宗以外，其他情况下很少与检察机关打交道，他们不知道与检察机关沟通的重要性，也不知道要沟通什么内容。

实际上，辩护律师与检察机关的沟通非常必要。根据法律规定以及操作实践，与检察机关进行沟通的事项包括以下 6 个方面。

沟通阅卷事宜

案件进入审查起诉阶段后，辩护律师可以向检察机关递交相关手续，到检察机关查阅复制卷宗材料。

辩护律师到检察机关查阅复制卷宗材料时，检察机关基本上都可以提供电子卷宗。辩护律师向检察机关提出查阅、复制卷宗材料的要求以后，案件管理部门会把案件的证据材料进行扫描，然后向辩护律师提供电子卷宗。一些发达地区的检察机关近几年来还推出了律师线上阅卷服务，外省律师足不出户就能获得卷宗材料，给律师的阅卷工作提供了极大便利。

当然，我们也在阅卷过程中发现了一些小问题，辩护律师要注意避免，少走弯路。

1. 提前联系

有些检察院规定，律师阅卷需要提前进行电话预约。如果没有预约，律师到了检察院当天肯定无法阅卷，也无法复制卷宗材料。

2. 合理安排阅卷时间

有些检察院对律师的阅卷时间有一定的限制，并不是每天都可以让律师阅卷，有的规定每周有两天时间可以阅卷；有的规定每天只有半天可以阅卷，另外半天不让阅卷。因此，律师在阅卷之前，一定要了解案件所在检察院对律师阅卷有什么规定和习惯做法。

3. 可能要联系多个部门

有的检察院案管中心仅向辩护律师提供文字版的卷宗材料，对于一些案件中的视频光盘资料不会主动向辩护律师提供，这些视频证据更多地存放在承办检察官处，需要辩护律师主动联系承办检察官沟通复制事宜。

4. 注意耐心交涉

有的检察院在办理某些案件时，开始交涉时只允许辩护律师摘抄卷宗材料的内容，不允许复制。律师遇到这种情况就必须耐心地反复交涉。我们在实践中就遇到过这种问题，最终通过据理力争，还是复制了卷宗材料。

提出羁押必要性审查的申请

在审查起诉阶段，辩护律师经阅卷认为嫌疑人不需要继续羁押的，可以向检察院的刑事执行检察部门提出羁押必要性审查的申请，建议检察机关对嫌疑人予以释放或者变更强制措施。

检察机关实行羁押必要性审查起步较晚，实践中刑辩律师运用这项制度也较少，建议刑辩律师关注和研究检察机关制定的有关办理羁押必要性审查案件的规定，结合案件的实际情况，对于符合条件的案件及时向检察机关提出申请。

提交有利证据或申请收集证据

在审查起诉阶段，律师因为证据问题可能也要和检察官进行沟通，主要有以下两种情况。

1. 可以提交客观证据

辩护律师收集到的有利证据是不是要及时向检察机关提交，实践中的做法并不一致。从我们的做法来看，如果是客观证据，可以向检察机关提交，因为客观证据是客观存在的，不可能因为某些人的主观认识而改变，而且有些重要的客观证据可以改变检察机关对案件的认识和认定，使案件的走向有利于当事人。

2. 可以申请收集证据

如果辩护律师发现了有利的证据线索，因条件所限不能自行调取到这些证据，可以申请检察机关调取和收集。

很多情况下，检察机关对律师提出的调取和收集证据材料的申请，不太会给予支持。所以我们一定要说明调取收集这些证据材料的重要性，以及律师难以自行调取收集的原因，反复沟通，争取得到检察机关的支持。

沟通辩护意见

辩护律师与检察官沟通辩护意见，也需要注意方式方法。

1. 主动联系交流

辩护律师与检察机关沟通辩护意见，主要是与承办检察官沟通。有些检察机关的承办人会主动与辩护律师联系，询问律师对案件处理的意见；有些检察机关的承办人可能不会主动与辩护律师联系。如果辩护律师认为有必要和检察官沟通自己对案件的看法，想说服检察官听取自己的意见，就需要主动与检察官联系。

2. 争取当面交流

对辩护律师发表意见的方式，有的检察官愿意当面听取律师意见，有的检察官只要求律师提交书面意见，不太愿意见面交流。

根据我们的经验，如果想让检察官重视自己的意见，还是争取与检察官当面沟通，这样效果可能会更好。

3. 抓准沟通时机

律师与检察官沟通辩护意见，需要抓准时机，太晚的话，检察官的意见已经形成，就很难扭转。所以，辩护律师一定要在检察官开始阅卷，还没有形成自己的意见之前，提出律师的辩护意见。这就要求在案件进入审查起诉阶段后，辩护律师应当加快工作节奏，第一时间阅卷和会见嫌疑人，形成自己的辩护观点。对于那些案情相对简单的案件，越早沟通越好，建议尽早向检察官表达律师的辩护意见，争取让检察机关作出不起诉决定。

沟通认罪认罚程序的启动

认罪认罚从宽制度可以在很多案件中适用，律师在认罪认罚案件中也可以做很多沟通工作。

1. 告知认罪认罚的法律后果

在审查起诉阶段，如果检察官认为嫌疑人具备认罪认罚从宽的条件，在提讯嫌疑人时会向嫌疑人说明认罪认罚从宽制度。在这种情况下，辩护律师也有义务向嫌疑人阐明认罪认罚的法律后果，并制作会见笔录。

如果案件涉及适用认罪认罚从宽制度，辩护律师要及时与检察官沟通认罪认罚从宽的量刑建议，避免因沟通不及时导致辩护工作陷入被动。

实践中，有些案件就是因为沟通不及时，导致检察官直接通知律师到场，见证嫌疑人签署认罪认罚具结书，而此时，经过检察机关内部审批过的量刑建议，已经明确地写在了认罪认罚具结书上，要想改变，难度很大。

2. 协商启动认罪认罚程序

如果嫌疑人认罪，辩护律师也认为嫌疑人的行为构成犯罪，而且具备认罪认罚从宽的条件，经过与嫌疑人协商，达成一致意见后，可以主动与检察官沟通，启动认罪认罚程序，为嫌疑人争取一个好的量刑建议结果。

3. 意见不一致时要做特别提示

如果嫌疑人认罪认罚，并签署了认罪认罚具结书，而辩护律师认为嫌疑人的行为不构成犯罪，针对这种情况，辩护律师应当注意以下三点。

（1）告知后果并签字

辩护律师除了向嫌疑人或被告人告知认罪认罚的法律后果，还应向当事人家属说明认罪认罚的法律后果。律师向当事人家属告知的内容及当事人家属的态度和意见，应当形成谈话笔录，并签字确认。

（2）说明律师的见证身份

律师应向嫌疑人及其家属说明，认罪认罚具结书的签署主体是嫌疑人，律师的签字仅是一种见证，并非律师个人对具结书内容的同意或认可。

律师还要说明嫌疑人签署认罪认罚具结书后，法律并未禁止辩护人在法庭上发表无罪的辩护意见。

（3）协商庭审辩护策略

有些案件中，辩护律师与自己当事人的观点完全相反，而且当事人已经签署了认罪认罚具结书，在这种情况下，辩护律师应当与当事人协商庭审的辩护策略，也就是说，辩护律师在庭上是发表罪轻辩护的意见，还是发表无罪辩护的意见，要与当事人及其家属协商好，避免在庭审时出现尴尬的局面。

沟通启动刑事合规考察

实践中，越来越多的刑事案件涉及单位犯罪，如单位行贿罪，走私普通货物、物品罪等，为最大限度地保护企业的合法经营，有效惩治预防企业的违法犯罪行为，服务保障经济社会高质量发展，助推国家治理体系和治理能力现代化，检察机关对企业在经营过程中引发的单位犯罪启动了刑事合规审查制度。

一旦在审查起诉阶段启动对企业的刑事合规审查，检察机关基本上就会在审查起诉阶段作出相对不起诉决定。

我们团队近期办理的多起案件就属于这种情况，这也给刑辩律师带来了新的机遇和挑战。辩护律师在办理涉及企业犯罪的案件时，需要考虑案件能否启动刑事合规审查机制。

当然，对于如何说服检察官启动企业刑事合规审查，企业刑事合规审查的流程是什么，如何配合检察机关进行合规审查等一系列问题，均需要刑辩律师深入研究，根据个案特点灵活运用。

底层逻辑

与检察官沟通，是诉前辩护的需要。

与检察官沟通，是减轻指控的有效途径。

如何与检察官沟通辩护观点

检察机关在审查起诉期间应当听取律师的意见，很多检察官也想知道律师对案件的辩护观点，实践中，有些承办检察官也会主动征求律师意见。

对于律师是否要在开庭前与检察官沟通辩护观点，刑辩律师们的观点不同，在实际操作中的做法也各不相同。

一种观点认为，审前辩护很有必要。在庭审前与检察官沟通，可以使当事人的合法权益及早得到保护和实现，在某些问题的处理上，可以形成控辩双赢的局面，所以，应当与检察官充分交流辩护观点。

另一种观点认为，没有必要与检察官沟通交流辩护观点。因为检察官征求意见后并无反馈，辩护律师与检察官交流的辩护意见也很少得到采纳，甚至在有些案件中，辩护律师和检察官沟通辩护观点后，效果适得其反。

还有一种观点认为，应当具体情况具体分析。

根据我们的实践经验，不同的案件有不同的处理方式。在审查起诉阶段，辩护律师是否需要与承办检察官沟通辩护观点，哪些意见在审查起诉阶段可以沟通，哪些意见不需要沟通或者不应当向检察官提，哪些意见可以适度表达，哪些意见可以充分表达、反复表达，这类问题实际上属于辩护策略和技巧问题。

这类问题不能"一刀切"，既不能不和检察官沟通辩护观点，也不一定都要和盘托出。是否沟通以及沟通的程度，可以根据不同的案件情况及需要，采用不同的态度和不同的策略。

关于无罪的辩护意见

1. 可以简要表明无罪辩护的态度

辩护律师如果准备做无罪辩护，在庭审前，向检察官表明自己准备做无罪辩护的基本态度，都是没有问题的。

特别是当检察官主动询问律师的辩护意见，而律师又拿不准是否需要向检察官详细阐述的情况下，可以简要表明自己要做无罪辩护的态度。当然如果检察官不主动询问，辩护律师也可以不主动提起这个问题。

2. 证据不足的意见不宜沟通

很多辩护律师都有这样的感觉，律师认为某个案件无罪，理由是事实不清、证据不足，并且在审查起诉阶段把具体的辩护理由向检察官进行了详细的阐述。律师原本希望检察官能够采纳自己的辩护意见，不承想检察官把律师认为证据不足的问题，退回给侦查机关补充侦查，侦查机关经过补充侦查，又补充提交了一些新证据。

这样，原有指控证据中的一些漏洞被堵上了，证据链条的缺口也给补上了，辩护律师原有的辩护思路就不适用了，导致律师在法庭上非常被动。辩护律师感觉之前所做的工作等于是在帮助侦查机关进行查漏。

实践中很多律师不愿意与检察官沟通辩护意见，就是这方面的原因。所以，如果辩护律师做无罪辩护的理由是认为事实不清、证据不足，这种意见及其理由就不宜在庭审前与检察官详细沟通。

3. 行为不构成犯罪的意见可以视情况而定

有些案件的事实比较清楚，证据也比较扎实，只是对行为人的性质是否构成犯罪有不同的看法，对于这类案件，辩护律师可以在庭审前与检察官进行必要的沟通。

如果案件没有太大的社会背景或压力，而且检察官的沟通态度比较好，辩护律师也认为检察官比较客观开明，就可以尽量与检察官进行充分沟通，争取检察官能够采纳自己的意见，或者使自己的观点至少能够对检察官产生一定的影响。

如果检察官的定罪态度明确，不可更改，就没有必要过多地向检察官阐述自己的辩护理由。反而应当思考，为什么检察官的定罪态度这么坚决，要思考自己的辩护观点到底能否站得住，是否有说服法官的可能。

4. 不起诉意见应及时沟通

如果辩护律师认为案件不应当起诉，想在审查起诉阶段终止诉讼流程，那么就应该在审查起诉阶段及时向检察官提出不起诉的辩护意见。因为不起诉的决定权就在检察机关，如果审查起诉阶段不提出这个要求，那么，“过了这个村就没这个店了”。

当然，辩护律师向检察官阐述不起诉的辩护意见时，应当有充分的理由，有足够的说服力，否则不起诉的观点不会轻易被检察机关采纳。

5. 涉及民营企业的意见可以沟通

近年来，民营企业和民营企业家在经营的过程中，因为经营管理偏差，出现的问题很多，涉及刑事责任的情况也很多，如职务侵占、合同诈骗、诈骗、骗取贷款、非法经营、非国家工作人员受贿等。

这些案件的当事人态度都比较好，追赃挽损的情况也比较好，企业愿意采取措施进行合规改造，加之检察机关提倡少捕慎诉慎押、合规从宽等各项刑事政策，所以，涉及民营企业或民营企业家的案件就有可能得到检察机关的从宽处理。

对于这样的案件，如果辩护律师认为基本符合不起诉的相关条件，就应该大胆地与检察机关进行充分沟通，争取检察机关作出不起诉或其他从宽处理。

6. 把握不大的意见不宜沟通

在很多案件中，辩护律师似乎认为该案不构成犯罪，或者认为该案不应当起诉，但是又担心自己的观点不太准确，或者担心自己的理由不充分，检察机关不会接受。

对于这些把握不大的无罪辩护意见，在审查起诉阶段，尽量不要和检察官沟通，特别是不能沟通案件中存在的问题，这样的沟通无助于检察官接受律师的辩护意见，而且检察官在庭审中会有所防备，潜在的错误将被排除，辩方原有的辩护机会和空间也会失去或压缩，辩护的难度就会增加。

7. 重点案件沟通难度大

我国司法实践中经常开展专项打击活动，对某些在一定时期内被列为重点打击的案件，采取集中严厉打击的政策。对于这类案件，办案机关在定罪标准的掌握、理解和适用上与一般案件会有所不同。对辩护律师提出的不逮捕、不起诉、不定罪的辩护意见，接受的难度较大。

因此，辩护律师在办理这类案件时，即便认为案件的证据不扎实，行为难以定性，向检察机关提出了无罪的辩护意见，也很难被检察机关接受，案件进入审判阶段的可能性是很大的。

对于这类案件，辩护律师的工作重心可能就要放到审判阶段了。唯一的变通手段就是希望案件的进展放慢一些，等到这类案件不是打击的重点时，可能会有新的转机。

关于有罪的辩护意见

1. 罪轻辩护意见可以充分沟通

关于减轻和从轻的辩护意见，无论是法定情节还是酌定情节，检察官和律师之间都不会有太大的分歧，因此，及早和检察官沟通，律师的从轻处罚意见如果能够得到检察官的认同，在法庭上就更容易得到法官的认同。

2. 自首、立功等情节应当沟通

如果辩护人经过审查认为被告人具有自首、立功等法定从轻和减轻的情节，当然会在庭审时向法庭提出，但是从我国的司法实践来看，法庭认定自首、立功的证据材料需要通过控方提交的侦查卷宗进行审查。

最基本的证据材料是要有被告人的到案经过以及初次到案的笔录等材料，如果发现侦查卷宗中缺少这样的重要证据，就必须在审查起诉阶段和检察官进行沟通，通过检察机关向侦查机关调取，为最后自首、立功的认定奠定基础。

特别是职务犯罪案件的自首和立功，除了要有到案经过以及初次到案的笔录材料等证据之外，还需要办案机关提供认定被告人自首的材料，关于立功还需要办案机关提供被告人检举揭发线索的立案及查办情况，这些材料都需要通过检察机关才能取得。

所以，在当事人存在自首和立功的情形时，辩护律师一定要和检察官进行充分沟通，得到检察官的认可和配合。在沟通的过程中，如果发现检察官对自首、立功这样的法定情节不认同，辩护律师就应当特别重视这个问题，站在控方的角度，分析控方不认同的理由，确定如何说服检察官或者说服法官。

3. 认罪认罚从宽量刑意见应该沟通

认罪认罚案件与其他案件的最大区别是，在认罪认罚案件中，检察机关提出的量刑建议，法庭一般会采纳。辩护律师在检察官的量刑建议之外提出的更轻的量刑建议，很少能够被法庭采纳。

所以，对于认罪认罚的案件，辩护律师应当就量刑建议问题与检察官进行重点沟通，如果检察机关的量刑建议比较重的话，只要该意见还未提交法院，律师就应坚持与检察官"讨价还价"。

4. 酌定量刑情节可以充分沟通

对于其他基础事实情节的认定，一般都可以和检察官提前全面沟通。除了认定当事人自首、坦白、立功、积极退赃等法定量刑情节外，其他的酌定量刑情节，比如家庭情况、社会表现等情况，都可以在审查起诉阶段与检察官充分沟通，争取在审查起诉阶段得到更好的量刑建议。

从辩护实践来看，关于量刑情节的问题，控辩双方不会存在太大分歧，如果辩护律师的意见有理有据，很大可能会得到检察官的认可，也会在量刑建议中得到体现。

关于证据辩护意见的沟通

1. 有利证据的意见可以沟通

很多案件中，虽然存在一些对当事人不利的证据，但是同时也存在一些对当事人有利的证据，这样的证据大概有两类：一类是对案件的事实或行为性质的认定方面有一定影响的证据；另一类是对当事人的情节、地位、作用等方面有影响的证据。这两类证据辩护律师基本上都可以和检察官进行沟通，特别是对情节、地位、作用认定有影响的证据可以进行充分沟通。

2. 不利证据的意见不宜沟通

指控证据一般来说是控方用于证实当事人有罪的证据，如果辩护律师在庭审前与控方沟通对这些证据的意见，检察官一般不会接受，相反，还可能会顺着辩方的思路进行反向思考。

3. 对全部证据的意见不宜沟通

律师在和检察官沟通的时候，可以根据案件的具体情况确定是否就所有证据进行全面沟通。

要掌握的一个原则是，如果提前沟通全部证据不利于当事人，就不能在审查起诉阶段进行沟通，只有等到开庭审理的时候，再对证据发表意见。

4. 证据缺陷的意见不宜沟通

辩护律师对证据缺陷的分析意见，实际上就是律师对证据的质证意见，当然不能在审查起诉阶段和盘托出。对证据发表质证意见是庭审时的任务，辩护律师没有义务在审查起诉阶段，就向检察官表达自己对证据的分析意见。

有些辩护律师在审查起诉阶段，通过阅卷后，把发现的所有证据问题整理成书面法律意见，交给了承办检察官，其结果就是案件会继续补充侦查，漏洞会被堵上。

5. 及时提出排除非法证据

辩护律师如果在审查起诉阶段发现案件存在非法证据，就应该及时提出，而不要刻意等到审判阶段才提出，尽早排除非法证据对辩方是有利的，对案件的处理也是有利的。

而且，检察官对辩护律师在这个阶段提出排除非法证据的意见，不会持反感的态度，相反还可能会持积极的态度，能够认真听取律师这方面的辩护意见。因为检察机关在审查起诉中，对于非法证据也有依法进行审查和排除的义务，而且非法证据也不能作为提起公诉的根据。

沟通程序问题要慎重

如果辩护律师对办案机关的办案程序有意见，这种意见是否在审查起诉阶段与检察官进行沟通，必须谨慎，需要进行综合考虑。

对于程序瑕疵不影响案件定性或者影响较小的案件，律师可以向检察官提出来。这样能够营造良好的沟通氛围，也能引起检察官对量刑协商的重视，为当事人争取更大的减轻、从轻处罚的幅度。

底层逻辑

律师的辩护观点在庭审前是否与检察官沟通，沟通到什么程度，要视情况而定。

有些观点可以沟通，有些观点必须沟通，有些观点不宜沟通。

律师与检察官沟通辩护观点，既要观察检察官的态度，也要考虑自己是否有足够的把握。

与法官的庭前沟通

案件进入审判阶段后，律师与法官需要沟通的事项特别多，凡是与被告人和辩护人诉讼权利有关的程序性问题，都应在开庭前和法官进行沟通，以期达成妥善安排。

与法官良好的庭前沟通是庭审辩护成功的一半。如果这些问题通过沟通能够得到法官的理解，得到妥善处理，被告人和辩护人的辩护权利在庭审中就能够得到充分行使，也有利于辩护效果的实现。否则，辩护权的行使就有可能受到影响，甚至还会发生辩、审冲突，对辩护的效果自然也会产生消极影响。

因此，对一些在庭审中会涉及的与辩护权行使有关的程序性问题，辩护律师应当在庭审前积极与法官沟通，争取达成一致意见。

从实践来看，庭审前需要与法官沟通的问题主要包括以下 6 个方面。

是否召开庭前会议的沟通

《刑事诉讼法》规定了被告人和辩护人在庭审中的很多诉讼权利，这些诉讼权利的行使，如果不在庭审前与法官和检察官沟通并达成一致意见，而是在庭审中直接提出，效果可能会很差。

为了充分保障这些权利的行使，法律特别设置了庭前会议这个环节，如果召开庭前会议，辩护律师和被告人将会有比较充裕的时间，专门和法官沟通这些问题。

因此，对于一些案情比较复杂，辩护律师认为需要沟通的问题较多的案件，应当提出召开庭前会议的申请；如果律师希望召开庭前会议，也应当尽早和法官商量，提出申请。

关于庭前会议要解决的事项，法律明确规定了 10 多项，辩护律师对这些事项当然要在庭前会议上与法官、检察官进行充分沟通。

如果没有召开庭前会议，这些涉及诉讼权利的重大事项，也应当在庭审前与法官进行沟通，并且在正式开庭时还要提出来进行审理。

复制控方证据目录的沟通

除了法律明确规定的涉及诉讼权利的重大事项之外，辩护律师也有一些自己特别希望解决的问题。很多辩护律师特别关心的一件事情，就是希望在庭审前获得控方的证据目录复印件，特别是案情重大复杂、卷宗材料较多的案件，辩护律师的这种心情就更加迫切。

实践中，刑辩律师要想获得控方的证据目录，非常艰难。因此，刑辩律师一定要在开庭前和检察官沟通，同时也要和法官沟通，争取通过法官的帮助协商说服检察官，同意律师复制证据目录。

控方举证顺序和分组的沟通

庭审中，公诉人举证时，对于证据材料数量庞大的案件，在举证时一般会进行分组举证。对于控方分组举证的分组是怎么划分的，举证的顺序是怎么安排的，这些也是辩护律师比较关心的问题。

如果辩护律师想要了解这些情况，对控方举证有具体的意见和想法，最好在庭审前向法官明确提出来，通过法官协调，或由法官主持控辩双方进行协商，达成一致意见。

庭审时间安排的沟通

一般情况下，辩护律师在同一时期可能会办理多起案件，也可能会有多起案件同时进入审判阶段，这样，两起甚至多起案件开庭时间相互冲突的情形就会经常发生。造成这种情况的主要原因是法院确定开庭时间时，没有事先与律师沟通；律师接到某一法院的开庭通知后，也没有向其他法院进行通报。

如果出现了这样的情况，辩护律师请求法院调整开庭时间的难度很大，如果是案情复杂、被告人众多的案件，协调的难度就更大。

还有一些重大复杂的案件，检察院和法院的节奏较快，律师刚到检察院复制卷宗不久，案件就起诉到了法院；法院受理案件没几天，很快就确定了开庭时间，律师还来不及准备开庭工作。

因此，开庭时间是辩护律师最为关心的问题，也是辩护律师最迫切希望与法官沟通的内容。

从我们的经验来看，与法官沟通开庭时间要抓住这几点。

1. 庭前会议上沟通

如果召开庭前会议，辩护律师应抓住机会，在庭前会议上与法官协商开庭时间问题。

2. 开庭前沟通

如果没有召开庭前会议，辩护律师也一定要在开庭之前，就开庭的时间问题与法官进行及时沟通。

3. 提前 7 天通知开庭时间

一般情况下，法官只会提前 3 天通知开庭时间，但我们在协调时，一般都希望法官提前 7 天通知开庭时间。

4. 及时向法官通报辩方的工作安排

辩护律师办理多起案件，接到其中某一法院的开庭通知时，应向其他法院及时通报，避免开庭时间冲突。

开庭节奏的沟通

除了开庭时间需要提前沟通之外，开庭的节奏也需要与法官沟通。特别是涉众型案件，被告人数量多，涉案事实多，法庭对于开庭审理的节奏，肯定会有相应的计划安排，辩护律师对于这些情况，一定要和法官进行沟通协商。

对于法庭调查、举证质证、法庭辩论等涉及辩方发言的主要环节，一定要了解法庭计划安排多长时间，法庭计划给予辩方发言的时间是否充足。这些问题非常重要，一定要在开庭前与法官进行充分的沟通。

被告人开庭有关事项的沟通

还有很多与被告人有关的小问题，也需要在开庭前与法官进行沟通。比如，被告人吃药、喝水、穿衣等问题，庭审时被告人的用纸和用笔等问题，以及家属旁听问题，甚至还包括安排被告人与亲属见面的问题等。

总之，我们在开庭的过程中有可能遇到的，而且又必须协商沟通的问题，最好在开庭之前都与法官沟通好，这样就能够在很大程度上避免被动，更可以避免在庭审过程中发生辩、审冲突，避免因沟通不畅，影响了辩护效果。

底层逻辑

庭前积极沟通，既是一种态度，也是一种工作方法。

与法官良好的庭前沟通是庭审辩护成功的一半。

如何处理与办案机关的矛盾

律师在会见当事人、查阅复制卷宗，以及参加庭审等方面经常会遇到一些障碍，也经常会和办案机关发生矛盾和摩擦。很多律师在遇到这种矛盾和摩擦时，不知道采用更加妥善的方法处理，有时用力过猛，导致侦辩冲突、控辩冲突、审辩冲突，以至于两败俱伤的情况发生。

根据我们的实践，律师处理这些情况时，要坚持有理、有利、有节的原则，理性处理与办案机关的矛盾。具体可以从以下3个方面把握。

避免正面冲突

辩护律师在工作中如果和办案人员发生了矛盾，要尽量避免和办案人员的正面冲突，更不要激化和扩大矛盾，事态的扩大不利于对问题的处理，对双方的形象也会造成不好的影响。

1. 冲突与对立不利于及时解决问题

办案人员对某些具体程序和实体问题，享有法律赋予的一定程度的自由裁量处置的权力。

例如，政策把握得松一点或者紧一点，办案的节奏快一点或者慢一点，都属于法律允许的自由处置权的范畴。再如，检察官听取意见后是否反馈、办案机关是否同意律师调取证据的申请、是否同意回避、是否同意证人出庭、是否召开庭前会议、如何决定开庭时间、开庭节奏的安排等，即使辩护律师有不同的看法和要求，也很难对办案人员的决定提出批评和指责。

当然，也有一些办案人员的行为明显不符合程序规定，或者损害了律师的辩护权以及当事人的合法权益，这些情况我们也经常遇到。

辩护律师面对这些问题时，虽然会提出自己的意见，但律师的意见没有被办案人员采纳，或者办案人员的看法与其不同，这种情况在办案过程中也非常普遍。遇到这种情况，很多辩护律师都会感到憋屈，甚至有些律师感到愤慨，直接与办案人员发生了正面冲突，导致双方的情绪更加对立。

出现这样的结果，对律师来说，绝不是一件好事情。辩护律师提出某个请求或者某种主张，目的是维护当事人的权益，达到自己的诉讼目的。如果产生情绪的对立、言语的冲突，会使双方更不容易进行沟通，更不容易达成共识，辩护律师想要追求解决问题的目的，也就更难实现。

有些问题拖下去，对辩护律师来说是一种损失，对当事人来说也是一种损失，这显然与律师提出某种请求和要求的初衷是背道而驰的。

2. 切忌扩大矛盾和冲突

在很多情况下，办案人员一开始没有同意律师的要求，律师如果在之后继续采用妥善的办法沟通，这些问题很有可能就会得到解决。

但是很多律师认为自己的理由充分，而办案人员的做法是错误的，认为自己受到了不公正的待遇，因而就会采用一些激进的方法，在一些并不影响大局的权利上锱铢必较，不愿意通过继续沟通交流的方式解决问题。

这样，辩护律师与办案人员的矛盾便可能会激化和扩大，有些情况下还会造成很大的负面影响。出现这种局面的后果不外乎有两种：一种是问题的处理更加复杂化，处理问题的时间拖得更长；另一种是影响扩大以后，虽然争执的问题可能会得到解决，但是在案件最终的处理上，当事人并没有得到更好的结果。

有些情况下，当事人可能还会因此对辩护律师产生不满，甚至辩护律师可能会由于各种原因，不能再作为案件的辩护人继续为当事人进行辩护。

因此，经验告诉我们，如果不是迫不得已，没有第二条路可走，就不要让矛盾和冲突升级。

3. 不纠缠细枝末节

在办案程序和节奏安排上，妥善安排工作时间，配合法院的整体安排，抓住重点，不纠缠细枝末节。

刑辩律师对于案件的细节当然应当高度重视，尤其是涉及罪与非罪和罪行轻重的细节，更是必须紧紧抓住不放，这是刑事辩护的基础性工作。重视案件细节与我们常说的“细枝末节”是两个不同层面的问题，它们有本质的不同。

刑事辩护中经常提到的不纠缠“细枝末节”，从案情方面讲，是指与案件定性和量刑无关的细节；从程序方面讲，是指在不违反程序规定、不影响辩护权的行使和不影响当事人合法权益的前提下对有关具体工作安排方面的细节。

类似这种细枝末节的问题，辩护律师不去纠缠，并不涉及律师是否失职的问题，反而表现了对办案机关应有的尊重，也能够体现律师的素质。在这种情况下，当我们就重要的问题与办案人员进行沟通时，更容易得到他们的理解和支持。

4. 尊重办案机关和办案人员

律师在办案中，要注重律师自身的形象和风范，尊重办案机关和办案人员，不能个人斗气，不能搞个人攻击，不能随意发表损害办案机关形象的言论。这样不仅可以赢得办案机关的尊重，也能为律师沟通问题，解决矛盾，打下很好的基础。

对于办案人员工作中的一些瑕疵和敏感问题，律师应当明确提出，但不宜简单地对外扩散，应尽量争取通过内部反映的方法协商解决。

积极沟通，争取获得理解

律师的辩护工作，从表达方式上来说，是一种沟通交流和说服的工作。既然是一种沟通交流，在很多情况下就需要讲究平衡和妥协。

辩护律师和办案人员各自的立场和具体职责不同，对法律的理解，对同一个事实和证据的看法，会形成不同的观点，或者在案件的处理上会产生矛盾和分歧，这是很正常的事情。

遇到这样的情况，辩护律师一定要坚持采用积极沟通的方式解决，有时可以变换我们的交流方式和做法，这样处理矛盾和问题的实际效果可能会好得多。

我们在实践中探索了几种积极沟通的办法，可供参考。

1. 尽量不要让对方把口封死

辩护律师第一次向办案人员提出一个请求时，有时会遭到办案人员的拒绝，但这个时候你一定要耐心地给办案人员做工作，让他不要把这个口封死，不要把这个问题变成一个死结，要留下一个可以往下继续沟通的豁口和台阶。这样等你再次进行沟通的时候，你的请求可能就会得到同意。

这样的情况是十分常见的，相信很多律师都遇到过，这是一个最基本的变通处理矛盾的方法。

比如，我们办理某起案件时，需要到外地一个县的看守所会见，因为当地已经有一名辩护律师，我们团队只能指派一名辩护律师。在会见的时候，我们还想派一名律师陪同会见，就提前询问当地的律师，看守所是否允许这种做法，但当地律师也不确定。所以，我们在和看守所电话沟通的时候，就明确询问辩护律师是否可以带一名律师陪同会见，接电话的警察开始的语气很坚决，称不是辩护律师不允许会见。我们反复解释说，法律规定可以允许同一个事务所的律师陪同会见，而且我们是从北京远道而来的律师，有一位律师陪同会见，负责记录，可以提高会见的效率，减少会见的次数，减轻看守所会见的压力，对其他律师的会见都有好处。最后，警察只好说："那你们先来吧，来了再说。"

最后，在我们前往当地看守所会见的时候，警察又问起这个问题，经过沟通，终于允许陪同会见，从而大大提高了我们会见工作的效率。

2. 同一个问题变换一种提法，给对方找一个台阶

例如，在疫情期间，我们到一个看守所会见，因为会见的律师较多，看守所视频会见的场所又有限，所以每个律师每一次会见只被允许半小时的时间，我们第一次会见就是按照这个要求做的。

后来我们在和安排会见的警察进行沟通时想到了一个理由，我们的理由是：因为该案比较复杂，我们有两名辩护律师，对案件的辩护做了分工，每人会见的任务不同，所以我们要求每次申请的时候，两人各自用自己的名义，分别申请会见一次，一名律师会见时允许另一名律师共同会见，其中一位作为辩护律师会见，另一位作为陪同律师会见。

经过协商，负责安排会见的警察同意了我们的这个请求。这样我们每一次会见，两人各半小时，合在一起就可以连续会见一小时，就相当于其他律师的两次会见。这样会见的效率翻倍提高，也节省了两次申请过程中的等待和来回的路途时间。经过一个多月的连续会见，我们终于在紧张的疫情期间，顺利完成了该案的会见任务。

再如，非法证据的排除比较困难，其中的重要原因就是一旦某些证据被认定为非法证据，不仅这些证据要排除，而且办案人员也可能会被追究责任，所以有关办案单位很难直接把这些证据认定为非法证据而予以排除。

对于这种情况，辩护律师完全可以采用迂回的方式，以取证方式的不合法影响到证据的客观性、真实性，要求不予采纳。这种做法与最后辩护工作的客观效果是相同的，缓和了矛盾，避免了直接对立，反而更容易被接受和采纳。

3. 找到变通方法说服对方

有些情况下，辩护律师提出的要求，想让办案人员直接接受可能比较困难，但是如果律师采用一种变通的办法，不仅能够解决双方面临的难题，也可以避免矛盾的升级。

当年我们在办理一起涉黑案时，办案机关推进的节奏很快，当时也没有电子卷宗，要想复制卷宗，就必须用复印机进行复印，我们提出要复印卷宗材料的时候，检察官正在紧张地阅卷，表示很难把卷宗腾出来让我们复制。

面对这种情况，为了解决阅卷过程中"撞车"的问题，我们一方面向公诉机关提出书面申请，另一方面与承办检察官积极沟通，提出检察官和辩护人同时穿插阅卷的办法。我们提出的这种方法得到了检察官的理解和支持，在相互理解和配合下，双方穿插阅卷，在 10 多天的时间内，我们就顺利地复印了主要卷宗材料。

4. 找足理由，耐心沟通

很多情况下，只要我们的理由充分，而且耐心地沟通，就有可能说服办案人员，实现我们的工作目标。这样的情形在辩护实践中也是经常发生的，所以要接受考验的就是我们的理由是否充分，以及我们是否有足够的耐心。

辩护实践中，我们遇到的需要耐心沟通的常见问题是开庭的时间。

辩护律师接到法院通知的开庭时间时，要么是律师的时间排不开，要么是律师需要时间做准备，遇到这种情况，就需要律师耐心地向法官说明理由，以便争取一段宝贵的时间。

例如，我们在办理一起原全国人大代表受贿案时，我在正式接受委托的当天就赶到当地，向法院递交了委托手续，法院第二天就通知我 3 天后开庭审理，我向法院申请延后一个月开庭。法院回复称此案在当地影响重大，无法延期开庭，而且被告人此前所请的两位辩护人已全程参与了诉讼，不能因为临时更换辩护人而延期开庭。

但我没有就此放弃，反复向法院阐明应当延后开庭的理由，经过耐心的说明解释工作，法院终于同意延期开庭。法院开始时同意延后两周开庭，我又据理力争，要求再往后延长几天，以便留出在开庭前会见被告人的时间，法院最终决定在此基础上再延后两天开庭。

再如，我们在办理某省高级人民法院审理的一起公司董事长受贿案时，审判长通知我，3 天后开庭。我认为 3 天的准备时间来不及，需要多几天时间与当事人再次进行沟通，进行庭前辅导，以便确定辩护策略等。

于是我向审判长申请要求向后延期两周再开庭，审判长开始并不同意，理由是已经通知了检察机关，时间不好更改。我再次请求审判长与检察机关进行沟通协调，往后延期几天。最后，审判长同意再给我延后一周的时间，这样就为我争得了较为宽裕的时间，用于开庭前的准备工作。

5. 注意用词和语气，避免引起抵触

比如，取保候审是律师在庭前辩护时常常采用的一种方法，但是我们很多律师在撰写取保候审材料时，往往不太注意表达的方式方法和语气，要么是简单地采用表格式的、机械呆板的方式表达，要么是义愤填膺、义正词严地直接表述当事人不构成犯罪，应当先行取保候审等意见。办案人员看到这些取保候审的材料后产生的心理反应是完全不同的，也可能会影响到办案人员是否决定采用取保候审措施。

辩护实践中，我们在撰写取保候审的材料时，要特别注意表达的用词和语气，要特别重视获得办案人员的理解和支持。

如果我们认为案件不构成犯罪，在审查逮捕阶段向检察机关表达不批准逮捕意见的材料中，一般会明确表述该案不构成犯罪，不应当批准逮捕。对于这样的明确表述，检察官不会从心理上反感，反而会慎重地审查。

但是如果我们是向侦查人员提出取保候审的申请，就要特别注意表达的用词和语气。因为在这个阶段，辩护律师并没有看到全部的卷宗材料，辩护律师认为无罪的判断，仅仅是根据会见时当事人的辩解做出的，而办案人员则掌握了辩护律师尚未掌握的其他材料，他不一定会认同辩护律师的无罪观点。

这个时候，即使辩护律师的判断在大方向上可能是对的，也就是说对当事人可以不采取羁押的措施，当事人未来也可能不会被起诉和受到刑事处罚，但是如果辩护律师直接向侦查人员提出当事人是无罪的，要求先行取保候审，这样的表达可能就会引起侦查人员的质疑，不一定能够同意取保候审的申请。

通常我们在侦查阶段申请取保时，一般都不会直接提出当事人不构成犯罪，而是会用非常委婉的语气，表达在整个案件的过程中，当事人的行为和作用不太重要，不宜作犯罪处理，继而请求宽大处理。后来证明，以这种表达方式申请取保候审，效果非常好。

通过正规渠道反映，以期获得支持

有些律师在向办案机关提出某种要求，没有得到期望的结果后，喜欢采用比较极端的手段，比如通过自媒体网络曝光等。

实际上，我们沟通的渠道是多样化的，在和办案人员或者办案机关沟通没有得到回应的时候，或者律师的正当权益没有得到保障的时候，我们有很多的正规渠道可以反映问题。

比如，有的问题可以通过检察机关的监督予以解决，有的问题可以通过向办案机关的上级机关反映予以解决，有的问题可以通过律师协会和司法行政部门的渠道来解决。

我们在东北办理一起涉黑案件时，当地律师向当地办案机关申请会见，连续长达几个月的时间都没有得到许可，我们介入后，通过律师协会的维权渠道，以及最高人民检察院的申诉渠道，最后反馈到当地的侦查机关和检察机关。经过协调，当地侦查机关克服疫情造成的困难，很快就安排律师进行了视频会见。

所以，作为辩护律师，我们一定要学会使用这些正规的渠道反映和解决问题。实际上，只要我们把这些渠道都利用起来，我们的很多问题都会得到解决。

底层逻辑

律师与办案人员沟通的目的是解决问题，而不是制造矛盾。

扩大矛盾的结果不利于辩护律师，更不利当事人的实际利益。

要善于变换沟通的方法和手段，实现律师的沟通目的。

通过正规渠道反映问题、解决问题,是律师不可忽视的“撒手锏”。

第四部分

审阅卷宗

控辩双方的

庭前较量

阅卷前的准备工作

有些年轻律师拿到案卷材料之后，就迫不及待地开始阅卷，花了很长时间把案卷看完了，还是稀里糊涂，对案件没有整体印象，对案件的问题和症结，没有清晰的思路。

这是因为阅卷不是读故事，不是看小说。

阅卷是有目的的，律师要通过阅卷发现案件有什么问题，为后面确定辩护思路和辩护策略奠定材料基础。

如果案件简单，辩护律师把卷宗材料看完一遍后，对案件的基本问题和症结，就会形成一定的印象。

但复杂案件却不是这样。有的案件涉案事实有几十起，涉案罪名也有很多，卷宗材料几十本、上百本，有的甚至几百本、上千本。如果阅卷前不做一些准备，会很容易陷入迷惘。

辩护律师在阅卷之前，需要花点时间和精力，做一些准备工作。这样，在阅卷之前，你就会产生很多疑问，也会发现很多问题，你就会带着疑问去阅卷，就会希望通过阅卷解决这些疑问和问题，阅卷时也会有的放矢，阅卷效率和阅卷质量也会明显提高。所以我们特别提倡在阅卷前要做一些准备工作。

根据我们的经验，阅卷之前的准备工作主要包括以下几项。

梳理案情，带着疑惑和思考阅卷

一般来说，在阅卷之前，辩护律师对案件情况或多或少都会有一些了解，当事人家属会向律师介绍一些情况，提出他们的疑惑。有些案件中，辩护律师已经会见了当事人，当事人也会对案情做更详细的介绍，对很多问题也会做出辩解。

这些情况就会引起律师的思考：他们介绍的情况是否真实，辩解是否合理，这些也是律师要通过阅卷核对的问题。

家属的疑惑以及当事人的辩解是律师阅卷的一个重要指引。

律师在阅卷前对这些了解到的情况和辩解进行梳理，有利于带着问题有重点地阅卷，加强对辩解合理性的判断。

研究法律法规，带着法律的思维阅卷

根据我们的实践经验，在阅卷之前，对案件涉及的法律问题进行一些研究，对于我们在阅卷中及时发现问题，寻找辩点，具有极其重要的作用。

比如，你如果不知道涉案的罪名在刑法上是怎么规定的，常见的争议焦点在哪里，就仓促地去看卷宗材料，就不太可能有针对性地发现问题，更不容易寻找到有效的辩点。

所以在阅卷之前，将起诉意见书或起诉书中涉及的法律问题，尽量先研究一下，这对阅卷能够起到事半功倍的作用，能够提高阅卷效率，特别有利于尽快形成辩护思路。

根据我们的经验，我们一般会要求团队成员在阅卷之前研究 3 个方面的法律规定。

1. 研究指控罪名涉及的刑法条款

根据起诉意见书或起诉书中指控的罪名，以及列明的法律条款，搜索相应的刑法规定及其司法解释，把法律对该罪名的规定，司法实践中对该罪构成要件的理解，以及常见的争议焦点等内容先进行研究，强化对该罪名的认识，然后带着对法律的理解和思考再去阅卷，这样的效果很好。

即使律师对涉案的罪名很熟悉，也有必要在阅卷之前把有关实体法的规定先学习一遍，这样在阅卷的过程中就会产生更多的思考，发现更多的问题。

比如，在涉黑犯罪案件中，除了组织、领导、参加黑社会性质组织罪这个罪名以外，还会有很多其他的罪名，如强迫交易罪、寻衅滋事罪、聚众扰乱社会秩序罪等，有的案件涉及多达 20 多个罪名，应当把所有这些相关罪名的刑法规定和司法解释都收集起来，研究之后再开始阅卷。

2. 研究可能涉及的程序法律规定

控辩双方可能涉及的程序问题有很多，如管辖、回避、强制措施等，律师只有对这些规定心里有数，在阅卷时才能敏锐地发现这些问题。否则，即使程序中存在问题，你也看不出来，在会见时你也不会主动去问这些问题，在阅卷时你也不会主动去思考这些问题，所以有关程序的法律规定也是阅卷之前必须储备的知识。

研究相关程序的法律规定，与研究实体罪名的法律规定不太一样。每一个案件涉及的具体罪名不一样，所以律师在办理不同的案件时，所需要研究的实体法的法律问题是不一样的，但是程序法的规定是所有刑事案件都适用的。

尽管在办理每一起刑事案件时都会碰到程序问题，都需要研究程序法的规定，但是我们每办理一个新的案件，在阅卷之前，都仍然会要求团队成员对相应的程序法规定进行熟悉。当然，在阅卷的过程中，还会结合相应的程序问题，对相关程序法的法律规定进行重点研究。

3. 研究相关的证据规定和规则

在我们的辩护实践中，事实清楚，证据确实充分，只需要研究定性问题的案件是比较少见的。在更多的案件中，研究的重点还是证据问题，事实是否清楚，证据是否确实充分，这是律师要重视的首要问题。

“打官司就是打证据”，这个说法对刑事辩护同样适用。

在绝大多数的案件中，律师阅卷的重点工作就是研究证据和核对证据，如研究证据的种类、证据审查、证据规则、证明标准、非法证据排除等，这些都属于证据问题。在这种情况下，当然就需要运用法律中有关证据的规定，也需要研究有关的证据规则。

如果律师对证据的法律规定和证据规则非常熟悉，在阅卷的时候就能够及时发现证据方面存在的问题，在举证、质证和辩护时就能把好证据这一关。

研究专业领域问题，带着专业的知识阅卷

有很多案件发生在专业性很强的领域，发生在这些专业领域的事实或行为是否正常，背后是否隐藏着什么原理和依据等，对于这些问题，仅凭普通人的常识很难做出准确预判。

只有对相应专业领域的知识有一定了解，阅卷时才能看懂卷宗材料，发现问题的症结所在。不然的话，即使阅完了卷宗材料，也依然找不到问题的症结所在，甚至很多问题都看不懂，搞不明白，阅卷效率受到影响不说，更重要的是阅卷质量受到了影响，达不到阅卷的目的。

比如，办理涉及银行金融领域、证券基金领域的相关刑事案件时，辩护律师在阅卷前就要对金融领域、证券基金领域的基本知识、法律规定和操作流程做一些了解，甚至要下一定的功夫研究。

当然，仅在阅卷之前了解这些知识还不够，在阅卷的过程中，在与当事人会见的过程中，甚至阅完卷以后，都要结合案件需要反复研究这些专业领域的知识。

拆解事实环节，确定阅卷重点和非重点

在阅卷时不需要平均使用力量，也不能平均使用力量，有些卷宗材料要作为重点进行阅读，有些卷宗材料只需要进行一般性的阅读。判断哪些是阅读重点，哪些不是阅读重点，需要借助对起诉意见书或起诉书的分析。

分析起诉意见书或起诉书的一个重要方法，就是对它的内容进

行拆分，拆分以后再进行研究。这样可以快速判断出哪些内容是重要的、关键的，哪些是不重要的，哪些是中性的……如此操作，阅卷的重点和非重点自然而然的就区分开了。

起诉意见书或起诉书一般包括 4 个方面的内容：一是当事人的基本情况，二是经依法审查查明的事实，三是指控的相关证据，四是“本院认为”部分的内容。

在起诉意见书或起诉书的表述中，对证据部分经常采用概括列举的方式，并不会列出全部的证据的名称，所以这部分就不用作为拆解的重点，可以着重拆解其他部分。

1. 从当事人的基本情况中确定重点

在当事人的基本情况这一部分内容中，一般会有办案机关立案、受案等有关诉讼管辖的内容，以及对当事人采取何种强制措施和诉讼期限等方面的内容，律师在审查起诉意见书或者起诉书的时候，对这一部分内容应当仔细审查。

如果在管辖、诉讼期限等方面发现问题，就应当把这部分相关的卷宗材料作为阅卷的重点；如果认为不存在问题，这部分的卷宗材料就可以不作为阅卷的重点。

2. 从审理查明的案件事实中确定重点

从起诉意见书或起诉书中查明的案件事实分析确定阅卷的重点和非重点，可以从以下几个角度进行。

（1）从是否参与的角度确定

在很多情况下，起诉意见书或起诉书指控的涉案事实不止一起，而是多起，甚至是几十起、上百起，很多案件中指控的涉案人员也不是几个人，而是多人甚至几十人、上百人。对于这样的案件，律师在对指控的事实进行拆分时，就要注意审查在指控的相关涉案事实中，自己负责辩护的当事人是否都参加了。

如果其中某些指控的事实与其无关，那么这几起案件的卷宗材料就不是阅卷的重点，这样阅卷的数量就会减少很多，就可以集中精力阅读那些重点内容。

（2）从是否有异议的角度确定

如果律师拿到起诉意见书或者起诉书后会见了当事人，就要询问其对指控的事实是否有异议。如果当事人对其中的某些指控事实表示没有异议，那么这起指控的卷宗材料就不作为阅卷的重点，阅卷的重点应当放在当事人有异议的部分。

在当事人对指控有异议的事实中，还要询问其对哪些具体事项有异议、有异议的具体环节，这些也将是律师阅卷的重中之重。

（3）从事实环节的角度确定

对起诉意见书或起诉书中指控的某起涉案事实进行拆分以后，可以看出某些事实环节是中性的，某些环节对当事人是有利的，那么在阅卷的时候，这些中性环节的内容就可以不作为辩护律师阅卷的重点；对当事人不利的事实环节的内容，以及对当事人有利的事实环节的内容，将是律师阅卷的重点。

提出问题，引导阅卷

带着问题阅卷是辩护律师最实用的一大法宝。

在研究起诉意见书或起诉书的过程中，根据直观反应和执业经验，律师就会产生一系列的问题和疑惑，这些问题需要通过阅卷进一步了解，也需要通过阅卷得到解决。

如果律师对起诉意见书或起诉书指控的每一个事实环节都认真

研究，大脑中产生的疑惑可能就会更多，发现的问题也可能会更多。带着这样的疑惑和问题去阅卷，发现指控中存在问题的针对性就会增强。因此，律师在阅卷之前应当仔细研究起诉意见书或起诉书，对起诉意见书或起诉书指控的事实，按照内在的规律拆分成不同的事实环节，然后对其中的每一个事实环节都提出问题，特别是对当事人不利的事实环节更要提出问题，带着这些问题去阅卷。

比如，起诉意见书或起诉书指控的某个事实环节是否存在，该事实环节内容的来源依据是什么；证据之间是否相互矛盾；事实环节是否完整，是否有遗漏；当事人对这些事实环节是否有辩解；这些事实环节对定性会起到什么样的作用等。

这些问题有可能就是将来控辩双方争议的焦点，带着这样的问题阅卷，就可以重点关注这些内容，并进行重点摘录。这样，在以后的举证、质证和辩论中，辩护律师就会处于主动的地位。

底层逻辑

阅卷前花点精力做些准备工作，能使阅卷效果事半功倍。

家属的疑惑及当事人的辩解是律师阅卷的重要指引。

带着问题阅卷是辩护律师阅卷的实用法宝。

知识储备是阅卷的一双火眼金睛

辩护律师要想做到高效阅卷、高质量阅卷，必须经过一定时间的积累和沉淀，而且需要磨炼和锻炼的方面也很多。

我们认为其中首要的一条是，辩护律师需要具备一定的知识储备，这是阅卷工作的前提条件。

根据我们的实践经验，辩护律师阅卷前的知识储备主要包括以下4个方面的内容。

实体法知识的储备

对刑事实体法知识的储备是从事刑事辩护的第一前提，在任何一起刑事案件的辩护中，辩护律师第一个要考虑的问题就是办案机关指控的行为是否构成犯罪，这就需要运用刑法知识进行判断。

在阅卷前，要针对起诉书或起诉意见书指控的罪名，找出相应的刑法条文和司法解释进行研究，深化对该罪名规定的理解和认识，然后带着对这些规定的理解，边思考边阅卷，这样就能够帮助律师从实体法的角度发现问题。

当然在形成辩护思路的过程中，更要反复思考相关的实体法律问题，有的时候还要查阅相关的文章、书籍和案例，继续进一步地深入研究。对指控罪名所涉及的刑法条款及相关司法解释，事前进行一定的研究，这一点特别重要，律师应当重视这方面的知识储备。

诉讼程序法知识的储备

在刑事案件中，有些案件事实清楚，证据确实充分，只是控辩双方对指控的行为性质如何认定有不同的认识，这类案件主要涉及的就是法律适用问题，办理这类案件主要依靠的就是实体法知识的储备和运用。但是随着办案人员实体法知识水平的提高，围绕法律适用产生争议的案件数量就相应减少了，大量案件中争议更多的是程序和证据方面的问题。

在我们以往的司法实践中，存在重实体轻程序的思维习惯和行为习惯，无论是办案人员还是律师，都不太关注程序问题，在刑事诉讼过程中，因辩护律师对程序问题有质辩而影响案件进展和案件处理的情况比较少见。

但是近年来这种情况得到了很大的改观，大家发现程序问题很重要，程序辩护也成为律师辩护的一种重要辩护形态，对案件的进展和处理也产生了一定的影响，办案机关对程序问题也越来越重视。

如果辩护律师对程序法很关注，并且对程序问题研究得很透彻，那么在阅卷时也能发现很多程序方面的问题，有些可能就会对案件产生重大影响。

证据规则知识的储备

在过去的司法实践中，无论是办案机关还是辩护律师，对于证据中存在的问题都不太重视，在法庭调查、举证质证环节，各方也很少对证据中存在的问题进行过多的讨论。

甚至在很多案件中，辩护律师对控方举出的证据一律表示无异议，虽然有很多当事人想发表一些不同意见，却苦于对在案证据情况不了解，想说却不知该说什么，当事人家属在台下旁听后对辩护律师的表现当然也不会满意。

造成这种现象的主要原因之一，就是辩护律师对证据规则不熟悉，不知道怎样审查证据，怎样发现证据中存在的问题。证据中存在的问题，对案件事实认定方面会产生什么影响，什么样的情况下才是达到了证据确实充分的标准，什么样的情况下指控证据才形成了完整的证据链条，什么样的情况下才是对矛盾作出了合理的说明，才是排除了合理怀疑等证据规则问题，律师没有深入的认识，更没有达成共识。

随着最高人民法院两个“证据规则”和最高人民法院《关于适用〈中华人民共和国刑事诉讼法〉的解释》(以下简称《刑诉法解释》)的出台，对证据规则的研究和运用越来越得到司法实务界的重视。各地纷纷举办有关证据审查运用的研讨班、培训班，学界提出了律师要重视证据辩护的问题，律师界也纷纷交流如何开展证据辩护，如何更好地举证质证。因此对证据学的关注和研究，对证据规则的学习和研究便成为刑事辩护律师不可缺少的知识储备。

也正是因为办案中对证据问题越来越重视，对证据规则越来越重视，在法庭审理中，举证质证环节的对抗也越来越激烈，很多案件就是因为证据出现问题而得到了改判。法院近几年改判的案件，多数都是因为证据出了问题。

相应的专业知识储备

有一些刑事案件发生在专业性很强的领域，如金融领域、知识产权领域、网络领域等，辩护律师办理这些发生在一定专业领域的刑事案件时，除了要了解刑事法律知识之外，还要对这些领域的专业知识有一定的了解。

具有这些领域的专业知识，可以帮助辩护律师更好地了解案件事实和分析证据，可以帮助辩护律师更容易地理解当事人的行为及其辩解，从而可以帮助辩护律师更加顺利准确地找到辩护的重点。总体而言，可以提高律师办案的效率和办案的精准性。

如果你专注某一领域刑事案件的辩护，就应当对这一领域的专业知识有相当的了解。当然，如果你是第一次接手某一专业领域的刑事案件，你就必须花费更多的时间，付出更多的努力，了解案件涉及的专业背景和专业知识。

底层逻辑

办案阅卷需要有一定的知识储备。

掌握知识的内容范围和使用方法是重点。

阅卷的思维角度

在刑事诉讼中，公诉人和辩护人的具体职责定位不同，导致双方的思维方式也有明显的差别，这种差别贯穿于整个刑事诉讼的过程。控辩双方对同样的卷宗材料，阅读和思考的角度完全不同。

一些律师在执业之前曾经做过检察官，在他们刚开始以律师身份阅卷时，很难看出卷宗材料中有什么问题，第一感觉也是认为起诉书的指控没有问题，案件难有辩护空间。同样的卷宗材料，其他辩护律师总是能看出很多问题。

这种现象就说明公诉人的思维习惯，还在严重地影响着他们。由此也可以看出阅卷的思维角度，对辩护律师分析卷宗材料，发现问题，会产生很大的影响和制约作用。

因此，辩护律师必须养成良好的阅卷思维习惯，只有这样，才能帮助我们更好地阅卷，更好地发现问题和分析问题。

我们根据经验总结了辩护律师在阅卷时应当采用的 4 个思维角度。

逆向思维

所谓逆向思维，就是指辩护律师在阅卷时，不能顺着卷宗材料所指向的方向思考问题，而是要从反方向思考问题。

卷宗材料是由侦查人员收集并制作的，并在侦查终结后会被移交到检察机关，然后再被移送到法院。侦查机关既然对某一个案件或者对某一个人立案侦查，并且形成了相应的卷宗材料，就说明侦查机关经过侦查，认为这个人的某种行为构成了犯罪或者罪重，由此形成了侦查卷宗材料，当然都是用于证明这种有罪或罪重的主张，这些材料体现的是指控思维。

检察官在审查逮捕或者审查起诉的过程中，与侦查人员的思维方式基本上是同向的，即使他们对侦查机关的材料提出补充侦查的意见，目的也是帮助侦查机关查找填补指控的漏洞，完善证据，补强指控证据，体现的也是一种指控思维。所以检察官对卷宗材料的态度和侦查人员的态度基本是一致的，都是同向的指控思维。

辩护律师的职责是为被告人提出无罪、罪轻和免除处罚的材料和意见，这个职责就决定了辩护律师对侦查卷宗材料的态度，以及在分析案情和证据时，其思维的方向与指控思维的方向必须是反向的，也就是要有逆向思维。

辩护律师在接触案件材料时，特别是在阅卷时要采用逆向思维，如果不采用逆向思维，无论花费多少时间阅卷，无论怎样全面、多次、细心地阅卷，也很难看出证据材料中存在的问题，很难看出起诉书中的问题。

只有运用逆向思维的方法，律师在阅卷时才能够看出问题，掌握全面阅卷、细致阅卷、反复阅卷和亲自阅卷这些阅卷的方法，才能够起到应有的作用。

怀疑思维

辩护人逆向思维的特点，就决定了辩护律师在阅卷时，不能过分相信卷宗材料，必须是带着怀疑的态度、否定的态度、挑错的态度阅读并分析卷宗材料。

刑事诉讼中，收集材料、调查取证工作能做到什么程度，是否客观公正，能否真实再现当时的情况，不仅取决于侦查人员的职业道德、职业能力，也取决于侦查人员的立场角度和职责需要。

卷宗材料是侦查人员从他们的视角收集调取的，出发点和目的与辩护律师不同，他们收集和调取的证据材料也不会有利于嫌疑人或被告人，因此通过卷宗材料反映的案情就可能是片面或不真实的。

因此，辩护律师阅卷时要保持清醒的头脑，不能完全相信卷宗材料，要带着质疑的态度，用怀疑的眼光、怀疑挑错的思维看待案卷材料，对一切材料都要打个问号。

如果我们站在辩护人的角度，带着怀疑挑错的思维阅卷，我们就会发现卷宗材料中存在很多疑点。比如，被告人在口供中为什么要这样供述；被告人的供述与其他证据之间为什么存在矛盾或冲突；被告人对某些重要情节为什么没有供述；被告人的有罪供述是怎么说出来的，是在什么情况下形成的；证人为什么要回避这个重要的问题等。

只有带着怀疑挑错的思维阅卷，才能发现证据材料中不真实的地方，才能发现证据相互之间存在的矛盾。

独立思维

辩护律师在阅卷时，不要被侦查人员的思路限制住，不要被侦查卷宗材料牵着走，要有自己独立的思维。有些情况下，我们要跳出卷宗材料的范围，这样我们才可能发现案件存在的问题，也才可能发现案件的真相。

实践中，有两种运用独立思维阅卷的方法。

1. 通过会见发现新问题

通过会见，发现卷宗材料之外的新问题，是辩护律师独立思维的一种重要体现。

经验丰富的辩护律师都知道，通过会见当事人，可以了解到很多卷宗材料没有记录的情况，经过认真研究后，这些情况中有一些可能是对当事人非常有利的证据。

因此，辩护律师在阅卷的过程中，一定要经常会见当事人。除了听取当事人的辩解以及核实证据之外，还应当特别注意分析当事人的辩解中有没有卷宗材料里没有提到的情况，这些情况有可能就是使案情出现变化和转折的关键所在。

2. 通过调查发现新问题

通过到案发现场或者到有关单位走访，或者向有关人员进行调查，也能够发现一些卷宗材料中没有的、对当事人有利的证据材料或线索。所以，走访现场，向有关人员了解情况以及调查取证，这些也是我们获取新证据、发现新问题的有效手段。

以上两种方法，有时可以独立使用，有时需要交叉使用。总之，跳出侦查人员的思路，跳出案件材料的范围，说不定我们就能够发现新的证据材料，使案件的走向峰回路转。

比如，我们在辽宁办理张大强涉嫌受贿案时，就通过会见发现了新证据，从而改变了案件走向。

在我们会见被告人张大强时，他辩称起诉书指控他索贿的 200 万元，实际上是他帮忙为其亲属的小额贷款公司向钱有源的借款，而不是索贿；并且当时商谈借款时有多名在场人员能够予以证实。但是，我们在阅卷时发现，卷宗材料中没有关于被告人这个辩解的材料，也没有侦查人员向这些在场人员进行调查取证的笔录材料。

我们带着这个问题，再一次会见了被告人，询问他是否向侦查人员提到了在场的这几个证人，他说他曾反复要求侦查人员向这些在场人员调查取证。我们便与侦查机关进行交涉，询问是否有这些证人的调查笔录，并要求复制，但是侦查人员总是支支吾吾，不给个明确的说法。不得已，我们只能采用同步录音录像的办法，对这些在场人员进行调查取证，不仅证实了被告人的辩解，也证实了侦查机关曾经向这些证人做过调查笔录。

在法院审理阶段，我们把了解到的这些情况向法院做了反映，把我们的调查笔录作为证据提交给了法庭，并要求法院协调向侦查机关调取这些证据。最后在法院的协调下，侦查机关终于将这些在场人员的调查笔录复印给了法院，这些关键证据的调取对案件的定性最终起到了决定性的作用。

这样的实例非常多。如果出现当事人在会见中的辩解与卷宗材料的记载相差甚远的情形，而这种情形在卷宗材料中又无其他印证材料，那么当事人辩解的内容就很重要，应当继续查证。如果侦查人员不去查找新的证据，就说明这里可能会存在问题。

换位和多维思维

检察官在阅卷时的思维是单一的，很难换位思考，一般都会坚持站在控方的角度，认为卷中的材料系合法取得，真实可信，都是可以作为证据使用的。

辩护律师不仅可以站在辩方的角度阅读分析卷宗材料，也可以换位思考，站在控方的角度阅读分析卷宗材料，以便更容易地发现检察官的错误所在。同时，辩护律师还可以站在审判的角度看问题，用法官的眼光思考分析卷宗材料，使自己的观点更容易被法官采纳。

这种思维既符合控辩审三方的职责要求和角色定位，也符合人们认识问题的规律。因为人们认识问题的能力受到主客观条件的限制，对事物的认识有一个不断深化和修正的过程。而且，站在不同的角度看待同一个事物，也有可能会产生不同的认识，发现不同的问题。

因此，辩护律师在阅读分析卷宗材料时，一定要学会换位思考、多维思考。这样，不仅可以发现对方的漏洞，还可以及时修正和调整自己的观点，使自己的观点更加客观准确，更加具有说服力。

底层逻辑

控辩双方职责角色不同，决定了各自阅卷的思维角度不同。

带着逆向思维、怀疑思维、挑错思维阅卷，才能发现问题，找到辩点。

带着独立思维阅卷，有助于发现卷宗材料背后的事实真相。

换位思维和多维思维，有助于及时修正错误，调整辩护方向。

阅卷三遍，吃透案件

辩护律师阅卷，到底需要阅读多少遍，每一次阅卷有什么不同，其中有没有规律可循，有没有什么窍门，实践中每个律师的做法不同，感受也不一样。

经验丰富的律师一般都认为阅读卷宗材料至少需要三遍，当然也有律师总结了四轮阅卷法，还有律师认为，如果案件拖得时间过长，可能就得看上五六遍，开庭前还得看，不然就忘了。总之，阅卷不能少于三遍，是大家普遍的共识。

第一遍：粗读快看，了解全貌，感知问题

辩护律师拿到卷宗后，为了尽快地了解案情和证据，第一遍阅卷必然是通读全部卷宗材料，在通读中初步了解案情和证据，同时发现问题。第一遍阅卷基本上属于粗看粗读。

第一遍阅卷的基本要领如下。

1. 快速浏览

根据起诉意见书的指控内容，快速浏览整个卷宗材料，对在案证据以及案件事实形成一个整体上的初步印象。

有些律师第一次阅卷时，从某份材料中看到一个问题，对这个问题产生了一些疑惑，就抓住这个问题不放，立刻就想把与该问题有关的材料全找出来，弄个明白。这种做法的效果并不好。因为你对卷宗材料不熟悉，不知道其他的材料中有哪些会涉及这个问题，所以，翻阅查找卷宗材料费劲不说，而且也难免有遗漏。因此，实践告诉我们，第一次阅卷，通读的效果好一些。

2. 划定阅卷重点

通过第一遍阅卷，律师知道哪些材料是直接证据，哪些是间接证据，哪些与当事人没有关系。然后找出与指控有关的直接证据，找出与当事人有关的卷宗材料，找出对当事人有利的材料，确定为第二遍阅卷的重点，并在关键部分做上记号，为第二轮阅卷做指引。

3. 发现问题

通过浏览整个卷宗，初步感知和发现指控证据中存在的问题，发现和找到起诉意见书或起诉书指控中存在的问题。所谓发现问题，就是把在阅卷中感到困惑的问题，认为需要进一步了解、思考和研

究的问题做个记号，或摘录列出来。

你在第一遍阅读卷宗材料的时候，很容易会发现或认为办案人员的某些做法和某些指控证据中存在问题，有些问题通过后面的阅卷了解情况之后，也许就不再认为是个问题，但有些问题通过阅卷是不能解决的。即便有些问题通过阅卷不能解决，但是你在第一遍阅卷时发现这个问题并记录下来，也能够使你在后边阅卷的时候更有针对性，更能加深对有关内容的思考和理解，更容易找到问题的症结，解开心中的疑惑。

所以说第一遍阅卷中所谓的发现问题，目的就是在后面能够对这些问题进行思考，以便最终解决问题或找到问题的症结所在。

第二遍：细读细看，比对细节，锁定问题

辩护律师通过第一轮阅卷，对案情和证据的基本情况都有了大致的了解后，为了更精准地确定问题，分析问题，寻找辩点，就必须进行第二轮阅卷，对卷宗材料中的细节内容，细读细看。第二遍阅卷，就是带着问题阅卷。

带着问题阅卷，带着疑惑阅卷，有助于你在阅卷时找到重点，有助于你在阅卷中思考，也有助于你找到某些问题的答案，使问题得到解决。

第二遍阅卷能够使你对案件的疑惑逐步找到答案，使你在阅卷中发现的问题逐步得到解决，就可以使你的问题逐步减少，逐步集中。

第二遍阅卷的基本要领如下。

1. 确定问题

对于在第一遍阅卷中发现的指控证据中存在的问题和矛盾，通

过第二遍阅卷，进一步比对分析，确定质证反驳的对象。

2. 发现新问题

虽然在第一遍阅卷的过程中会发现指控中存在的问题，但毕竟是第一次接触这些材料，有些问题暂时难以发现也属正常。通过第二遍阅卷，仔细推敲，自然可以发现很多遗漏的问题。

3. 总结疑惑

辩护律师阅卷后，会与当事人核实证据，当事人也会对案件事实提出辩解，对证据提出疑问。通过会见和核实证据，辩护律师也会不断产生新的疑惑。

因此，辩护律师也会带着当事人的这些辩解和质疑，带着自己新产生的疑惑，进一步阅卷，仔细查阅核对卷宗材料中的相关记载。

第三遍：选看精看，重点阅卷，深化观点

辩护律师经过两次系统的阅卷，对案情和证据都有了相对完整清晰的认识。之所以要阅读第三遍，是为了使律师的辩护观点、质证观点，甚至使在庭审中要发问的问题更有针对性、更有说服力，是为了再次深度研究相关证据和问题，完善辩护思路和辩护意见，说服法官，从而有选择地进行重点阅卷。

第三遍阅卷已经不是简单意义上的阅卷了，实际上是为了解决某些重要问题而阅卷，是为了服务整体辩护观点而阅卷。

辩护律师第三遍阅卷时，根据需要既可以有选择地阅读复制的卷宗材料，也可以直接阅读摘录的卷宗。第三遍阅卷的基本要领如下。

1. 带着目的阅卷

第三轮阅卷最重要、最明显的特征就是带着对案件的疑点、难点、焦点和辩点等问题进行阅卷。

2. 有选择地重点阅卷

第三遍阅卷时一般不需要也不必再通读卷宗材料，通常情况下，就是针对卷宗材料中的某些重点内容进行深度阅读和思考，或者对摘卷笔录进行深度阅读和思考，在此基础上对重点证据形成举证质证意见。

3. 完善三个提纲

在第三轮阅卷的过程中，除了要对重点证据进行阅读分析，形成举证质证提纲以外，还要结合重点阅卷情况，对律师的发问提纲和辩护提纲进行修改和补充完善。

经过上述三轮阅卷，可以说，辩护律师基本掌握了辩护所需要的案情资料，对于案件的疑难点、案件的争议焦点，甚至案件的突破口，都已经心中有数，为后面艰难的辩护做好了准备，打下了基础。

底层逻辑

要想辩护好，就得阅好卷。

带着问题、带着思考阅卷，才是有深度的阅卷。

阅卷的目的决定了阅卷的方法和重点。

阅卷的五项基本要求

律师阅卷是进行有效辩护的前提，是律师会见、核实证据、庭审发问、举证质证、法庭辩论的基础。怎样阅好卷是辩护律师办案必备的一项基本功。根据我们的实践经验，阅好卷宗材料，实际上是有内在规律的，要想做好阅卷工作，必须遵循以下5项基本要求。

全面复制卷宗材料

我国刑事诉讼采用的是卷宗中心主义，除了被告人之外，证人基本不出庭，庭审举证质证和法庭辩论，控辩审三方分析案情，以及法院裁判时据以定案的证据，依靠的主要是侦查卷宗材料，也就是说，侦查机关庭前收集的材料为主要依据。因此，辩护律师在阅卷时必须把全部案卷材料都要阅读到，不能有遗漏。

全面复制卷宗材料是全面阅卷的前提，也是对律师阅卷的基础要求。以前辩护律师到办案机关阅卷，由于受到客观条件的限制，很难全部复制卷宗材料，只能有选择地复制，有的地方甚至连复制也受限制，只能现场边阅卷边摘卷。现在条件改善了，可以全面复制卷宗材料，绝大多数检察机关为辩护律师准备了电子卷宗，这为辩护律师全面阅卷，进行有效辩护奠定了基础。

如果辩护律师没有全面复制卷宗材料，对案件的分析就不可能全面，也更不可能准确，在法庭上就会处于被动局面，甚至就有可能遗漏对当事人有利的证据材料，就不可能为当事人提供有效的辩护，当事人的合法权益就不可能得到有效保护。

我们在与外地一些律师的合作中，经常发现他们复制的卷宗材料不全，这方面的教训也是不少见的。

早年间，我在办理一起案件的过程中，复制卷宗材料时少复制了一部分材料，直到举证质证时才发现。好在我临场经验丰富，头脑清醒，在认真倾听了公诉人的举证意见后，及时进行了回应。

很多情况下，由于各种原因，律师复制的卷宗材料有遗漏，但是我们自己不一定能发现这个问题。所以我们在复制卷宗的过程中，最主要的一点就是要防止有遗漏。

实践中，我们总结了 4 个防止复制卷宗时出现遗漏的有效做法。

1. 复制卷宗材料要全面

有些律师复制卷宗材料时习惯挑所谓的重点内容进行复制，对于他认为不重要的材料就不再复制了。这种做法是不严谨的，也是不负责任的。因为哪些材料是重点材料，哪些是非重点材料，如果不经过全面的阅卷，是没有办法判断的。即使律师根据经验做出了一些判断，但在律师认为无关紧要、不需要复制的材料中，可能会存在非常重要的材料。

实践中，这种有选择性地复制材料的做法，所造成的后果有时是无法挽回的。

2. 审判阶段比对案卷材料

案卷材料移送到法院后，应当把此前在检察机关复制的卷宗材料与移送到法院的卷宗材料进行比对，检查是否遗漏某些内容。这一点至关重要，因为检察机关将案件移送起诉到法院后，随案移送的卷宗材料可能会有增加的内容，这种情况在实践中是经常出现的。很多次我们到法院核对检察机关移送的卷宗材料时，都发现确实增加了一些内容。

律师到检察机关复制卷宗材料之后，检察机关还会经常收到侦查机关补充的一些材料，但是很少主动通知辩护律师去阅卷，这就需要辩护律师主动沟通，问清这个情况。

特别是卷宗材料移送到法院以后，律师必须对卷宗材料进行比对查看，不能盲目想当然地认为在检察院复制的卷宗材料就是全部的卷宗材料。

3. 比对证据目录

律师在开庭前应把检察机关拟举证的证据目录与复制的卷宗材料目录进行对比，查看复制的卷宗材料是否缺少某些内容。

这种情况在实践中虽然少见，但是也时有发生。在有些案件中，检察机关开庭时举证的证据材料，有一些可能是在案件移送起诉到法院以后，侦查机关才移送到检察机关的，而这部分材料并没有通知律师复制。

所以我们在开庭前或者庭前会议中，一定要争取看到检察机关将要举证的证据目录，并且与我们手中复制的卷宗材料进行比对，核查有无遗漏。

4. 核对页数是否齐全

律师在阅卷时要核对页数是否齐全，是否有缺页的情况。无论是复制电子卷宗，还是复印纸质卷宗，都应该注意检查是否有缺页现象。如果缺少某一两页关键的内容，就会影响律师对某个重要证据的判断，甚至还会影响律师对全案的分析判断。

全面阅卷

有些律师在第一次阅卷时，喜欢有选择性地阅读，只阅读所谓的重点材料，认为不需要通读全部卷宗材料。这种做法是错误的，其中的道理同复制卷宗材料时，要全面复制的道理是一样的。

因为律师在第一次阅读卷宗材料之前，对案件的材料并不熟悉，根本无法判断哪些材料是重点，哪些材料是非重点，只有在全面阅卷的基础上，才能判断哪些材料是重点，哪些材料是非重点。

所谓的重点和非重点，只是为了以后再次阅卷、研究案情和证据时使用。

对于刑事案件来说，很多情况就是因为某一个具体情节的差别，或因某一句话的差别，导致案件的走向不同。如果律师不阅读全部卷宗材料，就有可能不知道这个情节是重要的，就可能会放过这个情节而不去阅读，更不会围绕这个情节展开思考和辩护。

而且，即使卷宗材料确实有重点与非重点之分，在第一次阅卷时，无论重点与非重点，都要全面阅读。

有些律师根据所谓的经验，仅阅读认为重点的材料，对于那些认为不重要的材料，就直接放弃阅读。如果你的判断正确，可能不会引起太大的损失；如果你的判断失误，就有可能会遗漏很多对当事人有利的材料，也有可能会导致你在判断证据，甚至分析整个案情时出现偏差。

总之，如果律师阅卷不全，就有可能造成对当事人不利的局面，律师犯错误的恶果就会由当事人承担。

因此，律师在第一次阅卷时，不要进行选择性阅读，不要事前盲目确定非重点而忽略不看，而是应当“一页不落”地完整阅读卷宗材料，避免任何遗漏。只有这样，律师才会和控方一样对等地掌握案件材料和证据，才不会在辩护中犯错误。

而且，刑事诉讼的过程漫长，从审查起诉、一审、二审到死刑复核，其中可能还会有发回重审甚至再审，每一个阶段都可能有新材料，只要有新材料来了，律师就要不断地去阅卷，及时查阅新增的卷宗材料，结合新的材料，再提出自己的观点。

细致阅卷

所谓细致阅卷，即要做到以下三点。

1. 沉下心来认真阅读每一份材料，弄明白每一个细节

对卷宗材料中所涉及的每一个问题都要进行认真思考，不能轻易地放过任何一个细节，只有认真阅读每份材料，才有可能不遗漏重要的细节和重要的信息。

越是容易被忽略的地方，越有可能存在问题，很多辩点可能就隐藏在卷宗的细节之中，只有认真细致地阅读卷宗材料，才有可能发现隐藏的问题。如果我们在阅卷时，不用心思，而是像看小说一样关注故事的发展，或者走马观花、囫囵吞枣，只求尽快完成阅卷任务，那么根本就看不出问题。

2. 带着问题和思考阅卷

律师在审阅卷宗材料时，不仅要看清楚、弄明白材料中的内容，而且还要边看边思考，要分析证据材料的取证程序是否合法，材料中的内容是否真实，与其他证据是否能够相互印证，其中是否还隐藏其他问题。带着这样的思考认真阅卷，就能够发现卷宗材料中存在的问题，就能够从中找到辩点。

3. 采用一些方法帮助精细阅卷

细致阅卷并非仅指阅卷过程中要细心，还包括采用一些辅助方法研究案情细节。很多律师在阅卷时采用了一些好的阅卷方法，如采用表格进行对比、画人物关系图等，这些阅卷方法都是为了让我们能够更加细致地了解证据情况，更加深入地了解案件情况，使我们对案件的事实和证据能够形成比较精准的判断。

反复阅卷

很多律师在庭审前只是粗略地看了一遍卷宗材料，有的甚至连卷宗材料都没有看完，更谈不上多次阅卷、反复阅卷。这种情况大多是因为他们不理解多次阅卷、反复阅卷的重要性，没有掌握阅卷的规律，不懂得怎样阅卷。

1. 反复阅卷，有助于熟悉案情和证据

有些案件情况复杂，材料也较多，辩护律师要想做到有效辩护，基本前提就是要熟悉案情，熟悉证据，而熟悉案情，熟悉证据的有效方法就是必须把案卷材料读透。读透卷宗材料，就需要多次阅卷、反复阅卷。

我们经常发现，在庭审举证质证阶段，当公诉人宣读证据时，有很多律师不知道公诉人念的是哪一部分，当庭手忙脚乱地翻阅卷宗，显得非常被动。这就说明这些律师对卷宗材料不太熟悉，对控方举证时要出示哪些证据，更是心中无数，当然也就不可能及时指出指控证据中存在的问题，不能有效地发表质证意见。

如果律师在开庭前反复阅读卷宗材料，对案情和证据能够烂熟于心，那么在举证质证阶段，无论公诉人宣读哪一个证据，辩护律师都能很清楚地知道公诉人宣读的相关证据在卷宗材料中的具体位置，都能及时发表质证意见，指出证据中存在的问题，就能使我们在举证质证和法庭辩论的过程中处于主动的地位。

2. 反复阅卷，有助于找准问题

人们对事物的认识总是处在不停变化之中，有一个由浅入深、不断深化的过程。

在最开始阅卷的过程中，你可能会将一些材料作为重点材料，把另一些材料作为非重点材料；你可能认为某些环节存在问题，另外一些环节没什么问题。但是在你反复阅卷的过程中，你的认识可能就会产生变化。

你原来认为重要的东西，经过后面的反复阅卷，可能就认为不重要了；原来认为不那么重要的问题，在后来阅卷的过程中，可能就会认为是重要问题了，这是办理刑事案件时对案件事实和证据认识的一个基本规律。所以辩护律师在阅卷的过程中，要不断地调整自己的思考重点和问题重点，这样才能最终找准问题的焦点。

为了找准问题的焦点，律师就必须不断地反复阅卷，只有这样才能不断地调整自己看问题的角度，调整自己看问题的准确性。

这一点在我们办案的过程中，体会是非常深刻的。我在办理一起徇私枉法案时就存在这样一个认识变化的过程。起诉书指控一名法院副院长在与某些特殊人员吃饭的过程中，有相互勾结的行为。我在最开始阅卷时发现他在和这些人员吃饭的过程中，根本没有谈到过与案件有关的具体问题，不存在相互勾结的行为，所以我就认为起诉书描述的该副院长与这些人一起吃饭的内容不是本案的阅读重点。

后来我在会见当事人时和他反复谈到吃饭旅游的事情，他告诉我在他的某一次供述中，侦查人员问他："请你们吃饭的村支书是否说过感谢的话？"他回答说："村支书说过感谢的话。"

这个环节引起了我的重视。起诉书之所以指控他们相互勾结，肯定是有一定依据的，而不是像我们原来所认为的那样毫无依据，这个依据肯定就是参与过吃饭的人之间的供述或证言。

会见后我将这部分材料作为重点，反复进行阅读对比和研究，终于发现控方某些所谓的“相互勾结”的证据。当然，我们对这些所谓的相互勾结的证据进行了重点研究，这使我们在后来的庭审过程中避免了被动的局面。

3. 反复阅卷，有助于发现新问题

阅卷是辩护律师对案件情况不断了解、不断熟悉的过程，也是辩护律师对案件的认识和看法不断深化的一个过程。

每一个案件的卷宗材料中包含的信息量都是很庞大的，案情复杂、罪名众多的案件材料更是如此。

律师在阅卷时，对每一个事实情节、每一个证据的阅读中产生的认识感觉是不一样的，发现问题的过程也是不一样的。有些问题可能很快就被发现了，有些问题可能需要相当的时间，需要反复地阅卷，才能够被发现。这个过程是也是符合人们认识问题、发现问题的认识规律的。所以我们只有反复地阅卷，反复地思考，才能够不断地发现新的问题。

有些问题确实很难被发现，这就需要辩护律师在阅卷时具备很强的责任心和极大的耐心。经过反复地阅卷，反复地发现新问题，排除、解决旧问题，我们的问题就会越来越少，就会越来越集中，我们抓住的焦点问题，也就越来越准确。

亲自阅卷

1. 依赖关系

在刑事诉讼中，一旦当事人确认某个律师作为他的辩护人，该辩护律师就必须亲力亲为，全程参与，必须亲自参与会见，亲自阅卷，亲自参加庭审。

当事人对其聘请的辩护人有很强烈的人身依赖性，这是由刑事诉讼的规律决定的。

2. 权利专享

刑事辩护虽然也可以组成强大的律师团队，与辩护律师一起研究法律问题，研究证据问题和辩护观点，但是，根据《刑事诉讼法》的规定，会见当事人，必须由辩护律师亲自进行，也只有辩护律师才能参加庭审，进行发问，发表举证质证和辩护意见，律师团队的其他人员则没有这些权利。

这个特点决定了辩护律师必须亲自阅卷，而不能由团队的其他人代替阅卷。

3. 智慧不可替代

阅卷并不是一个简单看资料的问题，阅卷凝聚了辩护律师的专业知识和经验智慧，还包括灵感。只有辩护律师本人阅卷，对卷宗材料才会有深刻的感受，才不会有遗漏。

如果辩护律师不亲自阅卷，就没有办法做到有效发问，不可能做到有效举证质证，更难以挖掘形成精准的辩护观点。

4. 责任不可替代

刑事案件与民事案件及非诉业务还有一个很大的不同，就是刑事案件涉及的是当事人的自由、财产乃至生命，一旦发生错误，造成的损失很难挽回。因此，辩护律师为了履行好自己的职责，就必须亲自阅卷，不能由他人代替。

实践中，很多所谓的大律师自己不阅卷，而是让助理代替阅卷，这种做法是不负责任的表现。

为了保障辩护质量，接受当事人委托的人成为案件的辩护律师，就必须保证自己有充足的时间亲自阅卷。

在一些报道宣传资料中，我们看到有些律师声称自己每年办理刑事案件上百件，这种情况几乎是不可能的。按时间来算，如果一年办理 100 个刑事案件，平均每个案件只有 3 天的时间，怎么可能保证会见、阅卷和辩护的质量呢？即便有团队协同办案，一个律师在一年之内也不可能办理上百件刑事案件。这种行为显然不符合一个称职辩护律师的要求。

我们办理的案件的卷宗材料，少则几十本，多则一两百本，更多的甚至近千本，对于这样的案件，有效的办案时间也必须达到 2~3 个月。

实践中，为了保证办案质量，我们会限制接受案件的数量，目的就是有充足的时间阅卷、会见、研究证据和辩护观点，高质量地履行好辩护职责。

底层逻辑

复制卷宗需全面，关键就在不漏缺。

全面细致多阅卷，细节问题能发现。

阅卷思考亲力为，切忌他人来代替。

阅卷时手边必备四张纸

律师阅卷并不是为了把卷宗材料看完，简单地了解一下案情，而是为了通过阅卷，研究证据，发现问题，寻找辩点，为举证质证和提出辩护意见奠定基础。

如果阅卷方法得当，不仅阅卷的效率能够提高，更重要的是阅卷的质量能够极大提升，阅卷的目的能够最大限度的实现。因此，辩护律师们都在探索有哪些好的阅卷方法可以采用，特别是对于律师在阅卷中发现的问题，以及在阅卷中产生的一些思考，如何记录整理，更是值得研究。

对于阅卷方法，实践中每个人的做法不同。比如，有一些人喜欢用颜色不同的彩笔，代表不同的意思，在卷宗材料中做标注；也有人习惯于直接在卷宗材料上折角，然后在上面写下阅卷中发现的问题；年轻人则更喜欢在电脑上阅卷，在电脑上做各种标记。这些都是实务操作中常见的简便易行的好方法。

除了上述方法以外，很多经验丰富的老律师还经常采用一个方法，就是阅卷时手边放几张纸，把阅卷过程中发现的问题和自己的思考随时记录下来，把不同的问题记录在纸上。

我和我们的团队在阅卷中经常使用这个方法，在一些律师举办的培训讲座和沙龙座谈会上，我也多次向其他律师推荐过这个方法，很多律师用过之后，都说效果不错。

我们的具体做法是：阅卷时手边放 4 张 A4 白纸，每张纸分别记录不同的问题。

第一张纸：阅卷中发现的需要进一步核实的问题

在阅卷的过程中，辩护律师总会发现有些问题暂时还搞不明白，认为需要进一步核实。

这样的问题很多，可以概括为以下三类。

1. 前面的卷宗材料没有说清楚的问题

第一类是辩护律师在前面的阅卷中发现某些问题没有说清楚，需要继续阅卷，看看后面的材料中是否能说清楚。

2. 对前面证据材料的三性有疑虑的问题

第二类是辩护律师发现了某些证据，对这些证据产生了一定的困惑或者疑惑，如对这些证据的真实性、合法性、关联性有很大的疑虑等，需要通过进一步阅卷，看看这些证据能否得到其他证据的印证。

3. 需要通过卷外工作解决的问题

第三类是辩护律师在阅卷中发现了某些问题，但是通过阅读卷宗材料，仍然不能解决对这些问题的疑惑，需要通过卷宗材料之外的进一步工作或调取新的材料予以解决。比如，需要通过进一步调查取证来核实验证，或需要到现场核实印证，或需要通过进一步勘验、检查、鉴定等措施来解决对这些问题的疑惑。

这三类问题是辩护律师阅卷时最常见的问题，把这些问题记录下来，对于后面的阅卷和其他辩护工作都会有极大的帮助。

如果我们把这些问题记下来了，我们对这些问题的印象就会比较深刻，不仅可以帮助我们避免遗漏或者遗忘这些问题，也有助于我们在后面的阅卷中，更有针对性，重点更加突出，对问题的思考也会更加深入。

有些问题如果在后面的阅卷中得到了解决，在列出的问题目录中就可以把这些问题勾掉，或者注明问题已经解决。如果某个问题在后面的阅卷中还没有解决，那就说明这个问题在卷宗材料中的表述还不是很清楚，如何处理这个问题，需要进一步研究。如果辩护律师认为这个问题特别重要，并且查清这个问题对当事人有利，就要考虑是否进一步调查取证或者向办案机关申请调取证据。

第二张纸：需要会见核实了解的问题

这张纸上记录的是与当事人有密切联系的问题，有的可能是当事人本人供述中提到的问题，有的可能是其他证据中涉及的与当事人有关的问题。总之，辩护律师在阅卷的过程中，对这些问题一时很难做出清晰的判断，需要在会见时向当事人本人进行核实了解。

我们曾经把这个问题归为第一张纸上需要记录的问题，但是后来发现采用这种方法记录的问题太多太杂，在会见时还需要从一大堆问题中把这些问题找出来再进行整理，稍不细心，还会有遗漏。后来为了提高效率，方便会见，就把这些需要在会见中核实了解的问题专门用一张纸记录下来，以便下一次会见时列入会见问话提纲。

第三张纸：需要查找和研究的规定

刑事案件当然少不了对法律法规的适用，律师辩护更少不了对法律法规进行研究。很多案件中，对案件事实的认定，对行为人行为性质的认识，对责任的认定，还涉及对有关行业规范乃至单位内部规定的分析适用。

律师的辩护观点要想更有针对性和更为准确，就必须把案件中涉及的所有法律法规、相关的行业规范及单位内部规定进行透彻的研究，不能有任何遗漏。因此，辩护律师在阅卷的过程中，就有必要把案件涉及的法律法规、行业规范以及单位内部规定的名称单独列明。

这个工作相对比较简单，因为案件涉及的法律法规，一般都会在起诉意见书和起诉书中提到，稍微有难度的是在具体案件中，如何判断需要查找研究哪些行业规范和哪些单位内部规定，这需要根据案件的实际情况决定，对辩护律师的水平也是一个极大的考验。

我们还要把卷宗材料中涉及的法律法规、行业规范和单位内部规定的具体条款内容，都列举出来。

这种做法的好处是，可以提醒辩护律师专门抽出时间，有针对性地研究这些法律法规。当然也可以把这些需要研究的法律法规和规定的名称发给团队的其他律师，让他们先行查找资料，然后一起共同研究。

第四张纸：律师阅卷时的思考

辩护律师在阅卷过程中产生的这些意见、想法和观点，很多情况下都是零散的，很多观点可能还是一闪而过的灵感。但这些零散的观点，对我们以后系统地梳理辩护思路，能够起很大的帮助作用。如果我们不及时把这些想法观点记录下来，起草辩护意见的时候，这些灵感可能就跑掉了，即便我们能够回想起大概的意思，思考的角度也可能不是恰到好处，表达的观点也可能不是那么精彩突出，更不是那么精准深刻。

这些教训告诉我们，对于阅卷过程中产生的思考，形成的某些观点，用手边的纸及时记录下来，是非常重要的，也是非常实用的。我们给这样的纸取了一个名字，叫作“××案辩护小思考”。

底层逻辑

阅卷时手边放几张记录纸，是帮助律师提升阅卷效果的“独门绝技”。

几张白纸助你发现问题，突出疑点，思考难点。

几张白纸助你及时记录思考，避免遗忘闪光点。

重视起诉书和起诉意见书的区别

辩护律师阅卷时如果拿到了起诉书，一定要把起诉书和起诉意见书的内容认真对照，分析两者有什么区别。辩护实践中，很多律师从来没有想过这个问题，即便是有人提醒要注意这个问题，有些人还是不明白为什么要研究两者的区别，更不明白研究两者的区别对于辩护律师阅卷有什么实际意义。

根据我们的办案实践，认真分析起诉书和起诉意见书表述内容的不同，通常能够看出公诉人指控思路、指控策略及指控逻辑的变化。

因为起诉书代表了检察机关对案件事实及法律适用的认定，起诉书的内容如果有变化，则一定隐含着检察机关在某些问题上与侦查机关或监察机关的看法分歧，反映了检察机关指控思路和策略上的某些变化。

辩护律师认真分析两者在内容表述上的差异，便能捕捉到检察机关的这些变化，这样不仅对确立和调整辩方的思路有实际意义，而且对律师的阅卷、举证质证等工作也会产生实质性的影响。所以辩护律师一定要重视分析起诉书和起诉意见书的区别，从中捕捉信息，为阅卷提供指引。

起诉书内容的变化可能是多方面的，辩护律师在分析这些变化时，要重点从以下两方面入手。

审查对案件事实的认定有无变化

侦查机关和检察机关在对犯罪嫌疑人进行指控时，首先要确定的内容就是案件事实，如果两者对案件事实的认定没有变化，就表明双方的态度是完全一致的；如果双方在案件事实的表述方面出现不一致，我们就要认真研究其内在的原因和态度是什么。

1. 分析是否为本质性变化

首先要注意分析两者对案件事实表述方面的变化是否为本质性的变化。所谓本质性的变化，是指检察机关与侦查机关或监察机关对某些事实的认识有根本性的不同看法，主要有以下 3 种情况。

（1）改变对指控事实的认定

在有些案件中，起诉书对案件事实的认定与起诉意见书的认定完全不同，这就表明检察机关认为起诉意见书中对某些事实情节的认定是错误的。

（2）改变对某些指控事实情节的表述

在有些案件中，起诉书对某些事实情节的表述与起诉意见书的表述完全不同，这就表明检察机关认为起诉意见书中对这些事实情节的表述是错误的。

（3）直接删除某些指控事实

在一些案件中，起诉书删去了起诉意见书中指控的部分事实，这就表明检察机关认为起诉意见书中对这些事实的指控难以成立，或者认为指控的证据不足。对于这些情形，检察机关为了在未来的庭审中争取主动，在起诉书中就会把这些事实情节进行删减和修正。这样的情形还是比较多见的。

对于第三类情形中所删减的指控，辩护律师就不必看侦查卷宗相关部分的内容，至少不用花太大精力阅读这部分卷宗材料，减少无效劳动。

2. 判断是否仅是表述的简化

有些情况下，起诉书与起诉意见书在认定事实方面的表述不同时，并非表明起诉书和起诉意见书的指控内容有实质性的变化。

有些案件中，检察机关认为原来的起诉意见书太啰唆，对于事实经过的描述没有必要那么详细，从而采用了比较简单的表述方法，或者对某些情节进行了简化。

在这种情况下，起诉书和起诉意见书指控的事实没有什么本质的变化，只是表述的文字简练一些。而且有些公诉人习惯把起诉书写得简洁一些，让辩方摸不着指控的重点，在这种情况下，辩护人也确实很难看出检察机关的指控思路和侦查机关的指控思路有什么变化。

3. 注意是否删去了有利于当事人的表述

有些案件中，检察机关可能认为起诉意见书中表述的某个事实情节对辩方有利，担心如果在起诉书中再次突出这个对当事人有利的事实情节，会引起辩护人的特别重视，所以在起诉书中就把这些对辩护有利的事实情节进行了删减。

在这样的案件中，辩护人一定要注意，虽然起诉书没有表述这些事实，并不意味着检察机关不认可这些客观事实，判断的标准就是要看在案证据能否证明这些对当事人有利的事实情节是客观存在的。

因此，对于这样一些对当事人有利的客观事实情节，尽管起诉书中没有再提到，但是辩护律师在阅卷时一定要对这些事实情节进行审阅和思考，在举证质证时，在表达辩护观点时，不能忘记这些客观事实的存在，应当尽量发挥这些客观事实情节对整体辩护所起的作用。

注意对罪名的认定有无变化

起诉书和起诉意见书关于罪名的认定，在多数情况下是一致的，但两者对罪名认定不一致的情况也不少见。有些情况下，罪名的变化与律师的介入有关，有些情况下，罪名的变化与办案机关的审查情况有关，这样的情况在我们办理的案件中也遇到过不少。

例如，我们在办理一起徇私枉法案时发现，公安机关起诉意见书中认定的罪名是故意杀人罪和聚众斗殴罪；检察院在审查起诉阶段经过讨论后，认为全案的性质应当认定为故意伤害罪；到了审判阶段，法院经过开庭审理和讨论，认为应当认定为故意杀人罪和聚众斗殴罪，并和检察院进行了沟通，之后检察院撤回起诉，以故意杀人罪和聚众斗殴罪重新起诉，最后法院经过第二次开庭审理，以变更起诉后的罪名作出判决。

又如，我们在办理一起民营企业家涉刑案件时也遇到过这样的情况。公安机关在对这位民营企业家立案时，以及第一次向检察院移送审查起诉时，认定的罪名都是诈骗罪，我们提出意见后，公安机关对该案进行了补充侦查，在重新移送审查起诉的起诉意见书中将认定的罪名改为合同诈骗罪。

在审查起诉阶段，我们继续向检察院提交辩护意见，认为不构成合同诈骗罪。检察院经过审查后，起诉书认定的罪名就改成了职务侵占罪。经辩护，最后法院判决认定被告人无罪。

所以，当起诉书与起诉意见书认定的罪名不一致时，辩护律师在阅卷、研究卷宗材料时，就要以起诉书指控的罪名作为指引进行阅卷；同时要揣摩检察机关为什么要改变罪名，改变是否有道理，改变的罪名是否有利于当事人。

特别是在起诉书改变罪名之前，如果律师介入了前期的办案过程，并提出了相应的辩护意见，更应当研究检察机关改变罪名与律师的辩护意见是否有关。带着这样的思路阅卷，分析问题，效率更高，针对性更强。

当然起诉书和起诉意见书内容的不一致，还表现在很多方面。比如，对嫌疑人自然情况的认定不同，对有关量刑情节的表述不同等，这些方面都是我们辩护律师要关注的。

底层逻辑

重视起诉书和起诉意见书的区别，有利于调整阅卷思路，增强阅卷的针对性。

起诉书没有表述某些有利事实情节，并不意味着检察机关不认可这些事实情节。

阅卷中怎样通过细节发现问题

人们常说细节是魔鬼，问题藏在细节中。辩护律师在阅卷的过程中怎样通过细节发现问题，找到案件中存在的问题，这确实需要一些经验和技巧。

根据我们的经验，有以下 3 个方法可以参考。

制作对比表

我们可以通过制作对比表的方法发现细节中存在的问题。这种情况主要适用于对同一个问题有多份言词证据进行陈述，或者有很多人进行陈述的情形。

具体的方法就是把这些不同的言词证据的陈述内容，按照事实发展的过程分解成不同的环节，然后放在一个表中进行对比分析。通过对比表很容易对细节进行对比分析，也很有可能会发现陈述的内容之间有不同的地方，就有可能发现细节中存在的问题。如果发现了问题和差异，就要分析这些问题和差异对证据的真实性、合法性会产生什么样的影响，以及对案件事实的认定会产生什么样的影响。

这种方法是辩护律师在阅卷中经常使用的，也是比较容易使用的一种方法。

串联证据

串联证据就是把几份分散的相关证据材料串联起来进行综合分析，从而发现细节中存在的问题。

阅卷实践中，经常会出现这样的情况，就是如果单独看某一份证据材料，可能看不出有什么问题，但是如果把与该事件有关的几份证据材料联系起来作为一个整体进行分析，就能从相关的细节中发现问题。

比如，我们在办理一起强迫交易案时，就发现被害人对嫌疑人的辨认有问题。

被害人张宏江是 6 月 14 日 15 时到公安机关报案，说自己出让铁矿探矿权的交易是被对方五六个人强迫的。办案人员从 6 月 14 日 15 时 02 分接到报案开始，到 18 时 19 分都在抓紧时间做报案笔录。做完报案笔录后不久，19 时办案人员就安排被害人对这些所谓的嫌疑人的照片进行辨认。

根据被害人张宏江的说法，那些对他进行殴打威胁，强迫他同意出卖探矿权的人，有些他不认识，有的只知道外号，比如，其中一个嫌疑人的外号叫“老丑”，他不知道“老丑”的名字叫什么，但是能辨认出来。

办案人员在组织辨认活动时，找了 12 个人的照片放在一起让被害人辨认，其中就包括“老丑”的照片，被害人张宏江也辨认出“老丑”就是对他进行殴打的人，这个人就是后来的被告人李又山。

我们在审查辨认笔录的时候，最初从辨认笔录本身并没有看出有什么不符合规定的地方，但是当我们把与李又山有关的材料联系在一起，通过对细节进行分析，就发现了问题。

我们通过对李又山的到案经过进行分析，发现了一个细节，就是李又山是 8 月 22 日因寻衅滋事才到案并被监视居住的，在 8 月 22 日之前，他并没有到案，也就是说并没有被纳入警方的视线。

被害人只说能辨认出“老丑”，但不知道他的名字，那么，在没有其他证据的情况下，办案人员是根据什么把“老丑”和李又山联系起来的呢，怎么知道“老丑”就是李又山，而且还能很快把他的照片拿来进行辨认呢？这显然不合理。

通过对报案和辨认之间这些相互联系的细节的分析，就能发现这个过程中间肯定是有问题的，有些情况是不真实的、不正常的，不符合逻辑。

再如，我们办理该强迫交易案时，把该案的受案登记表和立案决定书两份法律文书，与办案人员的辨认活动联系起来分析也发现了新的问题。

一般来说，辩护律师在对单个文书材料进行审查时，关注的重点只是文书材料本身，如果没有从中发现什么问题的话就过去了。我们最初对两份文书材料进行审查时就是这样，并没有发现什么问题，但是当我们把这两份文书材料和办案人员的辨认活动联系在一起时就发现了问题。

受案登记表中记载的报案时间是 2019 年 6 月 14 日 15 时许，在受案意见一栏中，受案民警签署的意见是属于本单位管辖的刑事案件，建议初查，签署时间是 2019 年 6 月 15 日。同时，在受案审批一栏中，受案部门负责人签署的时间也是 2019 年 6 月 15 日。

从签署时间这个细节可以看出，被害人张宏江虽然是 6 月 14 日 15 时报案，但受案民警在 6 月 15 日才提出建议初查的意见，部门负责人也是在 6 月 15 日才同意初查。这个细节就意味着 6 月 15 日是案件可以开始初查的时间。同样，立案决定书中记载的决定立案的时间是 2019 年 6 月 27 日，也意味着 6 月 27 日才是案件可以开始侦查的时间。

通过时间这个细节倒过来分析办案人员的一些办案活动，就能发现很多侦查活动在 6 月 15 日初查之前就已经开始了。

比如，该案的辨认活动是在 6 月 14 日当天下午做完笔录就开始了，那么这个辨认活动，从严格意义上说是一个侦查活动，放宽来说至少也是一个初查活动。但本案的初查是 6 月 15 日才被批准的，侦查活动是 6 月 27 日才被批准的，所以办案人员在 6 月 14 日下午进行的辨认活动，显然没有得到批准，就是属于没有法律依据的无效活动，甚至就是违法的活动。

由此看出，我们在审查一份证据时，不能孤立地就事论事，必须有联想意识，有整体意识，把分散在不同卷宗中的相关证据材料联系起来作为一个整体，抓住细节问题认真分析，才有可能发现问题。

这种方法的难点在于很难想到串联起来分析问题，因为这些证据分散在不同的卷宗材料中，辩护律师在分析证据的时候很难想到把它们整合在一起进行整体性分析。产生这种念头很难，养成这种习惯更难，但这种方法确实有用。

摆脱惯性思维

摆脱惯性思维就是从惯性思维容易忽视的环节中发现细节问题。

人们往往容易受惯性思维的影响，轻易地把某个指控的事实认定为是一个既成的事实，不再怀疑这个事实的真实性存在什么问题，这就是很容易被人们忽视的环节。有时候恰恰在这种人们容易忽视的、认为不会出现问题的环节上存在问题。

辩护律师的思维也是这样，有时候很容易受惯性思维的影响，容易先入为主。如果我们跳出惯性思维的桎梏，多一点否定思维、逆向思维，更加关注某些细节，就会发现问题。

比如，在赵铭律师办理的一起盗窃案中，起诉书指控被告人2010年左右至2019年6月一直在实施窃电行为，在用变压器给锅炉供电时，指使他人将该变压器相连的电表进行短路AC相电流，致使该用电表不准或者失效，从而通过该方式窃电。按照《供电营业规则》第 103 条的规定，通过推算认定被告人盗窃电量为 ×× 千瓦时，按照 2018 年 9 月 1 日执行的电价，折算电费为人民币 ×× 万余元。

起诉书指控所依据的证据有被告人所在公司下属员工的证言，该员工称听说被告人偷电；还有电力公司在案发前对变压器拍的照片，显示变压器上面的那个开关被推下来了，造成短路；电力公司员工的证言认为被告人就是利用这种方法偷电；偷电总量以及价值总额是电力公司根据有关用电规则推算出来的。被告人自己则否认偷电。

在这种情况下，辩护律师一般会从以下几方面思考本案的问题：一是变压器电表被做手脚的照片是电力公司的人提供的，这种取证方式是否合法，真实性是否充分，能否证明案件事实；二是除了照片以外，还有没有人能证明电表被做了手脚，是怎样做的手脚，是谁做的手脚；三是现有证据能否证明是被告人指使他人做的手脚；四是电力公司计算电费损失的方法是否科学合理。

这些问题都是在我们习惯性地认为本案中的变压器和电表存在的前提下提出的，总的思路就是围绕指控的证据是否确实充分进行思考的一些问题，这些思考都体现了我们的惯性思维。

在这种思维模式下，在思考这些问题的过程中，我们很容易忽略一个问题，那就是这个变压器本身是不是起诉书中指控的那个 2010~2019 年一直在使用的同一个变压器。

这个细节确实容易被忽略，从案卷材料中也很难发现这方面明显存在问题，我们在前两次阅卷时也没有发现这个问题，在前两次的会见中，被告人也没有谈到这方面的问题。

我们后来再次阅卷时，发现电力局的一名工作人员在证言中曾经提到这个变压器是他在 2018 年安装的，这个说法立刻引起了我们的高度重视。我们在会见中也就这个问题向被告人进行了核实并得到了印证，案发时正在使用的变压器确实是 2018 年才更换的新变压器。

这个细节说明，即使被告人在 2018 年之前确实偷过电，也确实因为偷电而被处罚过，但是被行政处罚时的那个变压器和现在的这个变压器并不是同一台变压器。而起诉书指控 2010~2019 年，被告人从这台变压器上共偷电多少度，价值多少元，这种指控的事实基础就存在很大的问题，该变压器是 2018 年才安装的，在 2018 年之前，根本不可能从这台变压器上偷电。

这是一个很重要的细节发现，它有可能颠覆案件的事实基础，从而对整个指控产生重大影响。

底层逻辑

问题往往隐藏在细节之中。

阅卷就是要通过细节发现问题。

对比思维、串联思维和反惯性思维是通过细节发现问题的三大妙招。

阅卷中怎样发现遗漏材料的线索

我们在阅卷时，如果稍加留心或者重视，就有可能发现某些材料被遗漏的线索，这些材料没有在办案机关移送的卷宗材料之中。

根据这些线索，经过辩护律师的努力和争取，办案机关可能会同意将这些被遗漏的材料进行移送。而且，从这些被遗漏的材料中，经常会发现对当事人有利的内容。换一个角度说，这些被遗漏的材料，很可能就是对当事人有利的证据材料。

因此，辩护律师在阅卷时一定要养成一个习惯，就是要随时注意卷宗材料中是否有遗漏，如果发现了遗漏材料的线索，就一定要向办案机关申请调取，争取进行查阅和复制。

这些工作做起来有相当的难度，需要辩护律师有一定的办案经验，需要细心和耐心，因为发现证据材料的线索不容易，向办案机关申请查阅复制这些证据材料也不容易。但是如果坚持了并做到了，对案件的辩护可能就会起到至关重要的作用。

根据我们的经验，律师在阅卷时，可以通过下面6个方法发现和找到遗漏证据材料的线索。

通过供述笔录发现线索

通过审阅当事人供述笔录的具体内容，发现当事人供述笔录被遗漏的线索，这是非常重要的一个方法。

在阅卷中，辩护律师通过研究供述笔录的内容，经常能够从中看到侦查人员和当事人在讯问笔录中提到之前的某次提讯谈话，这就意味着在此次提讯之前有过其他的提讯谈话，既然之前有过提讯谈话，就应当有相应的提讯谈话笔录。

但是，在整个卷宗材料中却没有看到被提到的这份提讯谈话笔录，这就证明这份提讯谈话笔录没有被随案移送，被侦查机关遗漏了。辩护律师发现后，应向检察机关或者法院申请调取这些提讯笔录材料。

比如，我们在办理一起受贿案时，从讯问笔录中发现侦查人员在提讯当事人时问到，“你上一次谈到了收受某人钱财的事情，今天再详细说说经过”，但是我们在核对当事人的讯问笔录时，并没有在卷宗材料中发现被提到的这次提讯的相关材料。

通过录音录像发现线索

通过审查录音录像资料，发现遗漏证据材料的线索，也是一个重要的渠道。

我们在审查录音录像的过程中，通过将卷宗材料与录音录像资料进行比对，经常也可以发现有一些谈话的内容，没有随案移送。辩护律师也应当向检察机关或者法院申请调取这些被遗漏的材料。

与当事人核对发现线索

与当事人核对其供述笔录，发现遗漏证据材料的线索，是非常重要和非常实用的方法。

在与当事人会见的过程中，如果辩护律师会见的次数较多，核对内容深入细致的话，就会发现当事人的有些笔录内容被遗漏了。

当事人会对辩护律师解释说，在侦查人员提讯的时候，关于这个事情，他总共做过多少次供述，但是辩护律师在卷宗材料中看到的讯问笔录，与当事人提到的次数，总是会相差几次，而这几次被遗漏的讯问笔录中就包含了当事人的辩解，也就是说，对当事人有利的辩解被遗漏了。

侦查人员经常不在笔录上标明次数，从每一次的讯问笔录上看不出是第几次讯问，而且侦查人员在装订侦查卷宗时，对讯问笔录的装订入卷也不一定是按照时间先后排序的，所以如果辩护律师不仔细核对笔录次数的话，很难发现是否有遗漏。

针对这个特点，我们在阅卷后，对于当事人前后共做了多少次笔录会做一个统计表，在会见时，除了要核实笔录内容之外，还要核实笔录的次数。经过与当事人核实笔录的次数，就能够发现卷宗材料中是否存在缺少当事人供述笔录的情况了。

所以，要想发现当事人供述笔录是否有被遗漏的情况，就必须把核对当事人讯问笔录的次数，当作一个重要的事情做好，要查清楚是否有遗漏。这项工作对律师的辩护非常重要，特别是在当事人向辩护律师说明某次笔录有辩解的情况下，更要查找这份笔录是否存在。有经验的律师都会这样做。

通过当事人供述发现证人证言线索

我们在阅卷时，不仅要注意审查是否遗漏了当事人供述的材料，还要审查是否遗漏了对当事人有利的证人证言的线索。

我们在阅卷时经常发现，当事人讯问笔录中对办案机关指控的某件事情做了辩解，在他的辩解中提到了某人或某些人与这件事情有关，或能够证明他所辩解的情况，但是我们在卷宗材料中，找不到他所提到的相关证人的证言。

在有些情况下，这些相关证人甚至是关键证人，他们的证言非常重要，对查清事实能起到非常重要的作用。那么在这个时候，我们就要向检察机关或者法院提出申请，查阅复制这些证人的证言材料。

我们在东北办理一起受贿案时就遇到了这种情况。起诉书指控被告人张大强受贿，我们在阅卷时发现张大强在笔录中辩解说，他叔叔因公司资金周转困难需要借 200 万元，打电话让他帮忙找人借钱。张大强便打电话给了好朋友钱有源，要求借 200 万元，钱有源同意后，便让他叔叔和钱有源两人直接联系借钱的事情。所以他认为自己只是帮助亲友借款，而不是受贿。

张大强在供述中还提到了当时他叔叔给他打电话要求帮忙找人借款，以及他给朋友钱有源打电话要求借 200 万元时，当时有 4 个在场的朋友都听到了。

可是我们在阅卷时发现，卷宗材料中没有所谓的这 4 个在场朋友的证言，我们就先后向检察机关和法院分别提出了申请，要求查阅复制这些证人证言。一开始检察官称没有看到这些证人的证言材料，后来经过多次争取，辩护律师终于复制了这些证人的证言材料。最后，法院判决认定张大强的行为不构成受贿，其中这些证人证言就起到了关键性的作用。

通过证言笔录发现线索

如同审查当事人的供述笔录一样，我们从证人的笔录中也经常能看出，他们提到了前一次证言笔录的情况，这说明在这次笔录之前，他们还做过其他的证言笔录。同样，我们在卷宗材料中也没有看到之前的这份证言笔录，这份证言笔录显然也是被遗漏了。

这些被遗漏的证人证言可能和我们现在看到的证人证言的内容不完全一致，甚至可能完全相反，这样的情况在实践中也不少。因此，我们在发现这些线索后，同样也应当向检察机关或者法院申请查阅复制。

通过手续材料发现线索

通过审查言词证据材料，能够发现有关证据被遗漏的线索，同样，通过审查客观证据材料，也能够发现有关证据被遗漏的线索。比如，我们通过审查办案机关附卷的办案手续材料，就可以发现很多证人证言被遗漏的线索。

我们在办理一起受贿案件时，就发现了 20 余份证人证言的材料没有被随案移送，涉及证人 11 人。我们之所以发现了这些证据被遗漏的线索，就是通过将办案机关的办案手续及客观书证材料，如《证人权利义务告知书》《询问通知书》《被调查人权利义务告知书》等，与在案证人的证言笔录进行了比对。这样的方法非常实用，但是需要我们特别细心和耐心。

底层逻辑

真相可能隐藏在缺失的材料之中。

发现被遗漏的材料线索，常常会使案件峰回路转。

发现被遗漏的材料线索，需要细心和耐心。

摘卷的用途

办案人员及辩护律师在阅卷的过程中，会对卷宗材料中的一些内容进行摘录，这是在长期的办案实践中形成的一种工作方法。

在我国的刑事诉讼中，侦查机关在侦查中形成的原始卷宗材料，在侦查终结后要随案移送到检察机关，在案件起诉后要随案移送到法院，最后保存在法院。

检察机关在审查逮捕和审查起诉阶段，除了阅读侦查卷宗材料之外，为了研究讨论案情，以及出庭支持公诉，还需要对卷宗材料进行摘录。辩护律师基于同样的道理，也需要对卷宗材料进行摘录。

现在的条件已完全改变，办案人员和律师都有条件全面复制卷宗材料，而且多数地方已将侦查卷宗材料制成了电子卷宗。

有些律师认为有了电子卷宗，可以随时查阅复制卷宗材料，对于是否还有必要摘卷产生了质疑。

从目前的办案实践来看，检察机关以及广大辩护律师在办案中仍然采用摘卷这种方法。实践证明，摘卷的作用并非仅在于保存材料，它对于阅卷、举证质证和法庭辩论等诉讼活动所起的作用是十分重要的，辩护律师要善于发挥摘卷的这些作用。

帮助熟悉案情

有些年轻律师仗着自己记忆力好，认为没有必要做阅卷笔录，案情都记在脑子里，在法庭上需要用时，在头脑中都能很快反应出来。

从实践来看，对于简单的案件，庭审中靠记忆力回忆案情和证据情况还是可以的；但是，很多案件案情复杂、卷宗材料多，有的卷宗材料多达几百本，甚至上千本，对于这样的案件，仅凭大脑是记不住的，必须做摘卷笔录。

制作摘卷笔录可以将案卷变薄，可以将卷宗材料中的基本信息和重要信息从繁杂的内容中筛选出来。摘卷的过程实际也是筛选卷宗材料的过程，这个过程可以帮助辩护律师熟悉案情，记忆案情，还可以为辩护律师以后重复阅卷，研究案情和证据等工作提供基础素材。

即使卷宗材料被放置一段时间之后，辩护律师也可以借助摘卷笔录快速回忆卷宗材料中的内容，并根据笔录中的页码，快速查找到相关内容的准确位置。

帮助发现、思考问题

摘卷并不是机械地抄写文字，而是在阅卷的过程中，经过思考和筛选，把其中的一部分文字摘录下来，这个筛选的过程就是发现问题、思考问题的过程。

在摘卷的过程中，辩护律师对案情的感受会逐步加深；对某些词句表达的理解会越来越深刻，对某些词句内容的含义和区别的理解会更加准确，对案件材料中存在的问题也会变得越来越敏感，很多问题就会不断跳入眼中，发现问题后，就会开始不停地思考。所以摘卷的过程是发现问题的过程，也是思考问题的过程。

帮助会见核实证据

开庭前与当事人核实证据是辩护律师的职责之一。

对于某些简单的案件，律师带着卷宗材料会见，当面向当事人宣读证据内容，就可以对证据进行核实，听取当事人的意见。

但对于案情复杂、卷宗多达几百本的案件，这个做法就行不通了，律师不可能把几百本卷宗材料都带进看守所。唯一可行的办法，就是将摘卷笔录的内容与当事人进行核对。

与当事人核实证据的过程，实际上也是与当事人研究举证质证意见的过程。

为举证质证奠定基础

举证质证是庭审的重要工作，开展举证质证的前提是要熟悉证据材料。而制作完善的摘卷笔录，则是帮助律师熟悉证据的有效办法，特别是某些案情复杂、卷宗材料比较多的案件。

控方举证时可能一证一质，也可能一组一质，还可能是两种情形交叉在一起，无论是哪种情形，都要求辩护律师对于证据非常熟悉。在控方举证时，辩护律师应当能够快速准确地找到控方出示和宣读的证据内容在卷宗中的具体位置，主要内容是什么，宣读的内容是否全面，是否遗漏了对辩方有利的证据等。

要做到这一点，辩护律师必须做好摘卷笔录。有了详细的笔录，才能够制作举证质证提纲，在法庭举证质证时才能从容应对；如果不做摘卷笔录，就无法制作举证质证提纲，在法庭上当然也不可能有针对性地对控方出示和宣读的证据进行质证。

更重要的是，在很多案件中，辩护律师制作的摘卷对比表格可以拿到法庭上使用，我们经常会在摘卷对比表格上批注一些意见，这些意见实际上就是质证意见的基础稿，这些对比表格也就是举证质证提纲的基础稿。如果时间紧，来不及制作举证质证提纲，就可以把这个摘卷对比表格当作质证意见提纲使用。

当然，如果时间来得及，还是要把质证意见用文字的方式表达出来，事先准备好完整的文字稿。无论事前是否准备了举证质证意见，庭后都应向合议庭提交整理好的书面举证质证意见。

底层逻辑

摘卷的过程不仅是熟悉案情，记忆案情的过程，也是发现问题、思考问题的过程。

制作摘卷笔录是帮助辩护律师核实证据、举证质证的不二法宝。

摘卷的基本方法和要求

辩护律师在阅卷时，免不了要对其中的内容进行摘录，做一些阅卷笔录，也有人称这项工作为摘卷，这项工作实际上是律师阅卷最传统、最常用的重要手段。

怎样摘卷才能更好地达到阅卷目的，是值得总结和交流的。

摘卷的基本方法

关于怎样摘卷，没有一定之规，实践中每人的做法也不相同，实践中可采用的摘卷方法多种多样。

1. 根据摘录的内容范围

从摘卷的范围来看，可以采用以下两种方式。

（1）全面摘卷

全面摘卷，是指对与构建案件事实或者展现案件事实有关的基本环节的内容，以及与定罪量刑有关的内容都进行摘录的方法，而不是指把卷宗材料的内容全部摘录下来。

全面摘卷的内容比较广，包括要摘录被告人的基本情况、采取强制措施的基本情况、案发经过、与案件事实有关的基本证据的情况，其中又包括被告人供述、证人证言，以及客观证据、鉴定意见等，还有案发后的退赃、认罪、立功情况，甚至还包括和解谅解情况等。

这种方式借鉴了检察机关和法院的工作方式，比较规范，律师在办案的过程中也学会了这种方式。

（2）个别摘卷

个别摘卷，是指辩护律师对于卷宗材料中某些比较重要的、有必要重点进行研究的部分内容进行摘录，对其他部分的内容则不予摘录。

比如，对于证人证言，辩护律师认为其中一两个人的证言比较重要，就摘录下来，对其他认为不重要的证言，就不需要摘录。

2. 根据摘录的具体内容

从摘录的具体内容来看，可以采用以下两种方式。

（1）原文摘录法

原文摘录法，是指在摘录证据材料时，对于某些重要的内容，将卷宗材料中的记载原文摘录下来。这种方法可以省略一些无关紧要的内容，但不能修改原文的文字表述。

原文摘录法如下。

被告人 ××× 于 ×× 年 ×× 月 ×× 日的第一次讯问笔录，侦查卷第 × 卷，第 × 页。

“问：你参与过某某单位的宴请吗？

答：是的，参与过。

问：是什么时间参与的？

答：是 ×× 年春节的前几天……

问：参与的人有哪些？

答：当时参与的人很多，我认识的有我原单位的几个同事……还有我新单位的一个同事某某某。

问：他们为什么请你参加？

答：当时是我原单位的同事某某某喊我一起去参加一个饭局，我没多想就去了。

问：吃饭的过程中有没有人说过有事需要请你帮忙？

答：没有，就是说些拜年的吉祥话。”

（2）归纳法

归纳法就是对某份证据中的主要内容，不摘录原文，而是用自己的语言简要归纳概括。

归纳法如下。

被告人 ××× 于 ×× 年 ×× 月 ×× 日的第一次讯问笔录，侦查卷第 × 卷，第 × 页。

内容主要为：被告人 ××× 于 ×× 年 ×× 月 ×× 日参与由某某单位举办的宴请，参加宴请的人有……吃饭的过程中没有谈及请托事项。

3. 根据摘卷笔录的形式

从摘卷笔录的形式上看，也可以采用以下多种方式。

（1）表格法

根据不同的案件列出不同的表格，把案件中某一具体事实情节的关键要素，按照一定的逻辑关系分类填入表中。

比如，用表格对贿赂案件进行摘卷，就可以把需要摘录的内容分为：主体、时间、地点、对话内容、行为方式、涉案款项来源、款项金额、款项去向、是否退赃、是否自首立功等。通过这种表格的对比，可以直观地展现案情和证据中存在的问题。

这种方法是摘卷中最常用的方法，几乎所有的案件都适用。涉案事实较多，以及涉案人员或证人较多的案件，如共同犯罪、犯罪集团涉嫌的多起犯罪事实，或一个犯罪嫌疑人涉嫌多起犯罪事实，或者一起事件涉及人员较多的案件，更有必要采用这种方法。

供证一览表，就是我们在阅卷过程中常用的一种表格法，将某一事实情节，证人证言是怎么说的，被告人口供是怎么说的，放在一个表格中进行对比。通过这种表格对比，供证是否一致，证词是否一致，中间是否存在什么矛盾和问题，就非常清晰了。

（2）示意图法

所谓示意图法，是指对于某些涉及人员较多、案情和人物关系复杂的案件，在阅卷过程中，为了脉络清楚，就采用画示意图的方式展示案件的发生发展过程，或展示相关人员在案件中的相互关系及作用。

摘卷方式的选择

以上多种摘卷方式各有利弊。比如，原文摘录法的优点是忠于证据本身内容，缺点是内容分散和冗杂，不便于归纳事实；归纳法的优点是内容集中且精简，缺点则是如果归纳不当，容易遗漏重要内容。因此，在操作实践中，具体采用哪一种方法，可以因人而异，因需而异。

根据我们的观察和总结，以下几个做法可供参考。

1. 可采用归纳法摘录的情形

对于证据之间无重大不合理矛盾的证据材料，可以采用归纳的方法对证据材料进行梳理摘卷。

2. 宜采用原文摘录法的情形

对于证据之间存在矛盾或有重大不合理现象的证据材料，宜采用原文摘录的方法进行摘录。

3. 宜采用表格对比法摘录的情形

为揭示证据之间的矛盾，宜采用表格对比的方式摘卷。辩护律师在阅卷时，对某些供述的真实性有异议，或对某些证人证言的真实性有异议，就会把与该事实情节有关的供述和证人证言，采用表格的方式排列在一起进行对比，从中发现问题，揭露矛盾。

4. 宜采用现场示意图的情形

有些案件是有现场的，这些案件的卷宗材料中，多数会有现场勘查图片，少数可能没有现场照片。辩护律师在阅读这些与现场相关的证据材料时，有必要到现场核实相关情况。为了便于准确直观地认识和理解现场情况，可以采用示意图的方式对卷宗材料进行归纳。

摘卷的基本要求

1. 摘录被告人基本信息的重点

归纳整理被告人的基本信息时，要注意摘录被告人的职务和身份信息，被告人是否有前科，以及犯罪的起止时间等信息情况。因为这些情况涉及被告人是否符合主体身份，是否属于累犯，是否已过追诉期等问题。

2. 全面客观摘录证据

全面客观摘录证据，有利于辩护律师客观分析案件情况，准确提出辩护意见。全面客观摘录证据要做到以下几点。

（1）不能遗漏证据

根据起诉意见书和起诉书的指控，仔细查找被告人供述和辩解、被害人陈述，以及证人证言和其他证据材料等，与该起案件有关的信息都要摘录，防止遗漏证据。对重点证据或有争议的证据要详细摘录，其他证据可以简要摘录。

（2）对同一人的多份笔录都要摘录

很多情况下，同一人对同一事实情节做出了多份供述或多份证言，对该人的多份言词证据，都应当进行认真审查。

如果多份言词证据完全相同，可以摘录其中一份，并注明其他多份言词证据与该份证据内容相同即可；如果同一人在不同的笔录中对同一事实描述的侧重点有不同，对于差异之处要完整摘录下来。

（3）对有利证据和不利证据都要摘录

摘录证据时不仅要摘录对当事人有利的证据，对当事人不利的证据更要认真摘录。因为对当事人不利的证据材料，将是控方指控时使用的主要证据，辩护律师对此类证据应当作为重点研究，而不能视而不见。

3. 分类制作摘卷笔录

对于简单案件可以制作一个总的摘卷笔录；对于涉及多个罪名或多起指控事实的复杂案件，应针对每一个具体的指控罪名或指控事实，分别制作阅卷摘卷笔录。

多层次地制作阅卷摘卷笔录，有利于对每一起具体指控事实的相关证据进行分析论证，层次分明，逻辑清晰。

4. 应补充调整摘卷笔录

实践中，辩护律师在阅卷摘卷时，应当随着自己对卷宗材料理解的加深，不断地补充和调整摘卷笔录，在阅读办案机关补充的新材料后，也有必要对摘卷笔录进行补充和调整。

（1）第一次摘卷：初步摘卷

一般来说，第一次摘卷只是简单地摘录辩护律师自己认为重要的问题，只摘一次卷就想万事大吉是不可能的。

因为第一次摘卷时，可能还没有看到后面的其他内容，即使通读了一遍卷宗材料，对有些问题还不一定完全熟悉，考虑问题不可能那么精准，发现问题也不可能那么全面。所以在第一次阅卷并摘录相关内容的过程中，摘录的内容不够完整，遗漏某些重要的问题或重要的内容也在所难免，当然也就存在第二次补充摘卷的必要。

（2）第二次摘卷：查漏补缺

辩护律师通过会见会发现很多问题，与这些问题有关的材料内容有时可能没有摘录下来。因此在会见结束后，就应当有针对性地重新阅卷，把那些遗漏的重要材料内容补充到摘卷笔录中。

针对会见中发现的问题补充摘卷，不仅可以使摘卷的内容日趋全面，而且补充摘录的内容针对性也更强，这些内容将来也可能就是案件的焦点性问题。

如果案件进行了补充侦查，摘卷笔录也要根据补充侦查的材料进行补充完善。

总之，辩护律师要根据对卷宗材料的认识和掌握，不断地调整和丰富摘卷笔录，展现案件的关键点。

摘卷笔录必须标明的内容

辩护律师在制作摘卷笔录的时候，为了增强摘卷内容的准确性和明确性，一定要标明以下几个内容。

1. 标明摘录内容的具体出处

在摘卷笔录中，对于每一个摘录的内容都应当标明它的出处，就是把摘录的内容出自侦查卷宗或补充侦查卷宗的哪一本卷宗，第几页，这些情况一定要标明。

辩护律师为了支持或证明自己的辩护观点，在法庭上经常会援引卷宗材料中的相关内容。律师如果在法庭上使用了这个证据内容，却没有告知合议庭这个内容在卷宗材料中的准确位置，就会影响他们对这个证据内容真实性的判断，也会影响律师的辩护效果。

因此辩护律师在对证据材料进行摘录时，应当把证据所处的卷宗页码予以标明。

2. 标明摘录证据的名称

辩护律师在制作摘卷笔录时，对每一份摘录的证据材料都要标明该材料的名称，如摘录被告人的供述时，就要表明某年某月某日某被告人的第几次讯问笔录；如果摘录的是证人证言，就要标明是某年某月某日某位证人所做的第几次询问笔录；如果摘录的是客观书证，就要表明该书证的名称及出具单位。只有这样，才能在使用时知道摘录的证据内容是哪一份证据。

3. 标明证据的性质

所谓标明证据材料的性质，就是要标明这份证据材料对于当事人是有利的证据材料，还是不利的证据材料。

辩护律师摘录卷宗材料的目的是发现问题、研究问题，为后面的辩护奠定基础，因此辩护律师是带着思考进行阅卷和摘卷的。在阅卷和摘卷的过程中，对于摘录的卷宗材料的内容，哪些是对当事人有利的，哪些是对当事人不利的，哪些是中性的材料，辩护律师自然会有一个基本判断，也应当做出一个基本判断。

实践中，有些律师为了简单直观，在做阅卷摘卷笔录时，将不利的证据材料标成黄色或红色，将对当事人有利的材料标成绿色。

对这些材料的性质做出判断并作明确标注，是为了提示辩护律师在后面准备举证质证意见时，可以把这些证据材料作为重点进行思考。

4. 制作摘卷证据目录

辩护律师在做完摘卷笔录之后，也应当给摘卷笔录做一个目录，便于快速准确地找到摘卷笔录中的相关内容，提高辩护律师的工作效率，使后面的工作变得更加直接、简单和顺畅。

在实践中，我们也会把侦查卷宗材料的目录都复印出来，装订成册，这样可以使我们对整个案件有哪些材料，哪些材料是重点，都能做到心中有数。

底层逻辑

摘卷是阅卷的一种重要手段，有阅卷就有摘卷。

摘卷的方法多种多样，因人而异，因案而异。

摘卷时不能遗漏重要证据，有利证据和不利证据都要摘录。

摘卷时要标明出处和名称。

摘卷笔录需要不断补充完善，展现案件关键点。

阅卷笔录中不可缺少的几个图表

辩护律师在阅卷过程中，经常会摘录卷宗材料中的某些关键内容，这样阅卷摘卷的目的是多层次的，不仅能帮助我们更清楚地了解案件事实，还能帮助我们更好地分析和研究这些关键内容，发现其中存在的问题，而这些问题可能就是案件争议的焦点和症结所在。

我们在实践中发现，如果制作阅卷笔录的方法得当，会更有利于帮助我们实现上述阅卷摘卷的目的。因此，很多律师对于怎样做好阅卷笔录，探索总结了许多好的做法。

采用制作图表的方式阅卷摘卷，就是一种很好的方法。这种方法最大的特点就是内容清晰，一目了然。

实际上，采用图表的方式分析案件、展示证据，是侦查机关和检察机关常用的一种工作方法。

阅卷笔录中如何制作图表，没有一定之规，可以按照时间顺序、人物关系、事件关系等逻辑关系进行制作，怎么好用就怎么做。常见的方法有以下 6 种。

人物关系图表

人物关系图就是将涉案人员各自在案件中处于什么地位，实施了什么行为，发挥了什么作用，以及相互之间存在什么样的影响等因素，用图表的方式展现出来。

在很多案件中，涉案人员比较多，每个人所处的阶段不同，所处的地位不同，实施的行为也不同，相互之间的影响也不一样，这些因素交织在一起，往往会使案件显得非常复杂。

如果不厘清这些人员之间的关系，对案件事实、各自行为，以及各自地位和作用的认定就很难有一个清晰的判断。因此，厘清涉案人员的相互关系，是辩护律师的一项重要工作。

有些案件中，仅通过文字表述是难以理解的，如果用图表的形式把它们相互之间的关系描述出来，可以更加清晰地理解人物之间的关系。制作人物关系图就成了一种很好的辅助手段。

比如，我们在办理一起徇私枉法案时，涉案的人物关系就非常复杂。起诉书指控检察人员和审判人员在办理一起聚众斗殴案的过程中有徇私枉法行为，在这起徇私枉法案中，涉及的人员有 4 类：第一类是原聚众斗殴案中的被告人，以及起诉书指控认为因办案人员徇私枉法而没有受到追诉的原案其他涉案人员；第二类是为了帮助涉案人员不受追诉而四处串通，帮助请托说情的人员；第三类是检察机关审查逮捕和审查起诉阶段的办案人员；第四类是法院审判阶段的办案人员。这些人员在不同阶段所起的作用不同，相互之间打交道的人员也不同，人员关系非常复杂。

为了捋清这些人物关系，就有必要制作不同的人物关系图，把他们每个人在整个案件中所处的地位、所起的作用，以及是否存在相互影响等问题，清晰地标示出来，这样对案件的分析和认定将会起到极大的作用。

我们在这个案件中制作了以下几个人物关系图。

1. 原聚众斗殴案中的涉案人员关系图

该图主要展示原聚众斗殴案中相关涉案人员的个人行为、被追诉处理的情况，用于帮助分析原案的处理过程是否符合相关的规定。

2. 请托过程人员关系图

该图主要展示在原聚众斗殴案的办理过程中，相关人员联系公检法机关的办案人员、进行请托的过程，用于帮助分析在原案办理的过程中，相关请托人员、受托人员的地位和作用。

3. 检察院涉案人员关系图

该图用于展示在检察机关审查逮捕、审查起诉过程中，承办人员、相关领导和参与案件讨论的人员做出相关决定的情况，分析相关人员当时的意见和应当承担的责任。

4. 法院涉案人员关系图

该图用于展示在法院审判阶段，审判人员、相关领导和参与案件讨论的人员做出相关决定的情况，分析相关人员当时的意见和应当承担的责任。

事件关系图表

在很多案件中，不仅涉及的人物关系复杂，而且涉及的案件事实也比较复杂，有些案件是涉案罪名和涉案事实比较多，有些案件是事实环节比较多。将这些不同的事实或事实环节，通过制作关系图的形式展现出来，可以很清楚地揭示出事件之间的关系、事件与人员之间的关系。

案件事实进展图表

一般来说，起诉意见书和起诉书不可避免地要对案件事实的进展进行描述，但由于受到追诉职责的影响，描述的角度和内容也会受到一定的限制和影响。

起诉意见书或者起诉书在描述案件事实的发展进程时，有时可能会过于简单，无法清楚地展现事实发展的过程和指控的内在逻辑；有时对当事人有利的事实情节没有进行描述；有时案件事实发展的过程复杂曲折，起诉书描述的内容较多，让人难以抓住案件事实发展的主要脉络和内在逻辑。在这些情况下，辩护律师就有必要将案件事实的进展情况，通过图表的方式予以简要描述。

根据想要说明的问题，可以对某一个事实环节或某一个事实情节，分别制作不同的事实进展图表。制作这种图表有以下几个好处。

一是便于我们更清楚地抓住案件事实发展的脉络，既可以对案件事实有一个总体上的掌握和思考，也可以对案件事实的某一个侧面有清楚的把握。

有些案件的事实发展进程图看起来就是一个案件发展的大事记，但如果没有制作这样一份大事记，对案件进程就不熟悉，尤其是对案件的关键时间节点不熟悉，就会影响对案件的整体把握。

二是可以很清楚地看到当事人在整个案件事实发展过程中所处的有利环节和被动环节。

三是对于起诉意见书或者起诉书在指控思路、指控逻辑或者指控事实环节上的错误，也能有一个比较概括的认识。

比如，我们在办理上述徇私枉法案时，为了分析原聚众斗殴案的办案过程中案发、公检法机关讨论案件和做出相关决定、被告人章天桥参加的吃饭旅游等活动的各个时间点的过程，以及在案件办理的过程中是否存在请托问题，各办案人员的行为是否存在徇私枉法的问题，针对原聚众斗殴案办案过程中的一些重大事项，专门制作了案件大事进展图。

原聚众斗殴案办案过程的案件事实进展图主要展示了以下内容。

（1）李建国等人聚众斗殴案的批捕、起诉、判决和进行相关讨论的时间节点过程。

（2）被告人章天桥几次吃饭旅游交往的时间节点过程。

（3）彭定山等人聚众斗殴案起诉及判决的时间节点过程。

（4）对彭定山暂予监外执行的讨论决定过程。

现场示意图表

很多案件有现场，为了说明案件事实，办案机关会制作一些现场示意图，办案机关制作现场示意图的目的是支持指控。

律师经过对案件事实的分析后，如果发现了对当事人有利的案件事实情节，也可以制作现场示意图来说明，这样的效果可能更加直观。

有一些现场示意图，辩护律师根据现有的卷宗材料，分析研究后就可以制作；有些情况下，辩护律师在分析相关案件材料，发现疑问后，还要到实地进行考察后才能制作现场示意图。这样的现场示意图可能更加客观，更加具有说服力。

我们在办理一起防卫案件时，就用到了现场示意图这个方法。起诉书指控被告人张宇飞作为运钞车的安保人员，在看到被害人李学军尾随追砸运钞车时开枪射击，导致被害人李学军中枪死亡。卷宗材料中对现场的相遇、追砸车辆、开枪等细节的描述情况不是太清楚，不能完全清晰准确地展现现场的人车活动轨迹及现场全貌，对当事人有利的现场情节也不能全面清晰地展现。

所以我们就多次到现场查看，查清了现场人员和车辆的行为轨迹，特别是如何相遇、追砸开枪等关键环节的行为轨迹，并据此制作了现场示意图，非常清晰地展现了现场各个方位的情况，使法庭对事件的发生以及当事人的行为轨迹有了准确完整的认识。

数据分析图表

在很多案件中，控方常用一些概括性的、绝对性的说法指控当事人，给当事人扣上一个大帽子，在这种情况下，辩护律师用数据分析的方法来反驳，能够起到意想不到的效果。

比如，我们在办理李向明涉嫌组织领导黑社会性质组织一案时，起诉书指控李向明的砖厂控制了制砖行业，在当地制砖行业形成了垄断地位，我们就制作了李向明的砖厂制作红砖的数量与当地其他砖厂制作红砖的数量进行对比的图表，通过数据对比，说明李向明的砖厂供应的红砖数量，远远达不到控制的程度。

对比表

用对比表分析相关事实，分析证据，是我们在阅卷摘卷工作中常用的一种方法，这个方法非常重要，也非常直观，我们将在另一篇文章中进行重点分析。

底层逻辑

使用图表展示案情，分析证据，可以化繁为简，一目了然。

对比表格会说话

采用对比表的方式摘卷，分析证据，分析案情，是辩护律师常见的一种工作方法，有经验的律师在阅卷时都会采用这种方法。但是，有很多年轻律师虽然知道摘卷，但是他们摘卷的目的只是熟悉证据，熟悉案情，并不知道可以采用对比表的方式分析案件。

很多刚从检察机关出来做律师的人，虽然会使用对比表分析案情，但是他们原来是从指控的角度使用，对于如何从律师的角度使用对比表摘卷和分析案情并不太熟悉。

辩护律师应当学会利用对比表摘卷和分析案情。

制作对比表的基本用途

制作对比表可以帮助辩护律师更好地熟悉证据，分析案情，主要表现在以下几方面。

1. 揭露言词证据的不真实性

这是我们在辩护实践中使用对比表的主要目的。

我们阅读卷宗材料时，经常能够看到某个证人的证言或者某个同案犯的供述谈到了对当事人不利的事实情节，而且这个事实情节有时候也就是起诉书指控认定的事实情节。如果这些证言或供述存在明显的虚假性，那么和其他人的证言或供述之间便有可能发生矛盾，不能相互印证。

因此，为了分析研究并揭示这些言词证据的虚假性，最直接的方法就是采用对比表的方法进行分析，也就是把这些证言或供述中对该事实情节的描述，与其他相关证言或供述中对同一事实情节的描述，分别摘录下来，汇集在一个表格内，进行对比分析，其矛盾之处便一目了然。

2. 揭示起诉书的指控证据不足

办案实践中经常会出现这样的情况：虽然起诉书指控当事人实施了某一行为，或指控认为存在某个对当事人不利的事实情节，但是该指控的依据仅来自某个孤立的证据，或者根本就没有任何其他证据印证。这样的情形就是典型的证据不足。

为了更清晰直观地揭示这种证据不足的情况，辩护律师就可以采用对比表的方法进行分析，把与该指控相关的所有言词证据的内容都列在一个对比表中，由此便可以清楚地看到起诉书中关于该事实情节的说法，在其他证人的证言中没有得到反映，有些情况下起诉书的说法甚至还与其他证人证言的说法完全相反。通过这种对比表的分析，可以清楚地得出结论，起诉书对该事实情节的指控证据不足。

3. 展示对当事人有利的事实情节

一般来说，如果存在对当事人有利的事实情节，直接表明该事实情节对当事人有利即可，无须采用对比表的方式进行分析说明。

但是在很多情况下，某个特定的对当事人有利的事实情节，并不是单独地或清楚地记录在卷宗材料中，而是与其他的事实情节夹杂在一起，特别是和一些看起来对当事人不利的事实情节夹杂在一起。在这种情况下，为了挖掘和展示这种特定的对当事人有利的事实情节，就必须把这些夹杂该特定事实情节的笔录内容汇集在一起进行比对。通过比对分析，揭示和展现该有利事实情节的效果会更好，更有说服力。

比如，起诉书指控被告人章天桥因为接受了村支书常立文的宴请和出游，在审判阶段对一起聚众斗殴案的有关人员重罪轻罚，构成徇私枉法罪。会见时，当事人章天桥辩解说，他虽然参加了常立文组织的饭局以及集体旅游，但在参加这些活动的过程中，常立文没有跟他提到过案件的事情，他也不知道请他们吃饭的常立文与他们正在办理的聚众斗殴案件有关联。

为此，我们把常立文以及所有参与出游吃饭人员的笔录内容放在一起对比分析，发现所有人在描述吃饭和出游的经过时，都没有提到过与聚众斗殴案件有关的事情，也没有涉及请托帮忙的内容。

通过对比分析，结论很清楚，被告人章天桥虽然参加过村支书常立文组织的饭局及集体旅游活动，但是他和该村支书等人之间没有请托和答应帮忙的意思联络，他也不知道这些请客吃饭的人与正在办理的聚众斗殴案件的涉案人员有关联，从来也没有人向他说过这些情况。由此可以看出，他主观上没有因这些人请客吃饭，组织集体旅游而在案件上予以帮忙并枉法裁判的故意。

4. 展现关键事实情节

在很多案件中，案件事实发展过程中的环节比较多，参与人员比较多，在案件事实发展的多个环节中，各个人员实施了何种行为，起到了什么作用，如果孤立地分别查阅这些人的笔录内容，很难完整地展现案件事实发展的过程，特别是某些关键的事实情节更是模糊不清。在这种情况下，就要把所有的与该事实发展有关人员的笔录内容放在一起进行对比分析，案件的事实脉络以及关键事实情节便会清晰地呈现出来。

这样的情形在辩护实践中也是常见的，特别是为了说明当事人与某个事实情节无关，采用这种对比分析的方法就非常有效。

5. 揭示程序违法

如果我们对办案程序的合法性有异议，或者对某一个证据的合法性有异议，很多情况下，也可以采用列表比对的方法进行分析，采用这种方法能够发现和揭示办案和取证程序上的违法问题。

比如，如果我们对某一个侦查人员是否参与了某次讯问产生了怀疑，就可以把他在同一时期内参与讯问的笔录时间做一个对比表进行分析，如果发现该侦查人员在同一个时间段参加了两场讯问，就足以说明该侦查人员参与制作的两份讯问笔录中至少有一份的合法性是存在问题的。

怎样制作对比表

制作对比表摘录案卷，分析案情和证据，要注意掌握以下两个要领。

1. 以某个事实情节作为对比分析的对象

所谓对比表，应当是针对某一具体事实情节所做的对比，而不可能对全案进行对比。对比分析的对象就是与某个事实情节有关的证据内容，既可以是我们想要否定的某个证据或事实情节，也可以是我们想要揭示展现的某个事实情节，还可以是我们想要梳理清楚的某个事实情节。

2. 以当事人的辩解作为基础

辩护律师只有在听取当事人的辩解后，才会对卷宗材料中的某个证据，或者对起诉书认定的某个事实情节产生怀疑，才会想到要采用对比表的方式对相关笔录内容进行对比分析，从而揭示某个证据的虚假性，或揭示起诉书指控的事实证据不足。

所以在制作对比表时，我们首先就要以当事人的辩解作为基础，作为对比分析的依据，然后再把相应证据中有关该情节的内容摘录出来，这样对比分析问题，才会更有针对性，才能更清晰地看出该事实情节的真实情况或存在的问题。

底层逻辑

列表比对不仅可以帮助律师熟悉证据、熟悉案情，更是帮助律师分析证据、分析案情的独门法宝。

笔录隐藏的秘密

办案机关制作的笔录是最重要的证据材料之一，也是卷宗材料中的主要内容。办案机关制作的笔录主要有两种：一种是对嫌疑人和被告人进行讯问时制作的讯问笔录；另一种是对证人调查谈话时制作的询问笔录，也称证人证言笔录。办案机关制作的这两种笔录都是比较正规的笔录，《刑事诉讼法》以及公安机关、检察机关的办案规则，对办案人员如何制作笔录有非常明确的规定，也有相应的格式要求。

一份完整的笔录，包括首部、正文和尾部三个部分。正文记载的是嫌疑人、被告人对案件事实的供述情况，或证人对有关案件事实所作的证言情况；笔录的首部记载的是讯问和谈话的时间、地点、参与制作笔录的人员等内容；笔录的尾部是供述者或证人的亲笔签名和捺下的手印。首部和尾部的记载能够反映办案人员讯问、谈话以及制作该笔录的工作情况。

辩护律师在阅卷的时候，不仅要认真阅读分析供述和证言的内容，也要认真审查办案人员进行讯问、谈话以及制作笔录的工作情况。

很多辩护律师在阅读审查这些笔录的时候，对正文内容比较重视，对于笔录的首部及尾部这两个部分则容易忽略。究其原因是很多辩护律师没有意识到这两个不引人注目的部分会有问题，也不知道怎样从中发现问题。

从办案经验来看，认真阅读研究笔录首部和尾部的内容，不仅能够从中发现办案机关取证过程中的问题，也能够发现或印证笔录正文内容中存在的问题。

当然，这些问题比较隐蔽，发现这些隐蔽的问题需要一定的经验技巧，可以从以下 5 个方面入手。

从记载的时间上发现问题

时间是笔录首部记载的最主要的信息，辩护律师在阅卷时如果对笔录的时间进行认真审查研究，有时能够从中发现办案中存在的问题。

根据实践经验，从时间的记载方面能够发现以下几种违法办案的情况。

1. 疲劳审讯

对犯罪嫌疑人进行讯问时严禁刑讯逼供，这是我国法律的基本原则，疲劳审讯是变相刑讯逼供的一种表现，也是我国法律禁止的。如果存在疲劳审讯，那么由此而得到的口供，其真实性就值得怀疑，其合法性当然也存在问题。

所谓疲劳审讯，是指在讯问的过程中，长时间地进行讯问，没有保证嫌疑人正常的休息时间和吃饭喝水的时间，如果发现这种情况，我们就应当对这些供述笔录的合法性提出质疑。

因此，我们在会见当事人时，一定要向他了解讯问的情况，是否存在刑讯逼供、疲劳审讯等情况。如果当事人反映自己受到了刑讯逼供或者疲劳审讯，我们在审查他的供述笔录时，就应当特别注意对笔录上记载的时间进行认真审查和分析。

判断是否疲劳审讯，可以从以下几方面进行分析。

（1）时间是否超过 8 个小时

如果连续讯问的时间超过 8 个小时，其间又没有安排休息时间，或没有留出吃饭、喝水、上厕所的时间，这种情况就属于疲劳审讯。

（2）是否在 0 时之后讯问

除现行犯及其他特殊紧急情况以外，如果讯问的时间是在 0 时之后，嫌疑人的正常休息就得不到保证，这种情况也属于疲劳审讯。

2. 笔录不合理

我们在会见当事人的过程中，经常听到当事人反映该供述笔录不是其本人的真实供述，是侦查人员写好后让他签的名。在这种情况下，我们不仅要从供述内容本身来看是否合理，还要从笔录的时间上来看该笔录是否合理。

从讯问的起止时间可以计算出讯问时间的长短，再结合笔录的页数分析二者之间是否明显有悖常理，这是我们常用的一种方法。

实践中，我们经常发现笔录记载的讯问所用时间与笔录记载的内容不匹配，有时二者的差距太过明显。

比如，有的笔录记载的讯问时间仅用了 1 小时，却记录了七八页笔录；有的笔录记载的讯问时间长达5小时，却只有三四页的笔录。这些情况与人们正常接受讯问时回答问题的速度，以及正常记录的速度，完全不相吻合，这种反常的现象从一个侧面说明笔录本身存在不合理性。

从记载的地点上发现问题

从笔录记载的讯问或询问地点上，也能够发现办案机关存在的违法问题。实践中存在的主要问题是在看守所之外进行讯问。

按照法律规定，嫌疑人被拘留后就应当及时送到看守所，对嫌疑人进行讯问也应当在看守所进行。如果我们发现讯问的地点不在看守所，我们就要质疑讯问的合法性，因为讯问地点违法，就存在刑讯逼供或者变相刑讯逼供的可能性。

在司法实践中，有些办案人员不在规定的地点进行讯问，这种现象在现实中也不少见。审查方法有以下几种。

1. 审查笔录本身记载的地点

律师在阅读供述笔录时，对讯问的地点要认真审查，如果发现讯问谈话的地点不对，对该份笔录的合法性就要提出质疑。

如果我们发现讯问的地点是在看守所之外，对其地点的合法性就要进行重点审核。

2. 比对笔录制作时间与拘留时间

律师要把笔录制作的时间与拘留的时间进行比对，看一看该份笔录的制作时间是在拘留之前，还是在拘留之后，是第一份笔录还是第二份笔录。

如果讯问是在刑事拘留之前进行的，虽然讯问的地点是在看守所之外，这种情形也没有问题；如果是在拘留以后，在看守所之外进行讯问谈话，这种做法显然就是违法的。

3. 听取当事人本人的辩解

律师对地点进行审查不仅要从笔录上研究，在会见时还要听当事人本人的辩解，问清楚这些口供是在什么地方获取的。

有时候我们也能够发现这样的情况，虽然笔录上记载的地点是看守所，但是当事人本人却辩解说这份口供不是在看守所，而是在看守所之外制作的。这种情况下，我们就应当进一步调查核实：一是要申请调取办案人员提讯当事人进出看守所的提讯记录；二是申请调取讯问时的同步录音录像。从这些材料中便能够发现或证实讯问地点存在的问题。

从讯问人员身上发现问题

根据法律规定及相关办案规则，对嫌疑人、被告人进行讯问，必须有两名侦查人员同时在场，如果只有一名侦查人员进行讯问，这样的讯问笔录在合法性上是有问题的。

在司法实践中，我们经常能够发现在一些讯问活动中，虽然在笔录上签名的人员是两人，但实际上只有一名侦查人员进行讯问。

我们在会见当事人的过程中，应当了解讯问是否是两名侦查人员同时在场，如果当事人提出了异议，我们就应当对该份笔录进行认真研究。

对于这种情况，我们除了申请调取讯问的同步录音录像进行审查以外，还可以把同一时间段或者同一天的多份讯问笔录，列表进行对比分析，看看同一名侦查人员是否参与了多次讯问。

通过这种分析，如果发现在不同的讯问笔录中，记载了同一名侦查人员在同一段时间内，同时讯问多名嫌疑人或被告人的情况，这种情形就是有问题的，也是违法的。

从形式要件上发现问题

1. 是否告知权利义务

为了保证嫌疑人、被告人和证人的合法权益，办案人员在讯问或询问之前，应当向接受问话的人告知他们的权利义务，如果没有告知就开始讯问或询问，这种笔录的合法性及真实性就存在问题。

司法实践中，有的办案人员没有告知当事人的权利义务，卷宗材料中也没有看到权利义务告知书；有的虽然在卷宗材料中有权利义务告知书，但是当事人却辩解称，这份材料没有让他们看过，只是让他们签字。

因此，辩护律师应当对是否告知权利义务的问题进行认真审查。

2. 签名是否合规

（1）看侦查人员的签名

我们不要想当然地认为笔录中必然会出现两名侦查人员的签名，或者说两名侦查人员的签名都是真实的。因为在实践中，在这方面确实经常存在不合法的问题。因此，辩护律师在阅卷时，对于侦查人员的签名，也要认真阅读审查。

首先，要看是否有两名侦查人员签名。

其次，要看该两名侦查人员在其他笔录中的签名是否相同，是否有异样的地方。

特别是要在会见当事人时，向他询问是否有两名侦查人员在场，如果当事人提出只有一名侦查人员在场，或者说当时根本就没有制作这份讯问笔录，这份笔录是后补的。在这种情况下，律师一定要认真审查笔录，并且还应该要求查看同步录音录像，核实办案人员进出看守所提讯的时间。

（2）看嫌疑人、被告人的签名

一是要看嫌疑人、被告人的签名是否有异样。

我们在会见当事人的时候，同样也要问清这个问题，本次的口供是否真实，本人的签名是否真实，为什么他的本次签名和其他正常情况下的签名不同。

这是因为在司法实践中，我们确实也遇到过有些当事人的签名异常，与他平时的签名明显不同。会见时，他本人辩称笔录中的内容不是其本人供述的内容，签名是被迫的，所以他在签名的时候就故意把签名写得与平常的签名不一样，有的是故意把字写歪了，有的是写成一个问号的形式，有的是做出一些特殊的标记。对于这些情况，我们也要认真审查。

二是要看“以上笔录我看过”这句话是否存在问题。

在笔录的最后，嫌疑人和被告人签名之前，还要亲笔书写一句话，就是“以上笔录我看过，与我讲的相符”。

有些嫌疑人和被告人基本上不识字，不能独立阅读笔录，这种情况下，办案人员就要向他宣读笔录内容，但是有些情况下，办案人员根本没有向他宣读，就直接让他签字，这种情况显然是不合法的。对于这种情况，我们在会见当事人时也要问清楚。

3. 翻译人员、法定代理人是否在场

在讯问聋哑人、不通晓当地语言文字的犯罪嫌疑人时，应当有相应的翻译人员；在讯问未成年人时，需要有法定代理人在场。所以律师在办理这类案件时，应当注意审查是否有相应的翻译人员、法定代理人在场。

需要注意的问题

值得注意的是，我们从笔录的首部和尾部发现这些问题，并不意味着这些笔录就要作为非法证据予以排除。是否作为非法证据予以排除，关键要看这些问题是实质性问题，还是瑕疵性问题。

根据相关司法解释和实践，上述这些问题多数属于瑕疵性问题。如果这些问题能够得到补正和合理解释，就可以作为证据使用；如果这些问题没有得到补正或者没有得到合理的解释，这些问题就变成了实质性的缺陷，就不能作为定案的依据。

如果办案机关对这些问题进行了补正或者说明，对办案机关的补正能否成立、解释是否合理，也将是辩护律师进一步审查的重点。关于如何审查瑕疵证据，我们在有关举证质证的文章中有专门论述。

我们要记住

审查证据不能忽略笔录的首部和尾部。

证据的许多错误就隐藏在其中。

阅卷的后续工作

很多律师看完卷宗材料以后，认为自己对案情和证据非常熟悉了，已经完成全部的阅卷工作，就急于起草辩护词，准备开庭进行法庭辩论了。

从辩护实践来看，这种想法显然是错误的。因为我们看到的卷宗材料是侦查机关提供的，侦查机关在收集、获取、整理证据材料时，难免会受到指控视角的影响和限制。虽然我们阅读了卷宗材料，但是通过卷宗材料了解的案情不一定是真实的、全部的案情，看到的证据也不一定是真实的、全部的证据。

因此，阅读完卷宗材料并不意味着阅卷工作就此结束了，阅卷以后围绕卷宗材料还有大量的后续工作要做，需要不断地反复查阅卷宗材料，分析卷宗材料，也要对阅卷的成果进行梳理和转化。可以说阅卷工作是一项与其他工作交织在一起的持续性的工作。

辩护律师一定要重视阅卷的后续工作，这对于我们决定是否调查取证，是否申请调取证据，以及将来制作举证质证意见和辩护意见等各项辩护工作都有十分重要的影响。

阅卷的后续工作，主要包括以下 3 项。

梳理阅卷中发现的问题

阅卷的过程就是发现问题的过程，在阅完卷以后，就要对这些发现的问题进行梳理。

有些问题在上一次阅卷的时候认为是个问题，但在这一次阅卷的过程中得到解释，这些问题也就不成为问题了，但后面还有可能会出现其他新的问题。所以辩护律师在阅卷以后必须对阅卷过程中发现的问题进行梳理，在此基础上，整理出下一步要核实和研究的问题提纲。

1. 哪些问题还没有得到解决，哪些问题还需要继续思考；
2. 哪些问题需要进一步结合卷宗材料进行思考；
3. 哪些问题需要结合会见进行核实；
4. 哪些问题需要进一步调查取证；
5. 哪些问题需要通过研究法律进行思考。

核实问题

辩护律师阅卷的实质或最终目的是要通过阅卷发现问题，找到辩护的突破点。

所谓发现问题，是指通过阅卷发现对当事人不利的证据中存在的疑点和矛盾，发现办案机关办案程序和取证程序中存在的问题，发现事实认定中存在的问题等。

在这些问题中，有些问题需要通过合理的解释消除我们的疑惑，有些问题需要通过核实判断真假。我们发现这些问题后，就要及时记录下来，然后通过多种渠道去核实这些问题，或者为我们的疑惑寻找合理的答案。

核实问题的途径包括 5 个方面。

1. 继续阅卷比对解决

在前面的阅卷过程中发现的问题，可以通过后面的阅卷进一步核实。简单的问题很容易通过阅卷就能够核实，复杂的问题可能需要通过制作对比表进行分析核实。

2. 会见当事人进行核实

在阅卷过程中发现的很多问题，应当在会见时向当事人进行核实，一般来说，只要涉及与当事人有关的问题，特别是对其不利的问题，都要在会见时向当事人进行核实。很多情况下，对于当事人本人所做的供述笔录也要进行核实。

3. 向有关证人进行核实

有些问题可以向原来的证人进一步进行核实，也可以向其他新的证人进行核实。

4. 向有关部门调取证据

有些问题需要通过书面证据进行核实，这些书面证据可能需要向有关部门申请调取。辩护律师直接向有关部门申请调取证据有困难的，或者有关部门不同意调取的，应当通过检察机关和人民法院申请调取。

5. 咨询专家

有些案件涉及专业性的问题，可以找相关的专家咨询。

梳理阅卷过程中的思考

一般来说，辩护律师在阅卷的过程中会不断地发现一些问题，也会不断地产生各种零散的思考，还会带着这些问题和思考去会见当事人。随着阅卷和会见的深入，对这些问题的思考也会逐渐确定。这些思考，就是律师将来举证质证意见和辩护意见的基础。

因此我们在阅卷之后，应当把这些在阅卷过程中产生的思考观点进行归类梳理。根据实践经验，需要进行梳理的思考大致有以下4个方面。

1. 梳理对证据问题的思考

阅卷就是阅读证据材料，因此我们在阅卷的过程中，对证据问题的思考是最多的，把这些思考记录下来，并且在阅完卷以后进行汇总分析，可以为下一步制作举证质证意见，以及辩护意见打下坚实的基础。

我们在阅卷的过程中，对每一份证据的合法性、客观性以及关联性是否存在问题，都会有一个初步的判断。在阅卷以后，对这些判断应当进行集中分析，为后面的举证质证意见打下基础。

在阅读完卷宗材料以后，对于哪些证据是有利证据，哪些是不利证据，哪些是中性证据，哪些是客观证据，以及哪些是隐藏的证据，都要进行归纳分类。在此基础上，对检察机关在起诉书中的指控能否形成完整的证据链条、证据是否充分、是否还要申请收集调取新的证据等，做出一个初步判断。同时，对办案机关在诉讼程序上是否有重大违法行为，也要做出一个初步的判断。

2. 梳理对事实问题的思考

事实问题实际上是和证据联系在一起的，只是分析问题的角度和重点不同。

在阅卷的过程中，阅读某一个证据材料时，考虑更多的可能是该证据有没有证据的资格，有没有证据的能力，也就是该证据的关联性、客观性和合法性是否存在问题。

而在考虑起诉书对某一事实的指控时，考虑的重点则是该事实是否已经查清，现有证据能否证明该事实的存在；如果存在事实不清楚的情形，这种情形对辩方有利还是不利，是否需要通过进一步调查取证进行查清。

阅卷以后对这些思考进行梳理，有助于律师下一步对该案的事实认定状况做出明确的判断，并决定是否需要采取调查取证等措施进一步查清案件事实。

3. 梳理对法律问题的思考

根据我们团队的实践，为了在阅卷时更有针对性地了解案件事实，更高效地发现案件事实和证据中存在的问题，我们在阅卷之前，会把起诉意见书或起诉书指控所依据的法律规定的条款摘录下来，对这些法律规定以及司法解释进行研究，然后带着对这些规定和解释的理解进行阅卷。

在阅卷的过程中，根据对这些规定和解释的理解，看卷宗材料中所呈现的事实与法律的规定是否相吻合，看办案机关的指控思路和指控逻辑与法律的规定是否相吻合，并把阅卷过程中产生的这些思考随时记录下来，在阅卷以后再对这些思考进行梳理。如果某些观点比较浅显，则可以进一步思考深化；如果对某些问题还没有形成思考观点，则需要将来对这些问题进行专门思考。

当然，只有对相关法律规定有深入透彻的理解，才能够正确地认识和分析办案机关的指控能否成立。

4. 梳理对行为性质的思考

当事人在一起案件中可能实施了多个行为，有些行为是次要的，有些行为是重要的和关键的，这些重要的和关键的行为，也就涉及是否要承担刑事责任的问题，那么对于这些行为性质的定性分析，也是我们要研究的重点。

我们在阅卷的过程中，对于起诉书指控当事人涉及的某一个行为，必然会产生一定的思考，在阅卷之后，对这些问题同样也要进行梳理，并进行重点研究。

如果我们认为当事人的行为不应当承担刑事责任，或者说不应当被追究刑事责任，我们有可能还要查阅类似的相关案例，看一看司法实践中对于相同行为性质的案件是怎么处理的，能不能对我们起到借鉴作用。

底层逻辑

阅卷成果的巩固离不开阅卷的后续工作。

阅卷中发现的问题需要核实。

阅卷中的思考需要梳理深化。

第五部分

证据材料

控辩双方
争夺的
制高点

签字认可的内容未必真实

被告人供述是控辩审三方都会积极审查的主要证据，在供述内容是否真实的问题上，控辩双方的观点往往针锋相对。

控方认为供述内容为真实的理由是，虽然被告人当庭辩解笔录的内容不真实，但是该供述是侦查机关依法讯问获取的，被告人当时看过了，也签字认可了，就表明该供述内容或者讯问笔录的内容是被告人本人的真实意思表示，应当采信。

如何审查被告人供述的真实性，控方的观点能否成立，辩护律师在审查时应当注意以下两个问题。

有被告人签字的供述未必真实

辩护人在审查被告人供述时，首先要坚持一个原则，那就是即使有被告人签字，也不意味该供述就是真实的。被告人签字的情况非常复杂，有些可能是真实的，有些则可能是不真实的，不能简单机械地认定只要被告人在笔录上签字，其签字的内容就是真实的。

对于控方的理由，可以从以下几方面进行思考抗辩。

1. 言词证据天然地存在不真实的可能性

言词证据的表达，可能会因为表达者的主观因素和客观因素的影响限制，使其表达的内容失真。这是言词证据本身具有的一种天然特性。

被告人的供述是言词证据，当然也天然地存在内容失真的可能性，这种可能性并不因为签字而改变，因为签字时这些主客观因素不可能立即消失。

2. 被告人供述存在受外力影响的现实基础

一般来说，一个人的讲述或书写材料，如果是在没有外在因素干扰的情况下进行的，他的签字能表明他对材料内容是认可的，也能表明材料内容是他自由意志的表示。

如果一个人的叙述材料是在有外人参与，或者有外在因素干扰的情况下形成的，那么即使当事人在材料上签字，材料中所表达的内容也有可能不是其真实意思的表达。

比如，很多借条、买卖合同或转让协议等，有些是当事人被他人强迫签订的，有些是在出于无奈的情况下签订的。这种行为在民事上就会产生合同无效的法律结果，在刑事诉讼中更是如此。

控方认为被告人供述是侦查机关依法侦查取得的，所以供述的内容就是真实的，这种理由显然是不充分的。既然被告人供述是侦查机关侦查取得的，就表明被告人的供述是在被追究、被讯问的状态下作出的，供述的过程中，难免会受到讯问人员的压力，甚至诱导逼供等，在这种状态下所作的供述很难说必然是真实的。

反之，正是因为供述是在侦查机关的讯问下取得的，更加凸显这种供述存在外力介入而影响内容真实的可能。

如何考察被告人的供述是否真实

根据我们的实践经验，考察被告人的供述是否真实主要有以下几种方法。

1. 考察供述者是否有异议

首先，要考虑被告人对其供述的真实性是否有异议，是否提出了辩解。被告人本人有异议，是辩护律师对其供述真实性产生怀疑的前提。

2. 考察是否符合被告人的身份

其次，也要考虑供述的内容与供述者本人的身份是否相符合。

3. 考察与其他证据能否相互印证

考察供述内容是否真实的一个重要办法就是，看供述的内容和其他的证据能否相互印证，特别是要考察和客观证据能否相互印证。

当然，即使被告人的供述和其他人的供述以及与其他言词证据能够相互印证，也应当非常小心，即使相互印证也不一定真实。

既然被告人对自己供述内容的真实性提出了疑问，对其他被告人供述的真实性，以及其他证人证言的真实性同样也会提出疑问，我们不能仅凭被告人的庭前供述和同案其他被告人的庭前供述，以及同案其他证人的庭前证言能够相互印证，就简单地认定被告人的庭前供述是真实的。

因为言词证据有可能存在被引诱干扰的情况，在同一个案件中，既然被告人对他庭前供述的真实性提出了异议，如果这种异议能够成立的话，同案其他被告人的供述和其他证人的证言也可能会存在同样的问题。

正是因为这样，法律在诉讼程序上对言词证据的审查，设置了多道审查程序，如检察机关的审查程序以及法庭调查中的举证质证程序，还有法官最后的确认程序。

4. 结合同步录音录像进行核实

如果被告人辩解其庭前供述是不真实的，而且内容的表达方式也不符合他的身份，也没有其他的客观证据相印证，我们就必须对相关供述的真实性进行质疑，必要时，应当结合同步录音录像进行核实。

结　论

如果凡是有被告人本人签字捺手印的内容都被认为真实无误的，那么在刑事诉讼程序中，根本无需设置检察机关和法院，更不需要进行法庭调查、举证质证等审理活动了，只要相关被告人签字画押，公安机关就可以直接定罪了，这显然不符合常理以及我国刑事诉讼法的相关规定。

底层逻辑

被告人签字的供述未必就是真实的。

言词证据天然地存在不真实的可能性。

考察被告人供述是否真实有多种方法。

“雷同笔录”能说明什么

司法实践中，辩护律师在阅卷审查证据时，经常发现大量言词证据的内容完全一致，如何审查这类证据的真实性，也是控辩双方争议的焦点和难点问题之一。

根据控辩双方的争议和辩护实践，辩护律师可以从以下 5 个方面进行审查。

审查内容雷同到何种程度

人的记忆和表达的规律告诉我们，不同的人之间关于同一件事情所作的描述，内容不可能完全相同。即使是同一个人，在前后不同的时间对同一问题进行描述时，也不可能完全相同。如果出现了两份笔录内容相同的情况，其真实性就值得怀疑。对于这些笔录内容相同的情况，辩护律师一定要认真审查。

内容雷同到何种程度，是判断内容真假的一个重要标准。有些笔录甚至连标点符号的错误都一模一样，这就表明这些言词证据是复制的，对这种言词证据的真实性，辩护律师应当予以高度质疑。

审查内容是否与供述者身份相符

人们对同一件事情，即使看法相同，在具体的表达描述上，也会有很大的差异。但在一些卷宗材料中，不同的人对同一件事情的描述完全相同，而他们相互的身份、文化程度却又差别很大，有的人根本不可能作出这样的表达和描述。这样的笔录内容显然是不真实的。

因此，辩护律师在对这些内容相同的言词证据进行审查时，一定要结合供述者或陈述者的身份、文化程度、表达习惯等因素进行审查，如果内容的表达方式、表达语气与其身份、文化程度不相吻合，或者其根本不可能说出这样的话，则可以进一步证明该笔录中的内容是虚假的。

申请调取录音录像进行核实

内容雷同的笔录，其内容虚假的可能性非常大，为了进一步得到扎实的结论，辩护律师可以放心大胆、态度坚决地申请调取讯问过程的录音录像进行核实。特别是在控方坚持认为这些雷同笔录是真实的情况下，更要坚持调取录音录像进行核实。

如果对调取的录音录像进行核实，其虚假性也就必然得到证明。如果侦查机关不能提供录音录像进行核实，就越发证明这种笔录内容的真实性经不起核查。

指出控方答辩回应的错误

辩护人指出内容雷同的笔录不能采信后，控方一般都会答辩回应称对该笔录应当采信，对于这种回应，辩护律师应当事先做出预测，并及时指出其错误所在，以免误导法官。

根据我们的办案实践，控方回应的理由大致有以下几点。

1. 辩方没有提出排除非法证据

控方在回应时，一般会提出：各被告人和辩护人在庭前会议上，对于这些庭前笔录，没有提出排除非法证据，因而这些笔录是真实的，不应予以排除。

对控方的这个理由，辩护律师可以反驳指出：对某一份证据是否提出了非法证据排除的申请，与该证据是否具有客观真实性，完全是两个不同范畴的问题。辩方没有对这些证据材料提出排除非法证据的申请，没有要求将其作为非法证据予以排除，并不意味着对该笔录的合法性没有异议，更不意味着对其真实性的认可。

2. 笔录内容能够相互印证

一般来说，控方回应的另一个理由是，虽然庭前笔录的内容雷同，但这些笔录的内容之间能够相互印证，表明其是真实的。

对控方的这个理由，辩护律师可以反驳指出：所谓的庭前笔录雷同，并非仅指某一个被告人自己的笔录前后雷同，也是指相关人员之间的笔录雷同。这种不同人员之间的笔录内容雷同，看起来虽然能相互印证，但恰恰说明了这些不同被告人之间相互雷同的笔录是不真实的。因为各被告人在年龄、文化、表达、记忆上有很大差异，如果作出了完全相同的陈述，不符合人们的记忆规律及其身份特征，违背客观规律，其真实性当然值得质疑。

3. 笔录内容雷同只是瑕疵

控方还有一个回应的理由是，笔录内容雷同仅表明笔录有瑕疵，并不足以否定其真实性，不能因内容雷同就否定其真实性。

对控方的这个理由，辩护律师可以反驳如下几点。

（1）没有补正和作出合理解释

如果是瑕疵证据，根据相关法律和司法解释的规定，控方要予以补正或作出合理解释，但控方并未对这些雷同的笔录进行补正，也没有作出合理解释，根据法律的规定，这些雷同的笔录不得作为定案的根据。

（2）不可能补正和作出合理解释

雷同笔录反映出来的问题并不是瑕疵问题，而是内容虚假的问题，是不可能得到补正或合理解释的。

因为这些笔录内容在客观上不符合各被告人的身份、文化和记忆规律，有些被告人根本无法作出这样的表达，这种笔录可能就是侦查机关将某份笔录复制粘贴而成的。而且，面对这样的笔录，很多被告人当庭称，他们根本没有说过这样的话，很多笔录不让看就被要求签字。

注意法庭的采信情况

面对笔录雷同的情况，是否采信，法庭可能会有两种截然不同的态度，辩护律师也要做好准备。

1. 采信雷同笔录

很多情况下，法庭不顾辩护人的意见，仍然采信雷同笔录作为定案的证据。

2. 采信其他证据定罪

有些情况下，即使法庭对这些内容高度一致、有复制嫌疑的笔录不予采信，或者检察机关主动撤回这些证据，但是如果有其他的证据足以证明犯罪事实的存在，或者相关的被告人在法庭上同样做出了与笔录内容基本相同的有罪供述，当事人被认定构成犯罪的可能性仍然很大。

底层逻辑

言词证据高度一致，并不表明可以相互印证，相反极有可能表明这些证据是虚假的。

“书面说明”能说明什么

在控方举示的证据材料中，有很多是以书面形式出具的《说明》，有些辩护律师看到这样的《说明》，就一律否定，认为其不能作为证据使用；有的辩护律师对于这样的《说明》，从来没有表示过否定意见。这两种极端的情况都是不可取的。

司法实践中，各种《说明》的情况比较复杂，内容、目的和制作时间各不相同，因此，对于证据材料中的这些《说明》能否作为证据使用，应当根据不同的情况予以区别对待。

有些《说明》是原始书证

有一些证据材料，虽然题目标明的是《说明》，但是这些材料实际上是在案发前形成的书面材料。比如，经过会议讨论后形成的呈交给上级的报告说明，或者向其他单位所作的说明等，这些材料都是在案件发展过程中形成的，是对有关情况的原始记录，属于典型的书证的范畴。

对这些《说明》材料的合法性、真实性和关联性进行审查时，辩护律师按照正常的证据要求进行审查即可。

工作过程说明不是独立证据

有些《说明》是某些参与过案件办理的单位，对其参与办案工作过程中的一些情况出具的补充性说明。这样的说明材料有办案机关出具的和协助单位出具的两种类型，但我们认为这两类《情况说明》都不能单独作为证据材料使用。

1. 对收集证据材料的说明

我们在阅卷的过程中，经常能够看到公安机关出具了很多《情况说明》，对其工作过程中的一些情况进行说明。

比如，我们在河北办理的一起诈骗案中，就看到了公安机关出具的 5 份《情况说明》。这 5 份《情况说明》分别是办案人员将鉴定结果附卷及通知他人的经过说明、办案人员与涉案公司财务人员核对账目的情况说明、办案人员提取手机微信中的假章图片的情况说明，以及对涉案公司书证材料扣押后入卷的情况说明。

2. 对鉴定工作的说明

我们在阅卷的过程中，也经常看到一些协助办案的单位出具了很多说明，对其参与协助办案工作过程中的情况进行补充说明。

比如，我们在河北办理的一起诈骗案中，就看到评估公司出具的两份《情况说明》，这两份《情况说明》的内容是重复提示，评估公司出具的评估报告书的认定结果仅供委托方参考，认定结果不具有法律意义上的鉴证功能。这种提示内容和评估报告书的内容是完全一致的。

3. 不能单独证明案件事实

从这两类《情况说明》的内容来看，并不是直接对案件中的某些事实进行说明，而是对办案的工作过程或工作结果进行说明，所以这些说明也不能直接证明案件的某个事实。这些《情况说明》中所涉及的与案件事实有关的内容，已经被其他的法定证据材料和原始记录材料记载。

法律对办案机关采取侦查措施，收集证据材料的程序都做了明确的规定，按照这些程序规定在收集过程中形成的原始手续和原始笔录，如搜查笔录、提取笔录、调取资料通知书、鉴定意见、评估报告等，都是在收集证据材料、鉴定和评估过程中形成的原始手续和原始笔录，属于法定的证据范畴。

这些原始手续、原始笔录材料，就已经能够说明案件事实，能够说明相关证据的来源和提取证据的过程，能够说明法定的办案过程情况，实际上也不需要另外再出具这些《情况说明》作为证据。

办案机关和协助单位出具的这些《情况说明》不属于法定的规范的原始手续和原始笔录，也不属于正规的评估报告和鉴定意见，不符合证据的法定要求，当然，也不能单独作为证据使用。

这些《情况说明》是一种补充性的材料，从严格意义上来讲，应属于办案机关或协助单位的内部工作材料，不必作为证据材料提交法庭。这些《情况说明》如果要作为证据材料使用的话，也只能作为法定证据材料的补充性辅助性的材料，和那些法定的证据材料一起使用才有意义。

4. 重点审查其中的不利和有利内容

这些《情况说明》虽然只是对某些证据材料的一种补充，其本身并没有独立的意义，但是辩护律师也要注意对其中的内容进行审查，特别是要审查其中是否有对当事人不利的内容或者有利的内容。

如果这些《情况说明》中出现了与法定证据材料不同的不利内容，辩护律师必须指出其错误所在，不能作为证据使用。如果这些《情况说明》中有对当事人有利的内容，应当善加利用，和其他有利证据结合起来，印证和强化辩护人的辩护观点。

案发后的说明材料不是证据

司法实践中，我们经常碰到这样的情况，就是在案发后，侦查机关让很多单位出具《情况说明》，将这些材料作为证据，证明在过去发生了某个事实，控方也经常把这种案发后单位出具的《情况说明》作为指控证据使用。对于这种情形，辩护律师应当明确指出，这种《情况说明》不能作为证据使用。

比如，我们在广东办理的一起强迫交易案中，起诉书指控，“镇供电所为满足马下村村民用电需求，多次准备在马下村片区建设公用变压器台，因时任村书记的被告人车大明不同意，无法实施公用变压器台建设，被告人车大明通过阻止社区建设公用变压器台，实现其名下两个私人变压器台对该片区的供电垄断”，构成强迫交易罪。

控方上述指控最主要的依据就是，镇供电所在案发后出具的《情况说明》，其内容是“连年来，多次与该村书记车大明协调沟通，一直不同意我所在该区域装设公变”，“为满足该村村民用电需求，2016 年计划装设 15# 公用台变。在该项目施工过程中，因该村书记不同意，项目无法实施，只能变更安装地点”。

作为该案的辩护人，我们提出该《情况说明》不符合证据的要求，不能作为证据使用。

1. 不属于证人证言的范畴

从其内容来看，该《情况说明》虽然试图对过去发生的情况进行陈述说明，但是，该文件是由供电所这一单位出具的，而不是由自然人所作的关于案件事实的陈述，单位不具备自然人感知案件事实的能力，故该《情况说明》不属于证人证言的范畴。

2. 不符合书证的实质要求

该供电所的《情况说明》是案发后出具的，不是在案发过程中形成的会议记录、纪要、协议、报告等原始文件材料，该《情况说明》也不符合书证的实质要求，不属于书证的范畴。

法院接受辩护人的意见，判决该起指控不能成立。

用《情况说明》解释合法性需斟酌

在辩护实践中，经常出现这样的情形，辩护律师对控方证据的合法性提出异议后，侦查机关会出具一些《情况说明》，公诉人也会用这些《情况说明》证明证据是合法取得的。

比如，辩护律师认为证人证言、被告人供述等言词证据没有相应的录音录像，或者与录音录像内容不符，或者录音录像不全，从而对这些证据的合法性提出了异议。

公诉人便会拿出侦查机关出具的书面说明，证明这些证人证言和供述都是合法取得的。这种情况下，辩护律师在审查这些《情况说明》时，要注意如下两个问题。

1. 书面说明并不代表合理解释

辩护律师需要重视的问题是，虽然法律允许侦查机关或者检察机关对瑕疵证据进行补正和合理解释，但是不能认为出具了书面说明就是进行了合理解释。辩护律师对办案机关出具的书面说明仍然应当进行严格的审查，重点审查是否达到了合理解释的程度。如果没有达到合理解释的程度，其合法性仍然无法证明，原证据材料就不能作为证据使用。

至于怎样审查办案机关对瑕疵证据的解释是否合理，本书在有关瑕疵证据审查的问题中做了详细的阐述，不再重复。

2. 书面说明不能代替侦查人员出庭

最高人民法院《关于全面推进以审判为中心的刑事诉讼制度改革的实施意见》规定，在现有证据材料不能证明证据收集合法性的情况下，人民法院可以通知有关侦查人员出庭说明情况。法院通知以后，侦查机关不得以侦查人员签名并加盖公章的说明材料替代侦查人员出庭。如果侦查人员不出庭说明情况，不能排除以非法方法收集证据情形的，对有关证据应当予以排除。

所以，辩护律师可以争取申请人民法院通知侦查人员出庭说明情况，采用这种办法的效果可能更好。

底层逻辑

书面《情况说明》不一定是证据。

集体签名的书面材料能否作为证据使用

辩护律师阅卷时，在侦查卷宗材料中经常能够看到有一些多人签名的材料，而且这些材料也经常被控方作为证据在法庭上出示。对于这种证据材料，很多辩护律师认为有问题，但是也说不清楚问题到底出在哪里。

当然，也有很多律师自己经常把一些由多人签名的材料作为辩方证据提交给法庭。面对这样的证据，公诉人也认为有问题，但也说不清楚问题出在哪里，只能表示这些证据的来源无法核实。

从我们的理解和经验来看，这种由多人集体签名的书面材料能否作为证据使用，可以从以下3个方面进行把握。

案发前存在的原始材料可以使用

如果是在案发前就已经存在的，能够记录案发过程中的某些事实的原始材料，这些材料实际上就是书证，当然可以作为证据使用。

此类多人集体签名的书面材料通常有两个特点。

1. 案发前已经客观存在

这是书证的形式要件，必须是在案发前已经客观存在的，而不是在案发后形成的。

2. 记载了案件发生过程中的某种事实

也就是说该书面材料所记录的内容能够反映案件发生过程中的某个事实，或者某一个环节。

比如，在案发前的一次居委会会议上，大家讨论通过了在村里设置煤气站的决议，通过后由参会的居委会委员和支委会委员集体签名。这样的材料就属于在案发前已经存在的，记录了事实发生过程中的某些事实的原始材料，这种多人签名的书面材料，符合书证的法定形式，属于书证的范畴。

类似于这种情形的材料是非常多的，如合同协议、会议记录、医疗记录、报名表、登记表、报到册等。我们一定要注意审查辨别。

案发后形成的材料不能使用

在案发后形成的，由多人签名的书面材料，不能作为证据使用。这样的情况也很常见，我们在涉众型案件中经常会看到这样的材料。

在案发后，办案机关为了证明被告人行为的危害性和严重性，经常会找当地的一些民众以被害人的身份或者以证人的身份书写一份材料，由当地的民众多人共同签字，然后作为证据入卷。公诉人也会把这些材料作为指控的证据，在法庭上出示。

比如，我们在办理一起居委会主任非法经营案时，就发现了这样一份材料。办案机关收集了一份《以车某雄为首，垄断控制大湖社区生猪屠宰市场、私设地下执法队对该社区居民产生的影响情况》，该材料上有该社区几十名居民的签字。控方以该材料证明被告人的非法经营行为造成严重的损失。

对类似于这样的材料，辩护人在审查时当然应当提出不能作为证据使用。否定的理由可以参考以下几点。

1. 该书面材料不符合书证的法定形式

法律要求书证必须是在案件事实发生过程中形成的，能够记载某种事实的原始材料。而该书面材料是在案发后起草并由多人签名的书面材料，显然不符合书证的法定形式，所以不能作为书证使用。

2. 该书面材料不符合证人证言的法定形式

法律对证人证言这一证据种类有明确的规定。多人集体签名的书面材料不符合证人证言的法定形式。

（1）不符合证人作证的法定形式

证人证言是在案发后对案件事实经过的回忆和陈述，证人证言必须是证人本人真实意思的表示，为了保证证人证言的真实性，证人作证时不能受他人意志的影响，当然不能多人在一起讨论和商量。

这种由多人签名的书面材料，有可能是某一个人起草的，也有可能是多人一起讨论的，如果作为一份线索材料引起有关部门的重视是可以的，但如果作为一份证人证言，就不符合证人作证的法定形式。

（2）不符合证人证言的取证形式

这种多人签名的书面材料，也不符合证据的取证要求。刑事诉讼中办案机关在向证人调查取证时，除了未成年人外，对证人必须单独取证，不能把所有的证人聚集在一起取证。

这种多人在一份书面材料上签字的方式，就等同于多人同时向办案机关作证，办案机关同时向多人调查取证。这种取证的方式当然是不符合规定的。

（3）内容的真实性无法保证

这种多人采用同一份书面材料表达的方式，表明每个人都是在受到他人影响下作出的证言，这种证言内容的真实性是值得怀疑的。

（4）内容相同，不合情理

从材料内容的描述来看，书面材料陈述的内容比较多，对材料中大量的内容，多人同时签字表达了同样的感受，这是不合情理的。

从人的认知和表达规律来看，对不同的事情，不同的人会有不同的感受，人们不可能对多种内容混杂在一起的事情有完全相同的感受，即便是对同一件事情，每个人经历事情的角度不同，感受也是不一样的。即使感受相同，表达的文字也不可能完全相同。

（5）是否本人签名没有核实

此类案发后形成的书面材料虽然有多人的签名和手印，但并没有逐一核实，无法判断是否为签名者本人的真实意思表示。

因此，这类案发后形成的多人签名的书面材料，既不符合证据的形式要求，也不符合证据的实质要求，也无法证明是签名者的真实意思表示，故不能作为证据使用。

辩护律师要用好多人签名的书面材料

辩护实践中，律师也经常能够收集到这种有多人签名的书面材料，这种材料在内容上对被告人是有利的。辩护律师在收到这种材料时，在使用方式上一定要合乎法律的规定，最大限度地发挥它的作用。

我们在实践中有两种做法。

1. 作为证据线索提交给法庭

把这种书面材料作为证据线索提交给法庭，要求法庭对这些证据进行核实或者重新取证，这样取得的证据就变成了法院调取的证据，其合法性和真实性就有了保障。

实践中，我们经常这样做，效果不错。

2. 律师在此基础上重新取证

辩护律师重新向这些证人分别单独取证，重新取得证据，这样就使证据的形式得到了转换，通过这种转换，证据在形式上就没有瑕疵了。

当然，在向证人重新调查取证的过程中，律师一定要采用妥善的方法取证，防止发生风险。

上述两种方式采用哪种更好，辩护律师可以根据案件的实际情况，以及时间是否允许等多种情况决定。

底层逻辑

控方取得的案发后形成的集体签名的书面材料，不能作为证据使用。

辩方取得的案发后形成的集体签名的书面材料，要变通使用。

审查“到案经过”不可忽视

“到案经过”是办案机关和办案人员对案件来源、立案时间、采取强制措施，以及嫌疑人、被告人到案后供述的具体过程等事实情况的记载说明。有的称为抓获经过，有的称为办案说明，虽然名称不同，但其实质都是相同的。

有很多律师在阅卷和审查证据时，对“到案经过”不太重视，有些律师甚至不知道如何审查“到案经过”。

实际上，“到案经过”对当事人非常重要，从中有可能发现自首、立功、坦白等法定的从轻或减轻情节，如果不加以审查，这些有利的情节可能就被遗漏了；而且，有些“到案经过”对当事人到案事实的描述是错误的，需要律师及时指出。

“到案经过”不仅直接影响对当事人的量刑，而且还能从中发现办案机关在案件来源、立案时间、采取强制措施等程序方面存在的问题。因此，辩护律师应当十分重视对到案经过的审查，并学会如何审查到案经过。

审查是否有到案经过

在阅卷审查证据材料时，我们一定要注意审查是否有到案经过。因为我们在阅卷时经常发现，很多案件的卷宗材料中没有办案机关对到案经过的说明。

有些办案人员对到案经过不重视，认为到案经过不属于法定的证据种类，法律也没有明确要求必须提交到案经过。这种观点显然是错误的。

到案经过能够说明当事人是主动到案还是被抓获的，是被举报的还是自动投案的，抓获时是配合还是抗拒，是否如实供述等，这些情节都关系到对当事人的量刑。因此，到案经过对案件的审理来说必不可少。

虽然对到案经过属于何种证据有些争议，但其属于证据且具有重要性是公认的。《刑诉法解释》第 142 条规定：“对监察机关、侦查机关出具的被告人到案经过、抓获经过等材料，应当审查是否有出具该说明材料的办案人员、办案机关的签名、盖章。对到案经过、抓获经过或者确定被告人有重大嫌疑的根据有疑问的，应当通知人民检察院补充说明。”

由此可见，到案经过是不可缺少的重要证据之一。而且由于到案经过的特殊性，司法解释要求在到案经过中，既要有办案人员签名，又要有办案机关盖章，因而从证据的种类上说，到案经过是一种特殊的证人证言。

辩护人如果发现卷宗材料中没有到案经过，一定要高度重视，应当在会见时进行核实。如果发现当事人在到案的过程中存在一些有利情节，就应当及时向办案机关反映，要求办案机关出具到案经过。

审查是否遗漏了对当事人有利的情节

很多侦查机关出具的到案经过，对当事人到案的具体经过表述不清，对一些关键事实表达模糊。这些表达模糊不清的地方，有可能就会遗漏了对当事人到案过程中的一些有利事实情节。因此，辩护律师对这些模糊的表达要严格审查，善于从这些模糊表述中发现遗漏的对当事人有利的情节。

从我们的经验来看，要重点对以下几种模糊表述进行严格审查，从中发现和防止遗漏对当事人有利的情节。

1. “经工作或侦查发现”涉嫌犯罪

有些到案经过表述为：我局工作人员“经工作发现”，或“经侦查发现”嫌疑人实施了某起犯罪事实，但关于究竟如何发现的表述模糊不清。

办案机关对是在办理案件过程中发现嫌疑人涉案的，还是有人举报的，还是上级交办或其他单位转交的，或者是嫌疑人自动投案等情况没有表述清楚。

2. “根据线索将犯罪嫌疑人抓获”

有些到案经过仅表述为：我局“根据线索将犯罪嫌疑人抓获”。

那么根据的是什么线索，线索从何而来，是通过举报、技术侦查手段获悉，还是同案犯供述等情况没有表述清楚。

3. “将犯罪嫌疑人抓获归案”

有些到案经过表述为“将犯罪嫌疑人抓获归案”，但对于办案人员抓获时，犯罪嫌疑人是主动向办案人员表明身份，还是办案人员在众人中排查到犯罪嫌疑人等情况没有表述清楚。

4. “将犯罪嫌疑人传唤到案”

有些到案经过表述为“将犯罪嫌疑人传唤到案”，但对于是怎样传唤到案的，表述模糊不清，是通过电话通知嫌疑人到案还是到其住处将其传唤到案；是给其他人员打电话通知嫌疑人的，还是办案人员亲自给嫌疑人打电话的；电话通知嫌疑人到案时是否告知具体事由等具体情况均没有说明。

5. “嫌疑人交代了”或“嫌疑人供认不讳”

有些到案经过中，仅表述为“嫌疑人交代了某起犯罪事实”，或者表述为“嫌疑人对某起犯罪事实供认不讳”。但是对于这些犯罪事实是嫌疑人主动交代的，还是被动交代的；这些犯罪事实是侦查机关已经掌握的，还是尚未掌握的，这些情节都关系到坦白和自首等从轻或者减轻情节的认定，到案经过中也没有表述清楚。

6. 到案时的表现

当事人到案时的表现，是积极配合，还是消极抵触或者抗拒，这些情况能够反映其到案的态度，有些到案经过中对这些情况也没有表述清楚。

7. 到案时间

当事人被羁押的时间，关系到计算刑罚执行期满的日期，有些到案经过中对具体的到案时间也没有表达清楚。因此，辩护律师对到案经过表述模糊的关键事实情节，一定要认真审查，否则很容易遗漏对当事人有利的从轻和减轻的情节。

发现不利于当事人的错误

有些到案经过中表述的对当事人不利的内容，实际上是错误的。因此，对到案经过中不利于当事人的内容，辩护律师要认真审查，与当事人进行核实。

律师如果发现对当事人不利的内容是错误的，应及时与办案机关沟通，争取得到纠正。如果时间来不及，或办案机关不予纠正，在法庭审理中应明确指出错误所在，据理力争，保护当事人的合法权益。

比如，我们在办理一起非国家工作人员受贿案时，就发现了这样的错误。公安机关及两名办案人员共同署名盖章出具了一份“办案说明”，内容是：“我局于 2017 年 10 月 12 日对李达涉嫌合同诈骗案依法立案侦查，经侦查后发现，李达为了达到骗取同业公司融资款的目的，承诺给同业公司董事张海按照融资款额度的 3% 给予好处费，实际支付好处费 × 亿元人民币。张海涉嫌非国家工作人员受贿。2017 年 10 月 17 日，张海经办案民警电话通知后，主动到我局经侦总队配合调查，经审查，犯罪嫌疑人张海拒不认罪。”

我们经阅卷和会见后认为，这份办案说明在两个关键性问题上出现了错误，如果不纠正，将对当事人的定罪量刑产生极大的负面影响。

1. 对发现受贿事实经过的表述是错误的

该说明称：公安机关是在 2017 年 10 月 12 日对李达涉嫌合同诈骗案立案侦查后发现了李达给张海好处费的事实，2017 年 10 月 17

日电话通知张海来配合调查。

这个说法与客观证据证明的事实完全不符。客观证据证明的事实是，收受好处费的事实都是张海本人主动交代的，也是办案机关没有掌握的事实。

从时间上看，张海在 2017 年 10 月 19 日 23 时就供述了收受好处费的事实，而李达是 2017 年 11 月 11 日才供述该事实的，比张海的供述要晚 20 多天。这个情况表明收受好处费的这个事实是张海首先向办案机关供述的，在此之前，办案机关并没有掌握这方面的事实和线索。

从公安机关要求张海配合调查的事项看，是李达涉嫌合同诈骗罪的相关事项，前 5 次讯问笔录问的也都是与合同诈骗有关的事情，从来没有询问过与李达是否有经济往来，是否收取过好处费的问题。这进一步印证了公安机关在找张海配合调查时，并没有掌握受贿相关的事实和线索。

从法律手续上看，张海的拘留证显示其在 2017 年 10 月 18 日因涉嫌合同诈骗罪被刑事拘留。

张海于 2017 年 10 月 19 日晚供述收取好处费之后，2017 年 10 月 20 日公安机关才对张海以涉嫌非国家工作人员受贿罪立案侦查。这表明在张海到案之前，公安机关侦查的方向并不包括非国家工作人员受贿罪，在张海主动供述收取好处费后，公安机关才改变侦查方向，以涉嫌非国家工作人员受贿罪对其立案侦查。

2. 认为张海“拒不认罪”是错误的

在案证据显示：张海在 2017 年 10 月 19 日 23 时的讯问笔录中主动供述李达承诺支付好处费，并详细供述收受款项的公司及个人账户、金额等关键内容，依法应当认定为如实供述。

虽然张海曾经辩解称他的行为不构成犯罪，但是这种对行为性质的辩解行为不影响自首的认定。

发现程序错误

在有些案件中，我们通过审查到案经过能够发现，这些案件在案件的来源、立案时间以及采取的强制措施等方面存在问题。所以我们在审查到案经过的时候，也应当与其他的材料配合起来一起审查，从中发现办案机关在程序中的问题。

比如，我们在办理一起强迫交易案时，到案经过中称是根据举报人举报，抓获同案多名被告人，由此，我们再根据举报的时间以及被害人对同案被告人进行辨认的时间进行对比分析，就发现了辨认过程中存在的问题。

结合其他证据发现和印证有利情节

对于当事人的到案情况，不能简单地依据公安机关出具的到案经过进行判断，而是要结合全案的其他证据材料进行核实印证。特别是当事人的供述与到案经过记载的内容不一致时，更应当重视对其他证据的分析和运用。

对当事人有利的情节线索，比如，是否构成投案自首、坦白等相关情节，通过侦查卷中的很多材料，都能够发现或者印证。

1. 从办案手续材料中发现线索

法律对侦查机关的办案程序有一系列的规定，办案中也要履行相应的手续，这些手续中都会留下与当事人到案有关的事实线索。

所以，辩护律师对于侦查机关的各类办案手续材料，比如，立案决定书、拘留呈批报告、破案报告等材料，也应当进行详细审查，从中发现与投案自首、坦白等情节有关的证据和线索。

2. 从其他言词证据材料中发现线索

从其他同案被告人的供述，以及被害人的陈述中，律师也可以发现能够印证有利情节的证据和线索。

结合会见发现和印证有利情节

会见当事人是律师了解和发现是否有投案自首、坦白等有利情节的最直接的渠道。辩护律师在办案过程中，不论案件材料中是否有对到案经过的说明，在会见当事人时都要向其了解到案的经过，从而判断是否存在这些有利情节。通过会见了解当事人的到案经过，不仅是辩护人发现和印证投案自首、坦白等有利情节的一个重要渠道，也是辩护人会见当事人的基本任务之一。

调取有利于当事人的证据

如果公安机关出具的到案经过不客观，辩护律师又有其他有利于被告人的证据线索，要积极调取，如果因条件限制无法调取的，应当申请办案机关调取。

庭审时问明到案经过

很多律师在庭审发问阶段忽视对到案经过进行发问，这种做法对当事人非常不利，也是应当及时纠正的。特别是有些卷宗材料中，没有到案经过的材料，或者到案经过的内容模糊，当事人虽然有主动投案自首或者坦白的情节，但没有在到案经过的材料中进行具体的表述，这种情况下，就更加需要辩护律师通过庭审发问把这些有利的情节问出来。

如果辩护律师没有对到案经过进行发问，这些有利的情节在法庭的判决中就不会得到考量，当事人就会受到不公正的处罚，合法权益就会受到极大损害。这样的后果是极其严重的，也是辩护律师的重大失误。

因此，辩护律师不仅在阅卷时要对到案经过材料进行审查，在会见时要对到案的经过进行核实，而且，如果当事人有投案自首、坦白等有利的情节，律师在法庭调查环节，对到案的经过必须发问，通过发问，把这些有利的情节展现给法庭，从而为当事人争取更有利的结果。

底层逻辑

辩护律师审查“到案经过”不可少。

有利情节可能会被办案人员遗忘。

通过会见了解到案情况是第一渠道。

认定到案情况也要综合其他证据材料。

瑕疵证据没有补正能否采信

刑辩律师在审查卷宗材料时，一般都会审查证据的"三性"，即证据的合法性、关联性和真实性，同时还会审查证据中是否有需要排除的非法证据，但是很多律师对于瑕疵证据很少关注。

实际上，对瑕疵证据的审查及处理，不仅对辩护质量有一定影响，对案件的公正处理也非常重要。那么，辩护律师应如何审查瑕疵证据呢？根据我们的实践经验，主要包括以下 4 个方面。

要了解瑕疵证据的概念

很多律师对瑕疵证据很少关注，主要是因为瑕疵证据这个概念在我国司法实践中出现较晚，律师对瑕疵证据的有关规则不太了解。

在2010年之前，只有合法证据和非法证据之分，没有瑕疵证据的概念。2010年“两个证据规定”颁布后，司法实践中才明确提出瑕疵证据的概念。后来，《刑事诉讼法》及相关司法解释也吸纳了“两个证据规定”中关于“瑕疵证据”和“非法证据”的有关规定。

在新的证据体系下，证据被区分为合法证据和不合法证据，其中不合法证据按照收集证据过程中违法的程度，又被区分为严重违法取得的证据和轻微违法取得的证据。

实践中，将通过严重违法行为收集的证据称为非法证据，将通过轻微违法行为获取的证据称为瑕疵证据。

这样，证据就被划分为三类：合法证据、非法证据和瑕疵证据。与此相对应，这三类证据在证据能力上也被区分开来，分别是具有证据能力、无证据能力和证据能力待定。

掌握瑕疵证据的范围

《刑事诉讼法》和相关规定，对办案机关收集各种证据的程序、方式、方法都做了明确的规定。我国《刑事诉讼法》对于非法证据的范围做了明确的规定，瑕疵证据的范围在《刑诉法解释》中也有明确的规定。

因此，辩护律师在审查证据的过程中，必须结合《刑事诉讼法》的有关规定以及最高人民法院的司法解释，对瑕疵证据的范围有清晰明确的了解，才能够准确地辨别出瑕疵证据。

了解瑕疵证据的补救措施

法律和司法实践区分非法证据和瑕疵证据的目的，就是对两者的证据能力作出不同处理。我国法律对于非法证据采用的是直接排除原则，对瑕疵证据采取的是“先补救后排除”的原则。

根据《刑事诉讼法》的规定精神，以及最高人民法院解释的具体规定，对瑕疵证据既不一律排除，也不一定作为证据使用，而是给侦查机关一个补救的机会，允许其进行补正或作出合理解释，若能得到补正或合理解释，瑕疵证据即具有证据能力；若无法得到补正或合理解释，则应当予以排除，不得继续使用。

这是因为这些瑕疵证据收集的方式方法虽然违法，但属于轻微违法行为，如没有违反重大的法律准则、没有侵犯重大的利益、没有造成严重的后果等。因此，律师没有必要进行强制性的排除，而应给予侦查机关补救的机会。

根据相关规定，侦查机关对瑕疵证据进行补救的措施有两种。

1. 补正

所谓补正，是指对取证程序上的非实质性瑕疵进行补救，也就是采取一定的措施，对证据进行补充纠正。

对于如何补正，可以采用哪些补正手段，司法解释并没有作出明确的规定，但从司法实践来看，一般认为，“补正”只能是对遗漏的信息、手续进行补充或添加，对存在的缺陷、瑕疵进行弥补和完善。比如，在书证复印件上由持有人补充说明与原件核对无异，在讯问、询问笔录上补充侦查人员的签名等。

2. 合理解释

合理解释是指对取证程序的瑕疵作出符合常理及逻辑的解释。“合理解释”的主要内容，是对瑕疵形成的原因，以及瑕疵的产生并未影响证据的真实性作出说明。

对瑕疵形成原因的解释，能够反映侦查人员违法取证时的主观心理状态究竟是故意还是过失，以及是否发生紧急情况、突发事件等客观情况。

对补救措施进行审查

侦查机关对瑕疵证据是否作出了补正或者合理解释，以及补正和解释的效果怎样，辩护律师应当进行审查，重点注意以下几点。

1. 瑕疵证据是否得到补救

有些瑕疵证据可以得到补正或合理解释，有些瑕疵证据则不可能得到补正或合理解释，根据法律的规定，对于这些没有得到补正或合理解释的瑕疵证据，就应当排除，不能作为证据使用。

司法实践中，有很多瑕疵证据是无法补正或作出合理解释的，也有很多瑕疵证据事后没有得到补正或解释。辩护律师对于这两种情况，要特别注意审查，如果发现存在这两类情况，就应当及时指出瑕疵没有得到补正或解释，不能作为证据使用。

比如，在一起非法拘禁案中，辩护人发现办案机关在向该案的关键证人询问时没有告知其权利义务，而该案已经结束侦查好几年了。对于没有告知权利义务的瑕疵，侦查机关既没有补正，也没有作出合理解释，因此辩护人认为该证言不能作为证据使用。而公诉人却回应称：虽然该证言存在瑕疵，但不影响证言的真实性。这种观点显然与法律规定相违背。

2. 能否纠正错误

对侦查机关采取的补正措施，辩护律师一定要审查补正措施能否纠正原来的错误，如果不能纠正原来的错误，则不能作为证据使用。

3. 解释是否合理

如果办案机关对瑕疵证据作出了解释和说明，辩护律师对这种解释和说明是否合理，也应当进行审查。

从司法实践来看，解释是否合理，可以从以下3个方面进行判断。

（1）解释的内容应当符合常情常理；

（2）能说明侦查人员违法取证并非故意或恶意，而是客观原因或工作疏忽所致；

（3）瑕疵没有影响证据的客观真实性。

同时具备上述3个方面的条件就可以视为解释合理。

如果解释没有达到合理的程度，辩护律师就应当明确指出，瑕疵证据没有得到合理解释，不能作为证据使用。

底层逻辑

瑕疵证据是指通过轻微违法行为取得的证据。

瑕疵证据的范围由法律和最高人民法院的司法解释明确规定。

我国法律对非法证据采用直接排除原则，对瑕疵证据采用的是“先补救后排除”原则。

没有得到补正和合理解释的瑕疵证据，不能作为证据使用。

有的瑕疵证据可以补正，有的瑕疵证据则无法补正。

并非所有对瑕疵证据进行的解释，都是合理解释。

家属交给律师的证据如何处理

辩护律师调查取证难，这是众所周知的现象。一方面，辩护律师调查取证时，有关单位和人员不愿配合，很难提取到证据；另一方面，律师因调查取证而面临的风险很大，甚至是牢狱之灾。因此，很多辩护律师就将辩方取得证据的希望寄托在当事人家属身上。

实践中，确实有很多证据材料是当事人家属找来交给律师的，甚至也有一部分证据材料是律师让家属自己找证人出具的。对于当事人家属交来的证据，很多律师认为不会出现什么问题，实际上，这种想法是错误的，这种做法同样也出现过很多问题。

那么，如果当事人家属要将证据交给律师，律师应当怎样处理才妥当呢？有以下5种办法可供参考。

让家属直接交给法庭

如果当事人家属交来的不是客观书证，而是某位证人的证言材料，从我们的经验来看，对于这种证言材料，辩护律师最好不要收取原件，可以由当事人家属直接把该原件提交给法庭。律师可以复印一份让家属签名，在举证质证时，作为辩方的证据举出。

这样做的好处是，证人证言的材料原件没有经过辩护律师之手，也不是辩护律师提交的，在一定程度上可以规避律师的风险。

审查真实性

对于当事人家属交来的客观证据，很多律师天真地认为，收下这些证据没有任何问题，所以在家属把证据交来时，他们没有想太多，与家属之间没有办理什么手续，就直接收下，然后再提交给法庭。没有想到的是，在审理的过程中，却发现该证据是假的。这样的情况非常普遍，有些还让律师受到了牵连。

我在郑州办理一起贪污案时，在法庭上就看到了这样的情景。其中一名被告人的辩护律师在举证阶段出示了一份被告人家属交来的协议，以证明某个对该被告人有利的事实。律师对该证据发表举证意见后，该证据转到了公诉人手中，公诉人认为该证据是伪造的。公诉人的理由是，该份证据已被扣押，并附在侦查卷中，并且该协议的落款上既没有签字，也没有盖公章。现在辩护人出示的却是有签字和公章的协议，分明是事后伪造的。公诉人还当场出示了侦查机关扣押的该份协议原件，并要求法庭查实该虚假证据的来源。

辩护律师解释称，这份证据是家属交来的。公诉人表示要对此事进一步调查，查明后要追究造假者的责任。休庭期间，公诉人当场给侦查人员打电话，要求对家属进行调查，辩护律师立即到公诉人席上沟通，神情十分紧张。

由此可见，辩护律师在收到当事人家属交来的书证时，千万不能想当然地认为这些书证材料都是真实的。我们要避免对当事人家属的盲目信任，对当事人家属交来的客观书证也要有审查真假的意识。虽然仅凭我们的经验和常识，对很多证据很难判断出真假，但是对有些证据，只要我们认真细致地审查，凭经验和常识还是能够看出问题的。

比如，有位律师在办理一起假冒注册商标案时，当事人家属提交了很多该公司的业务票据，试图证明某个对被告人有利的事实。辩护律师详细查看这些票据后，发现当事人家属提供的时间跨度长达两年的票据，格式竟然一模一样，而且还是连号的。

辩护律师认为，这些票据明显有问题，便向当事人家属追问真假，并严肃地告诉当事人的家属，提供虚假证据有可能承担刑事责任。在律师说明利害关系及再三追问之下，当事人的家属才说实话，称确实有真实的票据，只是原来的票据太散乱，找起来比较困难，为了图省事，便让财务用新票据重新誊了一遍。

看到律师的态度坚决，当事人的家属只好把这些重新制作的票据全部作废，然后花了两天时间，把办公室里所有的原始票据重新清理了一遍。直到找到对应的原始票据，律师才把这些票据作为证据提交。

让家属签字说明来源

对于当事人的家属交来的客观证据，辩护律师根据自己的经验进行审查以后，如果没有发现问题，便可以收下。但是一定要让当事人家属写书面说明，表明该证据由其提供，其对证据的真实性负责，如果提交的证据出现了虚假情况，由其承担相应的法律责任，并在书面说明上签字。更为稳妥的做法是，让当事人家属同时签两份书面说明，一份提交给法院，另一份交由律师存档备查。

提取证据前后告知检察官和法官

辩护律师知道当事人家属有证据要提交时，在提取之前，可以把这个情况告诉检察官或者法官，也可申请让他们去提取证据，如果他们不去提取，律师就可以直接提取。当然提取后也要及时告知办案人员。

让当事人签字

有些证据是根据当事人提供的线索，由其家属找到的，对于这样的证据，应当向当事人进行核实，并且由当事人签字认可。

当然，辩护律师应当就当事人提供证据线索以及核实证据的情况做专门的笔录，由当事人签字，以便对证据来源进行核实。做好详细的笔录，对于防止出现“串证”“串供”等情况有极其重要的作用。

底层逻辑

对当事人家属交来的证据要有审查意识。

接受客观书证要让家属签署说明。

书面证言应由当事人家属直接提交法庭。

如何运用印证规则审查分析证据

刑事诉讼中的证据印证规则是关于如何运用证据对案件事实进行认定的规则。

证据印证规则是指两个以上的证据，它们同时包含的某些事实信息重合或交叉时，某个证据内容的真实性便得到了其他证据的印证，而且它们共同包含的案件事实也得到了证明。

证据相互印证规则的运用不仅使单个证据的真实性得到印证，还使案件事实获得证明。

证据相互印证规则已被司法实践普遍接受，《刑诉法解释》也要求在对证据进行审查判断认定时，要运用证据印证规则。

刑事诉讼一旦进入法庭审理阶段，对于某一指控事实，只要有多个证据存在，公诉人一般都会强调证据能够相互印证。而且公诉人发表公诉意见时，总是把有关证据罗列在一起，总结性地得出“证据能够相互印证，足以证明上述犯罪事实”的结论。

法官在多数情况下也会采信控方的观点，认为指控证据能相互印证。而且判决书的概括性更强，很多情况下，会把一起案件中不同事实环节的不同证据全部罗列在一起，直接得出能够相互印证的结论，而没有进行分析说理的过程。

面对这种情况，辩护律师要善于正确运用证据规则进行分析和回应。根据我们的实践经验，运用证据相互印证规则要重点把握以下 12 个问题。

传来证据只能和来源证据形成印证

传来证据是相对于原始证据而言的，它不是直接源于案件事实，而是从间接的来源获得的证据材料，也就是经过转述、转抄、复制的第二手以及第二手以后的证据。

比如，证人叙述的某件事不是其直接经历感受的，而是从他人处得知的，这种证言就是传来证据，书证的副本、复印件、录音录像资料的复制品等属于传来证据。

由于传来证据不是直接来源于案件事实的第一手证据，所以在证据链条中，传来证据一般不能单独作为证据使用，它只能和它的来源证据形成印证关系，对它的来源证据起到强化的证明作用，不可能和来源证据以外的其他直接证据形成相互印证的关系。

比如，我们在山西办理一起破坏生产经营案时，起诉书指控被告人王怀德指使村主任陈启明派村民堵煤矿的路，控方的指控证据包括一个直接证据和两个间接证据。直接证据是村主任陈启明本人的供述，其供称自己带领村民堵路是王怀德给他打电话让他干的。

控方用两个间接证据印证村主任陈启明的供述是真实的，其中的一个间接证据是煤矿职工佟建利的证言，他在证言中称："村民堵路这件事，我听说是王怀德让村主任带人干的，但没有证据。"

被告人王怀德对此予以否认，称他没有给村主任陈启明打过电话，陈启明带村民堵煤矿的路与他无关。其他参与堵路的村民的证言中也没有被告人王怀德给村主任打电话，让他派人堵路的内容。

辩护人认为，煤矿职工佟建利证言中所谓"听说堵路事件是王怀德指使"的说法是传来证据，而且没有说明来源，它来自何处无法证实，其真实性本身无法核实，更不能用来印证村主任陈启明的供述。

控方则坚持认为陈启明的供述与佟建利的证言能相互印证，这种看法显然不符合证据印证规则。

猜测性推断性证据
和直接证据不能相互印证

司法实践中，控方经常使用猜测性推断性的证据来证明某一个直接证据的真实性，并认为两者能够相互印证，这样的例子举不胜举。

以上述破坏生产经营案为例，起诉书指控被告人王怀德指使村主任陈启明派村民堵路。

控方的指控证据中，除了村主任陈启明本人供称他带领村民堵路是王怀德给他打电话让他干的，以及煤矿职工佟建利的传来证据以外，还有一个间接证据就是某公司副总李修民的证言。李修民在证言中称："因为被告人王怀德和村主任陈启明关系好，所以我就认为堵路事件是王怀德指使村主任陈启明干的。"

很显然，李修民的说法是其个人推测，属于意见证据。根据司法解释的规定，猜测性、评论性、推断性的证言不能作为证据使用，这是原则性规定。而且李修民没有参与堵路事件，在这期间他与被告人王怀德和村主任陈启明两人也没有联系，所以他的猜测性证言不能作为证据使用，更不能用来印证村主任陈启明供述的真实性。

因此，在村民堵路事件中，陈启明的供述与李修民、佟建利的证言不能相互印证，不能形成指控的证据链条，不能证实陈启明派人堵路是王怀德指使的。

控方坚持认为陈启明的供述与李修民、佟建利的证言能相互印证，足以证实王怀德指使村主任陈启明派村民堵路的事实。这种观点显然是不符合证据印证规则的。

证据合法性有疑点时，不能印证其他证据

证据材料只有符合合法性这一特征，才具备证据能力，才具有证据的资格，才能进行印证，用来印证的证据必须是具有证据能力的证据，这是运用证据印证规则的前提。因此，合法性疑点没有排除的证据，不能用来与其他证据进行互相印证。

指控证据的合法性是目前受辩护律师质疑最多的问题。办案机关获取证据时的违法问题比较普遍，但是，辩护律师在这个问题上的辩护难度很大，因为辩护律师对证据合法性的质疑，受到举证条

件的限制，其意见被采纳的可能性很低。大量不合格的，甚至是非法的证据被用来印证其他证据，使证据印证规则失去了前提基础。

言词证据高度一致，不必然表明相互印证

司法实践中，经常发现大量的言词证据的内容完全一致，从这些言词证据主体的身份、文化程度来看，根本不可能说出相同的话，有的甚至连标点符号的错误都一模一样，明显表明这些言词证据是复制的。

对这种言词证据的真实性，辩护律师应当表示高度质疑，必要时，可以申请调取讯问、询问过程的录音录像进行核实。

当庭翻供翻证的，重点看合理性

《刑诉法解释》对于如何处理翻供问题做了明确规定："被告人庭审中翻供，但不能合理说明翻供原因或者其辩解与全案证据矛盾，而其庭前供述与其他证据相互印证的，可以采信其庭前供述。

被告人庭前供述和辩解存在反复，但庭审中供认，且与其他证据相互印证的，可以采信其庭审供述；被告人庭前供述和辩解存在反复，庭审中不供认，且无其他证据与庭前供述印证的，不得采信其庭前供述。"

据此，对当庭翻供要把握两点：一是看当庭的辩解是否合理，二是看庭前供述是否能与其他证据相互印证。

《刑诉法解释》并没有使这个问题得到解决。从实践的情况来看，

被告人在翻供时虽然对翻供的原因作了合理解释，却被法官认为不合理或认为解释没有证据证明，而不予采纳；而且由于庭前的供述基本上是相互印证的，故法官一般会相信庭前言词证据的真实性。

但实际上，很多同案被告人在法庭调查环节同时翻供，也有证人当庭同时翻证，作出的解释都是相同的，而这些人被分别羁押，没有串供和串证的可能性，而且当庭翻供翻证的理由和解释是合理的，因而当庭的陈述就是可信的。

对于这种情形，辩护律师应当坚持说服法官采信当庭供述。

言词证据一般不能直接推翻客观证据

实践中，有很多对被告人有利的客观证据，比如，合同或者会议记录等，而有关证人证言中却对这些客观存在的合同、会议记录予以否认，称是假的或是被迫签订的，控方或法庭也往往相信这种说法。

我们认为，一般来说，言词证据不能直接推翻客观证据，除非有其他相关的证据能够证明这些客观证据是虚假的。

同源证据证明的内容有限

同一来源的多个传来证据，即使能够相互印证，也只能印证源头证人曾经向他们说过这些话，或陈述过这些内容，也只能证明传来证据的内容是来自来源证据，而不能以此印证来源证据的内容是真实的。

有罪证据相互印证时，要重视其他矛盾证据

在有些案件中，虽然有罪证据能够相互印证，但同时也存在无罪的证据，存在与有罪证据相矛盾的证据。

在这种情况下，辩护律师就必须重视这些无罪的证据和其他矛盾证据，研究并阐明这些证据对有罪证据相互印证的情况会造成多大的冲击和影响；这些证据与有罪证据之间存在的矛盾，能否得到排除，或者能否得到合理的说明。

不能看到了有罪证据的相互印证，就忽视无罪证据的存在，就忽视证据的矛盾能否排除。

证据发生矛盾时利益归于被告人

司法实践中，在控方出示的用于证明某一指控事实情节的数个证据中，经常会出现互相矛盾的情况。

在这种证据情况下，辩护律师要向法官充分阐明，根据证据发生矛盾时利益归于被告人的原则，不但不能采信对被告人不利的证据认定案件事实，而且还要采信对被告人有利的证据认定案件事实。

言词证据有重大异议，申请证人出庭

在审查起诉阶段，检察官审查证据的方式主要就是进行书面审查，也就是“看案卷”。如果发现证据存在问题且不能相互印证，就会退回侦查机关补充侦查，侦查机关也会补充相应的证据，填补

证据漏洞，使证据能够互相印证。

在法庭调查环节证人不出庭，仅宣读笔录进行举证质证，即使辩护人对言词证据有重大的异议，也没有发挥的余地。

这种主要通过对卷宗笔录进行审查的模式的最大弊端，是仅靠“看案卷”和宣读笔录很难发现证据方面存在弄虚作假的问题，对一些人为“做”出来的证据的真假更是无从甄别。这也是造成冤假错案的原因之一。

辩护律师在通过书面审查或者会见以后，对言词证据有重大异议时，应尽力向法官阐明过度依赖笔录之间的简单印证，很难排除潜在的错误和危害，要争取说服法官通知证人出庭。

对供述有重大异议，坚持申请调取录音录像

在发现笔录内容与同步录音录像的内容不同时，律师应坚持以录音录像为准，或以当庭供述为准。

坚持孤证不能定案规则

证据印证规则与其他证据规则具有十分密切的关系，特别是与孤证不能定案规则具有不可分割的关系，它们相互对应，角度不同。可以说，证据印证规则蕴含和导出了孤证不能定案规则的内容。

我们在很多案件中发现，围绕某一个指控事实虽然有数个证据，但是这些证据不能相互印证，这些证据就是相互独立、各自孤立的证据，根本无法形成印证关系。而办案人员不管证据的实际情况，认为这些证据能够相互印证，足以证明案件事实，这实际上就是在

用孤证认定案件事实。

这种做法是不符合证据规则的，面对这种情况，辩护律师应当努力向法官阐明，坚持孤证不能定案这一证据规则。

底层逻辑

并非所有的证据都可以相互印证。

证据印证规则也要受到其他规则的影响和限制。

即使是相互印证的证据，能证明的内容也是有限度的。

辩方证据中两个规则的例外

证据合法性，以及孤证不能作为定案的根据，这两个规则是我国刑事诉讼中公认的证据规则，辩护律师在审查指控证据时，经常会用到这两个规则。当然，辩方证据也经常会受到这两个规则的困扰。

辩方在调取收集证据，以及在向法庭出示并提交证据时，是否也要受到这两个规则的约束呢？根据对法律的理解以及司法实践，我们认为，这两个证据规则在辩方证据中应当有例外。

辩方证据合法性有缺陷怎么办

在司法实践中，由于法律赋予辩护律师取证的权利太小，辩护律师在取证时，如果完全按照合法的方式很难取得相关证据，所以有些情况下，辩方的证据是绕过规定的程序取得的。

比如，未经证人许可，偷偷地对他人的谈话内容进行录音，或者在双方通话时把对方的谈话内容进行录音，把这种录音资料作为证据提交给法庭，或者在有关单位不愿意把相关书证材料作为证据提供给律师的情况下，通过其他熟人关系，私下将这些原始的书证材料进行复制，然后把复印件提交给法庭。

从合法性上来看，这些证据显然都缺少完备的法律手续。在这种情况下，我们不能因为证据的合法性有缺陷就直接否定该证据，就放弃这个证据。

1. 合法性缺陷不影响真实性

即使辩方的证据是在未经他人许可的情况下取得的，其合法性存在问题，但其内容是真实的，所以不能仅因为辩方证据合法性的缺陷，就否定证据内容的真实性。

虽然该证据在取得程序上有问题，但是这个证据本身的存在，就会对控方的指控证据链条产生严重的影响，对指控证据链条的完整性造成冲击，就能打破控方证据链条的完整性，也足以引起对某些指控事实的合理怀疑，这种怀疑也是无法排除的。

2. 合法性缺陷可以弥补

对这样的证据，辩护律师是没有能力使它的合法性得到完善的，但这样的证据出现，至少可以作为一条证据线索提交给法庭，法庭应当对该证据进行核实，或者根据这一线索重新调取证据，或者让有关证人出庭作证。

这样既能核实该证据的真实性，也保证了证据取得的合法性，但是这些责任就应当由办案机关或者法庭承担，而不能强求由辩护律师对合法性负责，更不能以该证据不具有合法性为由否定该证据。

辩方证据是孤证怎么办

在一起破坏选举案中，控方提出了许多指控被告人操纵选举的证人证言，辩方通过调查也提出了许多证据证明被告人没有操纵选举。在这种情况下，公诉人发表意见认为，辩方提出的证据是孤证，与在案证据不能相互印证，不能作为定案的根据。

这种情形在刑事诉讼中是非常普遍的，而且，面对控方提出的孤证不能作为定案根据这个规则，辩护律师常常无力反驳，同样，合议庭法官也很容易被这种观点迷惑。

事实上，控方的这种观点将这一规则用错了对象，是不正确的。

1. 孤证不能定案是对指控证据的限制

所谓孤证不能作为定案的根据，一般是针对主张方，也就是指控一方而言的。在刑事诉讼中，因为指控的主张是控方提出的，所以举证的责任也应当由控方承担，控方的指控证据要能够互相印证，要形成完整的证据链条，要达到证据确实充分的标准，否则，控方的指控主张就是没有得到足够的证据支持，指控就不能成立。

所谓孤证不能作为定案的根据，正是从指控证据必须达到事实清楚，证据确实充分这个证明标准中引导出来的，所以孤证不能作为定案的根据，也正是对指控证据的限制。

2. 辩方证据的作用是打破控方的证据链条

辩方在刑事诉讼中一般不会提出一个独立的主张，往往是反对控方的主张，特别是在围绕同一事实举证质证时，控方的证据往往是指控被告人有罪，而辩方的证据往往是证明被告人无罪。

当控方的证据和辩方的证据指向同一事实时，即使辩方的证据是单个孤立的，但是辩方这个孤立的单一证据，一旦加入在案的证据中，就使在案的证据相互矛盾对立起来，便打破了控方的指控证据链条，就使指控的证据不能形成完整的证据链条。

所以从这个意义上讲，辩方的证据不需要独立地证明某一个事实，所以也不需要相互印证，更不需要另外形成一个独立完整的证据链条，只要能够起到打破控方证据链条的作用即可。

底层逻辑

辩方证据的真实性不受合法性缺陷的影响。

辩方证据的合法性缺陷应当由办案机关弥补。

孤立证据不能定案规则是对指控证据的限制。

辩方孤证能打破控方指控证据链条的完整性。

第六部分

庭前准备

并非

临阵磨枪

如何构建辩护思路

律师在阅完卷宗材料以后，就要重点思考如何构建辩护思路。每个人可能有不同的做法，但是其中也有一些共同的规律可以遵循。

把起诉书看透

辩护思路的确定，最重要的就是根据起诉书的指控内容进行思考和研究，阅读起诉书主要包括两个方面的内容。

1. 找到靶子

起诉书是一个靶子，律师只有对起诉书指控的事实和证据熟悉了，才能找到靶子、才能顺着这个靶子去寻找射击目标，进而提高命中率。

要把起诉书指控的这些事实和罪名作为靶子，作为我们阅卷的导引，有针对性地进行阅卷和思考。

2. 拆解事实环节

就是要把起诉书指控的相关事实进行拆解，拆解的目的是便于在阅卷中有目标地阅读和思考，便于对比发现问题，便于分析起诉书指控的事实是否有足够的证据支持，从而为辩护思路提供框架基础。

通过阅卷研究指控能否得到印证

研究起诉书的指控能否成立，就是要看起诉书指控的事实是否有证据支持，这些证据之间是否能够相互印证，是否形成了完整的证据链条。

要做到这一点，最基本的办法就是要阅读卷宗材料。

辩护律师阅卷的目的有两个：一是了解案情，二是发现问题。相对来说，了解案情并不是辩护律师的真正目的，辩护律师真正的目的是要从卷宗材料中发现问题，发现控方指控的事实和证据中存在的问题，分析证据能否形成完整的链条，从而判断控方的指控观点能否成立。

研究有利证据能否推翻指控的思路

辩护律师在思考辩护思路时，应当分析和查找现有证据中有哪些有利证据，要研究这些有利证据是否能对全案的定性形成实质影响，能否推翻控方的指控思路，或者打破控方的证据链条。

在很多案件中，我们虽然能够发现或收集到一些对当事人有利的证据，也会对有利证据进行分析，发表意见。但是，如果这些有利的证据并不是关键事实方面的证据，对关键的指控事实不能产生重大影响，就不一定能够直接推翻控方的关键性指控证据和指控思路，达不到这样的程度，就起不到根本性的作用。

所以我们要特别注意案件中存在的对当事人有利的证据，能否打破控方指控事实的证据链条。我们还要注意，有些情况下，律师对有利证据的分析意见也不一定会被办案机关采纳。

找到办案人员坚持错误观点的根源

在很多案件中，辩护律师坚持认为控方指控的事实和罪名是错误的，认为当事人是无罪的，可是为什么办案人员仍然要坚持认定当事人是有罪的，为什么要坚持追究当事人的刑事责任呢？

从实践来看，其中可能是因为办案人员的逻辑思维存在问题，也可能是因为其存在某种内在的心理纠结。

比如，我们在办理一起企业家涉刑案件时，侦查机关认为该企业家构成诈骗罪，辩护律师认为不构成犯罪。退回补充侦查以后，侦查机关重新移送审查起诉时，罪名改为合同诈骗罪，辩护律师在审查起诉阶段又提出该案不构成犯罪。后来，检察机关在起诉书中将该案的罪名认定为职务侵占，一审法院判决也以职务侵占罪定罪。当事人上诉后，二审法院发回重审，最后改判无罪。

后来我们发现，实际上办案人员一直有一个想法在影响他们的判断，就是认为外地企业家到本地投资，投资的钱少，但获得的收益比较大，而且把本地企业家排挤出去了，本地企业家的投资因为违约变成了外地企业家的资产。他们认为，这就是外地企业家利用某些手段占有本地企业家的资产，不采用刑事手段予以追究，本地企业家的资产就得不到保护。

因此，我们在办案过程中，不仅要对证据进行审查，还要研究办案人员为什么死死抓住指控的罪名不放，他们的指控思路是怎样形成的，他们的逻辑思维是什么，包括影响控方指控思路的潜在因素是什么，要发现并指出控方指控思路的错误所在。这样，律师才能更有针对性地向法庭阐明控方的逻辑错误和思路错误，才有可能解开法官心中的纠结、有效地进行辩护。

重视当事人及其家属的观点

辩护律师除了通过阅读卷宗材料发现问题外，也要听取当事人及其家属的意见。

1. 当事人辩解是构建辩护思路的基础

当事人是被追究者，也是案件事实发生时的亲历者，他们对案件事实的经过比其他外人更加清楚，对起诉书的指控是否属实，本人是否受到冤枉，指控证据是否有问题的体会更深，他们的看法也可能更加接近真实。在很多情况下，辩护律师观点形成的基础就是当事人的辩解。

可以说，很多案件中，当事人本人的辩解是构建辩护思路的基础，正因如此，我们才需要多次会见当事人，详细听取当事人对辩护思路的看法。

2. 听取当事人家属的意见

构建辩护思路时，听取当事人家属的意见也很重要。这是因为有些当事人家属对案件的分析意见是有道理的，有些情况下，他们甚至比律师思考得更深入，因为他们最重要或最关心的事情就是案件，他们思考案件的时间可能比律师还多。所以，他们的意见有助于律师思考，对律师辩护观点的形成和深化有时会起到非常重要的作用。

我们在办理案件时，都会认真听取当事人家属对案件的分析意见，特别是文化程度相对较高的当事人家属，他们的分析意见和看法在很多情况下都是比较客观的。我们也经常让当事人家属把他们的想法，无论对错都写下来交给律师，这样可以帮助律师进行思考，至少会引起律师对某个问题的重视。如果他们的观点确实有道理，对辩护律师有启发，最后这些观点可能就会写到律师的辩护意见中去。

这些做法的效果还是不错的，既可以帮助律师进行思考，也能让当事人家属感受到辩护律师对他们的尊重。

将零散的观点串起来

有些人认为，只有在阅完卷以后，坐下来进行思考，才能形成辩护思路。实际上，律师辩护思路的形成，是伴随对案情和证据的了解，不断深入思考的过程。

我们在阅卷的过程中，随时都会有各种辩护观点不断地出现，我们需要把这些零散的辩护观点及时记录下来。随着阅卷和会见的不断深入，我们的观点也会不断地调整和深化。在阅完卷以后，再对这些零散的观点进行梳理，按照内在的逻辑结构系统地进行思考，对自己的辩护观点进行总结提炼，进行综合分析，就可以形成相对完整的辩护思路。

准备第二轮辩护观点

这里还存在第一轮辩护观点和第二轮辩护观点的思考及衔接问题。

1. 准备回应观点，供第二轮辩护备用

在第一轮辩论中，律师的辩护观点完全是针对控方的指控准备的，律师也是根据控方指控的内容发表意见。

我们在思考辩护观点的时候，不仅要思考如何不说错话，不说过头话，不说拿不准的话，不说自己都不明白的话，还要考虑辩护观点发表以后，控方会怎么反驳，对控方的反驳，我们应当怎样再次进行回应，要能接得住，能返回去。这就要求我们事先准备好相应的备用辩护观点。

如果我们准备好了第二轮辩护的备用观点，在第二轮辩护中就能掌握主动，第二轮辩护发表的意见也会条理清晰，具有较强的说服力。

有很多律师在思考辩护思路的时候不太重视对第二轮辩论问题的思考，最后的结果当然不好。因此，我们要重视对第二轮辩护观点的思考和准备工作。

备用辩护观点主要用于第二轮辩论，是对控方反驳我们第一轮辩护观点的回应。

2. 备用观点不宜主动发表

对于起诉书中没有明确提到，在公诉意见中也没有展开阐述的问题，辩护律师虽然在开庭前做了准备，但是，这种准备的观点不宜在第一轮辩论中主动表达出来，否则可能适得其反。这些准备的观点可以作为第二轮辩论的备用观点，如果控方在第二轮辩论中提到了这个问题，辩护律师便可以有针对性地在第二轮辩论中进行回应。

比如，我们在办理一起徇私枉法案时，虽然该案起诉书中没有引用共同犯罪的条款，但是根据起诉书描述的事实，我们推测控方在法庭上可能会认定该案属于共同犯罪，所以在辩护思路的思考过程中，我们对该案是否构成共同犯罪的问题也准备了分析意见。

当然，我们也制定了策略，如果控方没有提到共同犯罪问题，我们在第一轮辩论时，也不会主动提出，等控方提到该问题时再予以反驳。

辩护路径的选择

辩方的辩护思路一般有两种：一是无罪辩护，二是有罪辩护，也即轻罪辩护或罪轻辩护。

1. 首先考虑无罪辩护

律师在思考辩护观点的过程中，首先应当从无罪辩护的角度进行思考，也就是要优先考虑作无罪辩护，其次再考虑轻罪辩护或罪轻辩护。

无罪辩护的思路有以下两种。

（1）绝对无罪辩护

第一种是在假设起诉书指控的事实清楚，证据确实充分的情况下，指控的行为本身是否构成犯罪，也就是从绝对无罪的角度进行思考。

因为在司法实践中，有些情况即使指控的事实和行为存在，按照法律规定，也不构成犯罪。一般在查看起诉书以后，对于案件是否属于这种情况，大致就能做出判断。

（2）相对无罪辩护

第二种是如果控方指控的事实成立，其行为肯定就构成犯罪，在这种情况下，辩护律师就要考虑起诉书指控的事实是否清楚，证据是否确实充分，也就是从存疑无罪的角度进行思考。

2. 有罪辩护

如果两种无罪辩护的路径都走不通，那么就只能从轻罪和从轻、减轻处罚的角度进行思考了。

这种有罪辩护也有两种选择：一是重罪变为轻罪的辩护，二是从轻、减轻情节的辩护。

底层逻辑

起诉书是辩护思路进攻的靶子。

辩护观点源于阅卷过程中的思考。

找到错误观点的根源，有助于解开办案人员的心结。

辩护思路的形成是不断深入思考的过程。

当事人辩解是构建辩护思路的基础。

第二轮辩论如何辩护，也是辩护思路的重要内容。

辩护路径的选择从无罪辩护开始思考。

怎样写好辩护词

一般来说，检察机关的起诉书和公诉人发表的公诉意见都有基本的写作要求，人民法院对判决书的体例也有要求，很多地方法院也经常举办优秀判决书的评选活动。

有一些判决书在网上公开以后受到广泛好评，被称为“判决书的范本”“最说理的判决书”等。

但是，辩护律师应当如何发表辩护意见，如何写好辩护词，似乎没有具体的规定和要求；对什么样的辩护词是优秀的辩护词，也没有统一的标准。刑辩律师撰写辩护词多是从老律师或者其他律师那里学习。

尽管实务中辩护词的风格各异，但是一致认为，辩护词是律师进行辩护，发表辩护意见的一种载体。辩护词作为一种提交给法院的法律文书，有其内在的规律要求和明显的特点。

辩护词的基本特点

虽然辩护词的内容和形式没有明确的统一要求，但也有几个基本特点。

1. 主要是围绕起诉书的指控进行分析

辩护词的内容一般会受到两方面的限制。

（1）辩护词的内容受到律师职责的限制

发表辩护意见是辩护律师履行职责的表现，《刑事诉讼法》明确规定了辩护律师的职责，所以，辩护律师发表辩护意见和撰写辩护词要受到法律规定的限制，也就是说辩护律师要根据案件的事实和法律规定，提出被告人无罪，罪轻或者减轻、免除刑事处罚的材料和意见。

（2）辩护词的内容受到起诉书指控内容的限制

法庭的审理活动源于起诉书的指控，起诉书指控的事实、证据和法律适用对于法庭审理的范围起到了限制作用。同理，律师辩护的范围也受到起诉书指控内容的限制，辩护意见也必须以起诉书的指控内容作为辩护的靶子和对象，不可能抛开起诉书的指控内容另起炉灶。

因此，辩护词从内容上来看，主要还是围绕起诉书的指控，从指控事实是否清楚、能否成立，指控证据是否确实充分、是否形成了完整的证据链条，以及根据法律规定对行为性质如何认定、诉讼程序是否合法 3 个方面进行分析，发表辩护意见。

除了以上 3 个方面的基本内容之外，从法律适用中还可以细分出量刑情节辩护，这也是辩护的重要内容。

在某些案件中，除了起诉书中描述的案件事实以外，还有一些事实方面的内容，比如被告人的口碑以及被告人的一贯表现等事实情节，也可以作为影响量刑的酌定情节，纳入我们的辩护范围。

当然，在某些案件中，特别是在涉及量刑辩护的案件中，情理辩护或伦理辩护可能会起到重要的作用，也是辩护的内容之一，在未来的辩护中，情理辩护也会越来越受到重视。但总体而言，情理辩护或伦理辩护在整个辩护中所占比重很小，或者说只是其中的一个辩点。

近年来涉案财产的辩护也逐渐引起重视，将会成为辩护的一个重要内容。

2. 辩护词属于议论文的文体

因为辩护词主要是对起诉书的指控内容进行反驳，因此这种表达方式就是一种驳论；同时，辩护人也会对起诉书没有涉及的内容提出自己的正面观点，比如提出被告人有酌定量刑情节，应当酌情从轻处罚等，这种表达方式就是立论。因而，辩护词从表达方式上看，既有驳论，也有立论；有破有立，先破后立。

无论是驳论还是立论，都会采用摆出论点，运用论据，进行论证的方式，都要运用逻辑思维。显然，这种表达方式就是议论文的表达方式。

当然，辩护词在很多情况下也会有叙述事实的内容，但叙事也是为了说明某种观点，实际上是将叙述的事实作为证据进行论证。

因此，辩护词从文体上可以说是一种夹叙夹议的议论文，它不可能是散文体，更不可能是诗歌体。

3. 辩护词的作用是说服法官，影响判决

这个道理很浅显，因为案件的裁判权掌握在法官手中。但是，说起来容易做起来难，一旦进入法庭，面对公诉人、被告人、家属和其他旁听人员，随着法庭审理活动的推进，很多律师会受到环境的影响，忘记辩护的初衷，导致目标错位。

（1）不要把驳倒公诉人当成辩护目的

第一种错位是很容易把辩护词看作简单的对起诉书的反驳词，把驳倒公诉人当成辩护的目的。

虽然公诉人是辩护律师的庭审对手，辩护词的内容主要是围绕起诉书的指控进行反驳，但是，辩护律师要始终记住一点：无论是公诉人还是辩护人，无论双方的辩论多么激烈，双方的辩论行为都是在向法官表达自己的观点，而不是在向对方表达自己的观点，其目的都是要说服法官，争取法官接受自己的意见，而不是要驳倒对方，说服对方接受自己的意见。

所以辩护律师在发表辩护意见时，关注的重点不应该放在公诉人身上，而应当放在法官身上。

（2）不要过度关注被告人及其家属的感受

第二种错位是过度关注被告人及其家属的感受，把他们当成辩护词的主要倾听者，从而影响辩护观点的客观理性表达。

虽然辩护是为了保护被告人的合法权益，辩护意见的形成、辩护策略的选择等问题要与被告人沟通，很多方面也要考虑被告人的感受，但是因为辩护观点主要不是说给被告人和家属听的，辩护更不是表演给他们看的，所以他们的感受不是决定辩护观点和表达方式的关键因素。

李奋飞教授在总结实践经验时认为，一般来说正确的做法是：辩护策略由双方协商，案件事实由当事人负责，但辩护中的法律观点应当由辩护人负责，不能过多地受制于被告人的感受和情绪。

所以，律师在法庭辩论中一定要记住：辩护词主要是说给具有裁判权的法官听的，其目的是要说服法官，影响裁判，这是辩护词的功能特征。

（3）多从法官的角度考虑问题

基于这一出发点，在辩护观点的思考和形成过程中，律师要站在法官的角度，尽量考虑法官的思维特点；在表达形式上，要让法官更容易理解和接受。实践中，有一些良好的做法值得总结和借鉴。

一些不顾法官的感受，一厢情愿地任意表达，过度展现个人技巧的做法，可能会适得其反，我们对于这方面的教训也应总结。

4. 是否准备书面辩护词，视情况而定

有人主张开庭前一定要准备好书面辩护词，有人主张不需要事先准备书面辩护词。实践中也是这样，有些辩护律师在开庭时已经准备好了书面辩护词，有些辩护律师边开庭边现场整理辩护意见，也有的辩护律师口头发表辩护意见，没有书面的辩护词或辩护提纲。

笔者认为是否需要事先准备书面辩护词，可以根据不同的情况，做出不同的处理。如果是简单的案件，不事先准备书面的辩护词或辩护提纲，也是可以的；但如果是重大复杂的案件，事先准备好书面的辩护观点还是必要的。

此外还有两点值得注意。

（1）准备辩护思路

无论案件是否重大复杂，都应当事先准备好相应的辩护思路和辩护预案。

（2）提交书面辩护词

无论是否事先准备了书面辩护词，庭后必须提交书面辩护意见，这既是对法官的尊重，也是对自己的尊重，体现了辩护律师的基本职业素质。

根据中同刑辩团队办案的经验感受，庭后提交书面辩护词能继续发挥对法官的影响作用，在一些案件中甚至会起到意想不到的作用，是辩护的继续和延伸。

5. 庭后提交辩护词是对当庭辩护意见的补充和完善

写好辩护词后，如何发表和调整辩护意见需要注意以下问题。

（1）不宜当庭照本宣读书面辩护意见

我们经常在网上看到一些律师的辩护词，篇幅很长，内容非常完整，有些甚至旁征博引，这些辩护词或多或少是根据当庭发表的辩护意见进行补充修改后的完整版本。即使是庭前准备好的书面辩护词，这么长的篇幅，在法庭上也不可能完整宣读。

这是因为庭审的时间是有限的，审判长一般不喜欢辩护人长篇大论地发表意见或长时间全文宣读书面辩护词。遇到这种情况时，审判长就会提示辩护律师简要归纳辩护观点，详细意见在庭后以书面形式提交。有些极端情况下，审判长甚至在辩护人发表辩护意见之前，就直接对每位辩护人发表辩护意见的时间进行了明确限定。

因此，从庭审效果的角度考虑，即使事先准备了书面辩护词，也不宜当庭照本宣读。况且，庭审中也随时会有新的情况出现，发表辩护意见时也免不了需要对这些新的观点进行回应，如果照本宣科，就不可能兼顾这些情况。

（2）结合庭审情况，调整补充辩护观点

有些律师将准备好的辩护思路或者辩护词写成辩护观点提纲，庭审时在这些提纲的基础上，再结合公诉人发表的举证意见和公诉意见等情况加以适当调整，就形成了当庭发表的辩护意见，这是一种比较符合庭审实际情况的做法。

从庭审情况看，当庭口头发表的辩护意见比较口语化，内容也比较简洁；而庭审后提交的书面辩护词的文字比较规范，内容比较细致全面，也会把当庭表达不够完整或不便于口头表述的一些内容，补充写进书面辩护词中，有时甚至会修改和调整一些观点。因此庭审后提交的书面辩护词是对当庭发表的辩护意见的总结补充和修改完善。

6. 辩护词需要一种仪式感

笔者认为辩护意见无论是口头表达，还是书面提交，都应当有一定的仪式感，体现辩护律师的职业尊严。

优秀辩护词具备的六大要素

无论是当庭发表的口头辩护意见，还是庭后提交的书面辩护词，都是辩护律师对办理案件的辩护思路和辩护观点的系统梳理和集中展示。

优秀的辩护词需要遵循一定的规律，应当具备以下六大要素。

1. 观点明确，论据充分

所谓观点明确，就是要开门见山，旗帜鲜明地表明自己的辩护观点。不要闪烁其词，不要兜圈子，不要让法官猜你的辩护观点是什么，也不要让法官从你的辩护理由中去寻找你的辩护观点。

对具体的辩护理由也要归纳提炼成一系列小观点，然后再展开论述。从书面表达方式来看，每一段都要有独立的标题和观点，让法官能一目了然。

所谓论据充分，就是每一个辩护观点都要有充分的依据支撑，既有事实方面的依据，也有法律方面的依据，不能信口开河。那些违背情理、异想天开、相互矛盾或者没有证据支持的观点，没有任何说服力。律师要给法官留下讲事实，讲证据的客观印象。

2. 总结升华，突出重点

所谓总结升华，就是要对法庭调查、举证质证等各方面的问题和发表的意见进行归纳总结。

有些在前面没有说透的问题，律师在发表辩护意见时应当予以补充；有些问题和观点在前面已经说得很透彻了，后面就不要再简单重复，而是应当进行归纳概括，在此基础上提炼辩护观点。

所谓重点突出，就是要抓住能够影响定性和量刑的关键性问题，集中进行分析，说深说透。无论是当庭口头表达的辩护意见，还是庭后提交的书面辩护意见，都要力求重点突出，不要面面俱到。

3. 说理充分，逻辑性强

理由越充分越能说服人，逻辑性越强越能吸引人。以偏概全、凭空假设、前提错误、强词夺理、不合情理、强行推理之类的辩护观点，根本不可能让法官接受。

4. 结构合理，层次清晰

辩护意见总体上要说哪些问题，先说什么问题后说什么问题，前后布局要合理。相同的问题要放在同一个段落中进行集中分析论证，不能前面说了后面又说，前后重复。同样，同一个观点也不能反复论证。

不同的段落说不同的问题，表达不同的观点，问题和观点都不能交叉，不能重复。

5. 用词严谨，表达准确

严谨准确的表达是法律活动的基本要求，辩护词是一种诉讼法律文书，口头表达辩护意见也是一种诉讼法律活动，任何用词和表达的不准确、不严谨，都会对辩护观点的原意造成扭曲。

真理向前迈过一步就成了谬误。因而，辩护律师在法庭上表达辩护观点时，一定要注意用词表达得准确严谨，尽量不要说错话，不要说过头话。有时可能就是因为这些说错了的话、说过头的话，从而导致原本正确的辩护意见被忽略，或者也被认为是错误的。

6. 情感表达，理性适度

公诉人发表公诉意见需要充分揭示犯罪行为对社会造成的危害后果的严重性，需要充分挖掘犯罪的原因，需要充分阐述案件对社会的警示作用。为了增强对这些问题的表达力度，公诉人经常会采用充满感情色彩的话语和方式进行表达。

很多辩护律师在发表辩护意见时常常会大段地进行情感表达。情感表达确实可以使辩护更富有感染力，可以给辩护增色，但是情感表达不能泛滥，不能用情感辩护取代事实辩护、法律辩护。

情感表达要适度和理性，就是在紧紧围绕事实、证据和法律进行分析论证的同时，辅之以适度的情感表达，画龙点睛，使其成为一个和谐的整体，否则就会适得其反。

如何把握情感表达的火候和尺度，对辩护律师也确实是一种考验。

底层逻辑

援法而言是辩护词的本质属性，法言法语是辩护词的内在要求和基本特征。

说理性和逻辑性是辩护词的外在形式特征。

辩护词是说给法官听的，是要说服法官。

书面辩护词是对当庭发表的辩护意见的总结补充和修改完善。

优秀的辩护词有规律可循。

开庭时应携带的资料

辩护律师在开庭时应携带哪些资料，对于这个问题，有些律师认为很简单，不会出现什么差错。其实不然，我们经常会发现有很多辩护律师在开庭的过程中四处找资料，就是找不着。

从我们的经验来看，辩护律师在出庭之前，将需要携带的资料列出一个清单，这是最好的防止遗漏资料的方法。

以下几种资料应当列入开庭资料清单之中。

程序性权利事项清单

开庭审理以后，在进入法庭调查之前，法庭会先审理与被告人诉讼权利有关的程序性事项，如被告人和辩护人是否申请回避、对管辖是否有异议、是否申请证人出庭等多达十几种的情形。

为了防止在庭审过程中出现被告人与辩护律师意见不一致的情形，对这些程序性的权利事项，辩护律师在开庭前应当与当事人沟通，达成一致意见。为了防止遗漏某些程序性权利事项，对这些事项及意见应当列出清单，在出庭时带上。

起诉书

刑事案件开庭审理后，公诉人会宣读起诉书，审判长还要询问被告人对起诉书是否有异议，被告人要根据起诉书的指控进行自我辩解和辩护。

因此，在开庭时，辩护律师不仅自己要把起诉书带上法庭，还要叮嘱被告人在开庭时带上起诉书。

发问提纲

在法庭调查阶段，公诉人发问之后，就是辩护人发问。辩护人的发问不应当是随意的、即兴的发问，一般来说，辩护人的发问应当围绕着辩护观点进行。

所以，辩护人一般会事先准备发问提纲，按照提纲进行发问，这样既能使发问有条理、逻辑性强，也不会遗忘重要的问题。

带着发问提纲还有一个好处，就是可以把发问提纲与公诉人的发问进行对比，如果发现有些问题公诉人已经问过了，就不必重复发问；如果发现被告人对于公诉人发问的问题，存在模糊和错误的地方，需要进一步解释，可以在发问提纲上做记号，在辩护律师发问的时候，就这个问题进一步向被告人发问，给被告人提供一个解释和说明的机会，以避免误导法庭。

控方证据目录

在有些情况下，控方会主动把证据目录提供给辩护律师；有些情况下律师需要经过争取，才能得到控方证据目录的复印件。

辩护律师应该将控方的证据目录带到法庭上。这样可以知道控方的举证顺序是怎么安排的，正在对哪份证据发表举证意见，从而跟上控方的节奏。

质证意见

举证质证是法庭调查中的一个重要环节，对控方举示的证据发表质证意见，也是辩护律师在法庭上的主要任务之一。辩护律师一般会在庭审前就对指控证据准备好相应的质证意见。

所以辩护律师必须把已经准备好的质证意见带到法庭，如果没有准备质证意见，或者忘了带事先准备好的质证意见，就很难完整准确地提出质证意见，辩护效果将会大打折扣。

辩方证据

在有些案件中，辩方也会将准备好的证据向法庭举示，并发表举证意见，而且辩方的证据和举证意见一般都在辩护人手中，主要也是由辩护人发表举证意见。所以，辩护律师在开庭前将辩方证据带到法庭上是非常重要的。

辩护词

在法庭上发表辩护意见，是辩护律师在法庭上最主要的任务，很多律师会在开庭前准备好辩护提纲，特别是重大复杂的案件，更是会准备辩护词。

在开庭时，一定要将准备好的辩护提纲或辩护词带上法庭，这样在发表辩护意见时才能够说得有理有据、条理清晰、内容完整；否则，只能按照自己的记忆想到哪说到哪，很有可能会条理不清、挂一漏万。

因此，在开庭之前一定要检查辩护词或者辩护提纲是否带上，否则，不但影响辩护效果，还影响律师的专业形象和敬业精神。如果发生这样的事情，当事人家属很可能会对律师不满意。

二轮备用辩护观点

对于复杂的案件，有些律师还会准备一些备用辩护观点，以备在第二轮辩论时使用。

准备好的备用辩护观点，当然也应当带上法庭，在需要时可以使用，这样也可以使律师在发表第二轮辩护观点时，思路清晰，效果也会更好。

法律法规

在开庭之前，要把与案件有关的法律法规的条款带上法庭，这是因为在有些情况下，控方发表的观点可能会涉及对某个法律条款的错误理解，为了反驳其错误观点，就有可能会用到这些法律法规的条款。

所以宁可备而不用，也不可用而无备，带上法律法规的条款，可以使自己更加有信心，有时候也可以使自己处于更加主动的地位。

律师权益保障规定

“两高”的司法解释中经常会出现保障律师权益的规定，在中央政法委牵头的多部委联合发布的文件中，也会有一些保障律师辩护权益的规定，律师在开庭前应当把这些规定带上法庭。

这是因为在庭审的过程中，有时候会发生一些阻碍律师行使辩护权利的情形，这些阻碍行为大都是不符合相关规定的。律师为了坚持行使某项辩护权利，就可以引用相关的规定条文，向审判长说明律师这种做法的根据和依据，这种做法往往会起到较好的效果。所以律师把有关保障律师权益的规定带上法庭，是有实际意义的。

庭审记录纸和笔

在开庭审理中，辩护律师应当做庭审笔录，当然就应当带上足够的记录纸和记录笔。

有些律师对做庭审笔录不太重视，有的甚至根本不做庭审笔录，有的即便是做笔录，也只是随便记两笔，带的记录纸也就那么两三张，想记更多的内容也不可能，有些律师带的笔也不够用。这些做法都是不专业、不敬业的表现。

辩护律师应当养成法庭记录的良好习惯，应当带上足够使用的庭审记录纸和记录笔，如果是复杂的案件，还要多带几支记录笔。

底层逻辑

庭前准备很重要。

出庭清单不能少。

第七部分

庭前会议

控、辩、审

三方

“预演”

庭前会议前要做哪些准备工作

在许多案件中，召开庭前会议是一种常态，辩护律师要充分利用庭前会议这个机会，为案件的有效辩护创造条件，也为当事人争取好的处理结果打下基础。

在司法实践中，我们经常发现，有些律师对庭前会议的准备工作不太重视，或者不知道要做哪些准备工作，这种现状应当改变。

针对庭前会议，辩护律师可以从以下方面提前做好准备工作。

熟悉庭前会议的讨论事项

辩护律师参加庭前会议，就是要讨论相关事项，而庭前会议要讨论的事项，在《庭前会议规程》和新《刑诉法解释》中都有明确的规定，为了更好地发挥律师参加庭前会议的作用，必须对庭前会议要讨论的事项非常熟悉，才能做好相应的准备。

新《刑诉法解释》第228条第1款规定："庭前会议可以就下列事项向控辩双方了解情况，听取意见：（一）是否对案件管辖有异议；（二）是否申请有关人员回避；（三）是否申请不公开审理；（四）是否申请排除非法证据；（五）是否提供新的证据材料；（六）是否申请重新鉴定或者勘验；（七）是否申请收集、调取证明被告人无罪或者罪轻的证据材料；（八）是否申请证人、鉴定人、有专门知识的人、调查人员、侦查人员或者其他人员出庭，是否对出庭人员名单有异议；（九）是否对涉案财物的权属情况和人民检察院的处理建议有异议；（十）与审判相关的其他问题。"

但是从该条规定所列举的10个事项来看，多数属于被告人及辩护人法定的诉讼权利，是法庭必须告知并听取意见的事项。即使不召开庭前会议，在庭审中，法庭也必须将这些事项告知并听取辩方的意见。控方基本不会主动对这些事项提出异议，但是会在辩方提出意见后，针对辩方的意见表示否定的态度。

可以说，庭前会议了解情况，听取意见的主要对象是辩方，辩护人要把握好庭前会议这个机会，对这些问题进行充分的准备。

研究庭前会议讨论事项的具体规定及变化

在原来的《刑诉法解释》中，召开庭前会议讨论的事项只有8项，新《刑诉法解释》与《庭前会议规程》规定的讨论事项都是10项，但新《刑诉法解释》与《庭前会议规程》相比也有一些变化。

辩护律师要注意这些讨论事项内容的修改，这样在庭前会议上提出的问题才更有针对性。

辩护律师要重点关注以下几个变化。

1. 可以申请调取监察机关收集的未随案移送的有利证据

第一个变化：旧《刑诉法解释》和《庭前会议规程》中都曾经规定“是否申请调取在侦查、审查起诉期间公安机关、人民检察院收集但未随案移送的证明被告人无罪或罪轻的证据材料”，但是在新《刑诉法解释》中删除了这条规定。这个条款虽然被删除了，但并不意味着辩护律师在法庭上，或者在庭前会议上就不能再提这个要求了。

辩护律师在庭前会议中或开庭前依然可以提这个要求，《刑事诉讼法》规定全面移送案件材料，新《刑诉法解释》对全面移送材料也做了相应规定，辩护律师提出这个要求是有依据的。

新《刑诉法解释》第57条规定：“辩护人认为在调查、侦查、审查起诉期间监察机关、公安机关、人民检察院收集的证明被告人无罪或者罪轻的证据材料未随案移送，申请人民法院调取的，应当以书面形式提出，并提供相关线索或者材料。人民法院接受申请后，应当向人民检察院调取。人民检察院移送相关证据材料后，人民法院应当及时通知辩护人。”

因此，虽然新《刑诉法解释》没有把它作为庭前会议中的法定讨论事项，但辩护人的这项权利并没有丧失，新《刑诉法解释》第57条对该事项做了更加全面的规定。

律师不仅可以提出这项申请，而且还增加了可以申请调取监察机关在调查阶段未随案移送的无罪或罪轻的材料的规定，而且，这种申请的权利可以随时行使，并不仅局限于庭前会议中。

2. 强调申请收集调取无罪和罪轻的证据材料

第二个变化：新《刑诉法解释》第228条增加了“是否申请收集调取证明被告人无罪或者罪轻的证据材料”的规定。

虽然《庭前会议规程》第10条有类似的规定，但是该条规定的是“是否申请向证人或者有关单位个人收集调取证据材料”，现在新《刑诉法解释》修改为“是否申请收集调取证明被告人无罪或者罪轻的证据材料”，增加了无罪和罪轻这几个限定条件，也就是强调辩护律师申请收集调取的材料，只能是证明被告人无罪或罪轻的证据材料。

辩护律师在运用这一规定时，要思考的重点就是：怎样才能让法官认为律师申请收集调取的材料是能够证明无罪或者罪轻的材料。辩护律师提出申请的理由要充分，要说得透彻清楚，让法官能够接受，否则法官便不会同意你的申请。

3. 增加了调查人员作为申请出庭的对象

第三个变化：新《刑诉法解释》第228条对申请有关人员出庭的规定有了新变化，增加了调查人员作为新的申请对象。

这里的调查人员是指《监察法》中的调查人员，这个修改与《监察法》和2018年修改后的《刑事诉讼法》是衔接一致的。

辩护律师在实践中要善于运用这个条款，必要时应当申请相关人员出庭。

4. 对涉案财物权属和检察院处理建议有异议权

第四个变化：新《刑诉法解释》第 228 条增加规定了“是否对涉案财物的权属情况和人民检察院的处理建议有异议”的内容，这是第一次把这个问题列入庭前会议讨论的事项中。

这个规定突出了财产辩护的内容，为辩护律师提供了财产辩护的空间，辩护律师要用好这个条款。

5. 可能导致庭审中断的程序性事项，在庭前会议后应作出处理决定

第五个变化：新《刑诉法解释》第 228 条第 3 款规定“对第一款中可能导致庭审中断的程序性事项，在庭前会议后应作出处理决定”，这沿用了《庭前会议规程》的规定。

辩护律师在理解和运用这个条款时要特别注意，庭前会议对上述程序性事项作出处理决定以后，如果辩护律师在庭审中对这些事项，再次提出有关申请或者异议，就必须有新的理由。

准备辩方关心的事项

新《刑诉法解释》规定的庭前会议讨论事项，都是法院要与控辩双方讨论的事项，除此之外，辩护律师对于自己在庭审中可能会遇到的一些与辩护有密切关系的问题非常关心，也想就这些问题在庭前会议上同有关方面商议，争取有关方面接受辩方的意见，或者达成辩方可以接受的意见。

从我们的经验来看，这样的问题主要有两类。

1. 与控方举证有关的问题

比如：

（1）控方证据目录能否提前复制提供给辩方；

（2）控方举证顺序应当在庭前会议上明确；

（3）控方如何分组举证，也应当在庭前会议上明确。

2. 与法庭审理有关的问题

比如：

（1）时间问题：法院的开庭时间、发问时间长短的安排、辩论时间长短的安排等问题；

（2）辩护律师对于公诉人遗漏的证据如何举证；

（3）与被告人有关的问题：庭审中被告人的身体状况能否适应、被告人能否吃药喝水、能否为被告人提供笔和记录纸、被告人书面材料如何转交等相关问题。

与被告人积极沟通协商庭前会议相关事项

从新《刑诉法解释》规定的精神来看，召开庭前会议时，有的案件可能会通知被告人参加，有的可能不会通知被告人参加。不论被告人是否参加庭前会议，只要法院决定召开庭前会议，辩护律师对于辩方拟在庭前会议讨论或表态的事项，在参加庭前会议之前都应当与被告人共同商量确定。有些律师未与被告人商量，擅自对庭前会议讨论的事项表态，这种做法是极不负责任的，也是极不专业的做法。

辩护律师在庭前会议之前，应该为此事项专门会见被告人，会见被告人主要包括 3 项工作。

1. 告知并讲解庭前会议有关的程序问题

庭前会议如何召开的程序问题，涉及会议如何启动、参加人员范围、是否公开等问题。

2. 共同商定庭前会议要讨论的事项

庭前会议研究的几个事项，不仅涉及被告人诉讼权利行使的问题，有很多事项更是涉及可能会对案件产生实质性影响的问题。

因此，辩护律师不仅要和被告人沟通如何理解这些问题，而且要和被告人沟通如何行使这些权利，怎样才能达到辩方追求的效果。而且有些问题需要尽量早一些研究，如果不提前研究，到了庭前会议的前一两天再研究，可能就来不及了。

3. 沟通被告人是否参加庭前会议的问题

如果被告人想参加庭前会议，辩护律师应向合议庭反映并争取；如果被告人不符合参加庭前会议的情形或法院不同意被告人参加庭前会议，律师也要向被告人说明有关情况，做好安抚工作。

对准备的事项制作提纲

由于庭前会议涉及的事项较多，如果辩护人仅靠记忆，在庭前会议中，难免会出现一些遗漏甚至错误的地方。为了提高效率，防止遗漏和错误，辩护律师在同被告人协商一致后，对于辩方拟提交庭前会议进行讨论和表态的事项，应当制作书面的提纲。

底层逻辑

辩方是庭前会议发表意见的主角。

辩方应当抓住庭前会议这个机会，提前做好功课。

辩护人发表意见，应当与被告人沟通协商。

辩方应当抓住机会，提出自己关心的问题。

律师从庭前会议上最想得到什么

法院召开庭前会议的目的，是保证庭审的顺利进行，对一些有可能导致庭审中断的程序性事项提前了解情况，听取意见，并作出处理。

新《刑诉法解释》规定法庭可以向控辩双方了解情况，听取意见的 10 类问题。这些事项是有可能导致庭审中断的程序性事项，其中多数属于法庭应当告知辩方的诉讼权利方面的事项，因而这些事项也就成了法庭最为关心的事项。

除了上述事项外，控辩双方在庭前会议上也有各自最关心或最希望得到解决的问题。如控方最关心的问题，无外乎就是了解辩方对于证据和案件事实的意见。新《刑诉法解释》对这两个问题也做了相应的规定。

对于庭前会议，辩护律师也有自己非常关心的问题，虽然这些问题在新《刑诉法解释》中没有具体规定，但是，辩护律师应当抓住庭前会议这个机会，提出自己关注的问题，同各方沟通，争取有所收获。

协商获得证据目录

对于很多案件的辩护律师来说，是否能够在庭审前取得控方的证据目录复印件，可能是他们最为关心的事项，特别是案情重大复杂、卷宗材料较多的案件，辩护律师的这种心情就更加迫切。

在司法实践中，辩护律师要想获得控方的证据目录，是一件非常艰难的事情。辩方获取证据目录的过程是一个不断争取、逐步推进的过程。

1. 控方初始态度不太积极

在很多案件的庭前会议中，辩方提出要求，希望控方能向辩方提供证据目录复印件，但是控方一般会表示拒绝。控方拒绝的理由一般是认为整理证据目录工作量很大，控方的时间也很紧，而且控方没有提供证据目录给辩方的义务。

2. 经过争取能在举证或开庭前提供

经过辩护律师反复向法院和检察院做工作，有些地方能在开庭前或举证前提供证据目录复印件。比如，在山西省一起涉黑案的审理过程中，控方就是在举证开始前，才通过法院把证据目录复印件当场给律师。

这种做法虽然在时间上有些晚，但是从愿意提供的态度和实际操作的结果来看，比不提供证据目录要好得多。

3. 有的能提前几天提供

司法实践中，经过辩护律师不断地做工作，有些地方还是同意将证据目录复印件提前发给辩护律师，有的提前好几天，有的可能只能提前一天。比如，广东某中级人民法院在审理一起涉黑案时就提前几天把控方的证据目录发给了辩护律师。

无论怎样，只要提前提供证据目录，即便只提前一天提供，对律师来说也是一件好事，这也是律师争取得比较好的情况。

4. 争取复制的有效办法

辩护律师为了获得证据目录复印件，当然要给控方不停地做工作，但是仅给控方做工作还不行，也要同时给法院做工作。

因为辩护律师能否获取证据目录，虽然决定权在控方，但也事关诉讼其他各方。如果辩护律师事前有了证据目录，庭审中举证质证的进展就会更加顺畅，速度也会加快，效率将会提升；否则，影响的是整个庭审的进展速度和效率。

所以辩护律师不妨抓住机会，向法官澄清利害关系，通过法官给控方做工作，效果可能会好得多。实践证明，给检法两家同时做工作，是一个有效的办法。

协调举证顺序和分组

在重大复杂的案件中，由于证据材料数量庞大，控方在举证时不可能一证一举，一般会采用分组举证方式。

控方分组举证是怎么划分的，多少证据为一组，举证的顺序是怎么安排的，这些都是辩护律师比较关心的问题。因为这些问题如果事先不能得到解决的话，在举证质证阶段，辩护律师准备质证的顺序和分组的证据，与控方的举证不仅不可能一一对应，甚至还可能相差甚远，这样就会极大地影响质证的速度和效率。

因此，在庭前会议上，对控方举证的顺序如何安排，如何分组举证，辩方有什么想法和要求都应当明确提出来，由法院主持控辩双方进行协商，达成一致的意见。一般来说，只要辩护律师提出来，这个问题在庭前会议上就能够得到解决。

协商时间安排

1. 协商法院的开庭时间

很多情况下，法院通知开庭的时间会与辩护律师其他案件开庭的时间相冲突，而辩护律师请求法院调整开庭时间，也很难得到法院的同意。

法院不予调整的理由也是多种多样的，有的是已通知了检察院，也通知了其他被告人和律师，无法更改；有的是开庭时间是上级定的，不能更改。也有一些案件，特别是一些重大复杂的案件，检察院和法院的节奏较快，律师刚到检察院复制卷宗不久，案件就起诉到了法院，法官接到案件没几天就确定了开庭的时间。在这种情况下，律师的动作稍微慢一点，就来不及阅完卷，更谈不上会见当事人核实证据和研究辩护观点，所以律师一般也会与法官协商，希望法院能够往后推迟几天开庭。

总之，何时开庭，开庭的时间与其他案件是否会相冲突，这是辩护律师非常关心的问题，也成为辩护律师与法官需要协商的一个内容。

根据我们的经验，在庭前会议期间，辩护律师应抓住机会与法庭协商开庭时间问题。

（1）协商大致的开庭时间

律师要了解法官对开庭时间的大致想法，以及自己阅卷会见、研究辩护观点所需的大概时间。根据这两个因素考虑与法官沟通协商，确定一个大致的开庭时间范围。律师在这个时间范围内就不要再安排其他的事情了。

（2）协商提前通知

确定大致的开庭时间范围后，律师还要和法官进一步协商，争取让法官尽量提前通知开庭时间。这样既便于提前准备，也便于把开庭时间通知给其他法院，防止案件的开庭时间发生冲突。

2. 协商庭审所用的时间

庭审所用的时间，以及庭审期间发问、举证质证、法庭辩论等各阶段能给辩护律师多长的时间，这些都是辩护律师关心的问题。控方根本不担心这些问题，因为控方出庭支持公诉是代表国家行使公权力的行为，出庭的公诉人不用担心庭审期间还会有另外一个案件将要开庭，也不用担心自己法庭发言的时间不够。而这些恰恰是辩护律师担心的问题，所以辩护律师必须利用庭前会议的机会，把这些问题提前与法官沟通，争取得到法官的理解。

底层逻辑

庭前会议是解决辩方难题的有效途径。

能否获取证据目录是辩方在庭前会议上最为关心的问题。

协商举证方式是辩审两方共同关注的问题。

庭前会议上如何对证据发表意见

在庭前会议上，控辩双方如何对证据发表意见，各地的做法完全不同，有的如开庭审理一样，在庭前会议上对证据逐一发表意见；有的仅是简单地表达一下对证据是否有异议。这些不同的做法经常使辩护律师感到困惑，无所适从，不知如何处理才妥当。

新《刑诉法解释》出台以后，关于控辩双方在庭前会议上如何对证据发表意见有了明确规定，这对统一各地的做法起到了很好的指引作用。

根据我们以往的经验和对新《刑诉法解释》的理解，关于辩护律师在庭前会议上如何正确地对证据发表意见，可以从以下 5 个角度进行把握。

简要表态

新《刑诉法解释》第 229 条规定：“庭前会议中，审判人员可以询问控辩双方对证据材料有无异议，对有异议的证据，应当在庭审时重点调查；无异议的，庭审时举证、质证可以简化。”

因为“询问控辩双方对证据材料有无异议”属于“与审判有关的问题”的范畴，所以，庭前会议讨论这个事项也是有依据的。

根据这一规定，在庭前会议中，控辩双方讨论对有关证据材料是否有异议这个话题时，方式可以非常简单直接，双方直接表明“有异议”或“无异议”的态度即可，无须全面展开。

不宜直接发表质证意见

从新《刑诉法解释》第 229 条的规定可以看出，控辩双方对证据材料表达有无异议的态度时，不能把对证据材料有无异议的表态，变成在庭前会议上发表质证意见，不能混淆了庭审质证与庭前会议这两者的界限。

因为庭前会议不同于法庭质证，庭前会议仅需控辩双方指出对证据有无异议，不需对证据有何具体意见进行辩论，因为这些内容属于应该在庭审举证质证环节解决的问题。

关于控辩双方在庭前会议中如何发表意见，《庭前会议规程》第 18 条第 1 款规定：“庭前会议中，对于控辩双方决定在庭审中出示的证据，法院可以组织展示有关证据的目录，听取控辩双方对在案证据的意见，归纳存在争议的证据。”

《庭前会议规程》中这种有关展示证据，听取控辩双方对在案证据的意见的规定，在实践操作中的效果并不理想。

在很多情况下，展示证据，听取控辩双方对在案证据的意见，变成了辩护律师发表质证意见，把原本属于庭审阶段的质证直接提前到了庭前会议中进行。很显然，这种情形就完全混淆了庭前会议与庭审质证两者的界限。

新《刑诉法解释》并没有重复使用这个表述，而是作出新的规定，直接简化为可以询问双方对证据材料有无异议。这个规定不仅符合《刑事诉讼法》的规定，而且简洁明了，容易理解，操作起来也容易掌控，不会出现法官询问对证据材料有无异议，辩护人就直接发表质证意见的情形。

说服控方提供证据目录复印件

既然庭前会议要求控辩双方对证据表达有无异议的意见，那么对辩护律师来讲，其前提就是要知道控方将会在庭审中出示并宣读什么样的证据。

虽然辩护律师查阅了全部的卷宗材料，但是有的案件材料非常复杂，有的仅仅是同一被告人的供述或者同一证人的证言就有多份，辩方如果不知道控方将会出示哪些证据，就无法对这些证据提出有无异议的意见。

因此，在召开庭前会议之前，控方应当将其出示证据的证据目录复印件提供给辩方，只有这样，庭前会议中询问对证据是否有异议的规定才有实际意义，庭前会议的任务才能完成。

过去的实践充分证明了这个道理，在有些案件中，因为控方没有出示任何证据目录，辩方无法具体表达对控方的证据是否有异议，至多只能原则性地表达一两句话，比如，“对大部分证据有异议，对部分证据没有异议”。

应尽量让被告人参加

新《刑诉法解释》第 230 条关于被告人是否参加庭前会议的问题与原规定的原则和基本精神是一致的。

旧《刑诉法解释》第 183 条规定“根据案件情况，可以通知被告人参加”，《庭前会议规程》第 3 条规定，“根据案件情况，被告人可以参加庭前会议”。

新《刑诉法解释》与前两个规定有很大不同的是，新《刑诉法解释》增加了庭前会议“准备询问控辩双方对证据材料意见的，应当通知被告人到场”，旧《刑诉法解释》和《庭前会议规程》中都没有这个内容。

我们认为增加这个内容是应当的，因为既然是询问控辩双方对证据材料是否有意见，仅听取公诉人和辩护律师的意见还不够全面，更应当听取被告人本人对证据材料的意见，这也是被告人辩护权利的内容之一。所以，如果庭前会议要安排听取控辩双方对证据材料是否有意见，就必须通知被告人到场，这一点辩护律师在办案中应当特别注意和重视。

与被告人到场发表意见相关的还涉及被告人两方面权利的问题，也就是被告人在庭前会议前如何熟悉和掌握证据，如何拿到控方的证据目录，辩护律师应当为被告人进一步争取这两项权利。

1. 重视为被告人争取了解证据的权利

在以往的庭前会议中，很多案件因为被告人对证据不了解，根本无法对证据发表意见。比如，在一起集团犯罪案件中就是这样，由于被告人对证据不了解，在庭前会议上法官便让辩护律师先对证据发表意见，然后再让被告人对证据发表意见。

在今后的庭前会议中，因被告人对证据不了解，无法对证据发表意见的情况应当得到改变。

既然新《刑诉法解释》的规定要求被告人到场对证据发表意见，也就意味着被告人在庭前会议之前，应当对证据已经非常了解，换言之，被告人应当享有了解证据内容的权利。《刑事诉讼法》规定辩护人有权与被告人核实证据，反过来也可以印证被告人应当有了解证据的权利。

2. 重视为被告人争取阅读控方证据目录的权利

同样的道理，如果被告人不能阅读控方的证据目录，也就无法对控方的具体证据发表意见。比如，法官在审理前述集团犯罪案件时，在召开庭前会议之前就把控方的证据目录交给了被告人，让他提前熟悉目录，准备意见，这种做法深得辩护律师的赞同。

在庭前会议召开时，公诉人看到被告人手上拿的证据目录，深感诧异，询问他的证据目录是从哪里来的，同时公诉人的眼光就盯向了辩护律师。法官说是法庭给他的，公诉人才没有继续纠缠此事。

由此可以看出，被告人拿到证据目录的重要性以及艰难性，辩护律师应当为被告人争取这项权利，必要时可以通过法院做这个工作。

争取充分的准备时间

在办案实践中，经常遇到这样的情况：法院通知召开庭前会议，由于通知的时间很匆忙，辩方来不及准备，在庭前会议上，当法官要求辩方对证据发表意见时，辩护律师便无法发表意见，导致不得不再次召开庭前会议，有的甚至要召开多次。

既然庭前会议上要询问控辩双方对证据是否有异议，控辩双方就有必要提前对对方的证据进行审查，做出判断，这就需要一定的时间。特别是重大复杂的案件，证据材料较多，对这些证据进行审查更需要一定的时间。相对而言，辩方收集并提供的证据较少，提前交给控方，控方很容易得出是否有异议的结论，需要的时间较少。而控方往往有大量的指控证据，辩方不仅审查需要时间，即便在审查完毕后，对有异议的证据和无异议的证据进行分类和梳理统计，也需要一定的时间。

所以辩护律师在得知法院将要召开庭前会议时，应当提前向法官说明这个情况，争取得到合理的准备时间。

底层逻辑

庭前会议不能等同于开庭审理。

庭前会议交流证据意见不能等同于质证。

庭前会议上如何对事实发表意见

在庭前会议上，辩护律师能否对案件事实发表意见，怎样发表意见，是否可以不发表意见，各地做法也不相同。辩护律师对这些问题也感到非常困惑。

根据实践经验以及对新《刑诉法解释》的理解，我们认为，在庭前会议中，辩护律师要把握以下 3 个问题。

可以对案件事实发表意见

新《刑诉法解释》第 232 条规定：“人民法院在庭前会议中听取控辩双方对案件事实、证据材料的意见后，对明显事实不清、证据不足的案件，可以建议人民检察院补充材料或者撤回起诉。……”

新《刑诉法解释》的这一规定，沿用了《庭前会议规程》第 22 条的规定。这条规定的内容，虽然是有关法院和检察院之间的工作问题，但它实际上也涉及与辩护律师有关的问题。

根据该条的规定，法院对于事实不清、证据不足的案件，可以建议检察院补充材料或者撤回起诉；但是，法院的这种建议行为，是在庭前会议中听取控辩双方对案件事实、证据材料的意见后才作出的。

这个规定从逻辑上讲就意味着，法院在庭前会议中可以听取控辩双方对案件事实发表的意见，换言之，辩护律师在庭前会议中是可以对案件事实发表意见的。

司法实践中，各地法院在庭前会议中均把归纳控辩双方争议焦点作为庭前会议的主要任务之一，因而法官在庭前会议上就会询问控辩双方对案件事实有何意见，特别是询问辩方对指控的事实有无意见，辩方对此问题也不得不发表意见。

发表意见不能替代法庭辩论

虽然根据新《刑诉法解释》的规定，法官在庭前会议上可以听取辩护律师对案件事实的意见，辩护律师对案件事实也可以发表意见，但实际上控方对案件事实的意见已经在起诉书中写得很清楚，在庭前会议上不会再发表新的意见，法官听取意见的重点当然就是辩方，更想了解辩方对案件事实的意见。但是，对于在庭前会议中，法官怎样听取控辩双方对案件事实的意见，以及辩护律师怎样对案件事实发表意见，新《刑诉法解释》并没有相应的明确规定。

实践中各地法院的做法各不相同。有的将应该在法庭辩论环节的内容纳入庭前会议中；有的案件中，法官还要求辩护人发表详细的辩护意见，这些情形都已经超出了庭前会议的工作范畴。

各地律师的做法也不尽相同，有些律师的做法显然也是错误的。比如，在山西省某法院审理的一起集团犯罪案件的庭前会议中，法官询问辩护律师对指控事实有无异议时，有些律师便开始谈起自己的辩护观点，“审判长，我作为被告人某某的辩护律师，认为起诉书指控的事实不能成立，我的辩护意见是，一……二……三……”或“辩护观点是……具体理由是，一……二……三……”表达的意见非常详细。

有的律师干脆就在庭前会议上直接宣读辩护词或辩护意见，仅此一项内容在庭前会议中便占用了很长的时间。

这些做法显然是把庭前会议当成了法庭辩论，混淆了庭前会议和法庭辩论的界限，这些做法都是不合适的。

当然，公诉人或者合议庭都希望在庭前会议上能够了解辩护律师和被告人对案件的看法，所以只要是辩护律师对案件事实发表意见，控方都不会提出反对意见，法官也不会制止。但是，对辩护律师来说，要注意的问题是：在法官听取控辩双方对案件事实的意见时，辩护律师应当根据实际情况需要，掌握好表达意见的度，不能在庭前会议上直接宣读辩护词或辩护意见，这是基本原则。

区分情况采用不同的表达方式

根据我们的经验，辩护律师如果想在庭前会议上对案件事实发表意见，可以根据不同的情况，采用不同的表达方式。

1. 对于事实清楚、证据确实充分的案件

如果案件事实清楚、证据确实充分，仅是对法律适用有分歧，辩护律师可以把主要辩护观点在庭前会议上提出来。

2. 对于事实不清、证据不足的案件

如果是事实不清、证据不足的案件，在庭前会议上只宜简单表明指控事实不清、证据不足就可以了，没有必要详细表达辩护观点。

因为根据实践经验，到了庭前会议这个阶段，很多情况下，控方指控的决心基本上已不可改变，控方在了解到律师认为某些事实和证据有问题后，庭前会议结束后就会让侦查机关有针对性地调整方案，补充材料，修补漏洞，庭审的效果可能对被告人更加不利。

在司法实践中，通过庭前会议发表意见，法院便建议检察院撤回起诉的情况比较少见，检察院补充材料的情况反倒是非常多见。

所以，经验告诉我们，辩护律师在庭前会议中对案件事实及证据材料如何发表意见，应当慎重掌握。

3. 重心应放在法官身上

实际上，我们并不反对辩护律师在庭审前与合议庭的法官沟通，表达自己对案件事实的意见，而且我们提倡与法官要多沟通，争取用我们的辩护观点影响法官。甚至我们也提倡在庭审前与控方多沟通，用我们的观点影响公诉人，但当我们了解或察觉到控方起诉的决心后，在庭前会议上就没有必要再对案件事实展开发表意见。这种情况下，辩护律师表达意见的重心自然就应当转移到合议庭的法官身上。

4. 对案件事实可简要表明态度

为了便于法官在庭前会议上了解和归纳控辩双方的争议焦点，辩护律师对案件事实有无异议可以简单表明态度。

在庭前会议上，我们一般根据对案件事实异议内容的不同，采用不同的表达方式。

（1）对全部指控事实有异议的

可以这样表态："审判长，我们作为某某的辩护律师，对起诉书指控的几起事实，全部都有异议，认为被告人的行为不构成犯罪（或指控事实不清、证据不足），具体意见辩护时再详细发表。"

（2）对部分指控事实有异议的

可以这样表态："审判长，我们作为某某的辩护律师，对起诉书指控的第一起和第二起事实，没有异议，对第三起指控的事实有异议，认为起诉书的第三起指控不能成立（被告人的行为不构成犯罪，或指控事实不清、证据不足），具体意见辩护时再详细发表。"

（3）对指控事实没有异议的

可以这样表态："审判长，我们作为某某的辩护律师，对起诉书指控的事实没有异议，庭审中将作罪轻辩护，具体意见辩护时再发表。"

底层逻辑

庭前会议可以对事实交流意见，不宜直接发表辩护意见。

区分不同案件情况，采用不同表达方式。

律师与被告人在庭前会议上如何配合

辩护律师与被告人的合作应当贯穿辩护的全过程，由于庭前会议并非法定的必经程序，相关规定不太完善，各地做法也各不相同，因而，在庭前会议这个阶段，辩护律师与被告人的合作就极为重要。

有些律师对于这个阶段与被告人的合作不太重视，很多情况没有事先沟通协商，在庭前会议上单方做出决定，这显然是不合适的。

辩护律师只有与被告人密切合作，才能更好地发挥庭前会议的作用，为有效辩护奠定基础。

在这个合作过程中，辩护律师应当发挥主导作用，对被告人进行必要的辅导讲解，帮助其行使好自己的诉讼权利，使庭前会议能够向有利于辩方的方向发展。

根据我们的经验和新《刑诉法解释》的规定，辩护律师与被告人可以从以下 5 个方面加强配合。

协商案件是否符合召开庭前会议的情形

新《刑诉法解释》第 226 条规定，可以召开庭前会议的案件仅有 4 种情形：（1）证据材料较多、案情重大复杂的；（2）控辩双方对事实、证据存在较大争议的；（3）社会影响重大的；（4）需要召开庭前会议的其他情形。

由此可知，并不是所有的案件都需要召开庭前会议，如果不属于这 4 种情形，法院就不会召开庭前会议。

召开庭前会议的目的是保障庭审的顺利进行，就一些程序性的问题提前进行讨论，了解情况，听取控辩双方的意见，甚至对某些问题进行处理。

庭前会议对有关问题进行讨论，并做出有关处理决定，既要保障控辩双方的诉讼权利，又要规范双方的行为，确保庭审的顺畅进行。所以，辩护律师应当和被告人一起研究案件是否符合召开庭前会议的情形。

如果案件不属于召开庭前会议的情形，又有一些事项必须在开庭前处理，辩护律师也可以就这些问题直接同合议庭法官进行协商。

协商是否申请召开庭前会议

新《刑诉法解释》第 227 条规定：控辩双方可以申请人民法院召开庭前会议。这条规定在新《刑诉法解释》中虽然是新增条款，但它完全沿用了《庭前会议规程》的规定。

辩方在行使这项权利时，要注意以下几个问题。

1. 辩护人和被告人均有权提出申请

虽然新《刑诉法解释》没有采用“被告人可以申请”的表述，但是规定“控辩双方可以申请”的含义是比较广的，如果辩方认为应当召开庭前会议，既可以由被告人直接提出申请，也可以由辩护律师提出申请。

2. 是否召开庭前会议的决定权在法院

虽然司法解释赋予辩方有申请召开庭前会议的权利，但是否召开的决定权在法院。

3. 申请召开庭前会议需要说明理由

如果申请的理由不充分，可能法院就不接受。根据我们的理解，申请召开庭前会议的理由就是第 226 条规定的法院可以召开庭前会议的 4 种情形。这 4 种情形中，前 3 种情形含义明确、容易理解，第 4 种情形“需要召开庭前会议的其他情形”的含义则比较模糊。

4. 是否申请要慎重

虽然控辩双方都可以申请召开庭前会议，但是各方申请的具体目的和要达到的目标可能有很大的区别。因此，辩护律师和被告人对于是否要申请召开庭前会议，应当慎重考虑。

5. 法官能直接决定召开庭前会议

虽然新《刑诉法解释》没有明确规定法官能否直接决定召开庭前会议，但根据相关规定的精神及司法实践，法官能直接决定召开庭前会议。实践中，召开庭前会议多是由法官直接决定的。

对庭前会议的讨论事项进行充分协商

新《刑诉法解释》第 228 条规定，庭前会议可以讨论的事项共有 10 项，分别为：“（一）是否对案件管辖有异议；（二）是否申请有关人员回避；（三）是否申请不公开审理；（四）是否申请排除非法证据；（五）是否提供新的证据材料；（六）是否申请重新鉴定或者勘验；（七）是否申请收集、调取证明被告人无罪或者罪轻的证据材料；（八）是否申请证人、鉴定人、有专门知识的人、调查人员、侦查人员或者其他人员出庭，是否对出庭人员名单有异议；（九）是否对涉案财物的权属情况和人民检察院的处理建议有异议；（十）与审判相关的其他问题。”

其中前 8 项都属于辩方的诉讼权利，是法官应当告知并应当听取意见的事项，第 9 项也是应当听取辩方意见和态度的事项。

因此，在参加庭前会议之前，辩护律师和被告人对这些事项应当逐一进行讨论，确定被告人对各个事项的态度，以便律师在庭前会议中提出和表态。

如果被告人对某些事项的态度和辩护律师的态度不一致，双方应当充分协商，从最有利于保护被告人权益这一角度考虑并做出决定。如果辩护律师认为被告人的想法是错误的或不妥的，应当向被告人讲明利弊，说服被告人做出正确的决定。

因为有些庭前会议可能没有通知被告人参加，所以辩护律师在参加这些庭前会议之前，对上述事项更应当征求被告人的意见，带着商量好的意见参加庭前会议。

对被告人出席庭前会议进行辅导

新《刑诉法解释》第 230 条第 3 款规定："庭前会议准备就非法证据排除了解情况、听取意见，或者准备询问控辩双方对证据材料的意见的，应当通知被告人到场。有多名被告人的案件，可以根据情况确定参加庭前会议的被告人。"

如果被告人申请出席庭前会议，就应当帮助被告人提出申请。如果法官通知或者同意被告人参加庭前会议，辩护律师应对被告人进行辅导，以防止其在庭前会议中出错。

熟知庭前会议的法律后果

新《刑诉法解释》第 233 条规定："……对庭前会议中达成一致意见的事项，法庭在向控辩双方核实后，可以当庭予以确认；未达成一致意见的事项，法庭可以归纳控辩双方争议焦点，听取控辩双方意见，依法作出处理。控辩双方在庭前会议中就有关事项达成一致意见，在庭审中反悔的，除有正当理由外，法庭一般不再进行处理。"

新《刑诉法解释》中这条新增加的内容，是在《庭前会议规程》的基础上进行修改的，其精神和基本内容都是一致的。

辩护律师和被告人要特别注意以下两点。

1. 不能轻易反悔

对于在庭前会议中达成一致意见的事项，在庭审中不能轻易反悔，如果要反悔，必须要有能说服法官的正当理由。

2. 达成一致意见前应特别慎重

从另一个角度看，这也提醒辩护律师和被告人，在庭前会议中对某些事项，辩方是否要和控方达成一致意见，应当特别慎重。

底层逻辑

辩护律师和当事人必须互相配合，才能有效发挥庭前会议的功能。

辩方是庭前会议的主角。

配合包括协商、辅导和表态。

如何做好庭前会议和庭审的衔接

虽然庭前会议并不是每一个案件在诉讼中必经的法定程序，但庭前会议是为了保证庭审活动顺畅进行而召开的，庭前会议的工作内容与庭审的内容有直接的关系，庭前会议对于案件的审理具有特殊的意义。

因此，如何将庭前会议的工作内容与后面的庭审活动进行衔接，便显得特别重要，新《刑诉法解释》也将与庭前会议有关的一节的题目确定为“庭前会议和庭审的衔接”。

辩方也应当从辩护的角度，正确理解和运用好新《刑诉法解释》中有关庭前会议与庭审衔接的相关规定，做好两者之间的衔接工作，发挥庭前会议的积极作用。

关于程序性事项的衔接

新《刑诉法解释》第228条第3款规定：“对第一款规定中可能导致庭审中断的程序性事项，人民法院可以在庭前会议后依法作出处理，并在庭审中说明处理决定和理由。控辩双方没有新的理由，在庭审中再次提出有关申请或者异议的，法庭可以在说明庭前会议情况和处理决定理由后，依法予以驳回。”

这一规定主要是关于庭前会议与庭审中有关程序性事项如何处理和衔接的问题。

新《刑诉法解释》第228条第1款规定的10个事项中，是否对案件管辖有异议，是否申请有关人员回避，是否申请不公开审理，是否申请排除非法证据，是否申请重新鉴定或者勘验，是否申请收集、调取证明被告人无罪或者罪轻的证据材料，是否申请证人、鉴定人、有专门知识的人、调查人员、侦查人员或者其他人员出庭，以及是否对出庭人员名单有异议这8个事项，都属于程序性事项。这些事项如果不在庭审前进行讨论，而是在庭审的过程中临时提出来，就有可能导致庭审的中断，所以新《刑诉法解释》就把这7个事项纳入庭前会议中了解情况、听取意见的范围。

对于这些程序性事项的处理和衔接，辩方应当注意以下几点。

1. 辩方只有申请权和异议表达权

这些事项虽然是程序性事项，但同时也是与辩方诉讼权利有关的事项，法院不能单方认为辩方对这些事项没有意见，而是应当向辩方询问情况，听取意见，使辩方的诉讼权利得到保障，在未询问情况和听取意见之前，不应单独做出决定。所以，新《刑诉法解释》

就把这 7 个事项纳入庭前会议中了解情况，听取意见的范围。

但是，辩方的这些诉讼权利仅属于申请权和异议表达权，这些权利行使的后果，也就是相关意见最终能否被接受和采纳，决定权或协调权仍然属于法院。

2. 庭前会议后法院可以依法作出处理

由于这些程序性事项可能会导致庭审中断，所以法院必须在庭审前作出处理。这 7 个事项中，除了申请公诉人回避外，其他几个事项法院都有权直接作出决定。因此，新《刑诉法解释》规定法院对上述事项可以在庭前会议后依法作出处理。同时，由于这些程序性事项关乎辩方的诉讼权利，在正式的庭审中还应进一步通过审理加以明确。

所以，即使法院在庭前会议后对这些程序性事项依法作出了处理，还是要把这些处理的决定和理由在庭审中予以明确说明。这个规定与刑事诉讼法的相关规定是协调一致的。

3. 辩方应服从法院的处理决定

新《刑诉法解释》第 228 条第 3 款规定：法庭对上述程序性事项作出处理决定后，控辩双方没有新的理由，在庭审中再次提出有关申请或者异议，法庭可以在说明庭前会议情况和处理决定理由后，依法予以驳回。也就是说，法院对上述程序性事项作出处理决定后，辩方应当服从。如果没有新的理由，在庭审中，最好不要再次提出相关申请或者异议。

当然，如果出现了新的理由，证明法庭的处理决定是不妥的，在这种情况下，辩方在庭审中可以再次向法庭提出申请，或者提出异议。

这里有两个问题难以把握：一是什么是新理由；二是如果认为

法庭的处理是错误的，怎么办，这是不是新理由。从我们的经验来看，如果辩护律师认为法庭的处理是错误的，在庭审中，还是应当坚持提出异议或申请，至于法庭是采纳还是驳回，则是另外一回事。

关于证据事项方面的衔接

新《刑诉法解释》第229条规定：“庭前会议中，审判人员可以询问控辩双方对证据材料有无异议，对有异议的证据，应当在庭审时重点调查；无异议的，庭审时举证、质证可以简化。”

在庭审质证阶段对证据发表质证意见时，如何与庭前会议中发表的意见进行衔接，辩护律师要注意以下几点。

1. 对有异议的证据重点发表质证意见

对辩方有异议的证据，当然也会成为控方庭审举证和辩方庭审质证的重点。对于这种有异议的证据，控辩双方举证质证的对抗可能会比较激烈，一般都会发表两轮意见，有的甚至可能会发表三轮意见。所以辩方在审查这些证据时应当花大力气。

2. 对没有异议的证据也不能不发表质证意见

虽然新《刑诉法解释》规定：对于控辩双方在庭前会议中没有争议的证据材料，庭审时举证、质证可以简化。但是控方在举证及发表举证意见时，也要让被告人听明白证据的名称、简要的内容以及证明的事项。

辩护律师对于这些证据，在庭审质证阶段也不能简单地表示没有异议，而是应当从证明标准、证明作用等方面进一步发表质证意见。

3. 注意控方庭前会议后补充的证据

控方通过庭前会议了解到辩方对哪些证据材料有意见后，可能会有针对性地补充收集这些证据材料，对于这一点，辩护律师应当进行一定的预测，并且做好审查新证据的心理准备。

4. 预测分析控方的指控思路

虽然起诉书中体现了控方的指控思路，但通过观察控方对证据材料的态度，可以进一步发现控方运用证据进行指控的思路。辩护律师要善于从中预测分析控方运用证据进行指控的思路，并据此对自己的辩护观点进行思考、深化和调整。

关于审查控方补充材料的衔接

新《刑诉法解释》第 232 条规定："人民法院在庭前会议中听取控辩双方对案件事实、证据材料的意见后，对明显事实不清、证据不足的案件，可以建议人民检察院补充材料或者撤回起诉。建议撤回起诉的案件，人民检察院不同意的，开庭审理后，没有新的事实和理由，一般不准许撤回起诉。"

根据这一规定，人民法院在庭前会议中听取控辩双方的意见后，如果认为案件事实不清、证据不足，可以建议检察机关补充材料。既然人民法院提出了这样的建议，就说明需要补充的材料的重要性，检察机关当然也会按照这个建议补充相关材料。

这样，法院的建议不仅对检察机关的工作产生了影响，对律师的辩护工作也产生了影响，在这种情况下，辩护律师应当注意以下几个衔接事项。

1. 及时联系复制材料

检察机关在补充新的材料后，辩护律师就必须查阅复制这些材料。有些情况下，检察院或者法院会主动通知律师复制新的补充材料，有些情况下可能不会主动通知辩护律师。所以辩护律师要跟进案件进展，每一个阶段都应主动与承办人员保持联系，了解是否有新的补充材料需要复制。

2. 与当事人及时核实有关材料

有些案件中，控方补充的材料太多，辩护律师还没有来得及与被告人核实这些证据材料，就走上了法庭。这种情况对辩护工作显然是不利的，辩护律师应当注意避免这些问题，尽量提前与被告人核实补充的证据材料。

3. 要求留够时间审查补充的材料

在很多案件中，控方在召开庭前会议后，还在不断地补充材料，甚至在开庭前几天还在补充材料，这会使辩护律师没有足够的时间审查这些材料。因此，如果在庭前会议后收到的补充材料过多，辩护律师应当向法院申请在开庭前给律师留下足够的时间，保证顺利完成阅卷。

关于庭前会议程序与庭审程序的衔接

新《刑诉法解释》第 233 条规定：“对召开庭前会议的案件，可以在开庭时告知庭前会议情况。……”

庭前会议是为了保证庭审顺利进行而举行的，而且庭前会议是不公开举行的，有些情况下，甚至被告人都没有参加庭前会议，因此，在案件正式开庭审理时，就应当向诉讼参与人员通报庭前会议的情况，也就是所谓的宣读庭前会议报告。

法官通报庭前会议情况或宣读庭前会议报告时，辩护律师要认真听，注意情况通报是否有误或者是否有遗漏的事项。

关于达成一致事项的衔接

新《刑诉法解释》第233条规定：对庭前会议中达成一致意见的事项，法庭在向控辩双方核实后，可以当庭予以确认。控辩双方在庭前会议中就有关事项达成一致意见，在庭审中反悔的，除有正当理由外，法庭一般不再进行处理。

新《刑诉法解释》第228条规定的10个事项中，有一些事项控辩双方可能还是容易达成一致意见的，如是否公开审理的问题等。由于这些程序性事项基本上都是属于辩方诉讼权利的事项，即便在庭前会议中对某些事项达成了一致意见，在正式的庭审中，法庭对这些事项还是应当进行核实，然后当庭确认。这种做法既体现了庭前会议的作用，也尽到了庭审应尽的义务，保障了被告人的合法权益。

对于达成一致意见事项的衔接，辩方应当注意两点。

1. 达成一致意见后不能轻易反悔

在庭前会议中对某些事项达成一致意见后，没有正当理由不能反悔，这项规定体现了庭前会议活动的严肃性，庭前会议的合意对各方都有约束性。如果辩方当庭反悔，又没有正当理由，法庭不会重新处理该项内容。

2. 表态时应当慎重

根据规定，对庭前会议中的某些事项达成一致意见后，控辩双方没有正当理由不能反悔，因此，在庭前会议中对某些事项是否达成一致意见，辩方表态时应当慎重。

关于未达成一致事项的衔接

新《刑诉法解释》第233条规定：对庭前会议中未达成一致意见的事项，法庭可以归纳控辩双方争议焦点，听取控辩双方意见，依法作出处理。

由于庭前会议讨论的事项较多，除了涉及可能会导致庭审中断的程序性事项之外，还有一些其他与审判有关的事项，对于这些事项，控、辩、审三方的观点可能很难达成一致意见。特别是辩方提出申请的事项，控方和法庭在很多情况下都不会采纳辩方的意见。

对于这些庭前会议中未达成一致意见的事项的衔接处理，辩方应当注意两点。

1. 在庭审中辩方有权利坚持提出

由于这些事项中多数属于辩方的诉讼权利，有些属于庭审中必须处理的事项，因此，这些事项如果在庭前会议中未被控方或法庭接受，辩方在庭审中仍然有权利对这些事项坚持提出申请或者表示异议。

2. 经庭审后依法作出处理

对这些未达成一致意见的事项，也就变成庭审活动中要进一步继续审理的事项，法院在后续的开庭审理过程中，要进一步听取控辩双方的意见，然后依法作出相应的处理。

底层逻辑

庭前会议和庭审二者需衔接的内容非常广泛。

庭前会议的成果要受到尊重，达成一致意见后不能反悔。

辩方要高度重视庭前会议后控方提交的新证据。

第八部分

庭审发问

如何运用
有价值的
问题和答案

公诉人对被告人发问的特点

在法庭上经常会看到这样的情景，公诉人对被告人进行发问时，被告人的辩护律师却在忙其他的事情，认为公诉人对被告人的发问与他不相干，而且很多情况下公诉人的发问存在明显的诱导和威胁，而辩护人却非常淡定，没有任何反对的表示。

那么面对公诉人的发问，辩护人应当做些什么呢？

这个问题非常重要，辩护律师如果重视，并且能够很好地处理这个问题，将会形成辩护的合力；否则，被告人的辩解与辩护人的辩护就变成了互不相干的独角戏，有时甚至还可能是互相矛盾的对台戏。

根据我们的经验，积极应对的前提是要了解公诉人发问的特点，只有对公诉人发问的特点有一定的了解，才能有针对性地进行庭前准备和庭前辅导，不仅辩护人要了解这些特点，而且在庭前辅导时也要让被告人了解这些特点。

根据我们的观察，公诉人对被告人进行发问时，大致有以下 7 个特点。

在发问前进行庭前教育

在法庭上，我们注意到，公诉人在向被告人发问时，会先对被告人进行一番教育，然后再发问与案件有关的问题。例如，公诉人往往会说：被告人你要如实回答问题，根据法律规定，只有如实回答，才能得到从轻处罚。又如，今天在法庭上，你要如实供述，不能避重就轻，希望你能珍惜这个机会，争取有个好的态度。

公诉人的庭前教育，主要有两个目的。

1. 希望被告人作出认罪供述

公诉人的庭前教育无论怎么表述，也无论内容长短，都是希望被告人作出认罪的供述。

如果被告人原来是有罪供述，公诉人当然希望被告人坚持原来的供述，不要做出新的解释，更不要翻供；即使被告人原来是无罪供述，公诉人也希望其能当庭作出认罪供述。

2. 对被告人的心理产生威慑

公诉人的这种庭前教育，从某种程度上说也是一种警告和心理攻势，对被告人的心理会产生一种威慑，可能会起到公诉人所想达到的效果。

发问态度严肃

公诉人在法庭上向被告人发问是代表国家出庭支持公诉的重要内容，公诉人在法庭上非常注意形象，对被告人进行发问时，态度往往是严肃的，语气也是严厉的，有些公诉人的语气甚至是盛气凌人的，有时还会在法庭上训斥被告人。有些公诉人习惯营造一种对被告人保持心理压力的氛围，使被告人无法从容回答问题，也不敢过多辩解。

对此律师应提醒被告人保持理性，如实客观地供述案件事实。

所提问题对被告人不利

由于角色定位和发问目的不同，不同的发问人在同一个案件中所发问的内容会有很大的不同。

公诉人的角色是指控方，其发问的目的是通过问答的内容展现或印证指控的事实，所以在法庭调查环节，其对被告人发问的内容都是围绕指控进行的。

因此公诉人发问的问题基本上都是对被告人不利的问题，对于被告人有利的问题基本上不会发问，这是公诉人发问最基本的特点。

对此律师应提醒被告人认真听清公诉人问话，思考清楚后再回答问题，如果没有听懂或听清，可以要求公诉人再一次重新发问。对同一个问题，应当做出相同的回答，不能前后矛盾。

多采用封闭式发问

实践中，一般把发问的方式分成两种，即开放式发问和封闭式发问。所谓开放式发问，是指提出比较概括、广泛、范围较大的问题，对回答的内容限制不严格，给回答者留下充分回答和解释的余地；所谓封闭式发问，是指在特定的范围内能引出特定答案（如“是”或“否”）的问句。对封闭式的发问，回答者只能回答是或者不是，不能做出其他的选择和解释。

我国刑事诉讼法律中并没有作出类似的规定，实践中办案机关普遍采用这种问话方式。

公诉人向被告人发问的问题，绝大部分都是公诉人认为已经有充足证据支持的，公诉人发问的目的就是想通过被告人的口头回答把这些答案在法庭上公开说出来。

为了防止被告人对问题进行解释，冲淡发问的目的，公诉人往往会采用封闭式的发问方式，让被告人只回答“是”或者“不是”，不给被告人解释的机会。而且，这些问题往往都设有圈套，如果仅简要回答“是”或者“不是”就会落入圈套，使被告人陷入进退两难的境地。

对此律师应提醒被告人要弄明白公诉人的发问目的，避免被误导。

经常提出进退两难的问题

在有些案件中，公诉人会提出一些让被告人不知如何回答、进退两难的问题，这种问法一般是针对比较特殊的被告人，比如对有投案自首，或者有其他明显的从轻减轻情节的被告人。

这些被告人有时会处于一种摇摆不定的状态，一方面心里认为自己无罪，也不愿意认罪；另一方面又怕在法庭上作无罪的辩解得不到法庭的采纳，反而最后丢掉了自首的认定，丢掉了从轻处罚的机会。公诉人了解到被告人这种摇摆不定的心态后，就会采用这种发问方式。

比如，公诉人会首先发问：被告人，你在侦查阶段的供述是如实供述吗？你认罪吗？从而使被告人陷入一种两难的境地。

对此律师应提醒被告人选择正确的回答方式，提醒被告人弄明白如实供述、认罪与辩解或翻供之间的关系，让其选择对自己有利的正确回答方式。

发问策略因案因人而异

公诉人的发问方式不是一成不变的，而是针对不同的案件或被告人，采取不同的发问策略。

1. 对认罪案件正常发问

根据我们在庭审中的观察，一般来说，对于被告人认罪的案件，公诉人会按部就班地进行发问。对于某些指控事实和证据没有争议的简单的认罪案件，公诉人的发问会比较简单；对于被告人认罪认罚的案件，公诉人的发问可能会更加简单。比如，你在侦查阶段所作的供述属实吗？你在审查起诉阶段签署的认罪认罚具结书是不是你的真实意思表示？是自愿的吗？等等。

2. 对不认罪案件不发问

对于被告人不认罪或翻供的案件，实践中，公诉人一般会采取暂不发问的策略。

比如，对被告人自始至终不认罪的案件，在发问阶段，公诉人一般都不发问，公诉人会向法庭表示：鉴于被告人不认罪的态度，暂不发问，公诉人将在举证阶段结合证据材料证明本案的相关事实情况。

3. 对否认部分不发问

也有一些公诉人会对没有争议的事实情节进行发问，对被告人否认的事实情节则不发问。这种做法对公诉人来说，既可以不给被告人创造向法庭辩解的机会，也可以避免在被告人作无罪辩解时给公诉人带来尴尬。

4. 对翻供案件不发问

对翻供的被告人，公诉人在庭审时一般也不会再继续发问。面对这种情况，公诉人一般会表示：鉴于被告人当庭翻供，公诉人不再发问，“将在举证质证阶段通过证据来证实被告人辩解的虚假性”或者“将在举证质证阶段通过证据来证明被告人的犯罪事实”。

5. 等辩护人发问后再发问

有时候公诉人也会简要地问一些与具体犯罪行为无关的、没有争议的其他问题，或者等辩护人发问后再发问。

6. 对不认罪翻供等案件发问时会设置陷阱

也有的公诉人会直接针对被告人不认罪、翻供及控辩双方可能存在争议的部分进行有针对性的发问。而且，对于不认罪的被告人，公诉人往往会在随后的发问中设置陷阱，使被告人不能自圆其说，或者陷入前后矛盾的境地，得出荒谬的结论，从而让法庭和旁听人员对其产生不信任感，对其当庭辩解不予采信。

7. 先对认罪的被告人发问

对于同案犯人数较多的案件，公诉人有时可能会先对认罪的被告人进行发问，而不是先对第一被告人进行发问。即使第一被告人在后面的发问中否认某些事实情节，也会给法庭留下不可信的印象。

对此律师应提醒被告人不因公诉人发问策略的变化而扰乱心绪，要让被告人弄清楚自己属于哪种情形，做到心中有数，不要因这些变化而扰乱心绪。

经常补充发问

在辩护人发问以后，控方往往会针对被告人的辩解进行重新发问，其目的就是想通过补充发问，推翻被告人在前面做出的有利回答。也有的公诉人采用的发问策略是，开始问话比较少，等辩护人问完之后，再根据辩护人发问或被告人回答的内容补充发问。

对此律师应堵塞发问的漏洞。

让被告人了解这个特点，让其弄明白回答后会引起公诉人什么样的反应，提前预测公诉人就此问题还会再问些什么。

辩护人了解这个特点以后，可以预测自己发问的后果，以及控方是否会重新发问，以及怎样发问，从而堵塞发问的漏洞。

底层逻辑

了解公诉人的发问特点，有助于庭前准备和庭前辅导。

了解公诉人的发问特点，有助于理性慎重地面对发问。

了解公诉人的发问目的，能避免因误导而做出错误回答。

了解公诉人的发问特点，就不会被公诉人的发问策略扰乱心绪。

了解公诉人的发问特点，有利于辩护律师堵塞发问漏洞。

辩方如何应对公诉人的发问

法庭调查主要是通过发问进行的，公诉人、辩护人、法官三方都会向被告人发问。

公诉人对被告人的发问是法庭调查中的重头戏，公诉人的发问以及被告人的回答在很大程度上能直接影响合议庭对案件事实的判断，也能影响合议庭对被告人的印象。

因此，积极应对公诉人的发问，对于有效开展辩护，保护被告人的合法权益，具有十分重要的意义。

辩护律师有效应对的 6 项措施，归纳如下。

共同面对

应对公诉人发问并非被告人的独角戏。

在法庭上，公诉人不仅是代表国家进行追诉的公权力代表，而且还是法律专业人员，在对被告人进行发问时，会采用灵活多变的专业方法和技巧策略。

被告人处于被动的地位，且缺乏法律专业知识和技能，对公诉人发问的特点也不了解，在回答问题时，很难对某些案件的事实情节做出全面的描述，有时还会对公诉人的发问产生误解，做出错误的回答，进而误导合议庭对案件事实的判断。

辩护律师是法律专业人士，基于他的辩护职责和专业技能，对公诉人发问的方法特点和技巧有一定的了解，可以根据案件材料对公诉人的发问事先做出预测和相应准备，也可以给被告人进行专业的辅导，从而避免其被误导。

由此可见，如何面对公诉人的发问，不仅仅是被告人个人的问题，而且是被告人和辩护律师共同面对、共同思考的问题，只有这样才能形成辩护的合力，起到更好的辩护效果。

我们很多辩护律师之所以忽视这项工作，有的是没有想过这个问题，有的可能是不愿意劳心费力，有的可能是认为考虑这些问题没有用等，这样的现状必须改变。

熟悉公诉人的发问特点

了解公诉人发问的特点是积极应对的前提。只有对公诉人的发问特点和规律有一定的了解，才能有针对性地进行庭前准备和庭前辅导工作。辩护律师不仅要了解这些特点，而且在庭前辅导时也要让被告人了解这些特点。

对公诉人的发问事先预测和准备

最好的方式是站在公诉人的角度进行思考，根据案件材料和起诉书的指控，预测公诉人可能会发问的问题，尤其是可能会问哪些不利的问题，这些问题会对合议庭产生什么样的影响。

对被告人进行发问辅导

辅导不是辩护律师教被告人应当怎样回答某个问题，而是把公诉人发问的方式方法和特点告诉被告人，也可以模拟公诉人进行发问。

对被告人不利的问题，要反复向被告人发问，对他的辩解要善于发现不合理、不周全的地方，反复追问，有时还要进行刁难性的发问，看看他最后的回答是否合理，从而也能辨别被告人的回答和辩解是否真实。

当然，也要对被告人进行安抚，帮助其克服紧张情绪。

认真倾听公诉人发问

对被告人没有正确回答，回答内容有偏差、错误的，或者是没有来得及解释的问题，辩护律师要及时记录下来，并进行重点标记，只有这样，才有可能在辩护人发问环节采取措施进行相应补救。

积极补救

主要的补救方法就是重新发问、充分发问，把正确的答案问出来，扭转错误回答给合议庭造成的不利影响。

如果辩护律师没有认真听公诉人发问，遗漏了重要问题，就会造成难以扭转的被动局面。

底层逻辑

知己知彼，百战不殆。

不重视控方发问的辩护等于自说自话。

辩护人庭审发问的内容和范围

根据辩护人发问的目的和功能，辩护人在法庭调查环节向被告人发问的重点大致可以归纳如下。

对起诉书指控不实或证据不足的事实情节进行发问，让被告人进行辩解

我们在会见中了解到，被告人对于起诉意见书或起诉书中许多指控的事实情节不予认可，这种情况非常普遍，而这些事实情节就有可能是控辩双方争议的焦点。

那么被告人为什么对某些指控或全部指控不认可呢，就要通过发问让他充分辩解，问出对辩方有利的事实或情节。

比如，在山西陈大雄破坏生产经营案中，起诉书指控被告人陈大雄给村委会主任黄明仁打电话，指使黄明仁组织村民围堵煤矿，涉嫌破坏生产经营罪。庭前会见中，被告人对起诉书指控的涉案事实予以否认并进行了辩解，我们作为辩护人认为被告人的辩解合理。

在庭审发问环节，我们对被告人进行了如下发问。

问："陈大雄，起诉书指控你给村委会主任打电话，指使他组织村民围堵煤矿，是不是事实？"

答："不是事实，我没有给村委会主任打电话让他组织人围堵煤矿。"

问："那么在围堵煤矿期间，村委会主任给你打过电话吗？"

答："没有。"

问："你们两人说过堵煤矿的事吗？"

答："没有，堵煤矿的事我当时毫不知情，很久以后才听说。"

由上可见，被告人的回答基本上是对起诉书指控不真实的事实进行了辩解。

对公诉人发问或回答遗漏的对被告人有利的地方进行补充发问

庭审中，公诉人发问时，经常会先问一个对被告人不利的问题，造成法官对被告人不利的印象，然后立即问下一个问题，不让被告人做更多的解释。面对这种情况，辩护人在发问阶段就必须通过发问进行补救。

比如，在湖北余小强涉黑案中，起诉书指控余小强是黑社会性质组织的老大，余小强是起诉书中所列的第一被告人，在庭审中公诉人先向余小强发问：

问："余小强，你是否认识本案其他被告人？"

答："都认识。"

公诉人接着转移话题，讯问被告人其他问题。

我们发现，公诉人这种只找对被告人不利的问题进行发问的方式，给法庭造成了第一被告人和其他同案被告人都认识的不利印象，但并没有将第一被告人与其他同案被告人的关系是否密切、是否经常来往或联系等内容呈现给法庭。

我们在会见时也了解到，第一被告人虽然认识同案其他被告人，但只是认识，第一被告人与这些人平时没有往来，互相之间甚至没有联系方式，这些对被告人有利的事实情节没有在法庭得到呈现。

在这种情况下，我们在辩护人发问环节就接着公诉人的话题向被告人发问：

问："余小强，你刚才回答公诉人的发问时说到，你与本案其他被告人相识，你和这些人是怎么认识的？"

答：“我和这些人都是同一个村的同乡，所以认识。”

问：“你和这些人平常是否有联系？是否经常见面？你把这些情况向法庭如实陈述一下。”

答：“我与这些人认识都是十几年前的事情了，2005 年我就离开村里，一直在汉口做生意，我与这些人十几年内没有来往，也没有电话联系。”

通过这番问话，给法庭留下了被告人和这些人虽然认识，但已经很多年没有联系的印象。

对公诉人发问时明确限制被告人辩解的问题进行补充发问

因公诉人采取封闭式发问，只让被告人说是或者不是，不允许被告人展开辩解，这种情况实际上就让被告人难以全面说明案情。

此时，辩护人对这些问话应该着重标记，在辩护人发问环节有针对性地进行发问，让被告人有机会对这些问题进行解释。

例如，在一起建筑工程大火案审理过程中，公诉人向被告人黄福发问：

问：“案发当晚的烟花是不是你点燃的？”

答：“是的。但本来不应该由我来点燃，原因是……”

问：“被告人，你只需要回答‘是’或者‘不是’，不用解释。请回答下一个问题……”

我们在阅卷和会见时都了解到，虽然烟花确实是被告人点燃的，但是他的点火行为不是主动的，具有被动性、突发性和偶发性。

为了向法庭全面地呈现当时的客观情况，特别是呈现对他有利的事实情节，在辩护人发问环节，我们便对其中的关键环节进行了详细发问。

问："黄福，你刚才回答公诉人的问话时，说是你点的烟花，为什么由你来点燃烟花呢？你把具体情况向法庭说清楚。"

答："当时是我们一把手领导亲自去点火的，我们站的地方与点火的地方还有一段距离，他拿着电子点火器去点了没点着，走回来问工作人员怎么回事，有关人员检查后说是电子点火器出了点小问题，修好后又递给了一把手，一把手接过了点火器走了两步，又回过头来把点火器给了我，说他腿关节不好，让我去点火，我便拿着点火器去点火了。"

问："原来安排的是谁点火？"

答："这样的庆典活动，开会商量安排的就是一把手领导亲自点火。"

问："既然安排的是一把手领导点火，他临时让你点火，你为什么不推托呢？"

答："他去了一趟没点着，而且他的腿关节确实不好，我们站的地方与点火的地方，距离还比较远，正是考虑到这些情况，我才不好意思推托……"

黄福的辩解，说出了对他有利的内容。后来他在被告人中的排序，从起诉书中的第二被告人，到法院判决时往后面降了好几位。

对于被告人被误导或者某些没说清楚的关键问题进行补充发问

有些公诉人发问的方式会使被告人产生误解，也有的是被告人对公诉人发问的问题没听明白或理解错误，被告人做出了不全面的甚至是错误的回答，这些情形都需要辩护人发问时进一步补充发问进行补救。

比如，山西陈大雄涉黑案中，在法庭调查陈大雄个人及家庭财产时，公诉人的发问就出现了这样的情况。

问："陈大雄，你平时有何收入来源或者靠什么收入为生？"

答："我是铁匠，打铁、卖矿上的废旧物品。"

问："你银行卡上的款项都是些什么钱？"

答："都是我的合法收入。"

问："你妻子有无收入来源？"

答："她没有收入来源，都是靠我。"

我们在阅卷时注意到了财产问题，通过会见了解到陈大雄的妻子曾经开过多年的饭馆，收入也不少，只是这几年岁数大了，才休息不干了。

很明显，陈大雄当庭说妻子没有收入，生活都靠他的回答并不正确，尤其是公诉人的问话没有起止时间，很容易让被告人产生误解，因而，我们的第一感觉是陈大雄没有把这个问题说清楚。

这种回答必然会让法官产生错误判断，认为被告人妻子的银行卡里的钱也是源于被告人陈大雄，作为辩护人，对这个问题必须要补充发问。所以我们在辩护人发问环节便进行了补充发问。

问："陈大雄，你刚才在回答公诉人的问话时说你妻子没有收入来源，指的是你妻子这几十年一直没有工作和收入吗？"

答："不是的，我说的是现在的这两三年。在此之前，她开过五六年饭店，开过五六年石料厂。"

问："你们夫妻双方挣的钱由谁保管？"

答："我们是经济各自独立，我的钱在我的账户，我妻子的钱她自己保管，与我无关。"

我们通过这次补充发问，向法庭呈现了陈大雄的妻子是有收入来源的，且经济独立，其银行卡上的款项与陈大雄无关，系其个人合法经营所得。

即使认定陈大雄构成涉黑犯罪，这部分款项也应该属于陈大雄妻子的合法财产，应予以保留。

对起诉书认定事实中有重大遗漏或卷宗中没有涉及的对被告人有利的事实情节进行发问

比如，在广东车有德涉嫌非国家工作人员受贿案中，起诉书指控被告人车有德利用担任社区党委书记的职务便利，帮助包工头郭好承接社区居委会的工程项目。

有一次，车有德介绍包工头郭好承建在外经商人员师文宇在社区的房屋工程。完工后师文宇支付 180 万元工程款给郭好。被告人车有德得知后要求郭好退回 100 万元给师文宇，郭好联系后，师文宇表示拒绝收回。车有德以将 100 万元转交给房主为由，要求郭好提现金 100 万元交给自己。

郭好为了能够继续在社区居委会承建工程，遂提取现金 100 万元拿到居委会办公室交给被告人车有德。车有德收到该款后，既没有退还给房主师文宇，也没有返还包工头郭好，而是将其用于个人开支。其行为构成非国家工作人员受贿罪。

我们在会见时，被告人就此事向我们做了三点辩解。

第一点辩解是他和郭好、师文宇都是好朋友，他认为帮朋友盖房收取成本就够了，不应该赚钱，所以才让郭好退回 100 万元。郭好给房主师文宇打电话表示要退回 100 万元，师文宇没有接受。

第二点辩解是郭好退款没退成后，便把 100 万元拿到居委会办公室交给车有德，车有德当着郭好、村委会主任和副主任三人的面给房主师文宇打电话，表明 100 万元已在自己手上，坚持要把这 100 万元退给他。

第三点辩解是车有德打完电话就把钱交给了村委会主任，让其等待合适的时候交给房主师文宇，然后自己便去了广州，不承想 20 多天后自己被留置了，钱是否退还就不清楚了。

经查阅卷宗材料，关于让郭好与师文宇联系表示退 100 万元的辩解在卷宗材料中得到郭好和师文宇证言的印证。

但后两点辩解即郭好把 100 万元拿到办公室以后的情况，在卷宗材料中仅有被告人称该 100 万元被自己使用了的供述，包工头郭好、村委会主任和副主任等人的证言材料中都没有关于这一段情况的描述。

我们认为，虽然这一事实情节在起诉书中没有涉及，卷宗材料中也没有，但根据被告人本人的辩解来看，对被告人有利，在法庭调查阶段应当向法庭呈现这一事实情节。

为此，辩护人围绕这个问题进行了重点发问。

问：“车有德，起诉书指控郭好把 100 万元现金拿到居委会办公室交给你以后，你个人把这个钱用了。我们在会见你的时候，你辩解说这个钱你没有用，是这样吗？”

答：“是的，郭好把 100 万元拿到我的办公室，这是事实，但是我个人没有使用这个钱。”

问：“那么现在请你把郭好把 100 万元拿到居委会办公室以后

的情况，如实向法庭陈述一下。”

答：“郭好把 100 万元拿到居委会办公室后，我当着郭好、村委会主任以及副主任三人的面给师文宇打电话，表示要归还 100 万元，对方还是表示不要。我就当着村委会副主任的面，将 100 万元交给了村委会主任，让村委会主任找机会还给师文宇。”

问：“你为什么不亲自把钱拿给他，而是交给村委会主任转交呢？”

答：“我当时有事要去广州，而且村委会主任和师文宇的关系也很好，所以就托付他转交。”

问：“那么后来他们是否转交了，这个情况你了解吗？”

答：“不了解。”

问：“你为什么不了解呢？你没有过问催办吗？”

答：“我到广州后没过几天就被留置了，也没有来得及问这个情况。”

在后来的询问环节，村委会主任和副主任均证实了被告人车有德的说法。

该项指控最后在判决时也没有被法院认定为犯罪。

对辩方调取的证据或证据线索中的相关问题进行发问

因为这些证据是辩方调取的，并已作为对被告人有利的辩方证据或证据线索呈交给了法庭，因此对于与该证据有关的问题应当进行发问。

比如，浙江某著名公司的管理人员王强职务侵占案中，被告人王强在该著名公司广告营销部任职，负责在其他门户网站上投放公司广告业务，其利用这一优势，另成立公司与自己任职的公司签订代理投放广告业务的协议，再将这些业务转包给其他网站的相关人员完成。

起诉书指控王强并未实际进行广告投放，而是与他人制造了虚假点击量，侵占其任职公司的广告款项，构成职务侵占罪。

会见时，我们询问王强是否有真实的广告投放，其辩解称确实有真实的广告投放，而且每次投放他都将广告投放网站的截图保留并储存在硬盘中，硬盘放在自己的家里。

考虑到该证据对被告人有利，我们通过其家属进行了调取并提交法院。在法庭上，辩护人针对调取的硬盘及其内容向被告人进行发问：

问："你将业务转包给有关人员后，他们是否告知你广告已上线投放？"

答："广告上线之后，他们会将广告链接和截图通过 QQ 或邮件发给我。"

问："你是否亲自到广告发布页面查看已上线的广告？"

答："我每次都会亲自上网查看，并做截图。"

问："你自己是否对这些广告截图进行备份？"

答："我都会截图进行备份，存放在我的硬盘中。"

问："这些硬盘存放在哪里？"

答："放在我家里，就是律师通过我家属调取并交给法院的两个移动硬盘。这些硬盘里的内容都可以证明有实际的广告投放，不是虚假点击量。"

辩护人通过问话使调取的对被告人有利的证据呈现给法庭，最终法庭部分认可了被告人的辩解内容，对于起诉书指控中的部分内容没有予以支持。

对已有的有利于当事人的重要事实情节进行强化发问

案卷材料中记载的对当事人有利的事实和情节，在公诉人发问时很少涉及，而且认定时也往往会发生争议，所以辩护人在发问环节应当进行发问，以引起法庭足够的重视，强化合议庭对这些事实情节的印象。

比如，针对湖北任丽花受贿案中的自首问题，在办理该案时，我们通过阅卷发现，该市某房管局监察室出具的《情况说明》证实：任丽花案发当天上午接到某区人民检察院工作人员找她的电话，任丽花在电话中告知办案人员，其正在参加年度工作会议，请检察人员到会场来，并表示在“原地”等待他们。检察人员到达后，任丽花便主动配合他们的工作，和他们一起到某区人民检察院接受调查。卷宗材料显示，她到检察院后，就对相关事实作了如实供述。

作为任丽花的辩护律师，我们认为，该份说明能够证实任丽花接到检察机关的电话通知后，没有逃跑，而是主动告知所在位置，并在原地等待检察人员的到来，而且归案时主动配合，没有抗拒行为，并如实供述涉案事实，属于自首。

在法庭调查阶段，公诉人并没有对这一事实情节进行发问，故我们向被告人进行了发问。

问：“你是如何归案的？”

答：“那天上午，我接到检察院电话，说找我了解有关情况，我告诉他们我在开会，他们说到会场找我，我说好的。”

问：“你当时有没有离开会场或去其他地方？”

答：“没有，我一直在会场等到检察院的人来，然后被他们带走了。”

问：“你到案后，是否主动配合办案人员？”

答：“我到检察院后，就如实向办案人员陈述了相关案件事实。”

最终，一审法院认定被告人具有自首情节。

对于卷宗材料中没有记载的但被告人的辩解有利于自己的事实和情节进行发问

虽然法律规定办案人员在调查取证时，应当全面客观地调取收集证据材料，但司法实践中完全做到这样很难，无论是有意的还是无意的，对被告人有利的一些证据材料和细节，很难在卷宗材料中得到体现。这就需要辩护律师通过发问，还原和展现这些材料以及材料背后的细节。

比如，在辽宁叶根茂涉嫌受贿案中，在我们会见时，被告人叶根茂称起诉书指控他索贿的200万元，实际上是他帮忙为其亲属的小额贷款公司向钱广源借的款项，不是索贿，并且当时商谈借款时有多名在场人员能够证实。

他在侦查阶段把这些情况向办案人员进行了说明，但我们在卷宗材料中没有看到办案人员向这些在场人员进行调查的笔录。

辩护人在开庭前对这个事实环节进行了调查，也向法庭提交了相应材料，合议庭也同意辩护人在庭审时就此问题向被告人叶根茂进行重点发问。

在庭审中，辩护人就这个问题向被告人进行了重点发问：

问:“叶根茂,2009年你是否帮助小额贷款公司向他人借过钱？”

答：“借过。”

问：“你找谁借的钱？”

答：“我向钱广源借的。”

问：“你是通过什么方式向他表示要借钱的？”

答：“我当时是给他打电话说的。”

问：“你是在什么地方打的电话？”

答：“在温瑞的玉器公司一楼楼下喝茶时打的。”

问：“你当时是怎么和钱广源说的？”

答：“我对他说：我四叔的小额贷款公司要借钱，你有没有钱？钱广源回答说：有。我说：我让我四叔和你联系，他说：行。就放下了电话。”

问：“你后来和你四叔联系了吗？”

答：“我当时就打电话让我四叔联系钱广源借钱。”

问：“后来你四叔借到钱了吗？”

答:“后来我四叔告诉我,他和钱广源联系了,账号发给钱广源后,钱广源就打了200万元过来。”

问：“你为什么在喝茶时向钱广源打电话借钱呢？”

答：“当时我们几个人在一起喝茶聊天，我参股的小额贷款公司经理，就是我四叔，给我打电话说最近有笔贷款业务，资金周转不开，让我想办法找人借钱。我便给钱广源打电话说了这个事情，他同意借，我就让四叔找他联系借钱。”

问：“你打电话时有人在场吗？”

答：“当时有我、温瑞、朱三、邵广、刘声、王洁等人。”

办案机关庭审后向这几名在场证人进行了调查核实，这些在场人员的证言与叶根茂的庭审辩解一致。

最终一审法院认定该款项为借款，判决被告人叶根茂无罪。

底层逻辑

辩护律师的发问都是围绕辩护观点进行的。

辩护律师的发问起到查漏补缺的作用。

辩护律师的发问要起到纠错辩解的作用。

向被告人发问的几个基本方法

实践中，如何发问有一定的规则可循，也有一定的方法，这些规则和方法是由其内在的规律决定的，有些规则和方法是控辩双方发问时都要共同遵循的，有些则是由各自的职责和角色定位决定的。

辩护人要想提高庭审发问水平，就应当研究遵循这些规则和方法，避免错误的发问方法。

根据我们团队的观察和体会，辩护人在向被告人发问时，应当掌握以下 6 个基本方法。

发问要有目的，不能无的放矢

在刑事诉讼中，发问的主体有公诉人、辩护人、法官，被发问的对象有被告人、同案被告人、证人和鉴定人等。除了法庭调查时的发问外，其他环节对被告人发问的情形也很多。

发问目的的不同，直接决定了公诉人、辩护人、法官发问的角度不同、内容不同、重点不同。

在发问之前，辩护人要清楚地知道为什么要发问，发问的目的是什么，发问要起到什么作用，发问要达到什么效果。只有这样，才能够做到有效发问，避免无效发问或任意发问，白白浪费发问的机会，甚至造成糟糕的局面。

从辩护人发问的角度来看，辩护人庭审时对被告人的发问，与辩护人在看守所会见被告人时的发问也是不同的，与庭审时公诉人的发问更不同，与庭审时向同案被告人或证人发问也不相同。这些不同之处体现在以下几个方面。

1. 会见发问与庭审发问的目的、重点不同

辩护人会见时的发问，主要是为了熟悉案情，消除疑惑，听取辩解，核实证据，为辩护思路的形成和法庭审理打下基础。所以，会见时的发问是全面发问，对案件事实的每一个环节都要问清，每一个证据都要核实，不放过每一个疑点。

辩护人在法庭调查时向被告人发问，并不是为了了解案件事实，其主要目的是通过发问，把对被告人有利的事实情节直观地展示给法庭，引导合议庭继续关注后面的质证、辩论意见，为辩护观点作铺垫。

很明显，这两种发问的重点和具体内容是有很大区别的。刑事辩护实践中，有很多律师实际上没有把这两者区分开来，不知道法庭调查中的发问和会见中的发问有什么区别。

2. 公诉人发问与辩护人发问的目的、角度和内容不同

公诉人发问是为了印证指控的事实，达到追究责任的目的，而辩护人发问的目的恰恰相反，是推翻或削弱指控。

所以公诉人是从不利于被告人的角度发问的，辩护人则是从有利于被告人的角度发问的，发问的重点也是有利于被告人的事实情节。

3. 向被告人发问与向其他人发问的目的、重点不同

某一特定被告人的辩护人向其他同案被告人或证人发问的目的，有些是推翻不利的证言，有些是进一步佐证对被告人有利的事实情节。

要抓住重点，不要面面俱到

公诉人与辩护人职责角色定位不同，因而两者发问的范围和重点也各不相同。

公诉人的职责是查明事实，证明指控的犯罪事实成立，因而在调查发问环节，公诉人有必要把与案件事实有关的情节都问到，把指控的事实经过全面地呈现给法庭。故公诉人的发问相对而言比较全面。

辩护人的职责是提出无罪、罪轻或免除责任的材料和观点，无须对全案事实和证据负责，因而在发问阶段只需根据职责有选择地发问，有重点地发问，不必面面俱到。

怎样才能抓住重点发问，很多律师总结了丰富的经验。比如，根据发问的目的确定重点，抓住控辩争议的焦点发问，抓住影响定性和量刑的问题发问等，这些做法都很好。

根据我们的经验，可以抓住一条主线进行思考，用一条主线把这些问题串联起来。这条主线就是律师的辩护观点，围绕辩护观点发问，把辩护观点中涉及的事实情节作为发问的重点。发问的内容与辩护观点紧密相连，相互呼应。根据辩护观点，确定发问的重点和具体问题，与辩护观点无关的问题尽量不问或少问。这样理解起来比较容易，也便于掌握使用。根据这条主线，我们把发问的重点范围进行归纳，以供借鉴。

如果发问过多，不仅会冲淡主题，难以给人留下深刻的印象，而且还容易让审判长失去耐心，打断并限制律师的发问，律师发问的节奏就会被打乱，有些重要的问题可能就无法问到，发问的目的也难以全部达到。

要简洁明了，不要含混复杂

所谓发问简洁明了，是指提出的问题要语意明确，语言简练，不拖泥带水，具体可以从以下几方面把握。

1. 所提的问题要有明确性、针对性

要让人听得明白，不能语焉不详，含含糊糊，更不能让人产生歧义和误解。

2. 一次只发问一个问题

前一个问题得到答案后，再问下一个问题，不要一次发问多个问题。多个问题同时发问，容易答非所问，也会顾此失彼。

3. 发问要用简单句

不要用复杂句式发问，复杂句让人难以理解发问的重点，并且容易让人产生误解。

4. 发问用语尽量口语化

不要过度使用法言法语，过于专业化的法言法语，被告人难以听懂，甚至会产生错误的理解。

要层次清楚，不要逻辑混乱

一般情况下，辩护人的发问会涉及多方面的内容，发问的问题也会较多。为了让对方明白辩护人通过发问是在说明什么，证明什么，这些问题相互之间应当层次清晰、条理清楚、有内在的逻辑性。不要跳跃式地发问，不要像坐过山车似的，忽高忽低，让人摸不着头脑。各个问题之间，要有一定的关联性和承接性，从上一个问题的答案，到下一个问题，衔接要顺畅自然。

要明知故问，不要问不知道答案的问题

这是庭审中向被告人发问时需要注意的最重要的一个问题，也是最主要的原则。

模糊不清的问题不能发问，没有证据印证的问题不能发问。遵循这个原则的目的，是提醒你在会见时提前把该问的问题都要问到，不要等上了法庭才想起来发问某个问题。

不要问对被告人不利的问题

辩护人对被告人发问的问题都必须是有利于被告人的问题，不利的问题不能发问，这是一个基本原则。

当然，出于辩护的需要，辩护人有时也会在法庭上向被告人提出一些刁难性的问题，或是提出一些看上去对被告人不利的问题让被告人回答。起初，人们对这种发问方式不理解，但在听完全部的问话和答案后，悬着的心就落了下来。

这是因为这些看似刁难的问题，在最开始的时候也曾经困扰过辩护人，同样也会困扰法官，如果法官没有得到合理的解释，就会对被告人不利。

而且有时虽然经过前面的发问，被告人对这些问题已经做出了回答，但还是不能完全消除人们的怀疑和质疑，还需要辩护人站在质疑的角度多方位地不断追问，直到所有的怀疑都逐一得到合理的解释。

这种发问看上去虽然是一种刁难性的发问，但是它可以让被告人做出进一步的辩解，逐步消除人们的怀疑和质疑。这样做实质上是给了被告人一个全面透彻的辩解机会。

这种发问方式在某种程度上还可以营造律师客观公正的形象，让法官感觉到，辩护人不仅是替被告人说话，而且也是在帮助法庭查明案情，因此这种发问所得到的回答更容易被法庭采信。

当然，采用这种刁难性发问方式的前提，是发问中所涉及的刁难性问题，应当是辩护人在会见时早已向被告人发问过，并且对被告人辩解中存在的疑惑早已得到了合理解释。

对于被告人的辩解中存在哪些疑惑，可以从三方面进行判断：一是从一般人的角度进行判断；二是从公诉人的角度进行判断；三是从法官的角度进行判断。

尽量把各种可能产生的疑惑都考虑到，并且在会见中事先都问清楚。这样到了法庭上，再把这些疑惑的问题逐一提出，让被告人做出充分合理的解释，这样的效果是不错的。

如果不是这样，这种刁难性的发问方式就有可能是失败的发问，辩护人就有可能变成了第二公诉人。

比如，福建林森受贿案中，起诉书指控林森利用担任市委书记的职务便利，为同学张来在审批土地项目方面提供帮助。其间，林森的妻子和张来的妻子一起出国旅游，费用 8000 元由张来的妻子支付，林森涉嫌构成受贿罪。

起诉书所指控的事实是客观存在的，但是其中有两个问题一直困惑各方：一是为什么林森的妻子要和张来的妻子一起出国旅游；二是为什么林森的妻子花费的 8000 元费用由张来的妻子承担。

辩护人就这两个疑惑问题向林森进行了重点发问。

问："你的妻子和张来的妻子一起到泰国游玩过几天，是吗？"

答："是的。"

问："旅游的费用花了多少钱？"

答："每人 8000 元。"

问："出游的费用是谁承担的？"

答："是张来的妻子付的。"

问："你妻子掏钱了吗？"

答："没有。"

问："既然出去玩，你妻子为什么没掏钱呢？"

答：“是张来的妻子邀请我妻子去的。”

问：“张来的妻子邀请去的就可以不掏钱吗？”

答：“我和张来是同学，两家关系不错，张来的妻子和我妻子是朋友。因为张来的妻子要去泰国游玩购物，找我妻子陪同，我妻子本来有事不想去，张来的妻子反复说，她一个人去不熟悉，也孤单，劝我妻子陪陪她，我妻子便同意陪同一起去几天。当时张来的妻子还说要买一些东西作为补偿，但我妻子并没有让她买，仅是让张来的妻子支付了旅行社收取的8000元差旅费，其他费用都是自己掏的。”

通过这种看似刁难的发问，既让被告人做了充分的辩解，又使各方的困惑得到了解答，实际上还是比较有利于被告人的。

底层逻辑

不同发问主体的发问目的不同。

同一主体在不同阶段的发问目的也不同。

发问目的不同必然导致发问的角度和重点不同。

有重点的发问才是好的发问。

问则有利是向被告人发问的基本原则。

有时候，以退为进可能走得更好，但要有路可走。

如何向证人及其他同案被告人发问

某一特定被告人的辩护律师向其他同案被告人以及对控方证人进行发问（也就是我们经常提到的交叉询问，狭义上的交叉询问）时，对于是否发问，怎样发问，以及能否得到真实的回答等，这是辩护律师感到最为困难、最为头疼的一件事。

交叉询问在西方国家是调查发问阶段最出彩的地方，但是在我们的刑事诉讼中，却是最难的地方。

在很多案件中，我们可以看到两种极端的情形：一种情形是对这两类人干脆不发问，另一种情形是问了也白问，是无效的发问。在这种情况下，要么是没有目的的随意发问，要么是无法实现目的的徒劳发问。

为什么会出现这两种极端的情况呢？一方面是因为这两类人受到自身因素的限制，另一方面是因为受到了现有的发问规则和发问习惯的限制。

我们都知道，中国刑事诉讼中的发问规则与西方的交叉询问有质的不同。作为刑辩律师，我们目前要做的事情是，在现有制度框架内，探索怎样才能更好地向这两类人进行发问，达到发问的目的，实现有效发问。

研究这两类人自身因素的风险所在

我们必须熟悉和研究同案被告人和证人自身存在哪些不利的特质，弄清发问的风险所在，为我们准备发问方案提供前提。

这两类人身份特殊，在没有熟悉他们的情况之前，在没有精心准备的情况下，我们不能贸然发问，要谨慎发问。只有在弄清这两类人的共同特质和发问的风险之后，知己知彼，才能找到合适的应对办法，避免发问的风险，做到有效发问。

根据我们的办案经验，我们可以从以下几个角度研究这两类人的共同特质，找到风险所在。

1. 从特定被告人与这两类人的相互关系来分析

这两类人虽然法律身份互不相同，一类是被告人，另一类是证人，但是，在刑事诉讼中，这两类人与特定被告人之间都可能存在利害关系，他们如何陈述案件事实具有不可预知性，存在不如实陈述、说假话的可能。

2. 从辩护律师对这两类人的了解来分析

辩护律师虽然看过这两类人在侦查阶段的供述和证言，但没有接触过他们，对他们没有直接的感性认识，不了解他们对庭前供述和证言的态度，无法判断和预知他们在庭审期间的态度。

在法庭调查时，辩护律师对这些同案被告人和证人进行发问的结果怎样，同样具有不可预知性，这两类人同样存在不如实陈述、说假话的可能。

3. 从这两类人面对发问的态度来分析

这两类人对特定被告人的辩护律师向他们提出的问题，普遍都会抱着警惕、防范、不配合的态度，甚至有可能是反对的态度。

一般来说，他们不可能在法庭上轻易地作出对特定被告人有利的陈述，如果他们在侦查阶段，已经作出了对特定被告人不利的供述或者证言，在这种情况下，更不可能在法庭上轻易地改变他们原来的供述和证言。

也就是说，这两类人在面对特定被告人的辩护律师的发问时，具有共同的不可预知性和共同的风险特征，不会轻易改变他们原来作出的对特定被告人不利的供述和证言，不会轻易地作出对特定被告人有利的供述和证言。

对同案被告人和证人存在的这些不利的因素以及可能产生的风险有了清醒的认知后，我们就可以在准备发问方案时，把这些因素充分地考虑进去，找到应对办法，减少在发问过程中的茫然性和被动性。

对这两类人发问的几个基本原则

因为上述两类人所具有的共同特质和风险，辩护人对这两类人的发问与对自己的当事人发问要遵循的原则和方法便完全不同。通过总结的经验，律师要把握以下三个原则。

1. 必须是为了得到有利的答案而发问

有些辩护律师，经常犯的错误是忘掉了发问的目的，有些仅仅是为了发问而发问，有些是想把某些问题问得清清楚楚，有些人甚至忘记了自己的身份和角色，把同案被告人或者证人逼成了控方证人。这些情形都是发问的大忌。发问时一定要记住发问的目的和自己的身份。

2. 不知道答案的问题不能问

这个原则不仅是辩护人向被告人发问的原则，也是向证人和其他同案被告人发问所要坚持的原则。因为辩护律师庭审发问的目的，并不是想通过发问查明未知的事情，而是向法庭展示对己方有利的已知问题，引起法庭的重视。

在我们不知道对方会怎样回答的情况下，我们不能稀里糊涂地发问，不能冒着风险赌一把，更不能怀着侥幸的心理，认为通过发问就一定会得到自己想要的答案。在我们不知道答案的前提下，不向这些人发问至少会保持现状，也不会造成新的被动局面。

如果不做准备，不做预测，不对发问方案进行设计，便贸然发问，一旦出现无法掌控的回答，可能就会完全打乱辩护律师的计划和节奏。

比如，某一个同案被告人或者证人，他们在侦查阶段的供述和证言中，对某个事实已经作出了不利于己方当事人的供述，如果我们没有进行分析预测，没有做好发问应对方案，就贸然发问，得到的就可能还是同样的答案。

这种发问的效果等于是把不利于己方当事人的供述和证言在法庭上又重复了一次，更加强化、坐实了这些不利的说法，为辩护律师在后面的补救增加了难度。

当然这个原则只是个基本原则，主要适用于卷宗中已有记录的证人和同案被告人，如果向没有作过证的证人发问，情况则可能更复杂一些，因此有必要准备有利和不利两种不同的发问工作预案。

所以我们要记住的是：不发问比糟糕的发问要好得多。没有准备的发问就是一场没有胜算的赌博。

3. 没有必要发问的问题不要问

这个原则适用于两类情况。

（1）与定性和量刑没有关系的问题

某些问题与定性和量刑没有关系，对这些问题律师没有必要纠缠。

（2）对己方当事人有利的模糊状态

在很多案件中，某一个事实情节并不是很清楚，呈现一种模糊状态，现有的证据对这一事实情节无法进行清楚的证明，这种模糊状态，在客观上对当事人还是比较有利的。在这种情况下，我们就可以保持现状，不要再发问，没有必要非通过对其他同案被告人的发问进一步查明这一事实，试图让它更加有利于当事人。坚持这个原则的好处是可以维持现状，避免节外生枝。

如果想通过发问进一步查明事实情节，意义并不大，反而有可能节外生枝，获得的回答与现状相反，打破证据的平衡，打破现有的对当事人有利的状态，增加某种对当事人不利的事实，形成对当事人更加不利的局面。

比如，福建的一起非法拘禁案中，起诉书指控小区保安队长陈国庆带领 5 名保安，共同将来小区办事的被害人张文广按倒在地，队长陈国庆将被害人捆绑起来，被害人被捆绑长达两小时后被扭送到派出所。

其中关于捆绑被害人的绳子是谁拿的，现有证据都不能证明这个问题。只有保安队长陈国庆提到这个情节，而且他自己的说法也前后不一，他有时说不知道是谁把绳子拿来的，有时又说是他自己让保安员王安去拿的，而王安称队长让他去拿绳子，他没有去，其他在场人都称不知道是谁拿的绳子。

作为辩护团队的律师，我们当时分析，这种证据状况对于王安是有利的，起诉书并没有指控是王安把绳子拿来的，法庭以后也不会纠缠这个问题。如果保安队长的辩护律师和公诉人不纠缠这个问题，作为王安的辩护律师就没有必要在法庭上进一步纠缠这个问题。

果不其然，公诉人和保安队长的辩护人都没有对拿绳子这一情节进行发问，但是，王安的另一辩护人还是憋不住了，在向保安队长发问时，便提出了这个问题。保安队长坚持称绳子是王安拿来的，辩护人试图从其他同案被告人处得到补救，便逐一向其他同案被告人发问这一问题，其他同案被告人均称不知道或没有看见。

虽然王安的量刑结果并没有因为这一情节受到明显影响，但还是给法庭留下了绳子是王安拿来的这一不利印象。

所以我们要记住的是，很多情况下：一动不如一静，多此一举害死人。

发问方案中要考虑的几个因素

辩护人在准备发问提纲时，一般会考虑几个基本问题，就是要确定向哪些人发问，不准备向哪些人发问；对这些准备发问的对象，具体要向每个人问哪些问题，问这些问题的目的是什么；怎样发问，采用什么样的技术方法发问，如果在发问中出现了不利的情况，怎样应对。这些都属于设计发问方案时要思考的问题。

设计发问方案时，要考虑以下几个因素，这些因素都可能影响和制约被发问的人是否愿意配合，是否能够真实回答问题。而且也会影响和制约辩护人是否有必要发问，应当怎样发问，发问的难度大小，从而可以帮助律师确定发问方案。

1. 与己方当事人有无利害关系

要研究被发问的人与己方当事人的关系，特别是两人之间有无个人利害关系。如果有个人间的恩怨利害关系，就有可能会影响其回答问题的真实性，真实性可能就会小一些；如果没有个人恩怨利害关系，回答问题的真实性可能就大一些。

2. 是否受到压力

要研究被发问的人是否受到某种压力，如果受到了某种压力，其回答问题的真实性可能就小一些；反之，其真实性可能就大一些。比如很多请托方作为行贿人，处于取保状态，他们的压力就很大。

3. 是否存在共同行为和共同责任

要研究被发问的人与特定被告人之间对于指控的事实，是否存在共同的行为和共同的责任，如果两人之间有共同的行为和共同的责任，在法庭调查环节，被发问的人回答问题的真实性可能就要小一些；如果没有共同的关联，其回答问题的真实性就可能大一些。

4. 庭前证言是否有利

要研究被发问的人在侦查阶段的供述或者证言，对己方当事人是否有利。如果他们在侦查阶段的供述和证言比较公正，对当事人有利，那么在法庭调查环节，向他们发问，他们回答问题的真实性就大一些，可以大胆向他们发问；相反，他们回答问题的真实性就会小很多，是否向他们发问就要慎重思考，如何发问就要精心设计。

5. 庭前证言是否有漏洞

要研究被发问的人在侦查阶段所作的不利己方当事人的供述或者证言内容，是否存在重大的矛盾和漏洞，或有无其他证据印证。如果存在重大的矛盾和漏洞，在法庭调查时，通过发问展示这些矛盾和漏洞，揭露他们的陈述是不真实的，可能性就高一些；相反难度就大一些，机会就少一些。

我们要注意，对于已作出不利证言的人，想通过发问揭露其虚假性是很难的，需要精心设计和极高的发问水平。

通过上述几个方面的思考和分析，我们制定出的发问提纲，可能就更加科学合理一些，发问的效果也就可能更好一些。

发问的基本策略和方法

对同案被告人或者其他证人发问虽然要受到上述几个原则的制约，但并不是不能发问，而是要有预测、有准备地发问，更要根据这些人当庭的表现，选择或改变具体发问方式。

根据观察和探索，我们认为在设计对同案被告人和证人的发问方案时，可以采用以下几个策略和方法。

1. 对同案被告人可以从全案无罪的角度发问

这种发问方式不会威胁到同案被告人的利益，因而不会受到他们的抵触；相反，在某种程度上来说，辩护人问话的角度对他们是有利的，他们应该乐意回答问题。

比如，广东韩长明涉黑案中，起诉书指控第一被告人村支书韩长明作为组织、领导者，和其他多名村委会同事构成黑社会性质组织犯罪。我们作为第一被告人的辩护律师，在对其他同案被告人也就是村委会干部进行发问时便采用了这种方法。

问：“你当时到村委会工作是什么目的？”

答：“我想谋求一份稳定的工作。”

问：“你有没有要加入一个黑社会性质组织中的想法？”

答：“没有。”

问：“你到村委会参加工作以后，是否意识到你加入了一个黑社会性质的组织？”

答：“没有，我认为我加入的是合法的基层群众自治组织。”

问：“你在村委会上班，平时做哪些事情？”

答：“都是村委会工作中平时要干的事情。”

问：“都是谁给你安排工作？”

答：“都是村委会领导安排工作。”

问：“你为什么要听他安排工作？”

答：“因为他是村委会领导。”

问：“如果他不是村委会的领导，你还会听他的安排吗？”

答：“肯定不会。”

问：“你在村委会上班，有报酬吗？”

答：“有工资。”

问：“平时谁给你们发工资？”

答：“村委会会计给我发工资。”

问："除了村委会给你发的工资外，还有没有得到过其他的报酬？"

答："没有。"

问："村委会领导有没有因为你参与了起诉书上指控的行为而给你额外发奖励报酬？"

答："没有。"

这些问话基本不会伤害他，他一听便知不会对他造成威胁，所以一般都会配合，实话实说。

2. 可以从有利于被问话人的角度发问

在同案被告人可能构成犯罪的情况下，只有对他发问的问题是对他有利的，他才有可能愿意回答这个问题。

如前述韩长明涉黑案中，村支书韩长明被指控为黑社会性质组织的老大，多名村委会成员被指控为骨干和参与者，我们作为第一被告人的辩护律师向这些同案被告人发问他们与第一被告人是否存在黑社会性质组织的领导与被领导关系的问题。

问："你是否在村委会工作？"

答："是的。"

问："担任什么职务？"

答："治保主任。"

问："起诉书指控你与钱正国等6人是涉黑组织骨干成员，直接听命、服从于第一被告人的安排，是这样吗？"

答："不是的，我们之间只是工作上的关系。"

问："你们与第一被告人之间除了工作关系之外，是否还有其他关系？"

答："没有其他关系。"

问："第一被告人平时都是以什么身份给你们布置安排工作？（村书记还是涉黑老大）？"

答："都是村支书的身份。"

问："他有没有指挥或安排你们从事过违法犯罪活动？"

答："没有。"

问："工作时间之外，他有没有安排你们做过违法犯罪的事情？"

答："没有。"

3. 发问责任划分问题要慎重

辩护律师在询问同案被告人时，应当考虑同案被告人之间，出于自身利益的考虑，可能会相互推诿。

在涉及责任划分的问题中，如果该事项确实与被发问人有关，如实回答就可能会出现对被发问人不利的情况。面对这种发问，他可能会抵触，不愿意如实回答。在这种情况下，发问要极其慎重，除非有必要，而且还要做精心准备，否则，尽量不要发问。

4. 可以先试探性发问

根据前面公诉人或者其他辩护人的发问，以及被发问人回答的内容和态度，可以进行试探性发问，根据情况决定下一步的发问。

这个策略主要适用于原供述或证言对己方当事人不利的同案被告人和证人。

（1）趁热打铁

如果被发问人的回答很好，态度也有所转变，对原来不真实的供述或证言做了一些纠正，在这种情况下就可以趁热打铁，顺势而上，将相关问题再进一步落实。

（2）适可而止

相反，如果被发问人的回答与原来的说法一致，态度并没有改变，或者发现他也不敢改变，在这种情况下，要适可而止，及时撤退。

比如韩长明涉黑案中，我们在庭前阅卷时发现同案被告人对涉案多个重要细节的供述高度一致，且对第一被告人韩长明不利。比如，在这些同案被告人的供述中都称韩长明作为村支书，经常给治保员开会，要求治保员在工作中要大胆管理，强势管理，该打就打，有什么事情由村委会承担。

鉴于这种情况，我们作为辩护人在庭前制定发问方案时，就确定一旦情况不好就尽量减少向这些同案被告人发问。庭审中，公诉人和同案被告人的辩护人相继向这些同案被告人发问，辩护人发现这些同案被告人在法庭上的辩解与其在侦查阶段的供述不一致。比如，同案被告人黄欢在庭审回答问题时称，到治保会开会时没有见到过第一被告人。鉴于同案被告人黄欢的当庭辩解对韩长明有利，我们临时决定试探性地向其发问。

辩护人发问："黄欢，我是第一被告人的辩护律师，现在有几个问题向你发问，请你如实向法庭陈述，好吗？"

答："好的。"

问："你是村治保员，对吗？"

答："是的。"

问："你作为治保员是否参加了治保会议？"

答："基本上都参加了。"

问："你刚才回答公诉人时说到，在治保会开会时没有见到过韩长明，对吗？"

答："是的。"

问："有没有人向你传达过'工作中要大胆管理，强势管理，该打就打，有什么事情由村委会承担'之类的内容？"

答："从来没有。"

问："既然你没有在治保会中见过第一被告人，也没有人给你讲过'工作中要大胆管理，强势管理，该打就打，有什么事情由村委会承担'，为什么你在侦查阶段的供述笔录中却说，'在治保会会议上，第一被告人要求治保员在工作中要大胆管理，强势管理，该打就打，有什么事情由村委会承担'呢？"

答："那不是我说的，是办案人员自己写好了，让我签字的。"

问："你今天当庭辩解与你侦查阶段供述内容不一致的地方，以哪个为准？"

答："以我今天在法庭上说的内容为准。"

5. 发问新证人也要做两种准备

在向原来没有作过证的证人发问前，也要做好两种准备，制作两套方案。如果他的回答有利，就接着问下去；如果他的回答不利，就要适可而止，及时转换话题或结束发问。

6. 对鉴定人只问专业问题

如果要对鉴定人发问，就只能问一些专业性的问题，如果我们看不出专业性的问题，也可以提前向一些专业人士进行请教。对专业性的问题，也可以申请专家证人出庭。

底层逻辑

向这两类特殊人员发问的关键，在于弄清风险所在。

没有准备的发问就是一场没有胜算的赌博。

没必要弄清的问题不问，不知道答案的问题不问。

发问是智慧和策略的博弈，试探性发问助你可进可退。

庭审发问如何避免被审判长打断

辩护人在庭审发问的过程中，经常会被审判长打断，审判长会提醒说“辩护人请注意，请简要发问”“请不要重复发问”“你这个问题公诉人和前面的辩护人已经问过了”等。这样的情况在很多的庭审中出现，可以说是屡见不鲜。

比如，在山西一起涉黑案庭审发问的过程中，许多辩护律师的发问，不仅经常被审判长打断，而且被多次打断以后就被终止发问。这不仅使这些被终止发问的辩护律师一筹莫展，怒气冲天，而且庭审效果也会受到影响。

怎样才能避免发问被审判长打断，是辩护律师共同面临的难题之一。大家都在总结经验，认真分析，试图找到相应的对策。

根据实践和观察，我们总结了 7 个基本的对应方法，与大家交流分享。

熟悉庭审发问规则

我国有关法律和司法解释对庭审发问规则作了相应的规定，虽然比较简单，但是也给发问提供了应当遵循的标准。归纳起来，庭审发问，要遵守以下规则：

（1）发问的内容应当与本案的事实有关；

（2）不得以诱导方式发问；

（3）不得威胁证人；

（4）不得损害证人的人格尊严。

只有熟悉规则，才能知道什么问题能问，什么问题不能问，以什么方式发问，才不会犯错或者少犯错，这也是避免发问时被审判长打断或者制止的前提。违反上述规则的发问，都可能会被审判长打断、制止。

观察庭审规律

在庭审时，要认真观察辩护律师发问时被审判长打断的具体情况，特别是要养成庭审后及时总结分析的习惯，从中找到规律，避开这些可能发生风险的情况。这是一个有效的办法，但是需要长期的观察、分析和总结积累，才能找到其中的规律。

根据我们的经验，一般来说，审判长打断、制止发问的情况主要有以下几种。

（1）与本案内容无关的发问；

（2）不当发问；

（3）重复发问；

（4）发问重点不突出。

事前准备书面发问提纲

辩护律师要根据发问的对象，把需要发问的问题事先制作发问提纲，发问提纲可以按照案件的脉络进行有序排列，把控好问题与问题之间的连接、过渡。特别是要列出问话的重点，这样的发问条理性强、针对性强，也不容易被审判长打断。

有些辩护律师不愿意，或者不习惯准备书面发问提纲，喜欢到法庭上临场发挥。根据我们的经验教训，虽然临场发挥是必要的，但是如果不事先准备，仅凭临场发挥很难达到预期的发问目的，复杂的案件更是如此。

制作庭审发问提纲有三方面的好处。

1. 使发问更加精准

准备发问提纲的第一个好处就是可以使发问更加精准。

因为准备发问提纲的过程是一个思考和选择的过程，所有列入发问提纲中的问题都是经过了思考后做出的选择，这样，辩护律师在法庭上的发问，都是带有目的的且认为是确有必要发问的问题，而不是未经思考的随意发问。

如果没有准备发问提纲，仅凭感觉很难快速准确地确定发问的重点，就很难做到精准发问。

2. 防止遗漏

因为在制作发问提纲的时候，把该问的问题都列进去了，只要事前考虑周全，重要的问题都会列在发问提纲里，这样在法庭上发问的时候就会有一个参考，基本上就不会发生遗漏重要问题的情形。

3. 避免重复发问

如果没有准备发问提纲，在公诉人发问以后，由于公诉人发问的问题太多，律师没有自己的发问提纲作为对比参照，仅凭自己的记忆力进行对比参照，这样，在发问的时候，就很容易出现重复发问的情况。

如果自己准备了发问提纲，情况就完全不一样了，把自己的发问提纲和公诉人的发问情况进行对比，就可以最大限度地避免重复发问。

当然，怎样准备、提炼庭审发问提纲，也是个技术活。最关键的一点，就是要根据事先确定的发问重点准备发问提纲。

尽量避免重复发问

重复发问是审判长打断辩护人发问的主要原因。对辩护律师来说，除了少量的极其重要的关键性问题，为了加深法庭的印象，可以重复发问以外，对其他的公诉人或者辩护人在前面已经问过的问题，尽量不要重复发问。

现在的问题是，有些问题辩护律师实际上已经重复发问了，但是自己还不知道是在重复发问。这是因为他们对公诉人的发问或者其他人的发问，根本没有认真听，也没有把公诉人和其他人的发问与自己要发问的问题进行对照，认为其他人的发问与自己无关。这种状态显然不是积极辩护应有的状态。

为了避免重复发问，要做好以下几点。

1. 认真倾听他人发问

为了避免或者减少重复发问，辩护律师需要花费一定的心思，除了在开庭前要拟定自己的发问提纲外，在庭审发问环节，还要注意倾听公诉人和其他人的发问。

为了避免重复发问，律师要对庭审的工作做出合理的安排，不能顾此失彼。

2. 及时对比调整

在注意倾听公诉人和其他人发问的同时，律师还要及时把公诉人和其他人的发问，与自己的发问提纲作对比，边听边对照，前面他人已经问过的问题，可以及时划掉，或者做好标记，这样就能有效地避免重复发问。还可以根据前面他人发问的情况，对自己的发问提纲及时做出调整。

善于抓住主要问题发问

抓住主要问题、关键问题进行有重点的发问，是发问要遵循的基本原则。被告人多的案件更要注意抓住主要问题发问。一般来说，重大、复杂案件涉及的罪名多，被告人多，发问环节花费的时间也长。

比如在很多涉黑案中，被告人一般有几十人，甚至上百人，仅是公诉人发问和辩护人发问，大概就要用几天的时间。

对于这类案件，法庭对辩护人发问的时间肯定会有相应的安排和限制，如果辩护人发问的问题过多、过杂，就会被审判长打断或阻止。一旦出现这种情况，辩护律师想问的重要问题，可能就没有办法问了。

因此，在对这类重大、复杂案件进行辩护时，辩护律师在发问环节更要抓住主要问题进行发问，在制作发问提纲时，也要突出重点问题。

提前与审判长沟通

为什么辩护人发问的时间还要提前与审判长沟通，很多人想不通，其实道理很简单，因为发问的时间长短由审判长说了算。

在庭审过程中，影响庭审时间的因素很多，比如，案件的复杂程度，法院对诉讼节奏和诉讼周期的安排，这些因素都会影响审判长允许你发问的时间的长短，当然也就会对律师在庭审中能问多少问题产生影响。

很多情况下，审判长打断律师的发问或发言，是因为法庭对整个案件审判的诉讼进度和节奏，事前有一个整体的预测和安排，在庭审的过程中，审判长就会按照计划对案件审理的节奏和进度加以控制。

如果审判长发现某一个律师的问话和发言占用了太多的时间，影响了他的进度安排，或者前面的节奏太慢，给后面的进度带来了很大的压力，在这种情况下，他就会对律师的发问时间进行严格控制，他可能就会打断律师的发问，要求简短发问，甚至阻止律师继续发问。所以辩护律师对自己在法庭上发问的速度以及发问所需要的时间，要有一个初步估计。

有了这样一个评估之后，你便会心中有数，而且你还要提前与审判长沟通好。沟通的结果不外乎两种：要么是审判长满足你的要求，给你充足的时间；要么你做出让步，根据审判长的要求，压缩调整你的发问提纲，减少你的发问时间。

总之，为避免被动，掌握主动，要提前和审判长进行沟通，根据实际情况，设计、准备发问提纲。要把发问时间与审判长事先安排的节奏和进度相互协调起来，这样，审判长在庭审期间，就不会打断发问，即使有，也是偶尔为之。

很多律师不重视与审判长的沟通，甚至根本没想到辩护人发问的时间问题还要提前和审判长沟通，所以在庭审的辩护人发问环节就出现了很多问题，甚至引发了辩、审冲突，直接影响了发问效果。

紧急措施

由于审判长打断辩护人发问的具体情况不同，态度也不同，所以，面对审判长打断发问的情况，辩护律师可以根据不同的情况，采取不同的措施应对。

1. 面对提醒的措施

（1）表态后继续发问

如果审判长打断辩护人的发问或发言，仅是提示辩护人发问要简单些，不要重复，没有强硬阻止不让辩护人继续发问的意思。

辩护人可以回答：“好的，谢谢审判长的提醒，下面我会注意尽量简单发问。”表完态后继续发问。

（2）调整发问重点

如果你后面发问的问题很重要，你可以继续按照原来的思路发问。如果你的发问确实太啰唆，可以适当做一些调整，抓住重点发问，简明扼要发问。

当庭调整发问提纲，也很考验辩护律师的功力，如果辩护律师的应变能力不够，有一个比较笨的办法可供参考，就是事先准备两套方案，一套是不受阻止的正常的发问方案，另一套是重点发问的应变方案。

这两个方案也可以做在一个方案里，就是在正常方案里把重点问题标注出来，在时间充足的情况下，可以按正常方案多问一些问题，在时间不允许或审判长不断提醒的情况下，使用应急方案，仅围绕重点问题进行发问。

2. 面对阻止发问的措施

如果审判长态度强硬，打断辩护人的发问后，还阻止辩护人继续发问，这类情形比较复杂，处理的方法和结果也不相同。

（1）暂时不再发问

如果辩护人认为自己下面的发问不太重要，就可以回答："好的，我尊重审判长的意见，暂时不再发问，留待法庭后面有时间时再继续发问。"

（2）据理力争

如果后面还没有问完的问题很重要，就要据理力争，可以向审判长进行解释："审判长，我下面的问题非常重要，关系本案的某一个事实是否成立（关系罪与非罪的认定，关系准确量刑等），希望审判长同意我再花几分钟的时间简要发问（几个问题）。"说完后就可以试着不用等待审判长回复，立即接着发问。在这种情况下，也许审判长会就坡下驴，不再阻止。但是律师接下来发问的必须是比较重要的问题，而且问话要简明扼要。

如果审判长的态度非常强硬，辩护人也可以变换另外一种争取的方式，比如提出："为节省庭审时间，给其他辩护人留下发问的机会，请审判长允许我在后面的补充发问环节继续发问。"

这样，既给足了审判长面子，留下了尊重法庭、尊重审判长的好印象，也为辩护人在后面继续发问留下一个伏笔，赢得后面争取发问的机会。紧接着就应当寻找机会，在适当的时候抓住时机要求继续补充发问；也可以在休庭期间与审判长积极沟通，要求继续补充发问。

最糟糕的局面是审判长态度很坚决，不同意律师继续发问。这种情况下也要据理力争，而且，辩护律师据理力争的情况应当请书记员记录在案。

还有一种情况，就是某些法官，包括某些公诉人打断辩护律师的发言，实际上就是为了扰乱辩护思路，这种情况下需要我们保持沉着冷静的心态。

底层逻辑

熟悉规则，才能不犯错。

机会留给有准备的人。

有准备的发问才是真正的发问。

有调整的发问才是有效的发问。

发问需要时间，时间掌握在审判长手上，不在你的手上。

辩护律师反对的范围

反对是辩护律师在法庭调查环节的一种有效辩护手段，及时运用这种辩护手段的前提是，必须正确理解和把握反对的范围。

根据相关规定、庭审发问规则以及司法实践，辩护律师面对以下 6 种情形时，应当提出反对。

与案件事实无关的发问：应当反对

根据相关法律规定，对于与案件无关的问题，被告人有权拒绝回答。因此在法庭上，如果发问人的问题与案件无关，辩护人应当及时提出反对，请求审判长予以制止。

法律和司法解释作出这种规定，其目的是提高庭审效率，保护当事人的隐私权。

在法庭调查阶段，发问人的问题与案件无关的情况比较普遍，辩护人应当留心判断，及时行使反对权。一般来说，判断某个问题与案件是否有关，其标准是该问题与案件的待证事实是否具有一定的关系或联系。

比如，在王强非国家工作人员受贿案中，在案件侦办初期，侦查人员曾怀疑被告人王强与一个黑社会性质组织有关，也向其了解过他与该组织领导者胡雄的交往情况，但最终没有认定他的受贿行为与该组织或胡雄有关。检察院也仅以涉嫌非国家工作人员受贿罪提起公诉。在法院审理该案的法庭调查过程中，公诉人再次就这个问题向王强发问。

问："王强，你是否认识胡雄？"

答："认识。"

问："你与他是什么关系？"

辩护人这时便向审判长表示反对公诉人的发问。

因为胡雄不是本案的共同受贿人，也不是共同请托人，也不是本案指控的贿赂事项的介绍人，与本案指控的受贿事项毫无关系，起诉书也未指控王强涉嫌参加黑社会性组织等其他犯罪。因而公诉人发问的这个问题与案件的待证事实没有任何关系或联系。辩护人提出反对意见后，审判长便要求公诉人围绕起诉书指控的内容进行发问。

司法实践中经常碰到的难题是，在很多情况下，对某个问题是否与案件有关，控辩双方甚至审判长可能会有完全不同的判断。因此，辩护人提出反对时必须说明反对的理由，也就是要把为什么认为发问的问题与案件无关的原因和理由说清楚。同样，如果公诉人坚持认为问题与案件有关，要求被告人回答时，辩护人也可以要求公诉人说明具体理由。

实践中还有一种发问的情形也可能会被认为与案件无关而遭到反对或者制止。这种情况往往是发问人认为如果单刀直入对某一个问题直接发问，对方可能不会说真话，达不到发问目的，便设计了一套问话方案，先以一些与本案关联性不强的问题作为铺垫进行发问，试图通过一系列问题，让回答者防不胜防、避无可避，最后达到发问的目的。这种发问方式属于西方国家交叉发问中的反询问，在西方国家很通行，也很有效，但是在我国的司法实践中则行不通。

因为我国的庭审发问规则要求发问直奔主题，而铺垫式的发问方式用时太长，给人的感觉也太绕，如果发问方按照这种方式发问，铺垫不了几个问题，就会遭到对方的反对或者审判长的制止，要求直接发问，发问方的部署便会被扰乱，达不到发问的目的。反对或制止的理由就是发问的问题与案件无关。

所以作为辩护律师要想采用这种铺垫式的发问，就要精心设计，铺垫不能太绕。

违反规定的发问：应当反对

如涉及隐私、秘密等的问题不能在公开审理时发问。在有些公开审理的案件中，虽然案件从整体看属于应当公开审理的案件，但有些事实情节涉及商业秘密或个人隐私，就不宜公开发问调查。

比如，在广东的一起运钞车押运员开枪案中，关于运钞车上有多少枪支，有多少子弹，法庭肯定要查清楚，但这些问题属于武装押运公司的秘密，如果向社会公众公开，负面影响太大，会给不法分子提供可乘之机。

鉴于这种情况，我们作为辩护人便建议将这些问题在庭前会议上解决，公开审理时不再提及，公诉人、被害人代理律师以及合议庭都同意这样处理，效果不错。

以威胁、引诱等方式的发问：应当反对

以威胁、引诱的方式进行发问，是被法律明确禁止的。发生这种情形时，辩护人应当及时提出反对，提醒被告人客观回答问题。这种情况在前些年比较多，近几年情况有所改变。

有些威胁很直白、很明显，容易辨识；有些威胁则比较隐晦，或夹杂在法律教育中难以识别；特别是法律和司法解释对于威胁、引诱没有明确的规定，理解时仍会产生分歧。这种分歧也会发生在公诉人问话时对被告人进行法治教育的过程中。

比如，在湖南某公司董事长黄恩平受贿案中，二审阶段公诉人发问时，黄恩平对一审判决书中的相关内容提出了辩解。

公诉人对他讯问时，首先说道："黄恩平，公诉人注意到，你今天在法庭上辩解的内容与你侦查阶段供述的内容不一致，你这是翻供，公诉人要提醒你的是，你今天在法庭上的态度和表现决定着你的自首能否被认定，你听清楚了吗？"

很显然，公诉人的这种表达方式虽然是在提醒被告人，实则是对法律的误读，给被告人造成了巨大的心理压力，使被告人陷入两难境地。作为辩护人我们当庭提出了反对，并向黄恩平讲解了有关"被告人对行为性质的辩解不影响自首的认定"的司法解释。

损害人格尊严的发问：应当反对

被告人在接受刑事责任追究的过程中，人格尊严仍应当得到尊重。当发问有损被告人人格尊严的时候，辩护人应当及时提出反对，并指出发问人的错误，稳定被告人的情绪。

比如，在一起受贿案中，公职人员李学勤收受他人的贿赂，并且将其中的一部分贿赂款交给另外一位与他有特殊关系的女性曾萍。案发后，李学勤如实供述了收受贿赂的过程以及款项的去向，曾萍也陈述了收到这些款项的过程，并且办案机关也把这些款项从曾萍处扣押追缴了。

对于这些事实，在侦查阶段李学勤供认不讳，曾萍也作了相关证言，供证一致。

在法庭调查环节，公诉人讯问被告人李学勤，李学勤同样供认不讳。公诉人问清了收受过程及款项去向后，进一步向被告人追问。

问："你把钱给了这名女性，她是哪个单位的？"

问："她和你是什么关系？"

问：“你们是什么时间认识的？”

公诉人问这些问题时，辩护人就觉得有些多余了，但是辩护人并没有提出反对意见。没有想到，公诉人又进一步追问：“你们两人有没有发生过性关系？”

这个问题刚一提出，作为辩护律师，我们立即举手表示反对：“反对公诉人发问这个问题，这个问题与本案被告人是否收受贿赂，以及赃款的去向等案件事实，没有任何关系，请审判长制止，被告人不用回答。”

审判长回应说：“公诉人继续发问。”公诉人便没有继续追问这个问题，而是发问其他问题。

虽然审判长对于辩护人的反对意见没有给予明确的同意，也没有明确的否定，但审判长让公诉人继续发问这个说法，实际上就是委婉地制止了公诉人的发问，让他问新的问题。

进行诱导性发问：应当反对

庭审规则虽然禁止发问人进行诱导性发问，但什么是诱导性发问，司法解释没有明确规定，实践中如何理解，分歧也很大。

司法实践中，所谓诱导性发问，是指发问者在其所提的问题中，包含了有暗示被发问者如何回答的内容，或者在所提的问题中把有争议的、尚未证明的事实假定为已经存在的事实。

诱导性发问的表现形式比较复杂，主要有以下几种。

1. 在所提的问题中将某个有争议的、尚待证明的事实假定为已发生的事实

比如，在广东一起涉黑案的审理过程中，公诉人向同案被告人吴发强的发问就存在这样的问题。

公诉人问："被告人吴发强，你是哪一年参加车大雄这个黑社会性质组织的？"

在这种发问的方式中，虽然公诉人发问的问题是时间，但是在他的问题中隐含着一个前提事实，就是认为以车大雄为首的黑社会性质组织已经存在，庭审需要进一步查明的是被告人吴发强参加的时间。

很明显，这种发问就是一种典型的诱导性发问。只要被告人吴发强对时间问题作出回答，就意味着他同时也承认参加了黑社会性质组织，这种发问方式显然是错误的。

因为该涉黑案刚进入法庭调查阶段，车大雄这个黑社会性质组织是否存在，尚在审理中，还有待相关证据加以证明，在这个时候就不能认为以车大雄为首的黑社会性质组织已经存在。

2. 具有暗示或建议被告人作出某种回答的发问

在一起受贿案件中，公诉人向被告人发问。

公诉人问："你当天晚上是不是扛着两个棕绿色的编织袋坐电梯回到家中？"

辩护人："审判长，我反对！公诉人涉嫌诱导性发问，请予以制止。"

很显然，公诉人发问的是一个诱导性问题，因为问题中已经包含答案。

3. 提供某种被告人不知道的信息或事实，让其回答是不是

这样的情况很多，在司法实践中，很多公诉人在发问时，都会先向被告人提供某种信息，或者先向其陈述某个事实，比如将卷内的证人证言透露给被告人，或者将前面庭审的内容透露给被告人，然后再发问让被告人对这些事实回答是不是或者对不对。这种方式实际上就是引导被告人按照发问者的意图回答确认。

比如，在一起受贿案中，公诉人为了问明被告人收受了他人的银行卡，便引用行贿人的证言进行发问。

公诉人向被告人发问："行贿人说送给你的是银行卡，不是现金，是不是？"这种发问方法也是一种典型的诱导性发问。

4. 在发问时进行推理，引导被告人按照发问者的推理逻辑或推理结果作出回答

比如，在山西程武涉黑案中，起诉书指控第一被告程武在一起寻衅滋事案中殴打了被害人康永飞，相关证据也证实程武确实殴打了被害人，但当时与程武一同去现场的几位公司职员并没有动手打被害人。

公诉人向程武发问时，就使用了推理的方法，试图让被告人按照其推理的结果作出回答。

问："被告人程武，你当时动手打他了吗？"

答："打了。"

问："怎么打的？"

答："我就是边说边用脚踢了他两下。"

问："其他人动手打了吗？"

答："没有。"

问："你当时带头打被害人，是不是想让跟你去的几个人也一起打？"

辩护人当场举手表示反对，审判长制止了公诉人的这种发问方式。

5. 在发问时提出一个猜测或假设，让被告人按照发问者的猜测或假设的情形进行回答

例如，在山西程武涉黑案中，起诉书指控被告人程武指使他人停水断电，公诉人为了证明停水断电是受程武指使的这一事实，在向另一位同案被告人发问时就使用了这种错误的假设性发问。

问："你是听谁向你说过程武让你停水断电？"

答："我是听马大胡跟我说的。"

问："那马大胡和你说程武让你停水断电，你照办了吗？"

答："我没有。"

问："如果程武本人向你说，你就会听，是吗？"

公诉人最后一个问题就是假设性的诱导发问，辩护人当即举手表示反对。

又如，在湖北袁天寻衅滋事案中也存在这种错误的发问方式。

公诉人在讯问第二被告人时，是这样发问的。

问："你们当时动手打被害人陈英了吗？"

答："打了。"

问："怎么打的？"

答："就是扇了一巴掌。"

问："案发当晚第一被告人袁天是否在场？"

答："不在。"

问："如果当晚第一被告人袁天在场的话，他是不是也会默许你们殴打被害人陈英？"

公诉人最后的一句问话属于典型的假设性发问，辩护人当即表示反对，请求法庭制止这一发问。

6. 发问者不相信被告人的回答，怀疑或猜测另有真相或有其他原因，把这种怀疑或猜测直接作为问题进行发问，引导被告人向其怀疑或猜测的方向回答

比如，公诉人问被告人："你的当庭辩解为何与你在侦查阶段的供述不一致？是不是有人教你的？"这种发问就非常典型。

有些情况下，当被告人对某一问题已经明确给出了答案，由于该答案不是公诉人想得到的，公诉人会进一步追问："你再想一想，是不是这样的？你有没有记错？"

比如，在一起涉黑案中，公诉人向一名同案被告人进行发问，试图通过发问，进一步证明该被告人是黑社会性质组织成员。

问："你是因为什么事坐牢的？"

答："我是因为看守公司的码头，有人闯进来闹事，我制止他们时对方和我动手打起来了，我打伤了人坐牢的。"

问："你因伤害罪服刑期满后，是不是又回到了该公司？"

答："是的。"

问："为什么又回去到该公司工作？"

答："因为我当时没有什么事做，公司又需要人，就回去了。"

问："你回去上班，是不是和你是为公司的事坐牢有关？"

很明显，公诉人最后一句问话"你回去上班，是不是和你是为公司的事坐牢有关"，就是根据自己的猜测进行发问，试图引导被告人按照他的猜测进行回答，这就是典型的诱导性发问。

7. 引导被告人按照发问者的思路做出结论性的回答

比如，在一起涉黑案中，公诉人为了证明同案被告人明知第一被告人经常实施违法犯罪活动，公诉人向该同案被告人发问。

问："你到公司上班后，听说过公司的人有什么违法犯罪的事吗？”

答：“原来不知道，后来听说了一些。”

问：“都听过什么事？”

答：“听说过打架的事。”

问：“还听说过什么？”

答：“还听说过有人来闹事就打起来了。”

问：“这说明你知道他们经常干一些违法犯罪活动，对不对？”

最后一句问话就是典型的一种诱导性发问。

8. 发问者在发问中使用评论的问题发问，让被告人按照他的评论回答

在一起受贿案件中，公诉人问：“张薇是你什么人？”

答：“我爱人。”

问：“你们夫妻感情如何？”

答：“夫妻感情融洽，没有什么吵架。”

问：“既然你们夫妻感情这么好，你认为张薇收受你下属王大河一张存有 100 万元的银行卡后，会不告诉你吗？”

最后一句问话就是典型的一种诱导性发问。

其他不正当的发问

由于各地司法水平参差不齐，有些公诉人办案陋习严重，过于强势，态度粗暴，庭审时惯用一些所谓的硬招儿。一是使用一些强迫被告人自证其罪的错误语言发问；二是使用一些混淆逻辑的方法发问。比如，偷换概念型发问，就是提问的下一个问题，偷换了上一个问题的答案。

底层逻辑

辩护律师反对的前提是，要知道什么样的问题该反对。

用好反对这把“利剑”

普通老百姓对刑辩律师最深刻的印象就是三个字“我反对”，这种印象主要是来自影视剧中的律师提出反对时的激烈场景。

有一个段子，律师在庭审时打瞌睡，醒来后第一个反应就是大喊“我反对”。

在人们眼中，“我反对”已经成了刑辩律师的特质，也是刑辩律师的标签。

实践中，什么情况下可以反对，什么时机反对，怎样提出反对，为什么要反对，反对可能产生什么样的后果，会起到什么作用，这些问题对于辩护律师来说，都是业务能力的考验。反对需要相当的经验和技巧，并非张口就来那么简单。

重视运用反对手段

反对是辩护的一种重要手段，可以避免公诉人及他人的不当发问对被告人造成的不利局面。

很多情况下，公诉人提的问题，会使被告人不敢如实回答或产生误解，做出不准确或错误的回答，而这些不准确或错误回答的内容也会进一步误导法庭。有时合议庭法官的发问也会使被告人或证人产生误解，做出错误的回答。

只有辩护人才能敏锐地发现公诉人及其他人员不当发问的情况，也只有辩护人才能够及时制止这种不当发问。由此可见，辩护人的反对和补救便显得非常重要，而且必不可少、不可替代。

实务操作中，有些辩护律师对不当发问很少提出反对，致使当事人陷入不利局面，对于这种被动局面也无力补救，这些现象都是因为他们不重视使用反对这一辩护手段所导致的。

熟悉庭审发问规则

在实际操作中，弄明白要反对什么，反对的范围有哪些，也是有相当难度的。发问是有规则的，反对也是有规则和范围限制的。

庭审发问规则是反对的依据和前提，只有熟悉庭审发问规则，才能准确判断公诉人和其他人的哪些发问是错误的，是应当反对的，才能敢于反对，勇于反对，才有底气反对。只有熟悉庭审发问规则，才能精准反对，反对到位。

不熟悉庭审规则，便难以做出准确判断，更谈不上快速反应。

不知道是否应该反对，在庭审中就会出现该反对的时候不敢反对，不该反对的时候胡乱反对的极端情形。

而且，如果随意乱提反对，被审判长驳回的次数太多，就会给人留下辩护律师专业水平不高的印象，也会影响法官对辩护意见的采纳，损害被告人的合法权益。

认真倾听公诉人和他人的发问

公诉人和其他人对自己的当事人发问时，辩护人要认真倾听，只有认真倾听，才能及时发现他人发问中的错误，提出反对意见。

有很多辩护律师，对于公诉人和其他人的发问不认真倾听，有的在翻材料为接下来的工作做准备，有的甚至在法庭上走神，遗漏了很多对公诉人和其他人的错误发问进行反对的机会。

在案件复杂、材料较多的情况下，两位辩护律师在庭审中的工作可以适当做一些分工，在公诉人和其他人发问时，至少应当有一人认真倾听发问，以便及时发现问题，提出反对。

及时提出反对

一旦发现公诉人或其他人提出了不当的发问，辩护人应立即提出反对，请求审判长制止。只有抓住时机提出反对，才能及时制止他人的不当发问；才能避免被告人受到不当发问的误导，避免造成不利的负面影响；才能起到反对的效果，发挥异议制度的作用。

因为被告人被误导以后，有些问题很难再通过辩护人的发问纠正过来，发问人的目的一旦实现，造成的不利后果便很难挽回。所以抓住时机及时反对，非常重要。

反对要精准到位

“反对”是一项权利，但并不可以随意行使，更不是提得越多越好。

辩护律师的反对意见可能会得到审判长的支持，也可能会被驳回。

为说服审判长同意自己的反对意见，辩护律师在提出反对的同时应当说明反对的理由，便于审判长判明情况，做出决定。如“审判长，公诉人刚才的发问与本案无关，请法庭予以制止”“审判长，公诉人刚才的发问属于诱导性发问，请法庭予以制止”。

要想使反对意见得到审判长的支持，前提是反对的意见要理由充分、精准到位。这就需要辩护律师平时善于观察，总结法庭上各种不当发问的规律，这样才能提高反对意见的精准性。

驳回反对的补救

在辩护人提出反对，并申请审判长制止对方的不当发问后，如果审判长驳回辩护人的反对意见，辩护人应当尊重审判长的决定；同时可以建议审判长要求对方说明发问的目的，以此削弱对方发问的影响。

辩护人发问也要避免被反对

反对是把“双刃剑”，既可以伤人，也可以伤己。对公诉人的不当发问，辩护人可以提出反对；同样，辩护人发问不当时，公诉人也可以提出反对。

因此，辩护人要避免发问时被公诉人反对，办法只有一个：遵守庭审发问规则，避免出现错误的不当发问。

如果公诉人对辩护人的发问提出了反对，辩护人的应对措施有两个。

1. 积极争辩

中华全国律师协会制定的《律师办理刑事案件规范》给出了明确的指引：公诉人对律师的发问提出反对意见的，律师可以进行争辩。争辩主要是指针对公诉人反对的理由进行抗辩和说明，阐明公诉人反对的理由不成立，辩护律师对该问题发问是必要的，并且是正当的。

2. 改变发问方式

《律师办理刑事案件规范》还规定：法庭支持公诉人反对意见的，律师应尊重法庭的决定，改变发问的方式。

实践中这样的情况还是比较多见的，很多情况下，公诉人提出反对意见后，审判长要求辩护人不准发问这个问题，或者要求改变发问方式。

改变发问方式是一种很重要的补救措施，但是改变发问方式对被辩护律师来说是一个考验，要想很好地做到这一点，必须具备以下三个条件。

（1）对案情非常熟悉

律师如果对案情不熟，那么临时改变发问方式是很难的，就有可能找不到合适的发问方式，甚至有可能就放弃了对该问题的发问。

（2）对发问目的非常清楚

律师如果对自己发问的目的不是很清楚，就不可能转换发问方式。

（3）事前充分准备与训练

律师对自己要发问的问题事先应当深思熟虑，对同样一个问题，应当事前进行发问训练，学会变换角度进行发问。在法庭发问时，一旦某种发问被制止或反对，便可以及时变换另外一种发问方式，以达到同样的发问目的。

比如，在一起涉黑案中，起诉书指控该黑社会性质组织制定了"不准透露领导者行踪和动向，成员间要互相监督"等规约和纪律。在法庭调查阶段，我的学生赵铭律师作为第一被告人的辩护律师，就这一问题向有关被告人进行了发问。

问："你在该公司上班期间，有没有看到或者听到不准向他人告知公司领导行程和去向的规定？"

答："没有这样的规定，也没有人跟我说过这样的内容。"

赵铭向第一个被告人这样发问时，公诉人没有反对，但他向第二个被告人这样发问时，公诉人表示反对，认为这是诱导性发问。审判长认为这不是诱导性发问，驳回了公诉人的反对意见。

我们认为审判长的意见是正确的，公诉人实际上是把引导性的发问和诱导性的发问搞混了。

为了避免理解上发生歧义，建议换一种方式发问，比如：

问："起诉书指控你们制定了'不准透露领导者行踪和动向，成员间要互相监督'等规约和纪律。你在该公司上班工作期间，有没有看到或者听到这样的规定？"

答："没有，没有看到这样的规定，也没有听到这样的规定。"

及时改变发问方式后，就避免了不必要的争议，同样达到了预设的发问目的。对同一个问题，变换不同的方式进行发问，是辩护律师必须练就的基本技能之一。

底层逻辑

反对，是辩护的一种重要手段。

反对是刑辩律师的一个标签。

不会表达反对的律师，不是真正的辩护律师。

恰当的反对能够阻止错误的发生。

只有熟悉规则，才能用好反对这把“利剑”。

怎样对同案辩护人的发问表示反对

提起法庭上的“反对”，一般都会想到在公诉人发问时，辩护律师提出反对的情形，也会想到辩护人发问时，公诉人提出反对的情形，对于这两种情形，人们都认为非常正常。

可是，除了控辩双方可以相互提出反对之外，某个被告人的辩护人可以对其他同案被告人的辩护人提出反对吗？这个问题看似很简单，也很现实。

以前很少有人关注这个问题，法庭调查中也很少遇到这种情况，但近年来却频频引起刑辩律师群体的关注。

网上曾报道了河南省某法院审理一起涉黑案件过程中发生的庭审趣事：一位知名律师担任其中一名被告人的辩护律师，当同案其他被告人的辩护律师向自己的当事人发问时，该知名律师对其发问多次表示反对。

其他有些地方也不时传出，在一些群体性案件中，某个被告人的辩护律师发问或者发表意见时，受到同案其他被告人辩护律师的反对，甚至是一群律师对另外一群律师的发问表示反对。

这种现象在网上引起了许多律师的关注，大家都在思考：一个律师可以对另外一个律师的发问表示反对吗？根据我们的经验，处理这个问题，应当把握三个原则。

可以反对

有的律师认为，同一案件中不同被告人的辩护人不应该对其他辩护人的发问进行反对，因为法律和司法解释都没有这样的规定，如果辩护人之间互相反对，辩护人便充当了第二公诉人的角色。

这种看法显然不正确。辩护人为了维护己方当事人的合法权益，对其他辩护人的不正当发问提出反对，这种行为既属于辩护人的职责，也是庭审中设立反对制度的应有之义。

辩护律师应当有这样的意识和理念，不能因为对方是律师，就放弃了反对。实际上，其他辩护律师的不当发问和公诉人的不当发问所产生的效果是一样的。

在庭审中，我们也经常发现其他同案被告人的辩护律师在发问时出现了不正当发问，损害了己方当事人的合法权益，对于这种情形，我们也会及时提出反对意见，请求审判长予以制止。

比如，在湖北的一起涉黑案中，我们作为第一被告人余大强的辩护人，向余大强发问完毕后，其他同案被告人的辩护律师紧接着向各自的当事人发问，发问中便出现了这样的情况。

该案中另一位排名靠后的被告人的辩护律师，为了证明他所辩护的被告人参加黑社会性质组织的时间比较短，起的作用比较小，便向他所辩护的被告人黄三这样发问：

问："你是什么时候转业回到村里的？"

答："2017 年。"

问："你是什么时间加入余大强这个黑社会性质组织的？"

我们听到这句问话时，便立即举手表示反对："反对，本案起诉书所指控的黑社会性质组织是否存在，尚需要法庭通过审理，根据事实、证据和法律认定，该辩护人刚才这种发问实际上就是认为黑社会性质组织已经存在。这种问话方式是错误的，请审判长制止这种发问。"

审判长立刻回应道："各位辩护律师在发问时注意措辞。"

我们提出反对后，其他辩护律师在发问时都避免采用这种发问方式了。他们在对时间问题进行发问时，只是具体地问"你是哪一年回到村里的？""哪一年到第一被告人公司工作的？"，而不是问"哪一年加入黑社会性质组织的？"。

只能对不当发问表示反对

只有对方进行了不当发问，有可能会对己方当事人造成不利影响，或有可能损害其合法权益时，才能提出反对，这是反对的基础。而如何准确判断对方的发问是否属于不当发问，在实务操作中还是有一定难度的。

如果对方并没有进行不当的发问或发言，只是发问或发言有些跑题，内容有些重复和啰唆，这种情况属于正当行使权利过程中的瑕疵表现。对于这种情况，只有审判长才有权力提醒，其他同案辩护人无权制止，当然也无权提出反对。

比如，我们发现在有些群体性案件中，有些排名靠后的被告人涉案的事实不多，而且也认罪认罚。但是由于其排名靠后，所以这些被告人的辩护律师不得不参与全程的审判。在这种情况下，这些被告人的辩护律师就不希望前面主要被告人的辩护律师说得太多，总是希望他们节省一些时间。这些辩护律师实在是忍不住了，就会在法庭上举手表示要求主要被告人的辩护律师发言简单一些。

我们在河北一起涉黑案为第一被告人辩护时，排名靠后的几位被告人的法律援助律师，也私下给我们发短信，要求我们简要发言，让庭审进程尽快推进。这种要求其他辩护律师发言时少说一点的做法，实际上是错误的，这种做法会损害其他辩护律师的辩护权。

同一被告人的两名辩护律师不能在法庭上互相反对

我曾经遇到过一件罕见却又值得重视的事情，两位律师共同为一名被告人辩护，他们在开庭的前几天，第一次共同会见被告人。

在会见的时候，两位辩护律师对某一问题的发问方式产生了分歧，第二辩护人坚持要问这个问题，而第一辩护人认为这种问话是错误的，不应当这样发问。

我们在聊到这个问题时，第一辩护人称，如果第二辩护人坚持这样发问，她会当庭表示抗议反对。听到这个情况后，我感到十分诧异。我给他们的意见是，建议第二辩护人改变发问方式，或者不发问这个问题，并反复劝他们千万不要在法庭上互相反对抗议，否则将会成为刑辩界的笑话。

如果同一被告人的两名辩护律师的观点发生了矛盾或者意见分歧，两位辩护律师应当在事前充分沟通，对发问的方式、发问的问题以及辩护意见充分协商，达成一致，而不能在法庭上互相反对，互相驳斥。

如果在开庭期间，确实认为其中一名辩护人当庭的发问不当，可以采用补充发问、发言的形式进行解释补救。经验丰富的律师都知道，这种方法是辩护实践中常用的，而且效果不错。

我们要记住

反对是辩护律师的权利。

反对是为了维护当事人的合法权益。

反对的权利不能被滥用。

第九部分

举证质证

打好证据链条的“拉据战”

夯实有效质证的基础

质证要求控辩双方以相关的法律规范、逻辑推理和证据材料为依据，对抗对方所展示的证据，进而达到否定对方证据的目的。

律师在质证时做到快速反应的前提就是对案件进行了充分准备。

律师如果对卷宗不熟，仅指望在法庭上临场发挥，这是不现实的，也是一种严重不负责任的行为，不仅无法有效维护当事人的合法权益，也会损害律师的职业形象。

辩护律师要想取得良好的质证效果，就必须夯实质证的基础。

重视辩护律师质证的重要性

在刑事诉讼中，控方承担证明被告人有罪的证明责任，其不仅应当向法庭提供证明被告人有罪的证据，而且提供的证据还应当达到法定的证明标准，即“事实清楚，证据确实、充分”的程度。

质证的目的就在于分析、质疑控方提供的证据是否合法，是否能够证明其指控的犯罪事实达到了法定的证明标准。

因此，对辩护律师来说，对控方证据进行质证，既是辩护的职责所在，又是辩护的重要手段，应当对此给予高度重视，并熟练掌握和善于运用质证的技能和技巧。

法庭辩护主要从发问、举证、质证、辩论 4 个方面展开。在法庭辩护的 4 个手段中，笔者认为最主要、最重要、最常见的手段就是质证，特别是当辩方对指控的案件事实提出异议，针对指控事实进行辩护的时候，质证就是一种非常重要的辩护手段。

辩护律师的质证如果能够抓住要害，抓住关键，就能够动摇，甚至颠覆和推翻控方的证据体系，控方的指控当然也就不能成立了。由此可见，质证是很重要的。

有的律师习惯于传统的辩护方式，把精力主要放在发表辩护意见这一环节，对法庭调查环节发表质证意见不太重视。这种状态当然应当改变。这是因为随着我国审判制度的不断进步，庭审时不但要求辩护人注重法庭辩论，更要求辩护人重视庭审质证。

如果辩护人在质证时对控方出示的证据没有异议或闭口缄言，那么在法庭辩论时即使口若悬河、滔滔不绝，也无法从证据的角度推翻控方对被告人的有罪指控。

认真阅卷，熟悉证据

熟悉案情和证据材料，是律师整个辩护工作的基础，当然更是律师发表质证意见的基础。

熟悉证据材料是指辩护律师对已复制的侦查卷宗中的证据材料，一定要在庭审之前认真阅读研究。熟悉证据材料的实质就是阅卷，是通过阅卷对证据材料进行分析，而且这项工作一定要在开庭之前完成。

有些律师在法庭上面对控方的举证，显得非常茫然，东翻翻西翻翻，也不知道在找什么，也不知道说些什么，发生这种情况的原因就是开庭前没有阅卷，或者没有把卷宗材料看完看透，对控方的证据没有深入研究。这样就很难有针对性地发表质证意见，更不可能发表高质量的质证意见。

所以，辩护律师要想对控方的证据进行有效质证，就必须在开庭前对控方的证据进行深入透彻的研究。

发现和研究证据中存在的问题

质证就是对他方提供的证据挑毛病，找问题。

挑谁的毛病，找谁的问题？虽然总体上说有 4 个方面的质证对象，但其中最主要的、最重要的是控方的证据，因为是控方提起了诉讼，发动了起诉，所以律师要通过认真阅卷发现控方证据中存在的问题。

核实证据

律师要想真正发现证据中的问题，就必须会见被告人，把控方的相关证据与被告人进行核实，并听取他的意见，只有这样才能够更有针对性地发表质证意见。

熟悉证据特点

《刑事诉讼法》规定了几大类的刑事证据，如果对这些证据的特点不熟悉，即便是有问题的证据摆在面前，也看不出问题来。

辩护实践中，这种情况还是非常常见的，有很多律师面对控方的证据，发现不了问题，其中很重要的一个原因就是他对证据的特点不熟，不知道应当怎样发现问题。

因此，律师要想更准确地发现证据中的问题，就必须熟悉各种证据的特点，对证据中容易出现问题的地方做到胸中有数。

熟悉证据规则

一个真实有效的证据，应当是什么样的，实际上都是受到证据规则约束的，不符合证据规则的证据肯定是有问题的。

所以我们要想发现证据中的问题，就必须对证据规则有透彻的了解。这些证据规则有的是规定在法律中的，有的是规定在司法解释中的，有的是在司法实践中形成的。

如果我们对这些证据规则做到透彻的了解，掌握了证据规则，我们就找到了发现证据问题的途径，也就为我们庭审中的质证工作奠定了基础。

出庭前要制定质证提纲，做好质证预案

律师通过查阅卷宗发现问题就为质证奠定了基础。在此基础上，律师出庭前应当制作质证提纲，对于在法庭上准备对哪些证据进行质证，从哪些方面质证，做到心中有数。不仅如此，还要思考提出质证意见后，对方将会如何回应，并对此做出相应的预案。

在庭审前的准备中，对于公诉人提供的证据，律师应当标明和记录是哪一份证据，该证据的哪一页存在疑问，存在什么疑问，并分析该疑问对证据采信的具体影响，准备好充分的质证意见。

只有将各种纷乱如麻的细节都整理得井然有序，在质证时，才能准确地提出每个反驳的依据，才能够迅速地找到它们在卷宗的位置，及时予以抗辩。

需要注意的是，庭前准备了质证提纲和预案，并不意味着就一劳永逸了，这些质证提纲和工作预案，在法庭上还要根据庭审的情况及时进行调整。

控方举证的时候，律师要高度关注，特别要注意控方是否有新的证据，要从中发现问题，如果发现了新的问题，就应当及时提出。

庭后要提交书面质证意见

辩护律师在庭审结束后，还应当把质证意见和辩护意见整合在一起，交给法官。如果案情比较复杂、事实争议比较大的案件，还可以专门整理一份书面的质证意见，与辩护词一并交给法官。

因为律师在法庭上发表质证意见时，内容很多，法官有可能对某些信息不能完全接收到，书记员也不可能记得那么详细。复杂案件几乎没有当庭宣判的，所以，庭后律师应当尽量给法官提供一些书面材料，特别是质证意见和辩护意见，以起到提示作用，让法官最大限度地采纳律师的意见。

底层逻辑

质证是辩护的一种重要手段。

质证的基础是认真阅卷。

质证的特点是要发现证据中存在的问题。

熟悉证据规则是提高质证能力的保证。

制作质证提纲是当庭有效质证的重要手段。

了解控方举证的规律和特点

控方举证的方式方法决定了辩方质证的方式方法，辩护律师为了更好地发表质证意见，必须对控方举证规律和特点有足够的了解，否则在庭审质证时就会手忙脚乱，应对不足。

根据我们的经验和观察，可以从以下 6 个方面探索控方举证的规律和特点。

举证方式

控方的举证方式有两种基本类型。

1. 逐一举证

所谓逐一举证，就是控方在举证时，每次只举示一个证据，然后由辩方发表质证意见，也称为一证一质。逐一举证这种方式主要适用于简单的案件，在实践中，虽然有些律师经常要求一证一质，但这种举证方式越来越少见。

2. 分组举证

分组举证，是将不同类型的证据材料，根据证据材料内容的相同点进行分类，把具有相同内容的材料作为一组，在举证时以一组材料作为一个单位，分别出示，并发表举证意见。

比如，根据案情复杂程度把客观书证分成一组或者分成多组，把被告人供述、证人证言、被害人陈述等根据案情复杂程度分成一组或多组。

分组举证这种方式主要适用于复杂的案件，也是实践中常见的举证方式。

分组举证的数量

1. 数量多少由公诉人决定

同一类证据材料，到底是分一组还是分多组，一个案件的证据分几组，以及每一组证据的数量，主要是由公诉人根据案情的复杂程度决定。

有些案件过于复杂，涉及的罪名多，犯罪事实多达上百起，公诉人为了加快举证速度，有时候会将一起事实的所有相关证据作为一组证据出示。

2. 辩护人有权提出意见

在庭前会议讨论举证方式的问题时，辩护人一定要提出自己的意见，对公诉人每一组所举证据的数量进行限制，每一组举证证据的数量太多，不利于被告人发表质证意见。

记得在一次庭前会议中就讨论到这个问题，公诉人对自己分组的证据数量没有限制，我们作为辩护律师认为，每一组的证据数量不宜超过 8 个，被告人自己认为每一组证据的数量不宜超过 5 个，最后法庭就确定为不超过 10 个。

在正式开庭时，审判长又将每组证据的数量确定为 10~15 个，但公诉人在举证时，有时一口气就举了 20~30 个证据，我们当庭提出控方举证的数量不能超过 10 个。

因为如果每一组举证的数量过多，被告人发表质证意见的难度就很大，只能对个别印象深一点的证据发表意见，对其他证据就无法发表质证意见，质证的责任就完全就落在了辩护律师的身上。

举证顺序

1. 举证顺序由公诉人决定

在公诉人举证时，先出示哪些证据，后出示哪些证据，完全是由公诉人根据自己的举证需要而决定的，辩护人很难判断。

2. 举证顺序与起诉书的证据顺序并不一致

我们在起诉书中看控方列举的证据是按照被告人供述、证人证言、被害人陈述、书证等顺序排列的，也就想当然地认为公诉人会按照这个顺序进行举证，辩护律师在准备质证意见时，也是按照这些顺序进行准备的。但是在实际举证时却经常不是这样。

控方对复杂案件的举证，特别是对被告人不认罪的案件进行举证时，公诉人一般会先出示被害人陈述、证人证言，然后是同案被告人的供述，最后才是第一被告人本人的供述。

3. 不认罪的供述可能不当庭宣读

在很多情况下，由于被告人不认罪，在举证质证时，公诉人一般就不会将被告人的供述作为证据出示并宣读。

这一点辩护人要特别注意，如果出现这样的情况，在辩护人举证时，就应当将被告人的供述作为辩方的证据进行举证。

举证的内容

从证据的表现形式来看有两大类证据：一类是客观证据，也就是书证之类的证据；另一类是主观证据，也就是言词证据之类的证据。

由于每一份客观证据基本都是独一份，具有单一性的特点，所以在公诉人举证时，无论是全文照读，还是摘要宣读，或者是仅说明证据的证明内容，辩护人和被告人都不难理解，而且也很容易事先准备质证意见。

使辩护人感到为难的是公诉人如何出示和宣读言词证据。因为在复杂的案件中，任何一个被告人的供述或者证人证言，都不会是单一的，少则五六份，多则十多份，有的甚至达到了十七八份。而在同一个人的供述或者证言中，有些说法前后并不完全一致。

那么公诉人会如何宣读这些证据，辩护人又该如何准备相应的质证意见，这是辩护律师十分关心的问题。

在庭前会议上，很多公诉人不会告诉辩护律师他们将会怎样出示和宣读这些言词证据，这就是使辩护人感到十分为难的地方。

根据我们的观察，各地公诉人的做法各不相同，大致有两种做法。

1. 摘要宣读

对于某一个被告人的供述或者某一个证人的证言，公诉人会选择其中的一份笔录进行摘要宣读。对于其他的供述和证言，公诉人会列举供述和证言的名称，然后向法庭表示：其他笔录的内容与宣读的内容基本一致，为避免重复，不再一一宣读。

2. 综合宣读

在有的案件中，公诉人却采用了另外一种方法，就是将侦查卷宗里某一个被告人的所有供述集中在一起，标明来自侦查卷第几页到第几页，而不一一列出有几份口供，更不列出具体供述的日期，把被告人所有供述中的内容摘录编成一段完整的文字，进行宣读。

很多被告人从显示屏上看到这些内容或听到公诉人宣读这些内容后，认为这不是他的供述，曲解了他供述的原意。

多媒体技术进行举证

这是目前公诉人举证时喜欢采用的一种可视化方式，容易给法庭留下深刻的印象。如果法庭条件允许，辩护律师也应当尽量采用多媒体技术进行举证质证这一方式。我们曾经在一些案件中运用了这一方式，效果不错。

辩护律师的应对方案

辩护律师了解公诉人举证方式和举证特点的目的，是更好地应对，更有效地发表质证意见，所以，辩护律师在庭审前就应当根据公诉人的举证方式和举特点，准备自己的应对方案。

1. 准备两套质证方案

实践中，为了应对公诉人的这些出示证据的方法，我们一般会准备两套质证方案。

（1）逐一质证

就是对某一个人的供述或者证言逐一提出质证的意见。

（2）综合质证

就是对某一个人的所有供述或者证言进行综合质证，先指出辩方有异议的地方，然后再指明其供述或者证言中能够证明的内容。在实践中，我们更多采用的是采用综合质证的方式。

2. 注意听清公诉人举证的内容

这里需要注意的是，公诉人在宣读证据内容的时候，辩护人一定要注意听，听清楚公诉人举证的内容与自己将要质证的内容是否是同一个证据。

因为有时候辩护人质证的证据是公诉人根本没有提到过或者没有来得及出示的，公诉人就会提出反驳，称我们刚才宣读的内容中，根本没有把这个内容作为证据使用。请辩护律师认真听公诉人出示宣读的证据。这种情形会使辩护律师非常尴尬。

所以辩护律师首先要听清楚公诉人宣读了哪些内容。

底层逻辑

辩护律师要想使自己的质证意见有针对性，就必须摸清控方举证的规律和特点。

辩护律师要准备好逐一质证和综合质证两套方案，方能应付自如。

控方举证质证中常犯的两个错误

在举证质证过程中，辩护人和公诉人采用的某些举证质证的方式不太恰当，或者发表的某些观点不太正确，这种情形是比较常见的。

了解公诉人在举证质证过程中常犯的错误，对于辩护律师准确发表质证意见，能够起到很大的帮助作用。

根据我们的观察，公诉人在举证质证过程中常见的错误做法有以下两个。

把推测作为事实

在举证质证过程中，甚至也包括在法庭辩论中，公诉人经常把自己的推测作为一种既成的客观事实，并以此为依据发表意见。这种情况在发表第二轮举证质证意见的过程中，可能更为多见。

比如，在一起虚开增值税专用发票案中，起诉书指控被告人从山西采购了大量的煤炭，但没有发票，然后把这些煤炭卖给了 B 集团公司，同时向 A 公司购买了虚开的增值税专用发票，然后再向 B 集团公司开具增值税专用发票。

检察机关认为，由于被告人的公司与 A 公司没有真实的业务往来，因而构成虚开增值税专用发票罪。

被告人辩解称，他与 A 公司存在真实的煤炭交易，只是由于家庭原因没有让管财务的妻子和公司其他人员知道。

辩护律师在审查案件时发现了两个证据：一个证据是被告人的公司从山西买来的煤炭也是热量卡数比较低的煤炭；另一个证据是卖给 B 集团公司的煤炭也是热量卡数较高的煤炭。

根据这两个证据，辩护人在发表举证质证意见时提出，被告人的公司卖给 B 集团公司的煤炭是热量卡数较高的煤炭，而从山西买来的煤炭也是低热量的煤炭，这就表明被告人确实是从其他的地方采购了高卡热量的煤炭，也印证了被告人所称他从 A 公司购买高卡热量煤炭卖给某集团公司的说法。被告人确实与 A 公司发生了业务联系，所以 A 公司开票给被告人公司不是虚开增值税专用发票。

面对辩护人举出的证据及分析意见，公诉人在第二轮答辩中回应称，关于煤炭热量卡数，可以通过将低卡热量煤炭与高卡热量煤炭混合在一起，采用洗煤的方式，将煤炭变成高卡煤炭，因此不能以卖给 B 集团公司的是高卡煤炭，就否认虚开增值税专用发票事实的存在。

对此，辩护律师进行了回应，认为控方的观点不能成立。

首先，本案中被告人的公司从山西买来的都是低卡煤炭，没有高卡煤，他们怎么可能把低卡煤炭和高卡煤炭混在一起洗煤呢？

其次，更为关键的是，本案中没有任何证据证明发生了将低卡煤和高卡煤混在一起洗煤，通过洗煤的方式把所有的煤都变成卡数较高的煤炭，然后卖给 B 集团公司的证据。

公诉人完全是把自己的推测和想象作为已经发生的事实，在此基础上进行分析，这种分析方法不符合相关法律的规定。因为法律要求每一个指控的证据都必须是经过查证属实的证据，公诉人无权根据自己的推测，把推测当作一种客观事实，或当作一种证据进行分析，进而认定案件事实。

法律对被告人和辩护律师的要求与控方完全不同，辩护律师并不是指控的一方，他只需要对控方的证据提出疑问，或提出其他证据线索，使控方的证据链条动摇或断裂。

辩方完全可以通过合理的推测和推论发表质证意见或辩论意见，这种合理的推测和推论是一种合理怀疑。而公诉人不能把一种推测推论当作指控的证据使用。

把假设作为事实

控方在发表举证质证意见，或者在发表辩论意见的时候，经常犯的另一个错误，就是把没有发生的、自己假设的一种情况，当作一种已经存在的事实，用来分析案件，以证明和论述自己的观点是正确的。

比如，在一起诈骗案中，辩护律师发表质证意见时提出，虽然被告人在评估时提供了一些没有真实凭据的数据，评估报告中也采用了被告人提供的数据，但政府部门没有以评估报告和被告人提供的数据作为补偿的依据，而是单方直接决定了一个补偿的数额，是根据自己的情况直接确定补偿的数额，这个补偿的数额与评估报告中认定的数额没有任何关系，更没有因果关系。也就是说政府部门没有因为被告人提供的数据和评估报告，对补偿数据产生错误认识，所以不存在诈骗犯罪未遂的前提。

公诉人第二轮回应认为，评估报告的目的是为补偿提供参考，政府部门正是依据评估报告才提出了补偿工作方案，除了被告人的补偿之外，其他单位的补偿都以评估结果为依据，只是因为上级批准的补偿数额不足，才没有按评估结果给被告人补偿。换句话说，如果评估公司的评估值不是太大或者政府的钱足够的话，政府就会按照评估报告结果认定的数额给予补偿。

很明显，公诉人的上述观点就是在用一种假设的、没有发生的情形作为事实，并以这种事实为前提，对案件进行分析推论。这种观点是错误的。在刑事诉讼中，控方不能把没有发生的或者假设的情形作为已经发生的客观事实，或者作为一种前提依据对案件进行分析推论。

所以辩护人在发表第二轮质证意见时提出，刑事案件不能将假设的情形作为事实或依据进行推论分析。本案的客观事实是，第一次补偿以后，政府方面又追加了两次补偿，共追加了 2000 万元补偿款，但是这些补偿款都补偿给了其他单位，没有对被告人的公司进行追加，这就进一步说明政府有关部门并不是按照评估报告认定的数额对被告人的公司进行补偿。

底层逻辑

找到了对方的错误，就是找到了自己的筹码。

辩护律师发表质证意见的基本态度

根据辩护律师对证据材料的分析和态度，也可以把证据分为三大类：第一类是有异议的证据，第二类是无异议的证据，第三类是控方出示的有利证据。

针对不同类型的证据，辩护律师发表质证意见的方式方法也有所不同。

有异议的证据

辩护律师认为控方证据存在问题的，在质证时应明确表示对该证据有异议，并直接发表具体意见。

辩护律师对有异议的证据发表质证意见时，应注意三点。

1. 抓住主要问题，突出重点

有些案件中，辩护律师经审查认为很多证据都存在问题，需要发表的意见也很多。但是要记住，即使问题再多，想发表的质证意见再多，也要抓住重点，突出重点。

2. 逻辑周全，表达完整

要想使自己的意见能够引起法官的重视，就要对质证观点进行梳理，做到表达清晰，具有说服力。首先要亮明态度，其次要阐明理由，最后再做出结论。

3. 对证据提出异议时要审慎

对控方提出的证据，不要一发现问题就提出异议，发表质证意见时一定要谨慎，要认真研究后再发表意见。特别是要对控方证据材料进行区分，注重挖掘对被告人有利的内容。

（1）从控方证据中找到有利内容

控方证据材料中并非所有的内容都对被告人不利，要认真查找区分。如果找到了对被告人有利的内容，对该部分内容就不宜再提出异议。

（2）从不利证据中发现有利内容

有些证据材料虽然表面上对被告人不利，但换一个角度分析，却可能对被告人有利，律师要善于从中发现有利点。做到这一点需要丰富的经验。

（3）从来源不合法的证据中找到有利内容

有些证据虽然在来源或形式上有不合法之处，但内容上对被告人有利，对这类材料也不宜提出异议。

这类情形是比较常见的，我们不能因为这些证据在来源或形式上有不合法之处，就对这些证据简单地提出异议和否定，而是要让它作为有利证据保留下来。

无异议的证据

一般来说，辩护律师对控方的某一证据进行审查后，认为该证据的合法性、真实性和关联性都没有问题，对该证据便会持无异议的态度。

辩护律师在对三个基本特征无异议的证据发表质证意见时，主要有三种表达方式。

1. 直接表示无异议

这种方式最受法官欢迎，因为简单明了。但是从辩方的角度看，辩护律师不宜简单地表示无异议。对于证据的三个基本特征无异议，并不代表我们对该证据无话可说，更不代表该证据一点问题都没有。

对于三个基本特征没有问题的证据，我们应转换思考的角度，重点考虑控方出示该证据的目的是什么，该证据能否证明指控的事实。

2. 指出该证据与被告人无关

司法实践中，虽然有些证据的三个基本特征都没有问题，但是这些证据证明的内容与被告人无关，被告人也不清楚这些情况。

在这种情况下，辩护律师应当明确指出："虽然辩护律师对该证据的三性没有异议，但该证据证明的内容与被告人无关，被告人既没有参与，对该内容也不知情。"

如果辩护律师不明确指出这个情况，法官很容易把这些证据证明的内容与被告人联系在一起。

3. 指出该证据不能证明待证事实

控方举证的目的就是想证明被告人实施了起诉书指控的犯罪行为，或证明被告人的行为构成犯罪。

在很多案件中，控方出示的证据虽然在合法性、真实性和关联性上没有问题，但是这些证据的内容是中立的，没有指向性，无法证明发生了犯罪事实或被告人的行为具有违法性。这样的情形也是非常多见的。

对于这种证据，如果辩护人直接回答"没有意见"，很容易让法官以为辩护人接受这份证据或认可与该证据有关的指控。

在这种情形下，辩护律师应当明确指出，"虽然辩护人对该证据的三性没有异议，但是，公诉人出示这份证据是为了证明……而该证据（只能证明……）不能证明控方指控的待证事实"，或"该证据不能证明待证事项"，或"该证据不能证明……事项"。

这样表达质证意见，对于削弱控方证据的证明力还是有一定作用的。如果辩护律师不明确指出这个情况，法官很容易认为该证据能够证明控方指控事实的证据。

控方出示的有利证据

控方出示的证据中也有不少是对辩方有利的，有些是证据本身对辩方就是有利的，有些则是在不利证据中隐含着某些对辩方有利的内容。

1. 直接指出该证据能证明的有利事实

有些证据从整体上看就是对被告人有利的，而且由于这些证据证明的事实是案件事实中不可缺少的环节，因此在举证质证阶段，控方也不得不把这些证据向法庭出示，在这种情况下，辩护律师就可以直接指出该证据证明了哪些对被告人有利的事实。

2. 指出不利证据中隐含的对辩方有利的内容

司法实践中，更加常见的情形是，控方出示的某些证据，虽然从整体上看是对被告人不利的，但在这些证据中，也隐含着某些对辩方有利的内容。

对于这种证据，辩护律师发表质证意见时可以采用这种方法：

首先，辩护人对该证据有以下三点异议：

（1）……

（2）……

（3）……

其次，辩护人认为该证据可以证明以下几个对被告人有利的事实：

（1）……

（2）……

（3）……

辩护律师采用这种表达方式发表质证意见，既可以对有异议的证据提出质疑，也可以指明对被告人有利的事实。

底层逻辑

辩护人质证中，证据“三性”只是基础而非全部。

辩护律师质证的基本内容和范围

辩护律师质证的本质就是对控方的证据挑毛病、找问题。那么我们应当从哪些方面着手呢，也就是说，质证的基本内容和范围有哪些？

根据司法实践，一般认为辩护律师质证可以围绕以下5个方面的基本内容和范围展开。

证据的种类和法定形式要件

对证据挑毛病，既可以从证据的内容上挑毛病，也可以从证据的形式上挑毛病，也就是说对证据质证，可以从内容到外观形式进行全面质证。本着由外到内的原则，可以先对证据的形式进行质证。

什么样的材料才能成为刑事诉讼中的证据，证据应具备哪些形式要件，这些都是有具体法律规定的。

《刑事诉讼法》对证据的种类进行了规定，所以我们在对一份证据材料进行审查时，先要从外观形式上，看该证据是否属于法定的证据种类，是否具备某种证据的法定形式要件。

如果该证据材料不属于法定的证据种类，不符合法定的形式要件，就应当提出质疑。

大家容易习惯性地认为控方证据是办案机关依法收集和调取的，在证据种类和形式要件上一般不会出现问题；相反，对于辩护律师收集和提交的证据，在质证时公诉人经常会提出不符合证据的形式要件，不能作为证据使用。所以辩护律师在收集和出示证据时，也应当重视证据形式要件这一问题。

辩护实务中，控方出示的证据在形式要件上存在问题的情形也有不少。

比如，在广东的一起非法经营案中，在控方的证据材料中，有一份案发地某镇供电所出具的《情况说明》，《情况说明》主要有两个内容：一是称“供电所打算在该村安装公用变压器，连年来，多次与该村党支部书记车大雄协调沟通，其一直不同意我所在该区域装设公用变压器”；二是“为满足该村村民用电需求，2016 年供电所计划在该村装设 15# 公用变压器。在该项目施工过程中，因该村书记车大雄不同意，项目无法实施，只能变更安装地点”。

控方出示《情况说明》，是为了证明被告人车大雄为了用私人变压器进行非法经营供电，阻止供电所设立公用变压器。

作为被告人车大雄的辩护律师，我们在审查这份证据材料时，不仅发现它的内容没有其他证据印证，是孤证，而且从证据的形式要件上看，明显不属于法定的证据种类，不符合证据的法定形式要件要求。

因此，我们当庭发表质证意见时，提出《情况说明》不属于我国刑事诉讼法规定的证据种类的范畴，不符合证据的形式要件要求，不能作为证据使用。在质证意见中，我们从两个方面阐明了具体理由。

首先，该文件虽然是对过去发生的情况进行说明，与证人证言有些相似，但是，该文件是由供电所以单位名义出具的，不是由自然人所作的关于案件事实的陈述，而单位不具备自然人感知案件事实的能力，故《情况说明》不符合证人证言的形式要件要求，不属于证人证言的范畴。

其次，《情况说明》虽然是以书面材料的形式出现，与书证有相似之处，但该文件材料是案发后形成的，并不是在原来案件事实的发生过程中形成的会议记录、纪要、协议、报告等原始文件材料，故该《情况说明》也不符合书证的形式要件要求，不属于书证的范畴。

最终我们的意见被法庭采纳。

司法实践中，以单位名义出具的情况说明或者公文函件很多，对于这样的材料，我们应当认真审查，如从外观上判断它是否属于法定的证据种类，是否符合证据的法定形式要件等。

证据的合法性

所谓合法性，就是指向法庭提交的证据在取证的主体、程序、手段，以及证据的形式等方面应当符合法律的要求和规定。

如果证据不合法，无论其内容如何，都不能作为定案的依据，甚至不能进入诉讼的大门。

辩护律师在质证时要注意从证据的合法性方面进行审查，如果发现问题要提出质疑，指出该证据不具有证据能力。

证据合法性问题涉及的范围很广，取证主体、取证过程，包括取证程序和方法手段等各方面都有可能存在合法性问题。

由于言词证据和实物证据的特点不同，故这两类证据出现合法性问题的环节和特点也有所不同。

1. 言词证据

可以从讯问（询问）的时间、地点，讯问（询问）人的身份、人数、方式，以及对笔录的制作、修改是否符合法律、有关规定等方面发现问题，提出质证意见。同时，还要审查对特殊嫌疑人如盲聋哑人、少数民族、外国人、未成年人的讯问（询问）是否符合法律的特别规定。

2. 鉴定意见

司法解释对鉴定意见的要求更加特殊，可以从鉴定机构和鉴定人是否具有相应资质，鉴定人是否存在应当回避的情形，检材的来源、取得、保管、送检，以及鉴定程序是否符合法律、有关规定等方面发现问题，提出质证意见。

3. 物证、书证

可以从物证、书证的收集程序、方式是否符合法律、有关规定，勘验、检查、辨认、侦查实验等行为是否依法进行，笔录的制作是否符合法律、有关规定，勘验、检查人员和见证人是否签名或者盖章等方面发现问题，提出质证意见。

4. 注意三个问题

辩护律师在对证据的合法性进行审查、发表质证意见时，要特别注意三个问题。

（1）注意辨明瑕疵证据

证据存在什么问题时属于瑕疵证据，相关法律和司法解释已作了清楚的规定。辩护律师应该注意，不要把瑕疵证据当作是必须排除的非法证据。

（2）注意瑕疵证据可补正和解释

《刑事诉讼法》和相关司法解释规定，对合法性存在瑕疵性问题的证据，办案机关可以进行补正和解释。经补正或者作出合理解释的，可以采信；不能补正或者作出合理解释的，不得作为定案的根据。

在举证质证的实务操作中，辩护人指出了某些证据有问题，公诉人回应是瑕疵证据后就没有下文了。对存在瑕疵的证据，办案机关是否作出了补正和解释，辩护律师应当注意掌握并据此发表质证意见。

（3）注意补正和解释是否妥当

对办案机关作出的补正和解释，应当采取严格的态度。有些是不可能补正的，有些补正是不能成立的；有些不可能有合理解释，有些解释是不合理的。这些情形下的证据必然会出现问题，导致的结果就是不能作为证据使用。辩护律师要注意这些情况并明确发表质证意见。不能视而不见，不能让这些问题蒙混过去。

指控证据的合法性问题是目前遇到的最为普遍的问题之一，也是受辩护律师质疑最多的问题，这是因为侦查机关获取证据过程中的违法问题比较普遍。

但是，在辩护实务操作中，辩护律师对合法性问题的质证难度很大，特别是非法证据排除更加困难，因为辩护律师在对证据合法性提出质疑时，会受到各种条件的限制，意见被接受的程度很低。

大家一致认为，律师对证据合法性的有力质证，对于减少法官对被告人供述的依赖，以及对证据证明力的内心确信，还是有一定帮助的。

证据的客观性

所谓证据的客观性，既指证据的形式状态是客观存在的，也指证据的内容应该是真实可靠的，其证明的事实应该符合案件的客观实际情况。所以有人也把客观性特征称为客观真实性特征。

证据的客观真实性是刑事证据最基本的要素和特征，自身不真实的材料，也就不具备证明力，也是不可能证明案件事实的。

证据的客观性是不以人的意志为转移的，因此那些有强烈主观色彩的猜想、怀疑、推测、估计都不具有客观性这一基本特征，当然不能作为证据使用。

辩护律师的质证很多情况下都是围绕证据的客观真实性进行的。证明案件事实的证据必须要有客观性，某个证据即使从形式上看是合法的，即使已经进入了诉讼程序，但如果不具备客观真实性，法官就不能采信，该证据就不能作为定案的根据。

辩护律师对证据客观性进行质证时，要着重注意三点。

1. 从联系、比较的角度考虑问题

如果仅从单个证据本身孤立地分析，很难发现证据存在的问题，即使发现问题，发表的质证意见也很难有说服力。

2. 从证据的矛盾之处考虑问题

证据之间的矛盾最能够反映证据客观真实性方面存在的问题，对证据的矛盾进行分析，发现问题，这是辩护律师分析判断证据是否真实可信最常用的办法。

比如言词证据，一个人在不同阶段所作的供述或者证言，有可能前后自相矛盾，也可能与其他人的言词证据发生矛盾。

言词证据和客观证据之间也可能存在矛盾。

客观证据具有客观性的特点，但是，这种客观性也是相对的，并不意味着必然符合客观实际情况，会受主客观因素的影响，也会有失实的现象，甚至也存在被篡改、伪造的情况。

发现证据矛盾的方法也很多。比如，针对多份供述，对被告人的供述是否前后一致，有无反复以及反复的原因进行分析，可以发现很多问题。

针对被告人有罪供述中涉及的某一事实环节，通过对比被告人的其他供述，研究有多少次供述中提到这个事实，有多少次做过有罪供述的内容，是先说的还是后说的，从而揭示被告人前后供述存在矛盾。

在被告人有罪供述前后不一、多处矛盾的情况下，公诉人往往会部分采信被告人的有罪供述。因此，辩护人应抓住为什么会反复，以及辩解的合理性作为质证的突破点，揭示有罪供述的虚假性。

3. 从证据内容是否合乎常情常理的角度考虑问题

比如，证据内容与案情明显不符，不符合正常的生活经验、习俗和规律，不符合逻辑关系等。辩护律师如果发现这些情况，就可以指出该证据的客观真实性有问题。

4. 从有无利害关系上考虑问题

如果证人与案件结果或当事人存在利害关系，不仅会影响证言的证明力，甚至会影响证言的真实性。

证据的关联性

所谓关联性，是证据与案件事实之间客观存在的联系，对待证事实具有实质性的证明作用。

如果某一证据不具备关联性，即便合法性、客观性没问题，即使进入了诉讼的大门，也不得被采纳。

指控证据缺乏关联性也是普遍的问题，办案人员经常对某一嫌疑人的供述和某一证人的证言制作多份笔录，涉案单位和有关单位收集书证时的材料也十分庞杂，控方经常照单全收，把各种证据堆积起来进行指控，在这些繁杂的证据材料中，不少证据缺乏关联性特征。控方之所以接受这种做法，既是为了巩固证据，也是为了向法庭展示指控证据数量齐全，达到了确实充分的程度。

因此，辩护律师也要重视从关联性上提出质证意见，避免和案件无关的证据被当作证据使用，避免法官产生指控证据已经达到了确实充分程度的错误判断。

辩护律师提出质疑后，控方通用的回应说法是，证据是一个集合体，是综合的，不能仅针对一个证据来说没有关联性，所有证据综合起来就有关联性。

对此，田文昌老师的办法是，当控方将一组证据全部出示完毕之后，辩方就应当再次提出关联性的问题，要求控方说明关联性究竟在何处。

证据的证明目的、证明效果、证明标准等

司法实践中，很多法院只让辩护律师围绕证据的三性简要发表质证意见，不让从其他方面进行质证。

2015 年最高人民法院、最高人民检察院、公安部、国家安全部、司法部联合发布的《关于依法保障律师执业权利的规定》第 29 条规定：“法庭审理过程中，律师可以就证据的真实性、合法性、关联性，从证明目的、证明效果、证明标准、证明过程等方面，进行法庭质证和相关辩论。”这为辩护律师进行质证提供了新的切入点，扩大了质证过程中辩护律师可以发挥的空间。

1. 从证明目的方面进行质证

我的理解就是可以从控方出示的证据能否证明控方的主张，也就是能否证明指控的犯罪事实这个角度发表质证意见。

实践中，在控方出示宣读的证据中，确实有很多证据的内容是中性的，不能解释为对控方的指控是有帮助的，更不能直接证明控方指控中某一环节的事实或某一事实情节，也就是说这些证据达不到控方出示这些证据的证明目的。

2. 从证明效果方面进行质证

从证明效果方面进行质证我认为就是对证据的证明力进行质证。

辩护律师对证据的证明力进行质证，要善于运用证据规则进行

分析。比如，要分析出示的证据是直接证据还是间接证据，是原始证据还是传来证据，是不是意见证据，以及是不是瑕疵证据，对瑕疵证据是否进行了补正和解释，补正和解释的情况怎么样，还要从证据是否能够相互印证，是不是孤立的证据等多方面进行分析质证。

3. 从证明标准方面进行质证

从证明标准方面进行质证就是从指控证据是否达到“事实清楚，证据确实、充分”的法定证明标准方面进行质证。

前面所谈的质证一般都是针对单个证据而言的，但是，即使单个证据在合法性、客观性和关联性上没有问题，也并不等于控方的指控就能成立。如果证据没有达到“事实清楚，证据确实、充分”的法定证明标准，指控仍然不能成立。

从证明标准角度进行质证，要求辩护律师把指控证据联系起来，作为一个整体进行分析考量，看它们能否形成完整的证据链条。在司法实务操作中，在庭审举证质证阶段，法庭对证据进行质证的安排都是单个或分组进行的，极少安排控辩双方对证据整体发表举证质证意见。对证据从证明标准的角度分析发表意见，一般是安排在法庭辩论环节进行的。

底层逻辑

证据的“三性”是质证的基本内容。

证明目的、证明效果和证明标准也在质证的范畴之内。

辩护律师有效质证的要点

在法庭讯问及发问结束后，法庭调查即进入举证质证环节。在举证质证环节，虽然也有辩护律师举证，控方进行质证的情况，但更主要的还是控方举证，辩方对控方出示的证据进行质证,而且这也是辩护律师履行职责的主要方式之一。

在举证质证环节，辩护律师一定要高度关注控方及其他方面向法庭提交、出示、宣读的证据，不失时机地发表质证意见。

辩护律师的有效质证，对于影响和促使法官在采信证据时形成对被告人有利的心证，可以起到一定的作用。

根据我们的经验，辩护律师要做到有效质证，应当注意以下 3 个要点。

质证要突出重点

辩护工作的各个阶段都要抓住重点，律师对控方的证据进行质证，也要突出重点。

1. 抓住证据的主要问题进行质证

证据存在的问题很多，辩护律师可以质证的内容也很多。比如，证据是否有瑕疵问题，证据证明力的大小问题，以及证据的证明目的、证明效果、证明标准、证明过程等方面的问题，辩护律师可以对证据各方面的问题进行质证。

但是这些方面的问题都不是证据的主要问题，证据的主要问题存在于证据的三个基本特征之中。相对而言，从证据的基本特征方面进行审查更能发现证据的主要问题。这是因为某一个证据材料之所以能够在刑事案件中成为证据，是由其内在的属性和基本特征决定的，也就是说，必须符合证据应具备的基本特征，才能作为证据使用。

我国司法实践中，一般认为证据的合法性、客观性、关联性是刑事证据的三个基本特征，证据材料只有同时具备这三个基本特征，才具备证据资格和证明能力，才能作为认定案件事实的依据。

如果辩护律师对控方证据“三性”中存在的问题提出质疑，就有可能对控方证据材料的证据资格和证明能力起到直接否定的作用，也就从根本上否定了指控证据。也就是说，辩护律师对控方证据的“三性”提出质疑，有可能使法官对于该证据能否作为认定案件事实的依据产生怀疑，从而不采信控方出示的对被告人不利的证据。

因此，对证据进行质证，首先就是要紧密围绕证据的这三个基本特征进行，抓住这三个基本特征进行质证，也就抓住了质证的重点。

2. 抓住主要证据的问题进行质证

主要证据是指与定罪量刑有直接关系的证据，或者是指控证据链条中关键环节的证据。

以证据的来源、证据的作用等为标准，证据可以划分为不同的类型，比如直接证据和间接证据、原始证据和传来证据、有罪证据和无罪证据等。与间接证据相比，直接证据就是主要证据；与传来证据相比，原始证据就是主要证据。但是从指控证据的链条来看，并非所有的直接证据和原始证据都是主要证据，在指控证据链条中处于关键环节的证据才是主要证据。

所以针对控方出示的全部证据，辩护律师应当把质证的重点放在主要证据上，发现主要证据的问题就是抓住了问题的重点和关键，这样的质证意见对于削弱和打破指控证据链条的作用更加重大。

质证要联系其他证据

对某一个证据，虽然我们可以从该证据本身的基本特征方面是否存在问题进行分析质证，但是如果我们把该证据与案件中的其他证据放在一起，从证据之间的相互联系方面进行分析，可以更容易发现证据存在的问题，使我们的质证理由更加充分。

因此辩护律师质证时要树立联系性思维、整体性思维，善于从证据的联系性和整体性方面发现问题。

1. 分析该证据与其他有关证据能否相互印证

把某一个特定的证据与全案其他相关联的证据放在一起进行分析，首先就是要看这个证据是否能够与其他的证据相互印证，从而判断这个证据是不是孤立的证据。

根据我国的证据印证规则，判断一个证据是否具有客观真实性，必须看该证据是否能够得到其他证据的印证。如果该证据能够得到其他证据的印证，该证据就有可能经查证属实，从而作为认定案件事实的依据；如果得不到其他证据的印证，那么该证据就是孤证，其客观真实性就很难得到证明。

2. 分析证据之间是否有矛盾

用作定案依据的证据相互之间所证明的内容应当是协调一致的，如果证据之间出现了矛盾，就有可能影响证据的客观真实性。因此律师在质证时，对于不利于被告人的证据，就要注意发现证据之间是否存在矛盾。如果证据之间存在矛盾，那么就要对证据之间的矛盾进行分析。

证据之间发生矛盾的情形也非常多，对于证据之间发生的矛盾，可以从三个方面进行分析。

（1）分析证据矛盾的原因

我们要分析这些矛盾为什么会出现，有没有合理的解释，矛盾能不能得到排除。如果矛盾无法得到合理解释，矛盾就不能得到排除。从矛盾的本身，以及矛盾出现的原因和背景，有可能会揭示出证据中存在的问题，比如非法取证问题，或者证据复制问题等。

（2）分析证据矛盾的性质

分析证据矛盾的性质主要就是看证据之间的矛盾是否为根本性

的对立性的矛盾。如果证据之间存在的矛盾不是根本对立性的，对证据的真实性可能就不会产生太大的影响。因为证据之间存在一些不太严重的矛盾，特别是言词证据之间存在一些细微的矛盾，这是不可避免的，这是由于人们的认识、记忆和表达等多种主客观因素导致的。

只要这些矛盾不是根本对立性的矛盾，不是互相否定的矛盾，只是在个别的细节上存在一些差异，这种矛盾是合理的常见的，也是可以理解和接受的。

如果证据之间存在的矛盾是根本对立性的，那么对证据的真实性就会产生极大的影响。在证据出现根本对立性矛盾的情形下，绝对不能采用对被告人不利的证据，作为定案的依据；相反，应当采用对被告人有利的证据作为定案的依据。

比如，在山西一起妨害作证案中，起诉书指控陈世立为逃避公安机关调查，带领陈天权将邓敏杰转移一废弃窑洞内，并安排陈达看管。起诉书指控的主要证据和直接证据是来自邓敏杰和陈达两人的证言，但邓敏杰和陈达两人证言中的这种说法遭到陈世立和陈天权的否认，主要证据和直接证据之间相互矛盾，完全对立。根据证据规则，不能用矛盾无法排除的证据作为定案根据。

从证据标准上看，邓敏杰和陈达两人的言词证据不足以证实指控的事实，还有待进一步结合全案证据进行审查认定。

（3）分析证据矛盾是否与定罪量刑有关

与定罪量刑有关的矛盾就是根本性的矛盾。比如，证人证明犯罪嫌疑人没有作案时间，而其他证据却表明犯罪行为发生时犯罪嫌疑人在现场。这种“在现场”与“不在现场”的矛盾就是与定罪有关的根本性的矛盾。

3. 防止言词证据高度一致

律师在发现和分析证据之间是否存在矛盾的时候，同时也要注意发现证据特别是言词证据之间是否存在高度的一致，有时高度的一致恰恰可以证明证言的虚假。这样的情形非常多见。

比如，在湖北一起涉黑案件中，公诉人对组织特征部分举证时，宣读了多份内容高度一致的供述和证言，说明涉案人员之间的关系、在公司中的职责分工，以此证实涉案人员以公司为依托形成关系密切、层级稳定的黑社会性质组织。

但是作出这些供述和证言的人员中有相当一部分是离职多年的员工或公司之外的人员，根据常理判断，这些人员对于离职后公司的情况或公司的内部分工应该是不知情的，但是他们的证言内容与涉案人员的表述却高度一致，很显然，他们的证言内容是不真实的。

质证要透彻到位

辩护律师发表质证意见时不能仅是点到为止，要有深度思维，要说深说透，理由充分。

1. 从证据到举证意见全面质证

在对控方证据进行质证时，除了对证据本身存在的问题发表意见以外，律师还要注重对控方运用证据进行分析推理判断方面存在的问题发表质证意见。

因为在司法实践中，有些证据本身在合法性、客观性和关联性这三个基本特征方面可能并不存在什么问题，但是控方运用这些证据分析案件、进行论证推理时，其分析推理的思维方法是错误的，其推理得出的结论也不可能是正确的。这样的情况也不少见。

这种情形下，对控方分析推理方面的错误，辩护律师也应当及时发现，提出质疑。

还有一些情况，就是控方抛开本案的证据，直接采用推测或假设的方法进行分析推理，这种分析推理的思维方法也是错误的。

很多情况下，我们发现控方的分析推理确实存在问题，却不知道是什么错，错在哪里，更不知道怎么进行反驳，这就说明我们的逻辑知识还非常欠缺。辩护律师需要熟练掌握一定的逻辑思维方法，才能更好地进行质证和辩论。

2. 表述透彻完整

在质证实务操作中，有些律师表达质证意见时，表达的内容不透彻、不完整，有的只表明对证据有异议的态度，并没有说明有异议的理由是什么，为什么有异议。

产生这种现象的原因，一方面是有些律师不会表达，不知道怎样表达；另一方面是因为某些法官只让律师表达对证据的“三性”是否异议，其他意见不让展开，故而不敢表达。

辩护律师应当坚持以下正确做法。

（1）表明态度

律师要明确表示对某个证据是否有异议。比如：“审判长，辩护人对控方刚才举示的……证据，有异议。”

（2）表明意见的指向

律师要指明对证据“三性”中的哪一方面有意见。比如：“审判长，辩护人对控方刚才举示的……证据的合法性有异议。”

（3）阐明具体理由

如果在质证时仅表示否认或者怀疑，但提不出相应的理由，就会给人留下凭空质疑的印象，无法引起法官对证据的怀疑，公诉人也很容易反驳。

实务操作中经常出现这样的情况，有些辩护律师对控方宣读的证人证言进行质证时，只是称该证人证言不可信，但没有具体的理由。这种质证方法非常不专业，也不可能达到质证的效果。

为了引起合议庭对控方证据的怀疑，辩护律师必须阐明对证据质疑的具体理由。即使法官强调辩护人只需表明对证据的“三性”是否有异议即可，辩护律师也应当坚持阐明对控方证据质疑的具体理由。

（4）理由要说透

比如，对于一个与被告人有重大利害关系的证人的证言，律师若仅提出该证人与被告人有重大利害关系，而不做进一步的深入分析，那么质证的力度和效果就不会很明显，公诉人也很容易反驳。因为任何了解案件情况的人都有作证的资格，不能因为与被告人有重大利害关系就当然不采信该证人的证言。

但是，如果律师进一步提出，该证人的证言与已经查明的某一案件事实或已经被查证属实的其他证据相矛盾，该证人的证言具有虚假的可能性，已经不再是推测，而是有事实基础的判断，那么在这种情况下，法官就要谨慎分析该证言，质证的效果就容易得到法官的认可。

（5）提出明确的结论

对证据能否采信、能否作为证据使用，律师要提出明确的结论。这样既是为了表达的完整性，更是为了强调辩护律师的质证观点。

底层逻辑

有效指证才会对法官的自由心证产生影响。

抓住重点的质证才可能是有效质证。

连续性思维、整体性思维是有效质证的重要特征。

透彻到位的质证是有效质证的内在要求。

辩护律师质证时应当避免的常见错误

对证据进行质证，是辩护律师的职责，也是辩护工作的重要内容。但是质证的目的是什么，应当怎样质证，有些律师对这些基础性问题缺乏正确的理解，导致在质证时，经常出现一些错误的行为方式，这些错误直接影响了质证的有效性。

为了提高辩护律师的质证能力，我们对辩护律师质证实务中经常出现的错误进行了简要归纳，以提醒大家在质证过程中尽量避免出现这些错误。

基本无异议

在很多案件的举证质证阶段，我们经常能看到有些辩护律师在发表质证意见时，几乎对控方举示的所有证据都表示“无异议”“没有意见”，难道这些证据真的一点毛病也没有？似乎不是这样。

根据我们的观察，虽然确实有一部分律师是经审查后认为证据没有问题，但也有很多律师对控方证据表示无异议的情形是不正常的，主要原因有以下几个。

1. 对卷宗材料不熟悉

因为律师对卷宗材料不熟悉，所以无法对具体证据发表意见，故只好装聋作哑，用无异议遮掩过去。

2. 等到法庭辩论时再发表意见

有些律师的心思都放在了法庭辩论阶段，一切意见都等到法庭辩论时再说，所以根本没有准备质证意见，也不愿在质证阶段发表意见。

这些现象都表现出律师对质证工作的轻视，轻易放弃了一个极其重要的辩护阵地，这种情形下的辩护很难是有效辩护。

对控方证据不加审查，一律没有异议，这是律师质证时常犯的一个极端性错误。

辩护律师应当清楚地认识到，对控方证据存在的问题在举证质证环节不立即发表质疑意见，会给法官留下辩护律师认同该证据的印象。在法庭辩论环节律师就很难再有对证据进行充分质疑的机会，即使表达了对证据的质疑，也很难起到应有的作用。

凡证必质

在举证质证阶段，有些辩护律师对于控方举出的证据，一概表示有意见、有异议，或认为不合法，或不具有客观真实性，或不具有关联性，但他们在发表质证意见时，要么提不出具体理由，要么理由牵强。

这种情形下的异议，很多律师就是没有搞清楚证据的具体情况而盲目表示异议，有些甚至就是为了异议而异议，根本没有相应的依据。

这种有证必质、有证必反，是律师质证时常犯的另一个极端性错误。这种做法虽然看上去是勇于发表质证意见，但很容易让法官认为辩护律师是在故意搅事，从心里产生反感。这种心态也会影响法官对律师意见的采纳。而且，有些控方证据中隐藏着对辩护律师有利的内容，辩护律师也不加区分地提出异议，这种质证意见的结果当然是得不偿失。

辩护律师应该意识到，对证据的质证意见是建立在对证据认真分析研究的基础上的，对证据认真研究，发现证据的问题，是发表质证意见的前提和根据。

质证无主次

在举证质证阶段，有些辩护律师在对控方出示的证据发表质证意见时滔滔不绝、面面俱到，虽然说了很多问题和意见，但让人感觉不到问题的重点是什么，焦点是什么。这种平均发力、不分主次的质证方式，也是辩护律师常见的错误方式之一。

究其原因，可能有三个：一是担心质证有遗漏；二是怕说少了当事人有意见；三是过于追求庭审效果。

但从我们的观察来看，这种不区分主次全面质证出击的方法，实际效果并不太好。

1. 容易湮没重点

因为四面出击、火力分散，可能会导致关键性、实质性的问题被淹没在琐碎的问题中，影响法官对证据主要问题的判断。

虽然从辩护律师职责的角度看，辩护律师对证据进行审查后，对发现的所有问题都应当向法庭指出来，但是辩护律师也应该意识到，不同的问题对证据的证据能力和证明力产生的影响不一样，对法官的内心确信产生的影响也是不一样的。

从证据本身来看，无论是单个证据，还是全案证据，致命的关键性问题也是有限的，与其面面俱到，不如抓大放小、单刀直入，效果可能会更好。

2. 容易转移焦点

不少律师认为，对证据全面出击，会让控方疲于应付，事实是控方对辩护律师的这种质证做法并不担心。因为这种做法给控方留下了借机转移控辩争议焦点的机会，控方可以借辩方四面出击的做法，把焦点转移到一些枝节问题上，使控方证据中存在的某些重要问题不受关注，更不会成为控辩焦点。

辩护律师应当意识到，对控方的证据问题不分主次、全面出击、四面开花，很容易把质证的焦点引到无关紧要的问题上，质证就本末倒置了。辩护律师在质证时，应当抓住控方的主要证据和主要问题，透彻质证。什么都说，结果可能是什么都没有说好。

应变能力不足

辩护律师都希望一证一质，这种方法既有利于其与被告人当庭充分发表质证意见，也便于其事先准备质证意见。但是在很多案件中，由于涉案罪名较多，证据庞杂，控方一般都会采用分组举证的方式，且如何分组则由控方决定，辩护律师事前并不清楚。

到了举证质证阶段，控方分组举证时，辩护律师对质证意见的准备和控方出示的证据便出现了不对应的情况，辩护律师在发表质证意见时也出现了不能与之相对应的情况，甚至很多证据的举证和质证无法顺畅衔接。

在这样的案件中，辩护律师发表质证意见时通常会显得手忙脚乱，有时还会遗漏对很多证据发表质证意见。面对这种复杂的案件，就要求辩护律师事先做好充分的准备，对案件的证据材料要十分熟悉，观点要十分清晰，特别是对关键证据的时间节点、名称、问题和有利内容，以及主要意见等都要做到成竹在胸。只有这样，才能在控方举证时，无论其如何组合排列，辩护律师都能够从容应对。

质不对证

在有些案件中，控方举证时，辩护人由于注意力不够集中，没有听清控方举出的证据是什么，或发表的意见是什么，发表质证意见时便出现了“答非所问”的情形，也就是质证意见与证据不相对应。

质不对证大致有以下几种情形：

1. 对控方还没有举示的证据发表质证意见

在一起强迫交易案中,就发生过这种情况。控方举示完一组证据,轮到辩护律师发表质证意见。其中一个被告人的辩护人发表质证意见后，控方回应说，刚才辩护人发表质证意见所涉及的证据，我们还没有出示宣读，弄得辩护律师非常尴尬。

2. 发表质证意见时曲解了控方的举证意见

辩护律师在对控方举示的证据发表质证意见时，由于控方举示的证据材料过多，或者由于身体的原因，有时确实会发生误听、错听或者曲解控方观点的情况。发生这种情形，不但影响质证效果，还可能会给当事人留下律师不敬业、不专业的印象。

我本人就曾经出现过这样的情况。在一次举证质证过程中，我作为第一被告人的辩护律师在发表质证意见时，对控方的举证意见进行了十分强烈的反驳，而且自己感觉说得都很有道理。

控方对辩护人的质证意见进行了综合回应，最后特别提道：“刚才第一被告人的辩护人发表了大量的质证意见，我要强调一下，刚才辩护人发表的第四个观点说是针对我的……意见进行反驳，但我刚才没有发表过那样的意见。辩护人可能是太累了，没有听清或者误解了，我再重新表述一下我的举证意见。”

我意识到确实是自己听错了，当即向控方表示了歉意。这件事也给我上了生动的一课。

3. 容易遗漏对某些关键证据的质证

由于辩护律师在控方举证或发表意见时没有认真听，在发表质证意见时就很容易遗漏对某些证据发表相应的意见。

如果没有对关键证据发表质证意见，或者没有对控方的意见进行反驳，就会使法官误以为辩护律师对该关键证据或对控方的意见没有异议。这样的后果是极其严重的，也是无法弥补的。

底层逻辑

避免质证犯错的根本在于熟练掌握证据。

总结犯错的原因有助于最大限度地避免犯错。

公诉人举证质证第二轮回应的常用方法

在举证质证阶段，公诉人出示证据，发表举证意见后，辩护人会相继对控方的证据发表质证意见。在第一轮意见发表完毕后，公诉人还会对辩护人的质证意见进行第二轮回应。

一般来说，公诉人对辩护人可能提出的质证意见事先进行了预测，也做好了相应的回应预案。当然也有一些是现场临时调整的回应意见。

根据我们的观察，公诉人在第二轮回应时并不是盲目地随意回应，一般会针对不同的质证意见进行相应的回应，这些回应方法也是有一些规律可循的，亦即形成了一些常用的方法。

综合回应

所谓综合回应，就是根据事先准备的方案，结合现场的情况，将辩护人的质证意见划分为几大类，然后进行相应的分类回应。

一般来说，公诉人对于被告人和辩护人的质证意见，并不会逐一回应，而是有选择地进行综合回应。特别是对重大复杂、人数众多的案件，公诉人在第二轮回应时，大都会采用综合回应的办法。

综合回应的好处是便于公诉人对辩方的质证意见进行事前预测，以及事前准备回应意见，而不用现场仓促思考、仓促回应，避免被辩方的质证意见牵着鼻子走，使回应的主动权始终掌握在自己的手中。

以偏概全

这是公诉人最常用的一个方法。

这种情况下，一般是控方只有某个单一的证据能够证明某个指控的事实，其他的证据与该证据既不能完全互相印证，也不能形成证据链条，导致控方指控的事实难以成立，此时控方便会采用这个方法进行回应。

比如，在一起强迫交易案中，起诉书指控第一被告人杨单指使同案其他4名被告人王强、方汇、刘革、李合对被害人韩川进行威胁。

辩护人在发表质证意见时，认为只有王强一个人的供述中提到第一被告人杨单指使他威胁被害人韩川，其他3名被告人的供述中都没有这样的内容，辩护人认为王强的供述是孤证。

针对辩护人的上述质证意见，公诉人在第二轮回应中发表意见认为，4 名被告人的供述均能证实第一被告人杨单指使他们对被害人韩川进行威胁，而且多名证人的证言也能够印证这一事实。显然，公诉人的这种回应方法就是一种以偏概全的方法。

针对公诉人这种以偏概全的回应，辩护人必须进行第二轮回应，明确指出公诉人的回应观点与本案证据所能证明的事实完全不符。

这个案件中，辩护人在进行第二轮回应时指出，公诉人的这个观点与证据能够证实的情况相反。本案中，只有王强一人提到杨单对他说，他和韩川谈了好几天了，韩川太磨叽，让他们把韩川送走，路上做做工作，必要时吓唬吓唬韩川，让他不要再磨叽了。

其他三人的供述中都没有和王强类似的说法。而且，其他有关的人员中，没有一个证人的证言能够印证王强的说法。公诉人所说的多名证人都能印证这一事实的说法，根本没有证据支持。因此，辩护人可以认为王强的说法是孤证。

转移视线

公诉人在用证据证明案件事实时也会故意转移视线、转移重点。

比如，起诉书指控被告人王强等 4 人将被害人韩川拉到车上进行威胁，并拉到一个选矿厂非法拘禁。第二天早晨，直到韩川同意转让探矿权才将其放走。

在举证质证时，辩护人认为，所谓的将被害人韩川拉到选矿厂派人看守不让走，拘禁至第二天早晨，直到其口头同意转让探矿权才让其离开这一事实，证据不足。

公诉人在第二轮回应时却说，根据王强的供述以及其他三人的供述能证实，当时将被害人韩川拉至选矿厂并威胁殴打，这些供述能够相互印证，是真实可信的。

很显然，公诉人的这个辩论意见是故意规避现有证据不能证实将被害人韩川强行非法拘禁在选矿厂过夜，并派人看守不让他走，直到第二天韩川同意转让探矿权才让他离开的这一关键事实情节。这种质证方法就是大学生辩论中常用的转移视线、转移焦点的典型套路。

针对公诉人的这种回应路径，辩护人在第二轮辩论中必须把争议的焦点和证据再次突出，强调指出控方指控的关键事实环节存在证据不足的情况，给合议庭留下深刻的印象。

偷换概念

“虽然案件事实描述的细节有不一致之处，但不影响案件事实或关键事实的认定。”在许多案件中，辩护人针对公诉人出示的指控证据，认为证据之间互相不能印证，不能形成证据链条，那么公诉人在回应时，一般就会使用这个套路，回应称“虽然被告人或证人所说的案件事实细节有不一致之处，但不影响案件事实或关键事实的认定”。这也是公诉人最常用的一种路径。

公诉人在使用这个回应方法时，一般会有两个理由。

第一个理由是认为，辩护人谈到的所谓被告人供述、证人证言不能相互印证，实际上就是指细节方面不一致，细节的不一致，恰恰说明侦查笔录是根据被告人的供述记录的，表明侦查人员获取的笔录是真实的，获取笔录的过程是合法的。

第二个理由是认为，有些被告人和证人对某些细节的回忆陈述不太一致，这是非常正常的，因为每个人对事物的认识不同、记忆力不同、关注的重点不同，受各种自身因素和客观条件所限，从不同的角度对同一个事实进行回忆和陈述，就可能会出现细节陈述方面的不一致，这些细节上的不一致之处，符合记忆的客观规律，进一步印供述和证言是真实的，是客观可信的。

公诉人的这种观点有两个错误：一是偷换概念，把所谓的证据不能相互印证，变成了细节描述上的不一致，完全是错误地理解细节的内涵；二是在很多情况下，细节出真相，恰恰就是因为细节的不一致，才揭示出证据的真实性存在问题。

比如，在前述强迫交易案中，起诉书指控被告人王强等 4 人开车将被害人韩川拉至一偏僻处，对其进行殴打和持刀恐吓，后将其带到王庄选矿厂拘禁至次日早晨，韩川因恐惧口头同意转让探矿权后才被允许离开。

在举证质证阶段，辩护人发表质证意见认为控方的证据在许多关键事实环节上存在重大矛盾，无法排除，疑点重重，无法作出合理的解释。

第一，关于把被害人韩川拉走的人数，有关说法前后矛盾。

本案中，王强、方汇、刘革 3 个人在最开始的几次陈述和供述中，都一直说是 3 个人，没有提到第四个人赵琦，后来却又一致改口称有第四个人赵琦。特别是韩川，作为被害人最开始也只记得有 3 个人，不记得有 4 人，那么后来又是怎样回忆起有第四个人的呢？这种矛盾无法作出合理解释。

公诉人第二轮回应称，因为时间长，记忆上有差异，在事隔 10 多年后回忆，人数上出现了矛盾，是可以理解的，也是合情合理的。

辩护人在第二轮发表意见时，认为公诉人的回应观点不能成立。如果说是因为时间长、记忆模糊导致，这不符合人们记忆的逻辑规律。因为对同案被告人来说，这不是让一个人回忆多个不熟悉的人，容易遗漏或记错，而是相互之间非常熟悉的人在回忆同一件事时，不太可能同时都将一个人遗漏记不清了。

对于被害人韩川来说，如果真的和这几个被告人一起在车上待了很长时间，路上也发生了很多事情，甚至还被留下来过夜，不可能记不清同车的到底是 3 个人还是 4 个人。

第二，关于将被害人韩川拉到了哪个铁矿厂，各自说法相互矛盾，没有对具体地点进行辨认。

本案中，虽然起诉书认定被害人韩川最后被拉到了王庄选矿厂过夜，但是关于这个具体的地点，说法不一，相互矛盾。

王强和李合两人说是拉到了王庄铁矿厂；

方汇说“开车到了开盛选矿厂去了”；

刘革说“把车开到离桃树沟铁矿不远的一个选矿院里”；

被害人韩川说“被带到郊区厂子里边的一个屋子里面”。

而且本案中没有让被害人和被告人对这个地点进行现场指认。被害人韩川的解释是“我当时喝了酒，而且是晚上，再加上都过了 20 年，我记不清路线和看着我的地方了”。

公诉人第二轮回应的意见仍然是因为时间久远，记忆模糊，对具体地点的回忆有差异，符合正常的记忆规律。特别是被害人韩川喝了酒，而且精神紧张，记不清路线和被非法拘禁的地方，也是符合客观规律的。

辩护人发表第二轮质证意见时，认为公诉人的这种回应观点仍然是错误的。4 名被告人相互之间比较熟悉，其中 3 个人都在铁矿公司上班，对于周围几个铁矿的位置也比较熟悉，如果真的将被害人带到了王庄铁矿，是不可能记错地点的。

被害人韩川的解释不符合人们的记忆规律，是不真实的。虽然他当时喝了酒且是晚上，但是对自己住过一夜的地方，特别是第二天自己亲自开车离开的地方，是能够回忆起来的，也是能够指认的。这些极其反常的现象，以及无法排除的矛盾，不得不令人生疑。甚至有理由怀疑，这个所谓的“王强等 4 人在饭后把被害人韩川强行拉到王庄选矿厂过了一夜，同意转让探矿权后才放他走”的事实是不是存在，这种怀疑是非常合理的。

如果这个事实确实存在，为什么对于把被害人韩川拉走的是 3 个人还是 4 个人，到底拉到了什么地方，这样的基本事实都说不清呢。

本案的一个特点就是被害人韩川在事情相隔近 20 年后报案，然后才有了 4 名被告人的供述，我们就有理由怀疑，其他被告人是根据被害人韩川的报案思路作出的供述，我们不能排除这个合理的怀疑。

优势逻辑

公诉人在第二轮回应时，习惯采用“虽然……但是不影响……事实的认定”“不管……不能否认……事实”的回应逻辑。

一般在辩方提出了有利的证据，这些有利证据所证明的内容对控方指控的事实形成了巨大的冲击时，公诉人便会采用这种回应方法。

公诉人的这种回应方法可以总结为：不管你辩护人提交了什么

样的证据，也不管这些证据证明了什么样的事实，都不能否认我公诉人认定的事实，我认定的事实是推不翻的。这完全是一种唯我正确的逻辑，也可以称为优势逻辑。

比如，在一起非法持有枪支案件中，侦查机关并没有从被告人家中搜查到枪支，而是根据有关证人的证言，到一条河流的桥下打捞出了几个零部件，经过鉴定认为这些零部件是枪支的零部件。

辩护人在发表第一轮质证意见时提出，办案机关先打捞后指认地点的做法违背客观规律，同时指出，现有证据中也没有所谓的枪支来源。

针对辩护人的这一质证意见，公诉人在发表第二轮回应意见时认为：枪支来源不清，不影响非法持有枪支事实的认定。公诉人的这种举证质证思路就是一种优势逻辑。

在非法持有枪支案中，并非所有的枪支来源不清，都不影响非法持有枪支事实的认定，要具体案件具体分析。

比如，在被告人的家中搜查到了枪支，而被告人对非法持有枪支的事实也没有异议，在这种证据非常充分的情况下，即使枪支的来源没有查清或无法查清，也不影响被告人非法持有枪支这一事实的认定。

但是，如果从本案的证据情况所显示的事实来看，没有在被告人的家中搜查到枪支，被告人也否认非法持有过枪支，虽然在一条河流的桥下打捞出了一些零部件，这些零部件也被鉴定为枪支的零部件，但是并没有被告人将这些零部件扔下去的证据。在这种情况下，查清枪支的来源，对于非法持有枪支事实的认定，确实就会起到非常重要的影响作用。

在前述强迫交易案中，起诉书指控杨单为了获得韩川、吴让等人的探矿权，与韩川多次商谈探矿权转让事宜，韩川表示他们几位股东要自己开矿，拒绝转让探矿权。为此，杨单便对韩川实施了威胁行为。

关于韩川等股东是否要自己开矿，拒绝转让探矿权的问题，辩护人对多位股东的证言进行了研究，发现股东吴让的证言是完全有利于被告人的内容。

因而辩护人在发表第一轮质证意见时指出，股东吴让的证言能够清楚地证明股东韩川向他们几位股东表示过，只要杨单的价格合适，就把他们几位股东持有的探矿权转让给杨单。吴让的证言能够证明韩川愿意出让探矿权，只是关心价格的高低问题，不存在强迫交易的前提和事实基础。

针对辩护人的质证意见，公诉人在第二轮回应中认为：不管韩川是否想出让探矿权，也不管韩川要价的高低，都不能否认韩川不想把探矿权卖给杨单这一事实。很显然，公诉人的这种回应就采用了优势逻辑的方法。

辩护人在发表第二轮质证意见时提出，公诉人所说的韩川不想把探矿权卖给杨单的这个观点，仅仅是来自韩川自己一个人的说法，本案直接证据中只有韩川自己说在双方谈判时明确表示不愿意转让探矿权，但他的这个说法没有得到任何一个谈判时在场人员的证言印证，辩护人再次强调韩川的这个说法是孤证，不能作为定案的根据。

底层逻辑

辩护人发表第二轮质证意见，摸清控方二轮质证的规律至关重要。

如何解决公诉人遗漏对被告人有利证据的问题

在举证质证阶段，公诉人出示或宣读证据时遗漏对被告人有利的证据，这样的情况在法庭审理的过程中经常发生。很多辩护律师感到困惑，类似这样的问题应当怎么处理，有没有好的解决办法。

我们在办案实践中总结了以下 4 种常用的解决方法。

事前准备

有些律师认为，只要对证据熟悉，不一定要事先准备预案，到时候见机行事就能解决问题。根据我们的经验，这种处理办法效果不好，如果事先准备不足，仅靠临场反应，难免措手不及，特别是面对复杂的案件，更是如此。

1. 列出对被告人有利的证据清单

对被告人有利的证据由两部分构成：一部分是某些独立的证据，这类证据从整体内容来看，可能都是对被告人有利的；另一部分是在某一个证据中，既存在对被告人不利的内容，也存在对被告人有利的内容。

前一类证据整体上对被告人有利，公诉人在出示宣读证据时，对这些证据就可能不出示或不宣读；而在后一类证据中，因为这些证据包含对被告人不利的内容，公诉人在举证时就会把这些内容把作为指控证据出示或宣读，只是对其中有利于被告人的部分内容不出示或不宣读。

因此，在列举有利证据清单时，可以把这两类证据分开单列，这样，在后边举证质证时能更加灵活地处理。

2. 核对证据目录

把对被告人有利的证据进行整理后，还要与公诉人的证据目录进行核对。因为有些对被告人有利的证据，公诉人可能没有列入证据目录，辩护律师对这部分证据要特别小心，千万不能遗漏。

比如，我们在审查一起诈骗案的证据材料时，在侦查卷中发现了两份对被告人有利的证人证言，没有被列入控方的证据目录，我们就把这两份证人证言作为辩方的证据，特别制作了辩方的举证目录和举证提纲。

3. 两种举证质证预案

对于公诉人出示或宣读证据时遗漏的对被告人有利的证据或证据内容，要事先做出两种备用的举证质证方案，以便届时根据实际情况选用。一种是在公诉人举证阶段，辩护人发表质证意见时直接宣读并表明意见的方案；另一种是作为辩方举证的方案。

认真倾听

公诉人在出示或宣读证据时，辩护人必须认真倾听公诉人出示或宣读的内容，一是看公诉人是否出示或宣读了对被告人有利的证据，二是要看公诉人在宣读某一个证据内容时是否宣读了其中有利于被告人的内容。

在认真倾听的同时，还要把这些情况与自己事前制作的有利证据清单进行对比标注，做记号。这样才能知道公诉人在出示和宣读证据时是否遗漏了对被告人有利的证据，辩护人随后才能采取相应的措施进行补救。

事先沟通

在一起非法拘禁案的审理过程中，在举证质证阶段，公诉人宣读证据并发表举证意见后，辩护人提出公诉人宣读证据时遗漏了一段对被告人有利的证据，辩护人向审判长申请能否直接宣读。审判长回应，到后面律师举证时再说吧。

可是到了辩护人举证阶段，辩护律师提出控方宣读证据时有部分内容没有宣读，而这个内容对被告人有利，需要宣读。审判长却说这是控方的证据，你不能宣读，也不需要宣读了，致使辩护人最终没有机会宣读。

这种情况说明，关于如何处理此类问题，辩护律师事前和审判长进行沟通是十分必要的。为了避免被动，辩护律师应当就这一问题，主动在庭前会议提出，以便控辩审三方达成共识。如果没有召开庭前会议，辩护律师也应当在开庭前与审判长沟通如何处理这个问题的办法。实践证明，事前沟通的效果非常好。

比如，我们办理的河北一起涉黑案件，在庭前会议讨论控方举证顺序和举证方式时，审判长就主动谈到了这个问题。审判长表示如果公诉人在举证阶段宣读证据时没有全文宣读，而辩护人认为其中某些内容对被告人有利应当宣读的，在辩方举证阶段，辩护人可以将其作为辩方的证据宣读，并说明证据源于侦查卷宗第多少卷第多少页。这种安排当即受到了在场辩护律师的欢迎和赞赏。

在一起诈骗案中，我们作为辩护人列出了对被告人有利的证据清单，在辩护人举证阶段，将公诉人没有宣读的对被告人有利的两份证人证言和没有出示的 4 份书证作为辩方证据进行宣读和出示，并发表了意见，效果不错。

补救措施

当然，有很多案件没有召开庭前会议，也有些案件虽然召开了庭前会议，但是在庭前会议讨论时忘了讨论这个问题，还有一些案件在开庭前没来得及与审判长沟通这个问题。在这些情况下，辩护律师在庭审时可以按照事前预备的两种方案进行。

1. 直接宣读

这是第一种方案，就是在公诉人举证质证阶段，辩护人对公诉人出示的证据发表质证意见时，一并将公诉人没有宣读的或遗漏的对被告人有利的证据或证据内容直接宣读，并表明辩护人的意见。

司法实践中这样操作的情形也不少见，有的是辩护人没有询问审判长的意见，就直接宣读并发表了意见，审判长也没有反对；有的是辩护人向审判长请求直接宣读，审判长同意后宣读的。

还有一种情况是审判长让辩护律师指出遗漏的内容是哪一卷第几页，要证明什么内容，然后让公诉人宣读。这种方式的好处是立竿见影，及时有效，观点针对性较强，但在程序上有些混乱。

2. 辩方举证

如果直接宣读的方式被审判长制止，就可以采用第二种方案，即辩护律师在辩方举证时，将公诉人没有出示或宣读的对被告人有利的证据内容，作为辩方的证据出示或宣读，并说明该证据能够证明的问题。

这种方式可能更加符合规定，但最大的缺点是，如果辩护人没有事先准备好完备的举证质证提纲，到辩方举证阶段，辩护人就有可能忘记出示或宣读这个有利的证据，所以需要辩护人事先准备好方案，并且要认真倾听公诉人出示的证据内容。

我们在办理广东车大雄贪污案时就曾经遇到过这样的情况。

起诉书指控被告人车大雄担任村党支部书记期间，与村委会主任赵单、副主任王宏、治保主任黄建国、副书记张淳，以及会计林有强等人在办公室共同商议，利用国家对水稻拨付补贴款的机会，冒用他人名义虚报冒领国家粮食补贴款，然后村委会主任赵单安排他人填报虚假资料，骗取国家粮食补贴款 90 多万元，5 人在被告人车大雄的办公室瓜分了这笔钱款。

上述指控，有虚报冒领 90 多万元国家补偿款的客观书证证实，还有该 5 名被告人在监察机关调查阶段的供述，能够互相印证。

但我们在会见第一被告人车大雄时，他对此予以否认，辩称他根本没有参加这个会议，也没有在会上分过钱，之所以在调查阶段作出这样的供述，是因为办案人员跟他说，承认了这个事情其他事情便不追究了。他于是按照办案人员的说法作出了供述。

后来我们在阅卷中反复研究其他同案被告人的供述，试图从中找到蛛丝马迹。果不其然，我们在监察机关的调查材料中，看到了当时担任会计的同案被告人林有强的一份供述，他在这份供述中推翻了此前在监察机关的供述。林有强供述称：他确实参与了冒领水稻种植补贴款的行为。但他没有和这几个人一起商量冒领水稻种植补贴，也没有一起在办公室分钱。因为他负责管理印章，村委会主任赵单拿了水稻种植补贴申请表让他盖村委会的公章，所以赵单事后分两次将两万元拿到办公室给他，他并不清楚其他人是怎么商量的，也不知道其他人各分了多少钱。

在庭前会议中，我们在控方的证据目录中没有发现这份对被告人有利的证据，便提出公诉人应当将这份证据列入证据目录中，公诉人表示庭前会议后研究。到了举证质证阶段，公诉人列举了一大堆言词证据，但其中还是没有同案被告人林有强的这份供述。

在公诉人举证并发表举证意见后，我们作为第一被告人车大雄的辩护律师当即就要求宣读林有强的这份供述内容，以此反驳控方的相应证据内容是不真实的。

底层逻辑

制作有利证据清单是防止辩方遗漏有利证据的前提。

准备两套举证质证方案是保证万无一失的有效补救措施。

辩方举证时应重点把握五关

在举证质证阶段，虽然是以控方举证、辩方质证为主，但是在很多案件中，辩方举证、控方质证的情形也经常出现，而且随着对律师调查取证的日益重视，以及律师调查取证渠道的畅通，律师在刑事诉讼中举证的情形将会越来越多。

相对而言，辩护律师质证的经验比较丰富，举证的经验则比较欠缺。那么，辩护律师为了举证顺畅，应当注意哪些事项呢？

根据我们的经验，辩护律师在举证之前及举证的过程中有以下5个事项应当注意，也就是应当重点把握好以下5个关口。

把握好证据梳理筛选关

对辩护律师来说，并不是所有收集到的证据都可以向法庭出示，收集到的证据中，哪些能够向法庭出示，哪些不宜出示，应当进行认真的梳理和筛选。

如果不经过梳理和筛选就盲目地向法庭出示证据，在某些情况下不仅达不到辩护律师举证的目的，反而可能会造成负面的影响。

将手中所掌握的证据进行梳理和筛选，这是辩护律师举证工作应当把好的第一关。根据我们的经验，梳理筛选证据时可以参照以下两个标准。

1. 以是否对被告人有利作为标准

辩方证据的来源渠道比较复杂，有些证据是辩护人出面收集的，有些证据是被告人家属或朋友提供的，有些证据是从有关单位调取的。

由于提供者并非法律专业人士，他们在对证据材料的判断、获取以及保存方面难免会存在一些问题，因而在这些证据中，有可能出现某些证据对被告人是有利的，某些证据对被告人是不利的情形。

根据辩护人的职责和辩方举证的功能来看，辩方举证肯定是为了有利于被告人，所以我们在对收集的证据进行梳理和筛选时，第一标准就是要看该证据对被告人是否有利。

经过筛选，对被告人有利的证据就可以作为辩方证据向法庭出示，不利的证据就不能向法庭出示。

某一个证据对被告人是有利还是不利，虽然当事人或家属会提出自己的看法，但这个判断属于专业性的判断，一般来说，应当由辩护律师做出决定。当然，在做出决定之前，辩护律师应当与被告人或家属商量，并征得他们的同意。特别是辩护律师认为某份证据对被告人不利，不应当向法庭出示时，应当向被告人说明利害关系，说服他同意不出示该份证据。

2. 以证据本身是否有问题作为标准

控方举证时，辩方会从证据合法性、客观性和关联性三个基本特征方面进行质证。同样，辩方举证时，控方也会从这三个方面提出问题，进行质证。

所以辩方在筛选证据时，也要从证据的三个基本特征方面进行审查考量，看看是否有什么问题。如果辩方在筛选时认为某个证据在这三个基本特征方面存在问题，也不能作为辩方证据向法庭出示，而是应当另想办法；如果认为没有问题，就可以作为辩方证据向法庭出示。

把握好预先应对质证关

辩护证据在经过第一关的梳理筛选后，对辩方有利这个问题得到了解决，但是对于证据的合法性、客观性和关联性这三个特征，还是要加以重视。虽然辩护律师认为没有问题，但这仅仅是辩护律师单方的看法，而一旦证据提交到法庭后，控方必然会对证据的三性提出质疑。

因此，为了排除法庭对证据“三性”的怀疑，让法庭采信辩方出示的证据，辩护律师就应当对控方可能就证据“三性”方面提出的问题和质疑，事先进行预测评估，并准备好相应的回应理由，提出的回应理由应当合情合理、符合逻辑，具有说服力。

根据我们的观察，控方对辩方的举证主要从以下几方面提出疑问。

1. 提出收集证据的程序不合法

控方认为辩护律师收集证据程序不合法的常见情形如下。

（1）认为向被害方取证的程序不合法

司法实践中，有些辩护律师向被害人或者其近亲属、被害人提供的向证人收集与案件有关的材料，没有事先经人民检察院或者人民法院许可。出现这种情况的原因，有的可能是因为疏忽大意，忘了这一规定，有的可能是根本不知道有这个程序性规定。

一旦辩护律师把这样的证据提交给法庭，控方就会提出：辩护律师的取证行为违反《刑事诉讼法》的规定，辩护律师所举证据无效。

（2）提出有威胁、利诱、欺骗、胁迫证人作证或翻证的怀疑

如果某个证人在侦查阶段的证言中有不利于被告人的说法，而在辩方提交的该证人的证言中推翻了原来的说法，也就是证人出现翻证现象，控方就会怀疑辩方是否对证人实施了威胁、利诱、欺骗、胁迫的行为。控方产生这种怀疑后，一般会建议法庭延期审理，庭后会对证人翻证现象进行调查。

（3）认为询问证人的程序不符合规定

有些辩护律师在向证人进行调查取证时，程序不够规范、严谨，最常见的是被告人的亲属把证人带到取证现场，并且在律师取证时不离开现场。有些情况下多名证人同时到场，有时甚至还出现了取保候审的被告人和证人同时在场的情况。

如果发现这种情况，控方会提出，这种情况会影响证人作证的客观性，并且违反《刑事诉讼法》有关询问证人应当个别进行的规定，辩方所举示的证据无效。

（4）认为辩方证据不符合证据的形式要件要求

有些辩护律师在调查取证时，对于证据的形式要件要求不太重视，取得的证据在形式上存在许多问题，最常见的是笔录中没有证人的签字，或没有证人的身份证号码、单位、住址，或没有证人的联系方式等。

控方发现这些问题后在质证时会提出，该笔录因为缺乏形式要件而不具有证据效力。

（5）认为证词修改不符合要求

有些辩护律师在向证人调查取证时缺乏经验，许多证人看完笔录后又做了一些修改，但这些修改之处没有让证人捺手印和签名。

出现这种情况的原因，要么是辩护律师并不知道证人应当在修改处捺手印签名，要么是认为修改的内容不紧要，没有必要在修改处捺手印和签名。

但是这样的证据提交到法庭之后，必然会受到控方的强烈质疑，控方会提出，修改之处没有证人本人的手印和签名，其真实性难以确认，因此，该证人的证言无效。

（6）认为证据复印件没有盖章不符合规定

法律及司法解释规定，书证的副本、复制件，物证的照片、录像，只有经与原件、原物核实无误或者经鉴定证明真实的，才具有与原件、原物同等的证明力。

实践中，有的辩护人由于条件所限，对于一些书证如协议书、合同、借条等，无法获取原件，只能将复印件作为证据提交给法庭，但出现的问题是，有些复印件上没有提供单位的盖章，也没有提供人的签名，有些没有提供方对该复印件与原件一致的说明。

对于这样的复印件，控方当然会提出辩护人提交的材料，没有提供方证实与原件核对无误的签名或盖章，不能证明复印件的来源，该证据不具有证据能力，法庭不应采信。

因此，辩护律师在调取复印件时，要重视证据的完善工作。在向有关部门调取书证时，如果只能获取复印件，一定要让提供单位盖章，让提供人签名，并写明该复印件与原件一致，系该单位或该人提供。

2. 提出证据内容缺乏真实性

控方认为辩护人收集的证据缺乏客观真实性的常见情形如下。

（1）认为证据内容违背常理而不真实

对于辩方提出的有利于被告人的证人证言，控方往往会从其是否合乎常情常理挑毛病方面找问题。

因此辩护律师在收集和审查证据时，也要注意这个问题，及时弥补漏洞，作出合理解释。

（2）认为证人证言前后矛盾而不真实

有些案件中，辩护律师提供了新的证人证言，控方会提出该证人证言前后矛盾，或逻辑矛盾，或与控方其他现有证据相矛盾，而控方现有证据能够相互印证，因而控方证据是真实可信的，辩方证据的内容是虚假的、不真实的。

如果同一个证人，在侦查阶段作出的证言是对被告人不利的，而在辩护律师提交的新证言中出现了对被告人有利的内容，对于这样的证据，控方不仅会在质证时指出前后矛盾，不可采信，甚至还会提出证人作伪证，应承担相应法律后果。

（3）认为证据之间相互矛盾而不真实

有些情况下，辩护律师提出对被告人有利的证据，试图反驳控方对某一事实的指控，但控方往往会提出该证据与控方现有的证据矛盾，特别是与控方的勘验结论相矛盾，就会认为辩方提供的证人证言不符合客观情况，是不真实的。

把握好现场举证调整关

一般来说，辩护律师在对证据进行筛选并确定后，为了在法庭举证时，能够有层次、有条理地进行，以及供法官庭后研究参考，庭审前会准备一份详细的证据目录或举证清单。

在证据目录或举证清单中，应把辩方将要向法庭举示的每个证据的名称、种类、来源，拟证明的案件事实，以及通过举证想要达到的目的，都一一列明。而且，在证据目录中，如果辩方拟举示的证据较多，在证据的分组及排列顺序上也会根据案件实际做出科学合理的安排。

但是庭审的情况随时会有变化，随着对被告人的讯问和发问，以及控方举证，庭审可能会出现一些辩护律师没有预测到的新情况，辩护律师在庭审中对于这些新情况、新动态要密切关注，高度重视。

如果发现这些新情况对庭前准备的证据目录或举证清单产生了影响，有必要调整时，应当及时调整原来的举证计划，一是有些证据应该取消出示，二是举证的顺序也可能要做出调整。

把握好勇于举证关

在司法实践中，由于控方移送的证据都是侦查机关通过公权力收集的，因此在举证质证及证据采信时，法院对控方举示的证据有一种天然的信任感。而对辩护律师提交的证据，也会天然地产生怀疑。控方也会从各个角度寻找辩方证据的问题，诸如程序不合法、内容不真实、主体不适格等，甚至辩护律师还会被怀疑帮助伪造证据或唆使他人作伪证等。辩方举证被法庭拒绝采信的情况也非常普遍。

在这种情况下，很多辩护律师对于辩方举证心存疑虑，缺乏举证的勇气。根据我们的经验，辩护律师想要闯过举证勇气这一关，需要在两方面下功夫：

一是要增强信心，善于和敢于运用法律赋予的诉讼权利进行举证，对待辩方举证问题要克服畏缩情绪，以法律赋予我们的权利作为支撑。

二是要在规范取证上下功夫，辩护律师在收集证据的时候，要根据实际情况，切实做好充分的风险防范措施。

把握好挖掘证据关

如何从控方移送的证据中发现有利于被告人的证据，以其之矛攻其之盾，是辩方举证时不可忽视的重要方法。

把控方移送的证据变为辩方的证据，最大的好处是，对该证据的证据能力和证明力，控辩审三方都不会提出异议。

当然，辩护律师如何才能发现并把控方移送的证据作为辩方证据，需要辩护律师在对控方证据进行挖掘、加工以及得出结论方面下大工夫。

辩护律师挖掘证据的能力还体现在要善于运用法律赋予的诉讼权利。如果庭审中出现了一些新的情况、新的问题，有必要通知新的证人出庭、调取新的物证或者重新鉴定、勘验的，律师应当及时行使这一权利，向法庭提出相关申请。这个做法也是辩护律师可以使用的一种辩护手段，辩护律师要重视并善于运用。

底层逻辑

并非辩方收集的所有证据都能作为证据使用。

换位思考是辩方举证的不败法宝。

辩方举证应根据庭审情况灵活决策。

辩方举证需要智慧和勇气同行。

举证的高手就是要把对方的证据变为自己的证据。

控方应对辩方出示侦查卷宗证据的质证思路

在举证质证阶段，侦查卷宗中一些对被告人有利的证据材料，公诉人有时不会主动举示，这就需要辩护律师在举证时，把这些证据材料作为辩方的证据出示并发表举证意见。

在这种情况下，审判长一般会问公诉人，对辩护人出示的这些证据材料有什么意见。

由于这些证据来源于侦查卷宗，是侦查机关取得的证据，所以公诉人在对这些证据发表质证意见时，不会对证据的来源、主体资格、证据的取得过程等合法性问题提出质疑，而会从其他角度发表质证意见。

根据我们在庭审中的观察，公诉人对这些证据发表质证意见时，一般会按照以下 3 个思路进行质证。

认为与事实不符

对于有些证据，公诉人会发表意见认为：公诉人有采信证据的权力，对于与客观事实一致的就予以采信，不一致的就不采信。辩护人出示的几份证据与客观事实不一致，公诉人认为不能采信。

比如，在一起寻衅滋事案中，公诉人在举证时，将有关的证人证言都作为指控证据出示，但是却没有将当年的报案材料、派出所的调解材料以及证明等证据进行出示。

在辩护人举证阶段，辩护人便把这些证据材料作为有利于被告人的证据予以出示，并发表举证意见认为：“该起案件当年已经得到派出所调解处理，并且派出所对此案作出了明确结论，认为该案属于企业间的经济纠纷，不属于公安机关管辖的范围。”

针对辩护人出示的证据，以及辩护人发表的举证意见，公诉人发表质证意见时称：“公诉人全面审查了本案的证据材料，认为被告人的行为构成寻衅滋事罪，证据确实充分，形成了证据链条。对于那些与客观事实不符的证据，公诉人不予采信，也就不再出示。”

公诉人质证意见的逻辑就是认为派出所的处理结论及说明材料与客观事实不一致。这个观点显然不妥，因为派出所是当年该起事件的直接受理者和调查处理者，其在当时对案件事实的认识要比现在的公诉人更加清楚。

辩护律师就此证据在第二轮辩论中表示：“派出所的相关证据材料中说得很清楚，本起事实属于企业之间的经济纠纷，不属于公安机关管辖范围之内的事情，也就是说，公安机关不认为该起纠纷是刑事犯罪，这个结论和当年被告人的辩解是互相印证的，这就是本案的客观事实。

因此，合议庭对于当年的报案材料、调解处理材料，以及派出所出具的情况说明等材料，应当采信并作为定案的依据。”

认为不能证明相关事实

比如，在一起聚众扰乱社会秩序案中，公诉人举证时认为村民围堵企业大门的事件是被告人杨高义组织的。杨高义的辩护律师将从侦查卷宗中找到的几十个参与堵大门的村民的证言进行了宣读，这些证言是对被告人有利的证据。

针对辩护人的举证意见，公诉人发表质证意见说道，虽然这些证人在证言中都谈到了“不清楚”，但“不清楚”，不代表事实没有发生，只是这些人不知道。这些证据不能证明相关案件事实，故公诉人没有必要出示这些证据，

认为与案件无关

公诉人在发表质证意见时，经常采用的第三个方法是，认为虽然辩护人出示的证据来源于侦查卷宗，但公诉人经过审查，认为这些证据与案件的指控事实无关，因此没有必要出示。

比如，在一起诈骗案中，起诉书指控，在建设一个铁路客运专线工程期间，被告人张大强（涉案公司老板）为骗取对沿线被压矿企业的补偿款，指使他人伪造虚假的买卖协议、完工证、收据等评估资料，虚增大量的费用票据并提供给评估公司，共计 2.2 亿余元。后来评估公司认定涉案公司的两个铁矿（洪沟矿业和刘河铁矿）的

前期费用及资产合计 1.13 亿余元。由于补偿资金不足，某县客专工程建设领导小组办公室决定一次性补偿给两个铁矿共计 5800 万元，并给予其优惠政策。

起诉书认定，根据被告人提供的探矿权转让协议、收条等材料，评估公司将实际以 200 万元购买的洪沟矿业的探矿权的转让费用认定为 700 万元，将实际以 150 万元购买的刘河铁矿的探矿权的转让费用认定为 1600 万元，导致评估公司最终认定的费用比实际费用多人民币 1950 万元。

起诉书指控被告人张大强诈骗 1950 万元未遂。

被告人在法庭调查环节辩称：虽然这两个铁矿从他人手上转过来的时候，转让费用确实一个是 150 万元，另一个是 200 万元，但是为了获得探矿权、采矿权，为了建设矿井坑道，购买设施设备等各项工作，花费了大量的财力和物力，特别是很多花费没有票据，或者票据体现得很少。为了体现矿山的实际价值和实际支出，不得不后补了很多材料，虽然有些评估材料是后来补做的，但这些费用都实际花出去了，矿山的价值也确实值这么多钱。

在研究制作举证质证意见时，辩护律师发现打井队长林小奇的证言、某县人民政府的行政答辩状和上诉状、某市中级人民法院行政判决书、某省高级人民法院行政判决书 5 份证据是对被告人有利的证据。而公诉人在举证时并未出示这 5 份证据，辩护人便在辩方举证环节作为辩方证据向法庭进行了出示。

辩护人发表举证意见认为：

第一，林小奇的证言能证明：大约 2002 年 12 月林小奇作为打井队长和被告人的矿业公司签订合同打两条竖井。合同上约定打井费用为每米 3000 多元，打到 10 多米后发现下面都是流沙层，打井就产生了困难，成本也增大了，工钱以及打井费用就达到了每米10000多元，被告人张大强作为公司老板答应增加费用，打了300多米，费用应当有300多万元。

张大强都是用现金给打井队发工钱，有时5000元，有时1万元地给。打井队领工钱时也没有签字。

第二，某县人民政府行政答辩状的内容是："县政府已依法给予原告矿业有限公司合理补偿，原告也已经领取了5800万元补偿款，原告起诉再次支付补偿款没有事实依据。"

答辩状的内容明确表明，某县人民政府认为5800万元已经进行了合理足额的补偿。

第三，某县人民政府向某省高级法院提起上诉的行政上诉状中仍然坚持认为"县人民政府接受第三人的委托后，由其下辖的镇政府已依法给予该公司合理补偿"。

由此可以证明，某县人民政府不服一审判决，在向某省高级人民法院提起行政上诉时仍然坚持认为已依法给予矿业公司合理补偿。

第四，某市中级人民法院行政判决书能证明：

（1）该判决认为，某县人民政府提交的证据只能证实已经给付了原告5800万元的压矿补偿款，无法证明已给予的是合理足额补偿。

（2）该判决认为，在对涉案矿产进行评估时，某县人民政府单方委托相关鉴定机构进行评估，且未将评估报告送达给原告，没有与矿业权人协商修正过程，有违公平原则。

（3）该判决认为，鉴于目前我国尚未制定压覆矿产资源价值补偿的相关评估规定，可参照《国有土地上房屋征收与补偿条例》规定的方式确定矿产权评估机构，并参考《国有土地上房屋征收评估办法》中规定的方法，根据某县人民政府与矿业有限公司提供的原始资料，由评估机构独立、客观、公正地出具评估报告，某县人民政府应根据评估报告，依法作出补偿决定。

第五，某省高级人民法院行政判决书可以证明：

（1）该判决认为，某县人民政府虽然已经给付了矿业公司5800万元的补偿款，并不能提供其支付5800万元的法律依据，也不能充分证实已给予的是合理的足额补偿。

（2）该判决认为，对于涉案资产，上诉人并没有组织各方进行资产评估，其主张一次性补偿被上诉人5800万元缺乏事实和法律依据，补偿有违公平原则。

（3）该判决认为，原审法院要求上诉人在依法评估后根据评估报告作出补偿的决定不妥，应予以纠正。改判为：责令某县人民政府在本判决生效之日起60日内依法对矿业有限公司被压覆矿产资源予以评估，并在评估报告的基础上提出补偿意见，依法予以补偿。

公诉人对这些证据发表质证意见时，认为这些证据材料与本案无关。

辩护人在第二轮辩论中，不得不重点说明这些证据材料与本案有密切的关系，能够证明相关的重要问题。辩护人在第二轮发表举证意见时明确指出：

第一，林小奇的证言与本案有直接的关系，因为林小奇的证言能够证明，张大强给他们发工钱，没有签字，没有票据。该证言印证了张大强本人关于他的公司有很多开支没有留下财务票据的辩解是真实的。

第二，辩护人认为，某县人民政府的行政答辩状，以及向某省高级法院提起上诉的行政上诉状，这两个证据与本案有直接的关系。

因为起诉书认定被告人诈骗未遂，而某县人民政府向法院递交的这两份法律文书认为已全部补偿，能直接证明不存在诈骗未遂问题。

第三，辩护人认为，某市中级法院和某省高级法院两份判决书的内容与本案有直接关系。

因为公诉人认为评估报告确认了评估数据，就代表当地政府认可了，如果资金够肯定就依评估报告认定的数额补偿了，只是因为补偿金不足才未实施。而两份判决书均认为原评估不公正，应重新评估，而且某省高级法院的判决还认为应在评估报告的基础上提出补偿意见，这进一步表明原有的评估报告不是确定补偿的唯一依据。

底层逻辑

只有熟知对方的特点，才能揭示对方的错误。

举证质证意见与辩护意见的衔接

在司法实践中，辩护律师存在两种极端的情形，要么把质证意见当成辩护意见发表，要么把辩护意见当成质证意见发表。

根据我们的经验，如何把发表质证意见与发表辩护意见较好地衔接起来，可以从以下 6 个方面把握。

把握好举证质证和辩护的功能区别

很多辩护律师在发表质证意见时，发表的内容实际上就是辩护意见，并因此被审判长打断，这些辩护律师也感到困惑，不知该怎么办。

同样，在发表质证意见环节，有些辩护律师只是简单地表态：对该证据的合法性不予认可，或对真实性不予认可，或对关联性不予认可，或对该证据的三性均不予认可，而不对证据发表具体的分析意见。这些辩护律师把所有的证据分析意见都放到了法庭辩论阶段发表。

这种情形有时也会遭到审判长的制止，提醒律师在辩论阶段不要对证据发表详细的质证意见。

很显然这两种情形都是不妥的，效果也是不好的。这两种做法实际上就是混淆了质证意见和辩护意见的界限，把二者当成了一回事。

我们应当清楚，虽然辩护意见和质证意见两者联系密切，甚至有交叉重合，但是举证质证和法庭辩论是不同的庭审环节，二者的功能定位终究有所不同。

质证是通过对证据提出质疑，确定证据的证据能力和证明力，让法庭确认该证据是否应该被采信，质证主要是对证据本身或者证据之间的关系发表意见。

而法庭辩论是通过对事实认定、法律适用以及证据采信等方面进行全面的论证，说服法官接受自己的观点，辩论是对案件定性、对证据的量与质、对量刑等发表综合意见。

所以，辩护律师只有认清二者的功能区别，才能在发表质证意见和辩护意见时，进行区别与衔接。

质证意见在质证阶段充分发表

正常情况下，辩护律师在质证阶段应当充分发表质证意见，包括对证据的三性、证明力、证明效果、证明目的、与待证事实的关系等各方面问题进行充分分析。

到了法庭辩论阶段，发表辩论意见时，辩护律师需要将质证意见从整体上进行概括和总结提升，印证或推论出辩护观点，而不能再全面照搬或重复质证意见。

从效果上看，如果辩护律师在质证时，当即对控方出示的证据进行深刻透彻的质疑和反驳，能给法庭留下深刻的印象，就能够较好地达到质证的效果。

反之，如果把证据存在的问题都集中在辩论时一起发表，把质证意见放在辩论阶段详细分析，这种做法不仅容易分散重点，而且对证据发表意见的内容太多太杂，很容易让法官反应不过来，甚至不知道律师到底在说哪些份证据有问题，效果也将会大打折扣。

对证据链条的意见宜在辩论时发表

在举证质证阶段，虽然辩护律师有时也会对控方的证据是否达到确实充分的证明标准发表意见，但一般是在控方出示一组证据，用以证明案件中某一具体环节的事实时，辩护律师才会采用这种质证方式。

对于全案的主要指控事实来说，控方的现有指控证据是否达到了确实充分的证明标准，现有证据是否存在重大矛盾，关键证据能否得到其他证据印证，间接证据能否形成完整的证据链条，被告人供述能否得到其他证据的补强，根据全案证据是否能排除其他可能性，或者能否得出唯一的结论等方面的意见，主要还是要在法庭辩论阶段发表。

有些质证意见可糅在辩护意见中发表

在某些案件中，如果律师辩护意见的主要内容就是对证据的分析意见，为了避免发表辩护意见时大量的内容重复，就可以把质证意见与辩护意见糅在一起，在法庭辩论时详细发表。而在质证时律师就可以简单表明态度。比如，“辩护人对这一证据的真实性有异议，详细意见在辩论时一并发表”。

有些质证意见宜根据案件特点而定

如果律师的辩护焦点是对行为性质进行辩护，那么，对证据的所有意见就可以毫无保留地在质证阶段发表，这种情形下基本不存在质证意见与辩护意见的衔接问题。

如果律师的辩护焦点是认为指控事实不清、证据不足，那么对于质证意见和辩护意见的衔接就要下些功夫，既要相互呼应，又要注意表达角度不同，还不能过度重复。

辩护观点在质证阶段不宜展开

在庭审质证阶段，有些辩护律师不仅是在对证据发表质证意见，而且是在对整个案件发表辩护意见。

我们不赞同这种做法。因为质证阶段的重点就是对证据存在的问题进行分析质疑，辩护律师不宜把自己对案件事实、对行为性质等方面的辩护观点展开分析。这种做法不仅混淆了质证意见和辩护意见的界限，导致律师发表的意见前后大量重复，而且从技术角度讲，也过早暴露了整体的辩护思路。

当然，如果对某些事实情节的辩论在整体辩护观点体系中不具有重要作用，在辩论阶段也不会作为重点展开辩论，对于这样的辩护观点也可以在质证阶段抛出，到法庭辩论时一带而过，不再重点论述。

底层逻辑

质证意见和辩护意见的功能定位明显不同。

发表质证意见和发表辩护意见有区别，更要衔接。

辩护意见不能在举证质证阶段过多发表。

质证意见也不宜完全放到辩论阶段发表。

第十部分

法庭辩论

如何恰当
运用法、
理、情、术

控方辩论的常犯错误

如果辩护律师能够了解和熟悉控方在法庭辩论时采用的方法技巧，对于及时发现并指出控方观点的错误，进行有效辩护，是有实际意义的。

根据实践中多年的观察，我们对控方在辩论时的一些常见错误方法进行了归纳。

把断章取义称为“摘要宣读”

很多情况下，一份证人证言在叙述某件事时，其中既有对被告人不利的内容，也有一些对被告人有利的内容，或者虽然是对被告人不利的证言，但是其前后存在矛盾的地方。

控方在宣读证人证言时，往往只宣读对被告人不利的内容，而不宣读对被告人有利的内容，或者对有矛盾的内容进行嫁接简化后进行宣读，让人听不出有矛盾的地方。这种出示、宣读证据的方式就是典型的断章取义。

1. 控方回应

当被告人或者辩护律师指出控方断章取义时，控方往往会辩称“这是摘要宣读，并非断章取义”。

2. 辩护律师应对

针对这种情形，辩护律师应当向法庭明确指出，证人证言中对被告人有利的内容是什么，矛盾的地方是什么，而且还要说明证据中这些有利的内容，以及矛盾的地方对证据会产生什么影响。

将“应根据全案证据认定”作为反驳的万能工具

在法庭辩论过程中，经常出现这样的情形，当控方指控被告人实施了某种行为，而辩护人运用某些有利证据证明这种指控不能成立时，控方便会反驳称：“不能仅根据这一证据认定案件事实，应当根据全案证据认定案件事实。”

比如，在山西一个涉及 8 起非法拘禁事实的案件辩论中，被告人程实辩称虽然是他要求公司安保部门对有贿赂嫌疑的员工进行调查，但是他对公司下面的工作人员在具体调查过程中，是否限制了被调查员工的人身自由，是否使用了暴力等具体情况根本不清楚。

辩护人发表辩护意见认为，根据被告人程实的辩解以及在案证据，程实作为公司老板对安保工作人员是否限制了被调查员工的人身自由，是否使用了暴力等具体情况根本不清楚，因此，即使安保工作人员在调查中实施了违法行为，构成了非法拘禁罪，程实作为公司领导也只需承担领导责任，但不应为此承担刑事责任。

1. 控方回应

公诉人在发表第二轮辩论意见时称："辩护人仅根据被告人的辩解而认为他不知情，与本案实际情况不符，应基于全案证据来认定案件事实。"

在这种情况下，控方一般不会对所谓的"全案证据情况"展开分析，也不会指明哪些证据能够证明其观点。

2. 辩护律师应对

针对这种情形，辩护律师应当进一步向法庭指出，根据全案的证据情况，并没有其他证据能够证明被告人作为公司领导，清楚下属安保人员的具体调查行为。

"指控事实是用一系列证据证明的"

一般来说，当辩方指出控方的证据有问题，或者对某一事实的认定证据不足时，控方是不愿意接受这种观点的。

1. 控方回应

在很多案件中，当辩护人提出控方的某一关键证据是不真实的，不能采信，或不足以证明指控的事实时，控方总是回应称："我们是用一系列证据证明事实，而不是用单一的证据证明。"

2. 辩护律师应对

针对此种情形，辩护律师在辩论时必须指明两点：

（1）指明关键证据不真实

辩护律师要强调控方用于认定案件事实的某一证据是指控证据中的关键证据，而该证据是不真实的，不能采信。

（2）指明控方没有一系列证据

辩护律师要进一步指出，指控证据中，除了该证据外，并无其他证据，不存在所谓的一系列证据；或者其他证据并非直接证据，更非关键证据，不能直接证明指控的事实，这些证据也没有形成完整的证据链条。

以偏概全

用片面的观点看待整体问题，这是人们在认识问题时常犯的错误之一。在法庭辩论中也是这样，公诉人也经常会犯以偏概全的错误。控方之所以会采用这种方法，往往是因为控方对某一事实的指控证据不足，或者指控某一事实的证据链条中存在对辩方有利的证据。

1. 控方的回应

公诉人以偏概全的形式比较典型地反映在综合辩论中，就是先对某个案件下结论，称本案的所有证据都能证明控方指控的事实，然后具体宣读或者引用一两个不利证据的内容来证明控方的结论是正确的，或者先对多起案件事实做出一个不利于被告人的结论，然后再举一个例子以说明控方的结论是正确的。

2. 辩护律师应对

对于这种情形，辩护律师必须指出控方观点的错误所在。比如，在单一案件中，控方只具体宣读一两个对被告人不利的证据，并没有具体宣读其他的指控证据，实际上，这一两个不利证据并不代表其他证据的内容都是对被告人不利的。

同样，控方只宣读证明了一个对被告人不利的事实或者行为，但并不意味着被告人参与了全部的指控事实，或者说，被告人全部的行为都是不利的行为。

比如，在上述非法拘禁案中，被告人程实作为公司领导发现公司内部有行贿、受贿现象，便要求公司内控处和保卫处配合，对内部员工进行反腐败调查，不同的人分别参加了不同的调查。

控方指控该公司相关人员在调查内部贿赂行为的过程中，对被怀疑的对象进行谈话调查时，限制了被怀疑对象的人身自由，8 起事实构成了非法拘禁罪。

虽然这 8 起事实涉及的调查人员不同，调查对象也不同，但是控方在法庭辩论时首先对这 8 起非法拘禁事实做出了公司领导程实与调查人员构成共同犯罪的结论。然后再指出其中的某一起非法拘禁事实中，该公司领导程实直接参与了其中的问话，其他调查人员对被怀疑的对象实施了殴打等暴力行为，构成非法拘禁罪，故该公司领导程实与其他参与调查的人员构成共同犯罪。

控方还进一步推论，本案的 8 起事实都是根据被告人程实的意图安排的，而且他本人还参加过其中一次，证明他知道这些人员调查的方式，因而应对这多起非法拘禁事实负责。

以该公司领导参与一起非法拘禁事实，论证证明该公司领导参与了全部的 8 起非法拘禁事实，这种论证方式就是典型的以偏概全。

认定案件事实采用“双标”

这种错误典型的表现就是对待同一种行为或现象，前后采用不同的标准，且自相矛盾。

比如，如何看待细节问题，细节对案件事实的认定到底起到什么样的作用，控方在不同案件的指控中，态度是完全不同的。

在山西一起集团犯罪案件中，就存在这样的情况。在法庭辩论的过程中，辩护律师认为有关言词证据在关键细节上存在很多矛盾，不能认定被告人参与了故意伤害案。公诉人针对这个观点认为不能过于追究细节。后面在谈到非法拘禁案时，又说通过很多细节可以认定被告人的行为构成非法拘禁罪。

这种情形就是典型的逻辑矛盾。

辩护律师遇到这种情形，应向法庭明确指出，控方对待同一种行为或现象，前后采用不同的标准，且自相矛盾。

逻辑推论错误

逻辑推论错误，或者说逻辑推理错误，是人们在认识过程中最容易犯的错误之一。法庭辩论中，控方也会经常犯这样的错误。

比如，在前述山西非法拘禁案中，辩护人指出，被告人程实作为公司的领导，只参与了一起案件的调查，对其他案件在调查中是否限制了人身自由，是否使用了暴力等情况都不了解，因此不应对其他案件承担刑事责任。

控方在法庭辩论中的观点是，这些调查都是被告人程实安排的，这些参加调查的安保工作人员都知道对被调查对象采用了限制人身自由的办法进行调查，被告人程实怎么可能不知道呢。而且他还参与了其中一起案件的调查，这就更加印证了他主观上对限制人身自由的行为方式是明知的，是许可的，应当视为有共同的故意，应当共同承担刑事责任。

很显然，控方这种逻辑推论的方式是错误的。

该案中很多辩护人提出，有的被告人只是简单参加了看管，有的只是把被调查人员叫过来，有的人在场时间很短，不构成非法拘禁罪。

公诉人一方面认为，不应该仅看时间长短，应综合各种因素认定行为的严重性；另一方面认为，这些安保人员进行了分工，明知调查的方式、事由、职责，有共同的目标、目的，具有共同的明知，应共同承担责任。

控方这种分析问题的逻辑也是明显错误的。第一个问题讨论的是行为是否构成犯罪，第二个问题讨论的是是否构成共同犯罪，这两个问题是不同层面的问题，只有解决了第一个问题才能谈到第二个问题。

法庭辩论实践中，控方经常使用这种方法，把不同的问题混为一谈，让辩护律师无法及时反驳。

有选择地视而不见

在很多案件中，被告人的当庭辩解推翻了在侦查阶段的供述，并且，对原口供笔录不真实的原因也作出了合理解释。此时，辩护人便提出不能采信被告人的庭前供述，应采信其当庭辩解的意见。

针对这种情况，公诉人在发表第二轮辩论意见时，一般会坚持认为被告人的庭前供述与其他证据能够相互印证，而当庭供述与庭前供述不一致，并没有合理解释，应采信庭前供述。

显然，控方这种把被告人当庭辩解的合理性置之不理，直接忽略的情形，就是典型的有选择地视而不见。

以点带面

在法庭辩论中，我们经常发现，控方抓住辩方一个错误观点后，就加以引申反驳，从而认为辩方的整个观点都是错误的。

在一起开设赌场案件中，辩护人提出，张云翔、李大利、王华南的证言共同证实了该赌场的老板是赵廷辉，与被告人钱国康无关。

公诉人称："李大利和王华南只是赌客，不是赌场里面的人，不能证实赌场老板是赵廷辉，辩护人断章取义，提请法庭注意。辩护人在前面发表的意见中多次出现这种错误的情况，我们认为辩护人的辩护意见都是单方面凭空想象的，毫无事实依据。"

重复公诉意见当作第二轮意见

控方对案件的看法一旦确定后，在法庭辩论的过程中，基本上不会进行变更和调整。即便辩护人的辩护观点有道理，无法反驳时，控方也会坚持原来的观点。

在这种情况下，控方对辩护人的辩护观点，一般不会做出针对性的回应，而是重复原来的观点，作为第二轮辩论的意见。

这是控方在法庭辩论中经常使用的一种辩论方法。

底层逻辑

熟悉控方的辩论方法，是及时发现控方错误的重要法宝。

如何归纳分析控方的错误意见

法庭辩论中，控辩双方对对方的观点进行反驳时，如果对方发表的观点简单明了，就可以直奔主题；如果对方发表的观点比较复杂，就要对对方的错误采用归纳分析的方法进行反驳。采用这种方法简洁明快、条理清晰，且重点突出。

在被告人较多的复杂案件中，因为辩方人数多、发表的观点多、观点相同之处也多，控方对辩护律师和被告人的意见进行反驳时，一般都会采用归纳分析的方法。

当然，当控方发表的观点比较复杂，辩方认为错误较多时，辩护律师也应采用这种归纳分析的方法进行反驳。

辩护律师在归纳分析控方错误观点的时候，应当注意把握以下 3 点。

抓准问题，找到错误

有些辩护律师在倾听控方发表意见时，虽然认为控方的观点有问题，但有时却不知到底错在哪里。

要抓准控方观点中的问题，说清错在哪里，一是对案件证据材料必须非常熟悉，二是对法律规定的理解必须到位。否则即使发现有问题，也很难说清楚问题的症结到底在哪里，错在哪里。

抓大放小，不要眉毛胡子一把抓

控方在发表公诉意见或者发表辩论意见时，在某些观点或者措辞表达方面出现错误，也是在所难免的。

辩护律师对控方的观点进行分析反驳时，应当抓住主要的问题，抓住重要的错误观点，也就是要抓住与案件事实的认定有关的问题，与定性量刑有关的问题展开分析反驳。对于一些无关紧要的错误观点和措辞表达，没有必要一一反驳。抓住重点，抓住要害是法庭辩论的基本规则。

分析错误，要有条理

辩护律师采用归纳分析的方法，对控方综合发表的错误观点进行分析时，最基本的一个要求就是，要做到条理清晰、层次分明，不能颠三倒四。

辩护律师分析问题有条有理，才能容易引起法官的关注和思考。

如果条理性不强，让人根本不明白在说什么，法官可能连听的兴趣都没有。

有些辩护律师在这方面的基本功不太扎实，有些律师分析问题条理性很强。

比如，在广东一起涉黑案的法庭辩论阶段，就有一位辩护律师在对控方观点进行分析反驳时，条理非常清晰。

公诉人在辩论阶段发表第二轮意见时认为："被告人车小强在庭审调查阶段总是避重就轻，互相推诿，对于在庭前已经作了如实供述的内容也推翻了，当庭的辩解是不真实的，不能采信。"

公诉人接着以该被告人当庭的辩解作为例证进行分析："庭前证据证明被告人车小强是居委会党委副书记、居委会副主任和居委会治保委副主任。可在庭审调查阶段，他对于自己是不是党委副书记、居委会副主任和治保委副主任 当庭辩称不清楚，由此看出被告人车小强的当庭辩解明显是不真实的。"

辩护人回应说，公诉人刚才发表的观点有三点错误。

1. 公诉人的第一个错误就是，把被告人车小强对三个不同问题的不同回答混为一谈，混淆并曲解了车小强当庭辩解的内容。

（1）第一件事就是关于党委副书记的问题，在法庭调查时，公诉人讯问他的党委副书记是如何当上的？他的回答是：我本人并没有想当党委副书记，是他们选举的。

（2）第二件事就是关于居委会副主任的问题，在法庭调查时，公诉人讯问：你是如何当上居委会副主任的？他的回答同样是：我没有想当村居委会副主任，是他们选举的。

（3）第三件事是关于治保委副主任的问题，在法庭调查时，公诉人讯问：你是如何当上治保委副主任的？他的回答是：我不清楚我是治保委的副主任，我只知道我就是一个治保员，没有人通知我说我是副主任，也没有给我发过任命书。

从以上三个问题来看，他本人只是说他不清楚自己是不是治保委的副主任，并没有回答说他对于自己是不是党委副书记、是不是居委会副主任都不清楚，根本没有这样的回答。公诉人故意将三个不同问题的不同答案曲解为同样的一个答案，这是对被告人当庭辩解内容的歪曲和篡改。

2. 公诉人的第二个错误就是，把曲解和篡改后的当庭辩解的内容作为依据，并由此得出车小强的当庭辩解是不真实的结论，这个结论与庭审的实际情况不符，不能成立。

实际上，被告人车小强对于不清楚自己是不是治保委副主任的当庭辩解也是有理由的，虽然治保员们认为他是治保委的副主任，也会听从他的安排，主要的原因是他是居委会党委书记的亲戚。但是，本案证据中确实没有任命他为治保委副主任的文件和会议记录，所以他的辩解也是合理的。

3. 公诉人的第三个错误是，把这种曲解和篡改后的当庭辩解的内容作为依据，进一步推论得出被告人相互推诿、避重就轻的结论，既不符合逻辑，也不符合本案庭审的实际情况，该结论不能成立。

底层逻辑

辩护律师法庭辩论的目标，就是要找准控方的错误所在。

辩护意见有条有理，才能引起法官的重视。

如何应对控辩双方关于证据是否充分的分歧

起诉书的指控是否已经达到了证据确实充分的程度，是控辩双方在举证质证和法庭辩论阶段争论最多的一个问题。

很多情况下，辩护律师之所以认为起诉书对某一事实的指控没有达到证据确实充分的程度，一个重要的原因就是认为现有证据中缺少某个重要的证据，而该证据对于指控事实的认定起着至关重要的作用。

而控方的观点总是相反，认为现有证据已经形成了完整的证据链条，达到了证据确实充分的程度，其他的证据是否收集或是否出示，不影响对案件事实的认定，也就是说其他证据没有收集或出示的必要。

控辩双方的这种对抗已成为普遍现象，辩护律师对于实务中控辩双方常见的对抗情形，应当有足够的了解，并准备一定的应对方案，这样才能在庭审中占据主动地位。

缺乏关键证人的证言印证

实践中，经常会发现现有证据中缺少关键证人的证言，辩护律师认为该证据对于指控事实的认定起着至关重要的作用，由于缺少这个关键证人的证言，指控的事实就很难达到证据确实充分的程度。

比如，在一起强迫交易案中，起诉书指控被告人张大山为了迫使被害人韩玉军同意签订转让铁矿探矿权的合同，指使王坤等另外3名被告人在饭后将醉酒的韩玉军强行用车拉到一个铁矿，并派两个维修工看管，不让他走。第二天早晨，韩玉军因恐惧被迫向一个姓刘的人表示同意转让铁矿，姓刘的人才让韩玉军回家。

被告人张大山否认这项指控，在公诉人出示的证据中，王坤等另外3名被告人只供述了把被害人韩玉军送到铁矿的内容，之后的情况他们就不清楚了。至于被害人被关押了一夜，第二天同意转让探矿权后才被放走的说法，只有被害人韩玉军的陈述。

在该案的第一轮辩论中，辩护人认为本案没有所谓的看守韩玉军过夜，不让其走的两个维修工的证言，也没有第二天同意放他走的那个姓刘的证人的证言。本案事实缺少关键证人的证言，现有证据不够充分，指控证据不足。

公诉人第二轮回应意见认为，不需要负责看管的两个维修工的证言，也不需要放走被害人的姓刘的证人的证言，缺少这些证人的证言并不影响对案件事实的认定，因为该案被告人的供述和被害人的陈述已足以证明被害人被拉到了铁矿上，第二天同意转让探矿权后才离开的事实，控方的证据形成了完整的证据链条。

辩护人第二轮辩护意见认为，该起指控在两个关键事实环节上都缺少关键证人的证言，致使关键事实无法得到证实。

第一个关键事实环节是被害人是否被人看守在矿上，不让其走。该案另外 3 名被告人的供述以及被害人韩玉军的陈述，最多只能证明韩玉军被拉到了铁矿，在铁矿逗留，或者在铁矿住了一晚。即使韩玉军在铁矿过了一夜，也不能证明他是被强行留在矿上，被人看住不让走的。因为本案证据中没有所谓的负责看守的两个维修工的证言对此予以印证。

第二个关键事实环节是被害人是否在被迫同意签订协议后才被放走的。所谓的被害人第二天早晨被迫向姓刘的人表示同意签订合同后，才被姓刘的人放走的说法，只是被害人个人的说法，并没有姓刘的证人的证言予以印证。

在本案两个关键的事实环节上，缺乏关键的两个维修工以及姓刘的证人的证言，因此，控方证据没有形成完整的证据链条，没有达到证据确实充分的程度。

缺乏客观证据的印证

仅靠言词证据能否定案，这也是控辩双方争议的焦点。

在很多案件中，控方指控认定事实所依据的证据都是言词证据，而没有客观证据，辩护律师对这些言词证据存有强烈的质疑，常常以该案仅靠言词证据定案，没有其他客观证据印证为由，认为指控事实尚难以达到证据确实充分的程度。以这个理由进行抗辩，也是辩护律师常用的一种辩护方法。

控方所持的观点是法律并没有规定仅有言词证据不能定案，只要言词证据能够相互印证，达到了证据确实充分的程度，就可以定案。

在刑事辩护中这种情形确实是个问题。只有言词证据且言词证据能相互印证，能否认为已经达到了证据确实充分的程度，对于这个问题，我们认为应当根据不同的情况进行具体分析。

在有些案件中，仅靠言词证据定案，没有其他客观证据印证，辩护律师可以认为证据尚难以达到证据确实充分的程度。但是这个道理要有针对性地说透彻，才能引起法庭的注意，起到应有的作用。

根据我们的实践，如果案件中出现了以下几种情况，辩护律师就可以采用这个理由进行抗辩，可以提出缺少客观证据，仅靠言词证据难以达到证据确实充分的程度。

1. 被告人否认的案件

很多情况下，尽管其他的言词证据能够互相印证，并且都指向被告人，但是被告人对指控的事实予以否认，在这种情况下，就不能轻易地根据言词证据定案。

这是因为言词证据容易受自身和外界因素的干扰，具有强烈的不稳定性、易失真性等特点。这类案件中可能还会存在问题，应当继续查找其他相关的客观证据，使证据链条更加完整，才能够定案。

2. 有客观证据的案件

比如，在一起非法运输、储存爆炸物罪的案件审理中，控方的证据中包括相关的证人证言，证明被告人实施了非法运输和储存爆炸物品的行为。

但是辩护人提出，被告人否认犯罪，这些人的证言都是言词证据，而非法运输、储存爆炸物的对象是物品。在本案中，侦查机关对所谓的储存爆炸物品的地点进行了勘查，提取了疑似爆炸物的物品和包装这些物品的编织袋，从相关工作说明的内容来看，侦查机关也对这些疑似爆炸物品和编织袋进行了鉴定。但在本案证据中，却没有看到对这些提取物品的鉴定意见。

辩护人认为这些客观证据以及鉴定意见对本案事实的认定非常重要，希望公诉机关向法庭移送提取物的鉴定意见。如果缺乏对提取物的鉴定意见，那么提取物品就不能成为客观证据，本案就缺乏客观证据，本案的指控仅靠言词证据很难成立。

公诉人认为，现有的被告人供述和证人证言已经形成了完整的证据链条，证据已经达到了确实充分的程度，不需要提取物以及鉴定意见等其他的证据进行证明。

后经辩护人强烈要求，公诉人出示了侦查机关对鉴定情况出具的说明，侦查机关对提取的疑似爆炸物的物品以及编织袋进行了鉴定，鉴定结果是提取物中没有发现硝酸铵的成分，而硝酸铵是炸药的主要成分。

3. 有现场的案件

有现场的案件，必然能够查找到许多客观证据，即使是事过境迁，也会留下许多蛛丝马迹。可是在很多案件中，办案人员并没有查找案件现场，更不用说找到与指控事实有关的客观证据。这样的案件很难说达到了事实清楚，证据确实充分的证明程度。

比如，在我们办理的一起妨害作证案中，起诉书指控被告人陈老汉为了躲避侦查，防止办案机关找到伤害案的被害人邓大树进行调查，指挥司机开车带着邓大树及其亲戚陈晓珊，将邓大树转移到一个废弃的窑洞里躲避。

对于这个指控，只有被害人邓大树和陈晓珊的证言证实。

邓大树和陈晓珊在证言中称：他们来到了一个废弃的土窑洞，带了被褥、大衣、灶具、方便面等生活用品，邓大树住了一个晚上就走了。陈晓珊称自己在窑洞里住了两个晚上，还称如果找到那个村庄，她就能找到窑洞。被告人陈老汉和他的司机均否认指控的事实。本案除了该两人的证言外，没有任何客观证据印证。

辩护人认为，如果邓大树确实被转移到废弃的窑洞中生活过，必然会留下相应痕迹，陈晓珊也称到了那个村庄，她就能找到窑洞。但该案办案人员并没有找到窑洞，更没有找到在窑洞中生活的痕迹。而且，转移所用的车辆并没有查到，也没有对接送人员进行辨认或指认，甚至连邓大树所谓离开时所乘班车路线的证据也没有。

犯罪工具、犯罪地点及犯罪现场的活动痕迹是证明本起犯罪事实是否存在的关键证据，这些关键的客观证据都没有查到，仅凭现有的言词证据，显然无法认定发生了这样一起犯罪事实。

4. 有其他重大怀疑的案件

如果辩护律师在阅卷、会见等过程中发现案件中存在其他重大可疑之处，那么，对这些仅有言词证据的案件，也要慎重对待。辩护律师应当向办案机关充分说明怀疑的理由，争取让办案机关重新查找其他证据，防止办案机关匆忙定案，“带病”定罪。

每个环节都有证据，但每个环节的证据要么是孤证，要么不能相互印证

很多案件中，起诉书指控的某个犯罪事实实际上是由许多关键的事实环节构成的，尽管公诉机关针对每一个环节都会提供一些相应的证据，但是不能因此就认为这些证据能够环环相扣，就形成了

完整的指控证据链条。

律师要重点审查两个问题。

1. 审查每一个环节自身的证据是否确实充分

因为每一个事实环节都是整个犯罪事实中不可缺少的组成部分，对于这样的事实环节，相关证据同样也应当达到事实清楚，证据确实充分的程度。如果达不到这样的程度，就说明这个事实环节的指控不能成立，控方的证据链条缺少了一个关键的环节，那么证据的指控链条也就断裂了，事实的整体链条同样也就断裂了。

2. 审查证据链条互相之间是否紧密衔接，环环相扣

既然一个案件的事实是由多个有内在联系的环节有机组成的，那么，不仅每一个环节自身的证据要达到确实充分的程度，而且这些环节相互之间也应当紧密衔接，环环相扣。如果中间出现了脱节，那么事实的链条和证据的链条也就断裂了，指控也就很难成立。

前面提到的妨害作证案的证据链条来看就是这样，邓大树与陈晓珊两人证言中有关陈老汉将邓大树转移到废弃窑洞的说法，涉及4个关键性的事实环节，辩护律师对这4个环节的证据进行了逐一分析。

辩护律师认为，根据在案证据，其中的直接证据相互矛盾，而4个关键环节的相关事实没有其他证据印证，没有得到充分的证明，4个环节的证据不能环环相扣，无法形成完整的指控证据链条，因此不能证明陈老汉和司机一起将邓大树转移到窑洞躲避侦查的事实。

没有相反证据时，可以根据言词证据定案

当然，辩护律师在辩护时也要注意，不能对所有由言词证据构成的案件，一律认为证据不足。在一般的普通案件中，如果言词证据能相互印证，被告人也不否认，在这种情况下，没有相反或否定的证据，就可以将言词证据作为定案根据。

底层逻辑

刑事案件能否全靠言词证据定案，需根据具体案情决定。

关键事实环节需要由客观证据证明的，就不能仅靠言词证据定案。

关键事实环节缺少关键证人的证言印证，仅靠其他证据难以定案。

如何在第二轮辩护中凸显价值

法庭辩论是对辩护律师综合素质的一种考验，相对第一轮辩论，第二轮辩论往往更加精彩。

一般来说，第一轮辩论都是在对相关问题做了充分思考和充分准备的基础上展开的，因而第一轮辩论会显得有条不紊。第二轮辩护没有足够的时间去思考，具有突发性、临时性和应变性，现场对抗性也更加激烈。

对于辩护律师来说，第二轮辩护是一种综合能力的考试和测验：既考验了辩护律师对案件材料的熟悉程度，也考验了辩护律师对法律理论以及逻辑知识的掌握能力，也是对于应变能力的一种测试，因此我们说第二轮辩护更加精彩。

辩护律师如何才能在第二轮辩护中更好地展现价值，应当把握好以下 5 个方面。

确保第一轮辩护观点正确

在第一轮辩论中，辩护律师要力求自己的辩护观点是正确的，不要发表错误的观点，不要给控方送上反驳的靶子。这是辩护律师在第二轮辩护中占据主动地位的基本条件。

如果第一轮辩护意见中有一些错误的观点，无疑就给控方留下了漏洞，树立了攻击的靶子。即便之后反应再灵敏，也会给法庭留下辩护观点是错误的印象。

有些辩护律师在准备辩护意见，或者发表辩护观点时，更多地只是考虑自己想说什么，要说什么，而对自己的观点是否正确，是否经得住推敲，则考虑得较少。这种做法不符合有效辩护的要求，应当改进。

准备好第二轮备用观点

辩护律师在准备第一轮辩护观点的同时，也要预测控方在法庭上对自己的这些观点将会如何回应，控方回应后辩护律师怎样把话接过来，这就是要事先准备好第二轮备用辩护观点。

如果我们在准备第一轮辩护观点的时候，没有预测控方将会如何回应，也没有做好如何进行第二轮辩论的准备，到了法庭上，控方对辩方的观点进行反驳后，即使发现控方的观点有错误，辩护律师也有可能反应不过来，不知如何反驳。即使想反驳，也很难在短暂的时间内组织好反驳的语言，反驳难以准确到位。

辩护实践中，很多辩护律师根本没有准备第二轮备用辩护观点，只是指望到法庭上随机应变，临时发挥。也有的辩护律师根本没有想要进行第二轮辩护，到了第二轮辩论时，要么没有新的意见发表，要么就是简单地重复原有的辩护观点。这也是为什么有些法官不爱听辩护律师发表第二轮辩护意见的原因之一。

根据我们的经验，我们在准备第一轮辩护意见时，对每一个辩护观点，都会站在控方的角度分析控方会如何回应，并据此准备好第二轮辩护观点，这样做的效果很好。

准备次要问题的备用观点

一般来说，辩护律师准备的第一轮辩护观点，主要是围绕起诉书的指控事实、案件证据和法律适用而展开的，这也是辩方的主要观点。

但是辩护律师也要事先预测一下，控方除了起诉书中的主要观点以外，在发表公诉意见时，或者进行辩论时，还会主动提出哪些对被告人不利的观点。也就是说，在我们准备的第一轮辩护意见和第二轮备用辩护观点之外，法庭辩论时还可能会涉及哪些问题，控方还可能会提出哪些观点，对这些情况也应当提前预测，并准备好相应的辩护意见。

根据我们的经验，宁可备而不用，也不可用而不备。虽然我们有时准备了很多问题，到法庭辩论时碰到的问题不过十分之一二，但是庭审的效果却很好，很少出现没有准备的问题。

反击控方第二轮辩论中的错误

如果说在第一轮辩论中，辩护人的观点可能既破又立，那么在第二轮辩论中，辩护人的观点可能主要就是破，即对控方第二轮回应的观点进行反驳。这是第二轮辩护的主要任务。

抓住控方第二轮回应中的错误，必须注意以下几点。

1. 认真倾听公诉人发言

只有认真倾听公诉人的发言，才能发现公诉人发言中的错误。有些辩护律师不注意听公诉人在说什么，也就很难发现公诉人说错了什么。

2. 庭前熟悉证据

只有对案件的事实、证据非常熟悉，才能准确地发现公诉人第二轮辩论中在事实认定、分析运用证据方面存在的错误。如果辩护律师对案件的事实不熟悉，特别是对具体的证据不熟悉，即便公诉人讲错了，也很难发现错误所在。

针对公诉人第二轮辩论中在事实证据方面出现的错误，如果辩护律师在第一轮辩论时已经充分发表了意见，可以适当地重复之前的观点，予以说明。

比如，“公诉人刚才谈到……的说法是错误的，关于这个问题，刚才我在第一轮辩论时对这个问题已经做了清楚的阐述，我的主要观点是（或本案的事实或证据是）……”

3. 平时积累知识

辩护律师平时要加强对法律理论的研究和思考，而且要学习一些逻辑知识，学会运用逻辑思维，只有这样，才能发现控方在法律理解适用和逻辑分析方面存在的错误。

补充重要观点

辩护律师虽然对第一轮的辩护观点做了充分的准备，但是也仅是对主要的和重要的观点，以及辩护的体系结构做了充分的思考和准备，不可能把所有的观点都运用在第一轮的辩护意见中。

因此，在第二轮辩护中，律师有一个很重要的任务，就是查漏补缺，即要根据案情的需要和法庭辩论的需要，把第一轮辩护意见中没有发表的，或者是没有展开说清楚的观点，及时进行补充阐明。

底层逻辑

第二轮辩护是对辩护律师综合能力的考验。

有价值的第二轮辩护，依赖于辩护律师对案件证据材料的高度熟悉，对法律适用的高度熟练，对第二轮辩护的充分准备。

如何运用 “骑墙式”辩护策略

在很多案件的辩护过程中，虽然辩护人认为被告人不构成犯罪，但是又担心法院不采纳无罪辩护的意见，便采用了一个折中的辩护策略，就是在发表辩护意见时，先发表无罪辩护意见，然后再发表从轻和减轻处罚的辩护意见，对于这种辩护方式，行业内称为骑墙式辩护。

司法实践中，对是否可以运用这种辩护策略，以及如何运用，看法不同。

根据我们的经验，骑墙式辩护策略有利有弊，不能不加选择地普遍使用或完全否定，一个案件是否采用这种辩护策略，应当根据案件的具体情况慎重选择，扬其“长”而避其“短”。

如何应对公诉人对骑墙式辩护的反驳

对于辩护律师在法庭上采用这种骑墙式辩护策略，控方在发表第二轮辩论意见时，往往会认为辩方的观点存在逻辑问题，并以此作为反驳的根据。

控方的观点是既然辩护人认为无罪，就不存在从轻、减轻处罚的问题；既然辩护人要求从轻、减轻处罚，就不存在无罪的问题，由此也可以看出辩护人前面提出的无罪辩护意见，连自己都说服不了。

甚至有些法官也会追问辩护律师：“你到底是作无罪辩护还是作有罪辩护，请明确你的观点。”

如何回应控方的这种观点，是辩护律师在采用骑墙式辩护策略时需要解决的第一个问题。

面对公诉人的这种观点，我们在第二轮辩论中一般是这样回应的。

1. 再次强调无罪辩护观点

需要明确的是，辩护人的辩护观点是坚持无罪辩护，也就是认为起诉书指控本案被告人构成犯罪不能成立。

2. 说明策略目的

辩护人之所以先提出无罪辩护意见，然后又从量刑角度提出从轻、减轻处罚的意见，采用这种辩护策略，目的是最大限度地全面维护被告人的合法权益。

虽然被告人和辩护人坚持无罪辩护的意见，但如果辩护律师仅提出无罪辩护意见，而没有提出从轻和减轻的量刑辩护意见，一旦无罪辩护意见没有被法庭采纳，被告人就失去了从轻和减轻处罚等量刑辩护的机会，这显然是不公平的。

因此，为了最大限度地维护当事人的合法权益，辩护人应当根据案件材料依法提出全面的辩护意见，这种辩护策略既是辩护律师的职责要求，也符合司法机关处理案件的实际情况。

3. 指出辩护策略的依据

这种辩护策略是有法律依据的。

最高人民法院的《刑诉法解释》第 278 条规定："对被告人认罪的案件，在确认被告人了解起诉书指控的犯罪事实和罪名，自愿认罪且知悉认罪的法律后果后，法庭调查可以主要围绕量刑和其他有争议的问题进行。对被告人不认罪或者辩护人作无罪辩护的案件，法庭调查应当在查明定罪事实的基础上，查明有关量刑事实。"

2015 年 3 月 16 日，最高人民法院、最高人民检察院、公安部、国家安全部、司法部《关于依法保障律师执业权利的规定》中指出：辩护律师作无罪辩护的，可以当庭就量刑问题发表辩护意见，也可以庭后提交量刑辩护意见。

由此可见，辩护律师先作无罪辩护，然后再作从轻、减轻处罚的量刑辩护，是法律许可的辩护方式，也是辩护人的权利。

控方试图用这种所谓逻辑上的问题论证辩护人的辩护观点是错误的，从而反证指控观点是正确的。这种分析方法是错误的，运用这种方法分析得出的观点也是错误的。

骑墙式辩护策略虽然从形式上看存在逻辑问题，但是这种逻辑问题，从法律规定的角度，以及从维护被告人合法权益的角度看，是法律允许和鼓励的，也是辩护律师可以明知故犯的逻辑错误。

不宜采用“骑墙式”辩护策略的案件

不宜采用“骑墙式”辩护策略的案件，大致有以下几种情形。

1. 有利量刑情节不明显的案件

在有些案件中，如果被告人不认罪，辩护律师也认为有罪指控不能成立；同时案件中也没有明显的对被告人有利的量刑情节，比如没有从犯、坦白、自首、立功等情节，在这种情况下，就不宜采用骑墙式辩护，可以直接进行无罪辩护。

在这类案件中，即使我们知道无罪辩护有时很难说服法官作出无罪判决，特别是那些重大、敏感的案件更是如此。但是只要无罪辩护的理由充分，对检察机关的指控能够形成强烈的冲击和动摇，就有可能会对量刑产生一定的影响，法院在判决时虽然会作出有罪判决，但在量刑上就可能会“留有余地”，作出相对从轻的处罚。

实践证明，在某些案件中，强有力的无罪辩护可能会产生量刑辩护的效果。

2. 信心足、把握大的无罪案件

在有些案件中，被告人坚持认为自己是无罪的，辩护律师经过全面审查案件材料后，也认为被告人是无罪的，并且被告人坚持要求律师作无罪辩护，对无罪辩护的观点有坚持走下去的信心，在这种情况下，就应当坚持无罪辩护，而不作从轻、减轻处罚的量刑辩护。

可以采用骑墙式辩护策略的案件

可以采用“骑墙式”辩护策略的案件，大致有以下几种情形。

1. 有明显的从轻或减轻处罚情节的案件

在很多案件中，虽然存在无罪辩护的空间，但案件材料中也存在很多明显的对被告人有利的量刑情节。比如，有些案件事实是办案机关没有掌握的，而是被告人主动坦白供述的，也就是有自首的情节，或者有检举揭发的立功情节，以及其他的明显有利的量刑情节。

在这类案件中，被告人虽然从心里上不愿意认罪，但也希望辩护人作无罪辩护，但同时其内心又很摇摆，担心法院不采纳辩护人的无罪辩护意见，在有罪判决的情况下，从轻、减轻情节得不到确认，得不到从轻处理。

对这类案件，辩护人发表辩护意见时便可以采用“骑墙式”辩护策略。

2. 事实不清、证据不足的案件

在很多案件中，辩护人发表无罪辩护意见，不是基于对行为性质的认识，而是认为起诉书对被告人的指控，事实不清、证据不足。

既然是涉及事实和证据的认定问题，一般来说，这类案件中就可能既存在事实不清，指控证据不足的问题，也可能存在对被告人有利的量刑情节。

对于这类案件，既然控方提起了公诉，当然就会坚持认为指控的事实清楚，证据确实充分。而合议庭也可能会采纳控方的意见，认为指控的事实清楚，证据确实充分。

因此，对于辩方认为事实不清、证据不足的这类案件，在确定辩护策略时，就应当多衡量、多思考一下是否存在对被告人有利的量刑情节，如果存在对被告人有利的量刑情节，辩护律师就可以采用骑墙式的辩护策略。

采用“骑墙式”辩护策略的注意事项

“骑墙式”辩护，毕竟是一种特殊的辩护策略，使用这种策略的时候，也有一些事项需要特别注意。

1. 应与当事人充分沟通协商

虽然辩护律师的辩护权利来自当事人的委托，同时又有一定的独立性，但是辩护观点和辩护策略的确定确实需要与当事人进行充分的沟通协商。

根据被告人是案件当事人这一特点，司法实践中普遍认为被告人在法庭调查和法庭辩论中，应当对案件事实负责。辩护律师是法律专业人士，应当对法律的适用负责。对辩护观点和辩护策略，则需要辩护律师与被告人沟通协商。

基于这个辩护规律，在法庭上，辩护律师和当事人之间完全可以分工配合，无罪辩护主要由辩护律师承担，对当事人有利的量刑情节，由当事人陈述清楚。

这样的分工配合，既能突出律师的无罪辩护意见，也能突出被告人对量刑情节的辩护。在辩护律师无罪辩护意见未被采纳的情况下，被告人有利的量刑情节也能被法庭注意和采纳。

2. 法庭调查应查明有利量刑情节

“骑墙式”辩护策略的特点是案件材料中存在对被告人有利的

量刑情节，采用这种策略的目的，就是在无罪辩护意见不被采纳的情况下，促使法庭对有利于被告人的量刑情节予以重视和采信。

因此，在无罪辩护案件中，辩护人和被告人对法庭调查应当给予充分重视，不仅要努力查明无罪的事实，对于被告人有利的量刑情节也要在这一环节予以充分查明。也就是说，对被告人有利的量刑情节，在法庭调查环节，辩护人应当详细发问，被告人也应当详细回答。在举证质证时，对被告人量刑有利的相关证据，也应当予以充分地出示宣读，充分发表质证意见。

如果对被告人有利的相关量刑情节在法庭调查环节得到了查明，即使无罪辩护意见未被采纳，即使辩护律师没有发表从轻、减轻处罚的量刑辩护意见，法庭也自然会对这些有利的量刑情节进行认定并作出判决，被告人的合法权益也不会受到损害。

底层逻辑

“骑墙式”辩护是法律许可的逻辑错误。

是否采用“骑墙式”辩护需要视案件情况而定。

是否采用“骑墙式”辩护需要律师与当事人沟通商定。

律师发表辩护意见的四大禁忌

法庭辩论是控辩双方交锋的主战场，控辩双方为了说服法官采纳有利于己方的意见，都应注意表达的方式方法。

有些辩护律师由于种种原因，在发表辩护意见时很容易出现问题。这些问题不仅会成为控方批驳的靶子，还有可能影响法官采纳自己的观点，甚至还会损害律师专业理性的形象。

因此，如何在法庭辩论中避免出现表达上的错误，对于辩护律师来说，是一门需要修炼的基本功。

不能说错话

说错话，可能是律师在法庭辩论中最容易犯的错误之一，特别是一些专业水准不高、经验不丰富的年轻律师，很容易犯这样的错误。辩护律师在法庭上如何避免说错话，需要下功夫。

1. 不能说与证据不符的话

有些律师在发表辩护意见时容易说一些与在案证据不相符合的话，这样的观点不仅不会被法官采纳，有时还会影响自己的专业形象。

比如，在一起非法拘禁案的法庭辩论环节，辩护人提出："公诉人的指控仅是根据李新安一个人的证言，没有其他证据印证，根据孤证指控，是不能成立的。"

公诉人当庭做出回应称："公诉机关不是根据孤证指控，除了辩护人刚才提到的李新安的证言外，还有另外一个证人张华的证言，在第 ×× 卷第 ×× 页，两人的证言能相互印证。"

公诉人紧跟着还说了一句话："请辩护人回去以后好好研究卷宗材料。"这个场面弄得该辩护人很尴尬。

辩护律师避免犯这种错误的唯一办法，就是认真阅卷，吃透案情，熟悉证据，使自己的每一个观点都有充分的依据，都是来自在案的证据。

2. 不能把没听清的话作为重点反驳

我们经常看到，在法庭辩论环节，辩护人在反驳时曲解了公诉人的某一句话或某一观点，并把它作为一个重要的靶子进行批驳。

对于这种情况，公诉人一般会在第二轮辩论时称："刚才辩护人认为公诉人发表了 ×× 观点，并对此进行了批驳。公诉人在此郑重声明，我并没有发表这样的观点，辩护人曲解了公诉人的意思，公诉人可以再一次重复此前的观点。”

出现这种情形也会使辩护人非常尴尬。

由于身体疲劳或注意力不集中或听力等多种原因，出现这种情况也是可以理解的，有些经验丰富的老律师也经常会犯这样的错误。所以，辩护人在反驳公诉人的观点时一定要听清或记清公诉人的观点，然后再进行反驳。

如果没有听清，又想进一步说明这个问题，辩护人可以这样说：“公诉人刚才谈到某一问题，这个问题非常重要，但具体观点我没有听清，能否请公诉人再重复一下。”或者说：“公诉人刚才谈到某一问题，这个问题非常重要，我认为有进一步阐明的必要，我的观点是……”

不能说过头话

真理向前一步就成了谬误。辩护律师在发表观点时应当客观理性，特别是要把握说话的分寸尺度，如果超越了尺度，说了过头话，整个表达可能就变成了错误的观点。

实践中经常发生这样的情况，本来辩护律师的基本观点是正确的，如果就事论事，把握尺度，其观点还是有道理的。但是如果说了过头话，整体表达就可能成了错误的观点，原有基本观点的正确性也就随之不存在了。

根据我们的教训和观察，辩护律师为了避免在法庭辩论中出现说过头话的情况，应当从以下几方面注意加以克服。

1. 发表观点不能绝对化

在法庭辩论中，有些律师可能是出于情绪激动，最容易出现说过头话以及说话武断的情况，就是把一些可能性说成了必然性，把可能性说成了现实性，把可能存在的事实说成了既成事实，或把部分情况说成了全部事实，从而导致做出的结论过于武断。

比如，在控方指控证据链条存在问题的情况下，辩护律师发表辩护意见时，如果律师发表观点认为，“控方现有的指控证据不能互相印证，没有达到确实充分的标准”，或者说“控方的指控证据没有形成完整的证据链条”，这些说法是可以接受的。但是如果发表观点认为，“控方的指控没有证据证明”，这个说法就太过于绝对化了，就失去了客观性。

2. 分析问题不能以偏概全

人们在认识事物的过程中，经常会把一些个别的现象看作事物的全部，这样就犯下了以偏概全的错误。在法庭辩论中，不仅控方容易犯这样的错误，有些律师也会犯这样的错误。如果犯了这种错误，就给对方提供了反驳批判的靶子。

不能说没有思考成熟的话

辩护律师在法庭辩论中应当随机应变，但是随机应变发表的观点也得有理有据，保证自己立于不败之地，而不能发表思考不成熟的，或者可能会出现错误的观点。

如果出现这样的情形，就有可能使律师原有的正确观点受到冲击，得不偿失。

比如，在西北某法院审理陈大福妨害作证案中，起诉书指控被告人陈大福为逃避公安机关调查邓大树被伤害案，便带领司机王可开车将伤害案被害人邓大树从他的租住处转移到郊区一个废弃窑洞内，并安排邓大树的亲戚陈晓珊看管。

我们作为被告人的辩护律师，在审查案卷材料以后发现，控方指控的证据，主要是被害人邓大树和他的亲戚陈晓珊两人的证言。而被告人陈大福以及本案关键证人司机王可对此否认。因此本案的证据情况是，主要证据相互矛盾、相互对立否定，其他证言也不能与控方的两个言词证据相互印证，控方的指控证据无法形成证据链条。

更为重要的是，本案没有找到所谓看管的窑洞以及看管的生活用具等客观证据，也没有邓大树和王可如何从窑洞回家的证据。

所以辩方的主要辩护思路是本案所谓的被害人邓大树被拉到了一个废弃的窑洞受到看管的事实是否存在，被告人陈大福是否和司机王可实施了这种行为，在案的现有证据不能证实。也就是起诉书指控被告人陈大福把被害人邓大树拉到一个废弃的窑洞进行看管，事实不清、证据不足。

在公诉人发表公诉意见以后，我们又发现起诉书关于此案还有指控陈大福对以暴力手段阻止邓大树作证的提法，便想把本案不存在以暴力阻止邓大树作证也作为一个辩点。

后来我们又仔细分析，辩护人对法律规定的妨害作证中的所谓的暴力手段有什么要求，如何理解此罪中的暴力手段等问题，并没有做充分的研究，对于本案是否存在暴力的问题准备不充分。如果说错了，就会给控方留下回击的把柄，同时还冲淡了我们的主要辩护观点。我们只要把原定的主要辩护观点论证充分就达到了辩护目的，没有必要冒着犯错的风险节外生枝。

不能说与身份不符的话

有些律师认为起诉书的指控，或者公诉人的公诉意见有错误，在发表辩护意见进行分析时，或是情绪失控，或是为了引起法庭的重视，容易用力过猛，表达不当，失去分寸，说出一些与自己身份不相符的话，甚至带有人身攻击性的语言。

比如，在一起非法拘禁案的审理过程中，一位辩护人认为他的当事人没有参与实施非法拘禁的行为，受到的指控是不对的，他发表辩护意见时有这样一段说法：

“证据表明，我的当事人根本没有参加非法拘禁行为，但起诉书却把非法拘禁的屎盆子扣在了我的当事人身上。”

辩护人的这种说法，当即遭到公诉人的抗议，要求审判长制止，审判长认为抗议有效，要求辩护人注意表达方式。

公诉人发表第二轮辩论意见时，再一次对此事表示严正抗议，认为这是对公诉人的人身攻击和对司法机关的攻击，并再次提醒辩护律师注意发表意见的措辞用语，不要犯类似的错误。

这种行为在法庭上对整个辩护律师群体也会带来一定的负面影响。

底层逻辑

辩护律师在法庭上永远要说正确的话。

思考不成熟的话不要说。

错话、过头话不能说。

失身份的话应找到妥当的表达方式后再说。

两位辩护人应打好组合拳

在刑事辩护的过程中，为了形成辩护合力，不仅辩护律师和当事人之间要配合好，而且同一被告人的两位辩护律师也应相互配合好。

辩护应当是有配合的、有策略的诉讼活动，而不应该是没有章法的乱打仗。

在辩护实践中，我们经常看到有些案件中同一被告人的两位辩护律师之间缺乏配合，甚至出现相互矛盾、相互掣肘的情形。这是辩护中的大忌。

辩护律师为了做到相互间的有效配合，应当注意把握以下两方面的问题。

杜绝不利配合的因素

实践中出现不配合的情况很多，根据我们的归纳，大概有以下4种情形，应当注意避免出现。

1. 避免因不熟悉而导致不配合

我们发现很多律师缺乏配合，就是因为相互间不熟悉。

很多案件中，同一被告人聘请的两位辩护律师来自不同的律师事务所，有的甚至是来自不同的省份。这两位辩护律师因为不熟悉而缺少沟通，很容易导致在案件辩护过程中出现不能相互配合的情况。

因此，如果两位辩护律师不是来自同一家律师事务所，就应互相主动加强联系，主动交流，并且对如何分工配合事宜进行协商安排。一定要达到1+1>2的效果，切记不能各自为战。

2. 避免因不沟通而导致分歧

有些辩护律师由于没有很好地沟通交流，各自为战，最后到了法庭上发表的观点各不相同，甚至还会出现相互矛盾和相互对立的观点。

有时候法官也会问两位辩护人到底是什么辩护观点。

如果出现了这种情形，法庭辩护的效果是可想而知的，不仅不能达到辩护的合力，相反，还会互相削弱对方辩护观点的可信度，就会从整体上影响辩护的效果。对辩护律师的专业形象，也会造成很大的损害。

我记得在一次案件研讨会上，同一被告人的两位辩护律师，此前互不相识，也没有进行沟通，在第一次讨论案件时，对于案件中的某个具体问题，是否应该发问以及如何发问，两人发生了矛盾，观点完全对立。

第二辩护人坚持应当发问这个问题，并且要采用他自己的方式进行发问，第一辩护人反对第二辩护人的发问方式，并表示“如果你要这样发问，我就当庭提出抗议”。

第一辩护人的态度使我感到非常诧异，如果同一个被告人的两位辩护律师在法庭上出现了互相抗议的情形，那将是多么滑稽啊，也是对刑辩律师的极大讽刺，这是绝对不正常的现象。

经了解，这两位辩护律师之所以发生这么大的矛盾，是因为他们两人此前基本没有做过刑事案件，缺少基本的辩护经验。经过我们的提示，第二辩护律师表示会改变发问的方法或者不发问这个问题。我也提示他们，两位辩护律师应当对辩护观点以及分工配合等事宜进行沟通协商，绝不能在辩护观点上出现矛盾和对立。

3. 避免因不沟通而导致观点重复

在案件开庭审理的过程中，当第一位辩护人发问或者发言完毕，第二位辩护人开始进行补充发问或发言时，法官就会提醒不要重复前面辩护人已经问过和说过的内容。这种做法是庭审中的惯例。

但是，在有些案件中，同一被告人的两位辩护律师事前没有沟通，也没有进行分工，而是各自为战，在法庭审理的过程中，两位辩护律师的发问和发言内容，就不可避免地会出现重复。

一旦出现这种情形，法官就会强调不能重复，对后面一位辩护律师的发言也会进行限制。有些情况下，后面一位发言的辩护律师就会因发言时间受到限制，而与法官发生冲突。如果出现这些情形，就会导致后面一位辩护律师的作用难以得到有效发挥。

因此，两位辩护律师在开庭前应当相互沟通交流，对辩护工作进行一定的分工，避免内容重复，避免无效劳动，这也是有效辩护的基本要求。

4. 避免因不沟通而导致疏漏

两位辩护律师如果不沟通、不交流、不进行分工配合，各自为战，其中一个很严重的后果，就是可能会因为认识不同，经验不足，而忽略了案件中的某一项重要工作没有做，甚至对相关的工作互相推诿，从而导致辩护工作出现疏漏和失职的情况，这样的损失是无法弥补和挽回的。

因此，从辩护律师的职责出发，两位辩护律师应当互相沟通，分工配合，避免出现工作疏漏，避免因自己的不尽职对当事人的合法权益造成损害。

采用多种方式加强配合

两名辩护律师之间可以采用不同的配合方式，主要可以结合以下几种因素考虑。

1. 根据地域优势分工配合

不同地域的辩护律师，可以发挥地理优势进行配合。当地律师可以利用地理的便利条件，多承担一些会见、阅卷和调查取证等工作，外地律师可以多负责案件分析，研究质证意见和辩护意见等工作。

2. 根据庭审分工配合

两位辩护律师中，可以由一位律师主要负责法庭调查问话和举证质证工作，另一位律师主要负责法庭辩论工作。

3. 根据案件分工配合

如果案件比较复杂，涉及的罪名和案件数量较多，两位辩护律师也可以根据案件进行分工，各自重点负责一些案件，对这些案件存在的问题进行研究，包括会见、阅卷、举证质证、法庭辩论，都围绕自己负责的案件重点开展工作。这样可以有效避免重复，也可以有针对性地展开第二轮质证和第二轮辩护。

底层逻辑

刑事辩护需要形成合力。

两位辩护人的分工配合可以视情而定。

缺乏沟通、各自为战是辩护律师团队的大忌。

如何破除同案辩护人之间的屏障

在被告人较多的案件中，辩护律师当然也随之增多，特别是在集团犯罪案件中，被告人和辩护律师的人数都比较多，许多案件的辩护律师都有几十人，有的甚至达到了上百人。

我们能够深刻地感受到，在同一个案件中不同被告人的辩护律师之间存在巨大的屏障，隔绝了相互之间的交流，甚至形成了相互的对立和对抗。

在法庭审理的过程中，经常能够发现有的辩护律师以推卸责任，指控其他被告人作为己方的辩护方向，这种情形下的辩护律师实际上变成了控方的“第二公诉人”。

面对辩护律师之间的互相辩论，公诉人坐山观虎斗，心情非常放松。根据我们的经验，这种情形虽然有其存在的合理性，但实际上偏离了正确的辩护方向。

面对被告人被指控这一客观现实，同案不同辩护人之间的关系，没有必要搞得这么剑拔弩张，而是应当破除屏障，相互间的关系应更加和谐理性一些，也应当有正常的交流。

在很多案件中，只要辩护律师认真研究，不同被告人的辩护律师之间可以找到共同的话题和共同的辩护观点，相互间的屏障也可以得到破解。

弄清同案辩护人产生屏障的原因

同一个案件不同被告人的辩护律师之所以不沟通、不交流，甚至在辩护观点上还存在互相对立、互相推诿的做法，根本的原因是不同的被告人在同一案件中所处的地位不同，在主观上对诉讼利益的追求不同。

辩护人的职责是维护自己当事人的权益，在事实认定和法律适用方面，自然也会存在不同的观点和意见。因各为其主，有时候就不愿意与其他辩护律师接触和来往，在法庭上更是表现为相互对立、相互指控。

作为辩护律师，认真研究自己的当事人在案件中所处的地位，研究当事人的利益诉求，是正当本分的。但仅仅做到这一点还不够，同时还应当注意到，在案件中是否存在对不同被告人都共同有利的证据和材料，在事实认定和行为定性上是否存在共同有利的法律依据，办案机关是否存在共同的程序问题。

充分认识破除屏障的重要性

不同被告人的辩护律师应当认识到，辩护人之间的内部关系处理得怎样，对案件庭审走向的影响还是很大的。

在共同犯罪案件中，控方经常会采用分化瓦解、各个击破的策略。如果辩护人之间各自为战、相互攻击，这正是控方希望看到的局面，并从中坐收渔翁之利。

由于各辩护人只关注对自己当事人有利的事实和证据，甚至只想到往其他人身上推责任，而忽略对全案有利的事实和证据，不仅会丧失对全案有利的辩护机会，甚至连自己的辩护观点也不能守住。

因为辩护人之间发生的对立矛盾，从某种程度上说，就印证和加强了控方的指控观点，辩护人之间的对立和矛盾自然也就成了控方的工具。控方当然会充分利用这些对立和矛盾，对各被告人和辩护人的辩护观点一一击破，从而大获全胜。

如果不同被告人的辩护律师，能够从大局看问题，看到案件的共同有利之处，看到虽然各被告人有不同的利益，但是也有共同的利益，从而调整辩护的重点和方向，就有可能共同动摇控方的指控，增强法官对辩护观点的内心确信。

破除屏障的联结点

破除不同被告人辩护律师关系中存在的屏障，着眼点就是从全局发现对全案有利的事实证据和适用法律。

1. 从全案事实不清、证据不足的角度思考

辩护律师在研究案件的证据材料后，首先要研究控方的指控是否存在事实不清、证据不足的问题，如果存在这样的问题，就应当在这方面下功夫。

如果不同被告人的辩护律师都发现了这样的问题，共同提出了指控事实不清、证据不足的辩护观点，就有可能引起合议庭对这一观点的重视。

事实不清、证据不足，是辩护律师作无罪辩护的重要理由，也是无罪辩护中最主要的情形，因此，辩护律师在研究案件事实和证据时，也应当以此作为一个主要的突破口。

2. 从全案行为不构成犯罪的角度思考

在很多案件中，尽管案件事实清楚，证据方面也不存在大的问题，但是该案中的案件事实和行为性质的定性，存在无罪辩护的空间。这个辩护空间也是不同被告人的辩护律师在研究分析案件时要思考的一个重点。

如果不同的辩护律师都发现了这个问题，都提出了案件发生的事实不是犯罪行为，或被告人的行为不构成犯罪的辩护观点，同样也会引起合议庭的重视。

在司法实践中，这样的案件尽管不多，但是也有一些。只是非常遗憾，我们经常看到的是，一部分被告人的辩护律师对案件作无罪辩护，另一部分被告人的辩护律师则作罪轻的辩护。这种辩护方式产生的后果就会使法官更倾向于作出有罪的判决。

产生这种现象，虽然有一部分原因是辩护律师担心法院不采纳无罪辩护意见，从而选择了罪轻辩护。但更多的原因，还是有些辩护律师不愿意对案件进行更加深刻的研究，毕竟无罪辩护的难度很大，需要下的功夫也很大。而罪轻辩护相对而言，压力小，也无须付出太多精力。

3. 从全案可以不做犯罪处理的角度思考

有一些案件，虽然有一定的违法性，涉及的被告人也为多人，但是从案件的起因、案件的行为过程，以及案件的后果、社会危害性等方面考虑，也可以不作为犯罪处理。

所以不同被告人的辩护律师对于这类的案件，也应当将这些方面作为重点进行思考，向司法机关提出不做犯罪处理的辩护意见。

4. 从全案主观动机是善意的角度思考

有些案件，从辩护律师的角度来看，涉案被告人的行为肯定是构成了犯罪，那么在这种情况下，就应当分析犯罪的起因是什么，被告人的主观动机是不是善意的，从而提出从轻处理的辩护意见。

5. 从全案没有造成严重后果的角度思考

行为人的行为是否造成了一定的后果，不仅是量刑要考虑的因素，有些情况下还是认定案件是否构成犯罪的标准。所以对案件是否造成了后果，造成了什么样的后果，也是不同被告人的辩护律师要共同思考的问题。

6. 从被害人过错的角度思考

有些案件中，被害人的过错是导致案件发生的重要原因之一，不同被告人的辩护律师也要善于从这个角度进行思考，提出共同的辩护观点。

底层逻辑

在共同犯罪案件的辩护中，虽然各被告人有不同的利益诉求，但是也有共同的利益诉求。

不同被告人的辩护律师不要互相成为对方的第二公诉人，不要给控方创造各个击破的机会。

不同被告人的辩护律师应当打破屏障，寻找共同利益诉求的联结点。

怎样发现裁判者的关注点

法庭辩论环节，虽然是控辩双方在进行辩论，但控辩双方的辩论实质上都是说给法官听的，其目的都是影响法官，说服法官接受自己的观点。

如果辩护律师在辩论中所谈的都是法官关注的问题，律师的发言当然就会受到法官的重视。

因此，辩护律师在确定辩护的重点时，就不能仅根据自己的感受，而是要善于观察和分析，判断法官和合议庭对审理的案件更关注什么，结合法官的关注重点发表辩护意见，引导法官关注自己的发言。

根据我们的经验，可以通过以下 6 个途径发现裁判者的关注点。

换位思考

了解法官对案件的关注点，可以通过换位思考的方式进行，也就是站在法官的立场去思考：假如你是法官，你会关注哪些问题。这样的话，你就有可能找到法官对案件的关注点，你也可能会对自己的辩护意见和辩护重点有一些新的认识。

沟通

辩护律师与法官进行沟通是一项不可或缺的工作，通过有效的沟通交流，不仅有助于让法官接受和采纳自己的意见，而且还有助于从中发现法官的关注点。

在沟通的过程中，法官虽然不会直接表明他对案件的看法，但通过法官在沟通交流中对某些问题的重视态度，以及对辩护律师观点的某些回应，还是能够发现一些法官对案件的关注点。

所以，辩护律师要重视与法官的沟通，多交流一些问题和看法，并尽量从中发现法官的关注点。

法官的发问

一般来说，在庭审发问环节，主要是公诉人和辩护人向被告人发问，在公诉人和辩护人发问完毕后，法官有时候也会向被告人发问一些问题。

如果法官主动对某些问题进行发问，就表明这些问题引起了法官的关注，法官可能认为这些问题非常重要、争议性大，有必要进一步查问清楚。

因此，在庭审过程中，如果法官向被告人发问，辩护律师一定要高度重视，将法官发问的问题准确记录下来，并进一步分析法官为什么要问这些问题，特别是前面已经问过了，为什么还要问，问的问题和角度有什么不同。

通过分析就有可能发现法官的关注点，从这些关注点中，结合案件的争议点甚至可以捕捉到法官的审判思路，判断出法官可能的倾向性意见。在法庭辩论环节，辩护律师就应当把这些问题说清说透。

法官对控辩焦点的归纳

在法庭调查结束后，很多法官会对控辩焦点进行总结，要求控辩双方围绕这些焦点进行辩论。法官总结的控辩焦点，在一定程度上来说，可能就是法官对案件的关注点。

因此辩护律师一定要重视法官归纳的控辩焦点，在法庭辩论环节把这些问题作为重点说深说透。

观察法官的表情

我们有些辩护律师在法庭发言时，要么目光对着公诉人，要么对着庭下的旁听人员，也有的只顾低头看着稿子朗读事先写好的稿子，就是不看法官或很少看法官。

面对公诉人发言的辩护律师，实际上是把控方当成了辩论对手，只要是控方提出的观点，无论是与案件定罪量刑有关的，还是与定罪量刑无关的，非要整个明白，非要压倒对方，说赢对方，与公诉人就形成了激烈的对抗。

面对旁听人员发言的辩护律师，实际上是把法庭当成了自己的演讲台，想用自己对案件的分析和判断去感染听众，打动听众，让听众接受自己的观点。

上述这些做法显然有些角色错位了，法官才是辩护律师要说服打动的对象。

所以辩护律师发言时一定要面向法官，这不仅体现了对法官的尊重，更重要的是面对法官，可以与法官形成眼神的交流互动，从法官的表情和动作中，也可以观察到法官对发言内容的回应，可以观察到法官对案件的关注点。

根据我们的经验教训，可以从以下几方面观察法官的表情。

1. 观察法官对辩护律师的发言是否感兴趣

辩护律师发言时，如果法官聚精会神地听，或者有时拿笔在本上记录几下，这可能就表明辩护律师讲的问题是法官关注的，那么辩护律师就要把这些问题进一步分析到位。

2. 观察法官是否听懂了你的发言

如果法官在听你的发言时，有意无意地做出了点头的动作，这可能表明他听懂了你的观点，你就可以转换话题了。

3. 观察法官是否困惑

如果法官的表情比较困惑，这可能表明他没听明白你的观点，你就要调整发言的逻辑，争取把问题说清楚。

4. 观察法官是否不耐烦

如果你发言时，法官的表情有些不耐烦，这就表明你的发言不是法官关注的重点，你就应立即转换话题。

5. 观察公诉人和被告人发言时法官的表情

辩护律师除了在自己发言时要注意观察法官的表情外，还要注意在公诉人发言，以及被告人回答问题的过程中，法官的态度和表情如何，从中也能观察到法官对某些问题是否关注。

引导法官关注一些问题

辩护律师从观察法官的表情中捕捉法官的关注点，这个做法很重要，但也不能仅局限于这些被动的措施，还要主动引起法官对某些重要问题的关注。

1. 主动对一些问题展开论述

一般来说，辩护律师在分析案件，形成辩护观点时，会围绕起诉书的指控和公诉意见展开。但有时候，控方对某些问题进行了回避，无论是起诉书还是公诉意见都没有提到这些问题，但这些问题有可能是对辩方有利的，对案件的定罪量刑能起到很重要的作用，如果辩护律师不提，就有可能被忽略了。

对于这样一些问题，哪怕控方没有涉及，辩护律师也要主动讲，要分析法官在这些问题上有什么样的想法，有什么样的态度，要利用发言的机会回应法官，引导法官重视这些问题。

2. 补充控辩焦点

法官在总结控辩焦点时会要求控辩双方围绕这些焦点进行辩论，但如果辩护律师认为还有一些问题很重要，有必要在辩论时说清楚。在这种情况下，可以向法官要求把这些问题作为控辩焦点进行辩论。

比如，可以说：“审判长，我认为本案还有一个焦点，需要在法庭辩论中充分发表意见，这就是……”

底层逻辑

辩护律师发表意见的目的是要影响法官，说服法官。

辩护律师发表意见要找到法官的关注点。

法官的发问、总结和表情都会告诉我们法官的关注点是什么。

审判长要求提炼观点怎么办

山西某法院审理一起集团犯罪案件时，共开庭十几天，其中仅指控的非法拘禁罪这一个罪名，就涉及十多起非法拘禁的事实，被告人多达26人，法庭调查中的发问和举证质证，耗费了近两天时间。到法庭辩论时，所有的人都很疲惫了，审判长便要求辩护人简要发表辩护意见。

发表辩护意见时，其中一位辩护律师由于发言过长，分析过细，被审判长6次打断发言，被要求简明扼要表达观点，最后被审判长终止继续发表辩护意见，让其他律师接着发表意见。

本案庭审中，竟然有五六位辩护人都被终止发表辩护意见。

在很多案件中，辩护律师如何提炼观点，防止被审判长打断，确实需要认真对待。根据我们的经验，可以从以下 7 个方面做好相关工作。

克服几种错误的心态

辩护律师在法庭上，特别是在法庭的辩论中，之所以喜欢多说，喜欢长篇大论，与辩护律师的错误心态有关。这些错误心态应当纠正。辩护律师只有克服了错误心态，才会在如何提炼辩护观点方面认真下功夫。

实践中有以下几种错误的心态，是需要克服的。

1. 怕说少了别人不重视

有些辩护律师在法庭辩论中之所以喜欢长篇大论，越讲越多，主要是生怕说少了别人听不懂他的观点，或者是不重视他的观点，似乎是说得越多，就越能显示他的观点的重要性，就越能引起法官的重视。

这种心态是辩护律师长篇大论的主要原因之一，这种心态显然是错误的，与法官的心态是背道而驰的。

2. 不自信

有些辩护律师之所以在法庭上要多说话，主要是担心自己说少了，别人会认为自己没水平，似乎说得越多，水平越高，别人越能高看自己。

这种心态显然也是错误的，律师专业水平的高低与发言的长短并不成正比，在某些情况下甚至可能还成反比。

3. 迎合心态

一般来说，无论是被告人还是家属，既然请了律师，都希望律师在法庭上能够多说一些，时间说长一些，似乎说得越多，他们的冤情就越能被充分揭示出来。

有些被告人认为，辩护律师的观点能不能被法院接受是一码事，但是律师说不说是另外一码事，我请律师就是要让你替我说话的，就是要让你把我的冤情、把我的观点在法庭上充分表达出来。

为了迎合被告人和家属的这种心态，为了让被告人和家属满意，很多辩护律师就在法庭上滔滔不绝、长篇大论，听得被告人和家属心里非常舒服。但是从案件的实际效果来看，不一定能达到被告人和家属所期望的效果。

被告人和家属有这种心态是非常正常的，辩护律师发表辩护意见时，可以在一定程度上考虑被告人和家属的感受，但是辩护律师发言的长短，以及怎样发言、怎样分析案件，应当根据案件事实和证据本身的情况确定，而不是根据被告人和家属的喜好确定。

提前做好准备，找准重点

在重大复杂的案件中，很多辩护律师发表的辩护词，字数可能长达近万字，甚至有的达到好几万字，时间可能会达半小时，甚至一小时以上。

在这样的案件中，审判长经常会要求辩护律师不要全文宣读辩护词，要求抓住主要观点，抓住重点进行提炼。这种要求就需要辩护律师具有较强的现场提炼能力。

为了既能顺畅完整地表达自己的辩护观点，而又不与审判长发生现场冲突，辩护律师应当对自己的辩护观点进行提炼。但是这种现场提炼的能力，仅靠现场灵机一动，或者现场临时发挥是很难的，难免会挂一漏万。

所以，这就要求辩护律师在准备重大复杂案件的辩护意见时，对辩护意见要明确重点，对重要观点要进行提炼和布局。只有这样，即使审判长要求你在现场对观点进行提炼，你也能够从容应对，不至于慌乱无措。

庭审前沟通

法官打断辩护人的发言，让其提炼辩护观点的原因很多，其中很重要的一个原因是，法官对庭审的时间和节奏在庭审前已经有了计划安排，如果庭审的进展速度太慢，打乱了他原来的计划安排，他就会加快庭审节奏，要求辩护人对辩护观点进行提炼。

为了避免这种情况的出现，辩护律师就要在庭审前加强与法官的沟通。

1. 评估发言时长

一般来说，辩护律师在开庭前对于自己发表的辩护意见，大概会用多长时间，应当有一个自我评估。

2. 沟通时间安排

辩护律师在庭审前一定要与审判长或者承办法官沟通时间问题，要让审判长和承办法官了解自己发表辩护意见可能需要的时间，同时也要接受审判长和承办法官对时间的计划安排，在这个计划安排的框架内，妥善调整自己发表辩护观点的时间。

这样有效沟通以后，就不会在法庭上出现审判长打断律师的发言，要求律师不断提炼观点的情形。

不说正确的废话

为了避免被审判长打断发言，要求提炼观点这种情形的出现，辩护律师在思考或者发表辩护意见时应当了解法官的心态和关注点，尽量少说一些无用的话。

在辩护实践中，有些律师根本不关心法官的心态，也不愿意了解法官的关注点是什么，只是根据自己事前的安排和想法，刻板地按照原定的路径发表自己的辩护观点。这样不可避免地就会出现法官打断发言，要求提炼观点的情形。

锻炼脱稿发言

根据我们的观察，在法庭辩论的过程中，至少有将近一半的律师在现场是按照事先写好的辩护词照稿宣读。

法庭辩论是律师在庭审现场口头向法官表达意见的一种方式，口头表达和照本宣科给人的感受和产生的效果，有很大的区别。口头表达是有节奏的，也是有情感的表达，而且还有一定的互动性，能够在一定程度上引起对方的共鸣和回应。如果照本宣科，根本不可能起到这样的效果。

相对而言，书面辩护词比口头发言的内容更加详细，所列举的参考理论、数据和案例也多一些，当然字数篇幅也会更长一些。

照稿宣读的一个结果就是辩护词写了多少就要读多少，读稿的时间是自己无法控制的。这样当然就会出现审判长打断发言，要求脱稿发表辩护观点的情形。

所以辩护律师很重要的一个基本功就是训练自己脱稿发言、脱稿发表辩护意见的能力。一旦审判长要求提炼观点，便可以离开书面辩护词，对辩护观点进行重组，把辩护词中的主要观点有选择地、有内在逻辑地表达出来。

习惯临时提炼

有些案件比较复杂，律师准备发表的辩护观点很多，也准备了很长的书面辩护词，哪怕是脱稿发言，要说的内容也很多。但是，越是复杂的案件，越是被告人和辩护律师多的案件，审判长给每个人发表辩护观点的时间，就越是有限。

在很多情况下审判长会要求每个人限时发言，可能只给每个辩护律师几分钟发言的时间。即使律师原来准备脱稿发言的观点，也可能要超过这个时间。在这种情况下，律师就必须在现场临时对辩护观点进行更加高度的提炼，这种临时提炼的能力需要平时长久的训练。

比如海南某中院审理一起非法传销案时，由于被告人多达几十人，辩护律师也有近百人，按计划法庭辩论必须在当天结束。所以到了法庭辩论阶段，审判长只给每个辩护律师 8 分钟的时间发表辩护意见。在这种情况下，辩护律师现场提炼辩护观点的能力，就决定了自己的法庭辩论效果。

第二轮辩论更简练

在进行第二轮辩论时，审判长一般会对被控辩双方提出要求。

1. 针对第二轮观点

审判长会要求控辩双方的观点要更有针对性，因此，辩护律师发表第二轮辩护观点时，要紧紧围绕控方的第二轮辩论观点进行辩论。

2. 不能重复

审判长会要求控辩双方只能发表新意见，不得重复原有观点。因此，辩护律师已经发表过的观点，在第二轮辩护中，即便是为了反驳控方的第二轮观点，也不要重复。辩护律师可以简要指明“刚才控方的观点是错误的，我在第一轮辩护时已经阐述得很清楚了，不再重复”。

3. 观点更简洁

审判长会要求双方简要表明观点即可。所以辩护律师在发表第二轮辩论观点时，要更加简洁明了，不能拖沓。当然这需要辩护律师有较强的提炼能力。

底层逻辑

克服某些错误心态，会使你的辩护观点更加集中简洁。

真正的辩护高手都能在有限的时间内提炼辩护观点。

第二轮辩护的秘诀是简洁。

辩护律师
表达的误区

有些辩护律师在法庭上发表辩护意见，情绪高昂、滔滔不绝，说了很多看上去是正确的废话。这些话从其观点本身，以及出发点来说都没有什么错误，也可以说是正确的，但是对于说服法官重视采纳自己的意见起不到什么作用，因为这些话与案件的争议焦点关系并不大，很难引起法官的共鸣，甚至会引起法官的反感和讨厌。

但是很多律师对于这种情况并不自知，反而当作自己的一种辩护特色，或者辩护风格，长期坚持，每案必用。实践证明，这种辩护的实际效果并不好。

既然辩护律师发表意见的目的是说服法官，辩护律师在庭审中发言时，就应当顾及法官的心理感受，根据案件的事实和证据确定发表意见的重点，避免说一些令法官反感讨厌的废话。

根据我们的观察，辩护律师常见的表达误区大致有以下 6 种情形。

兜圈子

辩护律师发表意见要紧扣争议焦点，观点明确，这是发表辩护意见的基本要求。

从法官的正常心态来说也是这样，在开庭前法官对庭审的时间大致都会有一个计划安排，开庭后当然希望每一个程序都能尽快进入正题，希望庭审能够按照既定的计划节奏有序推进，不希望庭审过程松散拖沓，更不希望在庭审中节外生枝，出现其他意外情况。

因此，控辩双方在庭审发言时，法官希望双方能够直截了当，直奔主题，阐明观点，论证过程简洁明了，减少不必要的空话。

有些辩护律师在法庭发言时恰恰相反，不直奔主题，喜欢洋洋洒洒，长篇大论，古今中外的法学论述扯上一大堆，没有几句与案件的争议焦点有关。几句话就能说明白的问题，却非要兜圈子，七绕八绕，很多话都是没有作用的、不着边际的废话。这种情形是法官最不愿意看到的。

辩护律师之所以喜欢长篇大论，一是生怕说少了别人不明白；二是为了显示自己有水平；三是为了让当事人感受到他在用心负责任地办理案件；当然，更多的情况还是当事人希望辩护律师在法庭上多说一些，似乎律师多说才能引起法官的重视。在这种要求下，很多辩护律师不得不花费很大的精力撰写长篇辩护词，拿到庭上慷慨激昂地宣读。

这样发表意见的结果只能在表面上起到取悦当事人的效果，很难起到说服法官的效果，甚至在很多情况下还会引起法官的反感。

上法律课

有些律师在法庭上太看重对法律条文的分析，喜欢上法律课，先是宣读法律条文，接着分析如何理解法条的含义，甚至还会分析立法本意，似乎参与庭审的人都不懂法律规定。这样给人的感觉就是在上法律课。

法官对这种发言当然不会喜欢，所以也会经常打断律师发言，请律师直接说明观点和理由，不要过多地讨论对法律规定的理解，有的法官甚至不让辩护律师宣读法条的原文内容。

实际上，律师不是不能讲法律规定，如何适用法律本来也是发表辩护意见的重点内容之一。关键是要结合案件的争议焦点判断是否有必要展开讲法律规定，以及如何把握好度，讲到什么程度为宜。

1. 根据案件实际需要

首先，要根据案件实际情况，看有没有必要展开谈法律规定的问题。

如果案件争议的焦点基本上没有涉及具体的法律适用问题，一般来说，就没有必要展开对法律条文理解等问题进行分析。

如果案件争议焦点涉及法律适用问题，辩护律师在发表意见时，当然要对法律的适用问题进行分析。

2. 把握好度

律师对法律适用进行分析也存在适度的问题，如何把握好分析法律的度，讲到什么程度，也是律师必须要考虑的问题。

如果公诉人的意见中对法律的理解和适用并没有过分错误的观

点，辩护律师在发表法律适用观点时，仅需简明扼要地正面阐明自己的观点即可。

如果公诉人的意见中对法律的理解和适用是完全错误的，或者有重大的错误，那么辩护律师在发表法律分析观点时，就有必要进行深入透彻的分析。

批评法条

在法庭辩论过程中，有个别律师认为自己的当事人不应该受到刑事处罚，其中一个很重要的理由就是认为某个具体的法律规定有问题，对该法律条文进行批评。

这些律师犯了一个基本性的错误，那就是把法庭辩论当成了学术研讨会，这种发言当然也使法官反感。

在学术研讨会上，我们可以自由地对法律规定发表批评意见，认为某些法律规定不妥，应当进一步修改和调整，这是学术观点。但是我们在法庭上运用法律处理案件、分析案件时，无论我们对这个法律规定本身有何评价，只要是生效的法律，我们就应按照法律规定分析案件、裁判案件。

当然，辩护律师不能把自己主观上对某个法律条款的好恶作为辩护的一个理由，这是一个基本常识。

刻意煽情、哗众取宠

辩护律师在辩护时，可以适当使用情感辩护，但这个度一定要掌握好、控制住。

一些律师在法庭辩论中，喜欢采用大段的排比和比喻进行煽情，用过多的与案件无关的事实进行铺垫，口若悬河、妙语连珠，感情充沛、滔滔不绝。

这样的发言就会给人留下表演的印象。这种发言看似感情充沛，实际上却不会受法官的欢迎。这种过于夸张的表演会让法官觉得你是在哗众取宠，是在浪费大家的时间。最大的效果也就是可以在法庭上渲染一下气氛，让当事人家属听着高兴一下而已。这种行为对于案件的结果并无多大的好处。

情绪化、极端化的语言

在法庭上，有些辩护律师在发表无罪辩护意见时，情绪过度高昂，甚至到了十分愤慨的地步，发言中大量使用极度情绪化的语言表达自己对案件的看法。

这种发言给人留下的深刻印象就是律师完全陷入了情绪化状态，失去了辩护律师应有的理性的职业形象，这种发言也使法官反感。

根据我们的经验，辩护律师在法庭辩论时，偶尔有些情绪激动在所难免，但是要克制，千万不能让这种情绪蔓延，更不能情绪化。辩护律师在法庭上必须保持客观理性的心态，因为法律工作本质上是一项高度理智的工作，最忌讳的是偏激，辩护工作同样如此。

辩护观点越是客观理性，越是有说服力。发表过于偏激情绪化的观点，法官就会认为你是个偏激的人，就容易引起他的反感，导致的负面结果可能就是即使你说得对的意见，也会被他忽略或者忽视。

告诫不能办错案

有些律师在发表无罪辩护的观点时，经常会用一些原则性的大话，强调该案件如果定罪处罚，将会造成什么样的后果。

这种表达在某些案件中简单提示一下案件判决后的示范效应，可能是妥当的。但是如果我们在所有无罪辩护的案件中，都采用这种策略，都发表这样的观点，而且还大谈特谈，把它作为一个重要观点展开论述，或者用很高调的词语表达，效果就不太好了。比如有的辩护律师就说，如果这个行为也要定罪的话，就是对社会主义法治的极大破坏等。

这样的表达会给法官心理造成一种感觉，似乎法官的判决不采纳律师的意见就是错误的，似乎法官就一定会错判，只有辩护律师的观点是正确的。这样就把辩护律师放在了道德的制高点，居高临下，以正确者自居。

底层逻辑

辩护意见不是为了自己说得痛快，而是要让法官听得进去。

不要让法官讨厌，是辩护律师发言的最低目标。

赢得法官信任和尊重的经验

辩护律师在与法官互动的过程中，如果能赢得法官的信任和尊重，无疑对自己与法官的沟通交流是很有益处的，对于促使法官重视自己的意见也会有很大帮助。

怎样才能赢得法官的信任和尊重，实践中有一定的难度，需要注意方式方法，更需要用我们的专业精神，以下几个方面与大家分享。

重视初次接触，留下良好印象

人们相互之间给对方留下的印象，对以后的沟通交流会产生极大的影响。特别是第一次接触产生的影响更加深刻，如果第一次接触留下了较好的印象，就为双方后续的沟通交流，奠定了有利的基础条件。

如果第一次接触留下了不好的印象，在以后的接触中很难扭转，无形中增加了以后沟通交流的难度，甚至有可能就成为以后交流中的一道障碍。因此辩护律师与法官第一次见面，必须给法官留下良好的职业印象。

1. 着装干净整洁

人靠衣服马靠鞍，与他人打交道，给人留下的第一印象就是自己的外表。辩护律师作为法律专业人士，在与法官打交道的时候，对自己的外表当然更要特别注意和重视。

对于辩护律师来说，注重外表，首要的表现就是要注意着装。辩护律师在工作期间的着装，必须体现出律师应有的基本形象和职业素养，必须体现出对他人应有的尊重。律师作为法律职业人士必须着装得体，特别是在第一次面见法官时，着装更要干净整洁，正式庄重，不能衣着邋遢、不修边幅，女律师打扮不能过于妖艳。任何不得体的着装，都会给法官留下不好的印象，至少会让法官认为你不尊重他。

2. 言语得体，行为端庄

辩护律师在与法官交流的过程中，要做到言语得体，行为举止端庄大方，要彬彬有礼，不卑不亢，不能傲慢无礼，也不能低声下气；

不能语言浮夸，也不能畏畏缩缩。

一些律师在庭审的过程中喜欢跟法官套近乎，这种套近乎的表现有时并不会给法官带来好的观感，法官也不会因为你这些套近乎的行为就重视你的辩护观点，有时候可能还会起到反作用。

3. 材料整洁

辩护律师作为专业法律工作者，从材料的整理上也应当体现出应有的专业素质。律师提交给法官的材料，必须装订整齐，编排上做到美观大气，让法官从这些材料的装订中能够看到律师认真负责、一丝不苟、追求完美的专业素质。

很多律师没有意识到材料装订整洁的重要性，有些律师提交给法院的材料，不仅没有装订，而且非常凌乱，有的甚至就是现场手写的便签，非常不严肃，也不正规，这样的材料即使内容写得不错，也很难让法官产生多花一些时间阅读的兴趣。

4. 和法官电话沟通，用语礼貌客气

在很多情况下，我们第一次与法官接触并不是当面接触，而是通过电话进行沟通，在这种情况下，法官看不见律师的穿戴，也看不见律师的举止，对辩护律师的印象只能是通过言语交流留下的。在这种情况下，律师的言语表达就显得特别重要。

为了给法官留下较好的第一印象，在打电话前，就要把想沟通的内容在脑子里多过几遍，在打电话时，就要特别注意说话的语气语调，要注意礼貌，委婉客气。

通过电话沟通留下的印象好，法官就愿意跟你多沟通，你沟通的意见也更容易受到法官的重视。

保持联系畅通，主动沟通到位

1. 注意接听法官的电话

案件到了法院以后，律师会有很多事情要与法官联系，法官有时也会主动来电话进行沟通，特别是有些比较急的事情，法官会用电话的方式进行通知。

所以，辩护律师要根据案件的进展情况，根据自己前期与法官的沟通情况，预判后期的沟通情况，要想到法官可能会来电话，要把法官的电话号码记清楚并加以标识。在某些特殊时期内，要注意接听法官的电话。比如，在开庭前，在收到律师的某些材料后，法官可能会通过电话的方式联系律师，如果法官打来的电话未能及时接听，应当及时回电联系。

2. 主动联系

辩护律师为了掌握主动，应当根据案件的进展，主动与法官和书记员保持联系，询问对案件下一步的安排。根据法官对案件的整体安排，调节自己的工作安排，使辩护律师的工作节奏跟上法官的工作节奏。这样的工作方式当然不会发生辩、审冲突，也是法官希望看到的。

很多律师从来不主动与法官联系沟通，正在准备某个案件开庭的工作，突然接到另外一个案件要开庭的通知，就会产生无法妥善处理的焦虑。

3. 提前告知行程安排

律师如果在近期有开庭和出差的安排，应当及时告知尚未开庭案件的承办法官，这样可以避免多个案件的开庭时间撞车，也不会和法官因开庭时间而发生辩、审冲突，还体现了对法官的应有的尊重，当然，相应地也会受到法官的尊重。

4. 庭审前及时沟通

律师在开庭期间遇到的麻烦问题可能比较多，比如开庭的时间、开庭的周期安排、法庭对于辩护人发问质证和发表辩护意见能够给予多长时间等，这些问题都应当在庭审前与审判长和承办法官进行沟通。

这样做的好处是，律师的很多想法能够取得审判长和承办法官的理解和支持，律师和被告人的辩护权能够在更大的程度上得到充分行使，减少庭审冲突的可能性，也能够让审判长感受到辩护律师对合议庭和法官的尊重，律师相应地也会得到法官的信任和尊重。

发言有理有据，不搞哗众取宠

律师的庭审发言给法官留下的印象可能最为深刻，有一些是好印象，有一些可能就是不好的印象，律师在发言中应当尽量争取给法官留下好印象。

1. 发表意见要专业

律师发表意见要体现出律师的专业水准，不要犯常识性错误，不要违背基本原则。否则，法官就会认为你业务水平不行，对你形成了偏见，你的观点就很难受到重视。

2. 发表意见要理性客观

律师发表意见时要尽量理性客观，否则，法官会认为你是一个偏激的人，是一个哗众取宠的人，这样的印象极有可能会导致法官在忽略你这个人的同时，把你的正确观点也忽略了。

从法官角度换位思考

虽然大家都清楚，辩护律师的立场是代表被告人一方，但是，辩护律师发表意见是为了影响法官，说服法官采纳自己的观点。所以，辩护律师为了更好地达到这个目的，在思考辩护观点的过程中，就要树立裁判思维，从法官的角度进行换位思考。只有这样，你才能知道法官心里是怎么想的，法官关注的重点是什么，对某一个问题法官会怎么看，你才能抓住关键的问题，才能选择恰当的表达角度，你的观点才能更容易引起法官的共鸣，让法官更容易接受。如果你不顾法官的感受，只是喋喋不休地自说自话，你的辩护观点就很难得到法官的重视和认可。

在法庭上，如果辩护律师滔滔不绝地发表观点，而法官却昏昏欲睡，或者不停地打断律师的发言，这就表明律师的观点没有考虑到法官的感受。如何做到从法官的角度换位思考问题，可以参考以下几个做法。

1. 能明显感受的问题，简要表达观点

法官和律师都是专业人士，律师一眼都能看到的问题，法官也能够看到，对于这类问题，辩护律师简明扼要地表达观点就可以了，不需要长篇大论。

2. 围绕焦点问题发表意见

法官最希望的是能够听到辩护律师围绕焦点问题，发表让他耳目一新的意见和观点，这类意见最能够抓住法官的心。

3. 被刻意回避的问题要透彻分析

有些案件中某些问题非常重要，但是却被控方或者被告人刻意回避了，辩护律师要将这些问题作为重点，发表透彻的分析意见。

跟上整体节奏，不纠缠细枝末节

一般来说，法官对案件的庭审事先会有一个整体安排，特别是对案情复杂、人数较多的案件更会作出整体安排，希望律师能够按照这个整体安排走，不要纠缠细枝末节。

所谓不要纠缠细枝末节，包括以下几种情况。

1. 不纠缠与定罪量刑无关的枝节性问题

在一些与定罪量刑无关的枝节性问题上，不过度与控方纠缠，不要因为这些问题的分歧占用太长时间，而影响庭审的正常推进。

2. 不纠缠与诉讼权利无关的节奏安排

在法庭对庭审程序的整体安排上，只要不影响被告人和辩护人行使辩护权，辩护律师应尽量调整好自己的工作时间，跟上庭审整体的节奏安排。不要因为一些枝节性的小问题，与法官扯皮，产生辩、审冲突，拖延诉讼的进展。

辩护律师应尽量避免与法官产生矛盾，即使发生了某些分歧，也要妥善处理。面对矛盾和分歧，辩护律师应善于克制自己，要把这些分歧控制在一定范围内，不能扩大矛盾，更不能与法官在法庭上直接发生冲突。只要不是影响辩护权行使的问题，不是严重违法的问题，律师在法庭上宜先服从法官的庭审指挥，其他矛盾可以在庭下沟通协调处理。

3. 善于妥协，以退为进

在庭审中，被告人处于事实上的弱势地位，如果与法官的矛盾过于激化，过于对抗，会把被告人及辩护人推到法庭的对立面，辩护意见就更难被法庭采纳。

在一些问题上，特别是在某些非根本性的问题上，适当地做出妥协，做出让步，会让法官感受到辩护律师的通情达理和真诚客观，有利于创造一种融洽的辩、审关系。

良好的辩、审关系，有利于辩护人更好地表达意见，也有利于法官倾听和重视辩护人的意见。辩护人如果过于对抗，辩、审关系紧张，合理的意见也容易被忽视。

底层逻辑

赢得法官的信任和尊重，是辩护意见得到足够重视的催化剂。

给法官留下良好的第一印象，就是打开了与法官顺畅沟通的大门。

主动联系沟通，发言理性客观，重视法官感受，抓住问题焦点，跟上庭审节奏，不纠缠细枝末节，是促使法官重视律师观点的有效做法。

让自己的法庭发言听起来更完美

辩护律师在法庭上的发言，相对我们日常生活中的说话而言，还是有一定的区别，因为法庭的听众是特定的对象，发言的地点是庄严的场所，发言的内容也比较严肃。所以辩护律师在法庭上的发言，是有一定的内在要求和讲究的。

我们在法庭的审理过程中，接触到全国各地的辩护律师，辩护律师的年龄各不相同，有些辩护律师的发言给人留下深刻的印象，让人非常愿意听，也有一些辩护律师的发言给人留下了非常糟糕的印象。

辩护律师在法庭上的发言应当顺畅入耳，这样的表达不仅容易增加你说话的吸引力，让人愿意听你发言，也有助于他人更好地理解你发言的内容。

发言时使用当事人能听懂的语言和词汇

辩护律师在法庭上的发言，虽然主要是说给法官听的，但是辩护律师发表辩护意见是在为自己的当事人进行辩护，而且辩护律师也是和被告人在法庭上共同进行辩护，辩护律师发表的辩护意见，也需要自己的当事人做出相应的呼应。

因此，辩护律师表达的观点就要让自己的当事人也能够听懂，辩护律师在法庭上发言，除了法律规定的犯罪名称等专有名词以外，应尽量使用普通老百姓都能听懂的语言和词汇。

1. 尽量不用深奥的法言法语或法律术语

法律用语的表达比较严谨，很多法言法语和法律术语都比较晦涩难懂，如果不具体的解释，普通的老百姓根本听不懂，比如犯罪构成等。

为了在法庭上便于沟通，辩护律师发表意见时，应尽量使用通俗化的方式表达，避免使用过于深奥难懂的法言法语和法律术语。

2. 尽量不使用晦涩难懂的法律理论语言

对于被告人和普通老百姓来说，专业化的法律用语已经比较难懂，法学理论中的一些概念则更加晦涩难懂。辩护律师在法庭发言中，也不能使用这些晦涩难懂的理论术语。

3. 尽量用口语化、生活化的语言

辩护律师提交给法庭的书面辩护词，为了简洁严谨，可以使用书面化的语言进行表述。但是在法庭审理的过程中，辩护律师当庭的表达，是说给现场的人听的，是在现场用口头形式说服法官。所以我们在法庭发表辩护意见或发表观点时，应尽量使用口语化、生活化的语言。这样的表达更加生动活泼，更加富有感染力。

用语要文明规范，不能有失分寸

法庭是一个庄严神圣的地方，法庭审理活动是依法对案件进行审理的诉讼活动，是一项极其严肃的工作。在法庭上的发言必须受到一定规范和规则的约束，具有相当的严肃性和规范性，不能信口开河、胡言乱语。

辩护律师在法庭上发言时，为了达到一些渲染效果，可能会适当运用一些谚语俗语、警句格言等大众化、生活化的语言。但是在运用这些大众化、生活化的语言时要注意掌握好分寸，要保持语言的格调高雅和文明，不能使用格调低俗或不文明的语言。

比如，在福建一起妨害公务案中，有一位辩护律师在发表辩护意见时就出现了使用不文明语言的情况。该案被告人黄大福是福建某村的村支书。他们村里有一位宗亲做生意发展很快，后以港商的身份回到本县投资开发房地产。其开发的小区因物业管理问题与业主产生了矛盾，导致大量业主蜂拥到物业楼下集聚。听到这个消息后，黄大福便召集村里一些宗亲村民到物业楼现场为该港商助威解困。警方到现场后要将物业的人带走，这些宗亲村民认为处理不公，把警车围住一段时间后才放行，被告人黄大福因此被指控构成妨害公务罪。

其辩护律师认为被告人黄大福不构成犯罪，在发表辩护意见时便使用了一句民间俗语，称被告人“纯属闲得没事儿找事儿”。

这个表达非常通俗易懂，但确实不适合用在法庭这种庄严的场所，也不符合律师文明理性的专业形象。

语句表达要完整

辩护律师在法庭发言时，无论是宣读书面材料，还是口头临时发挥，都应当注意表达意思的完整性和表达的顺畅性，这是对辩护律师表达能力的基本要求。

但是有些律师在法庭上的表现并不是太理想，有些律师不知是因为紧张，还是因为观点不成熟，在现场表达时经常说一些半头话，也有一些律师甚至在宣读书面辩护词时断句不当。这些都是不应当出现的低级错误。

因此，辩护律师在出庭前对于在庭审中所要表达的辩护意见，一定要深思熟虑，即便是其他律师或律师助理撰写的辩护词，也一定要多读几遍。

尽量不要使用口头禅

虽然辩护律师在发表辩护意见时可以使用大众化、口语化的表达方式，但是在表达意见时最好不要使用口头禅。

有些律师在法庭发言时，经常会使用各种各样的口头禅，比如，有些律师说一两句话，就会说“这个这个”“嗯嗯嗯”“还有还有”等口头禅，甚至有的律师还会使用英语单词“OK”这样的口头禅。

辩护律师发表意见时，如果频繁使用口头禅，不仅有损法庭发言的严肃性，而且还会分散其他听众的注意力，也会给人留下该律师表达不流畅的印象。

少用疑问句、反问句

辩护律师在发表意见时，偶尔使用一下疑问句或者反问句，可以强调观点的重要性，引起法官的思考，有时也可以增强观点的说服力。但是如果大量使用这样的表达方式，就会引起法官的反感。特别是在一些重大敏感的案件中，在讨论某些敏感的问题时，使用疑问句和反问句，会使人认为辩护律师带有强烈的不满情绪，这个时候就会被法官制止，甚至也会引起公诉人抗议。

比如，福建某法院在审理一起涉恶案件时，就出现了这样的情形。

起诉书指控多名被告人构成恶势力团伙，多名辩护律师认为这个指控不能成立。根据法律规定，恶势力团伙的一个重要特征就是为非作恶，欺压百姓。一名辩护律师认为本案中不存在为非作恶，欺压百姓的特征，他在发表辩护意见时慷慨激昂地说道："本案的被告人作了什么恶？欺压了什么百姓呢？"

审判长对这种表达方式立即予以制止："提醒辩护律师，发表辩护意见不要使用疑问句，请直接正面表达意见。"辩护律师高涨的情绪立刻受挫。

因此，我们建议辩护律师在发表辩护意见时，除非有必要，尽量少用疑问句和反问句，特别是在代理重大敏感案件时，更是要少用疑问句和反问句。

尽量使自己的声音听起来悦耳

辩护律师的发言，如果声音悦耳动听，就能够较好地吸引法官的注意力，也能够起到事半功倍的作用。

在我们的法律教育课程中，似乎这样的训练课程还很少，但是各个事务所和律师协会已经在开展这样的训练。辩护律师平时也可以注意采用各种方法进行自我训练，使自己的声音听起来更加悦耳动听。

底层逻辑

辩护律师的庭审发言应当顺畅入耳。

辩护律师的发言既要中规中矩，也要通俗易懂。

口头禅、疑问句和反问句，辩护律师切莫乱用。

如何练就从容不迫的大将风范

一般来说，辩护律师在走上法庭的时候，心里难免有些紧张，即使从业多年的律师也会有这种感觉。但是也有很多律师，在法庭上气定神闲，无论是说话表达还是举止神态，都有一种从容不迫的大将风范。练就从容不迫的大将风范，是辩护律师的共同向往。

根据我们与这些律师的交流，以及我们自己的体会和观察，辩护律师在法庭上想要保持一种从容不迫的大将风范，除了要有稳定的心理素质外，更多的是来自他对案情的掌握心里有底，来自他对庭审中将会出现何种情况以及如何应对心里有底。

这种底气包括以下 4 个方面的内容。

熟悉案情是基础

有些辩护律师对案情没有吃透，没有研究，有的甚至还没有来得及看完卷宗材料，心中更是“打鼓”，在这种情形下走上法庭，不可能不紧张。

控辩双方在法庭上比拼的基础内容，就是对案情的熟悉程度，对案情越熟悉，就越能占据主动。

反之，如果对案情不熟悉，就失去基础的支撑，坐在法庭上就会如坐针毡，在庭审的过程中肯定就会处于被动的地位，几个回合下来就会原形毕露。

所以要想在法庭上坐得住、坐得稳，就必须熟悉案情，打牢基础。

准备好三个提纲是压舱石

法庭审理最主要的三项工作就是发问、举证质证以及法庭辩论。

如果在开庭前准备好了发问提纲、质证提纲以及辩护提纲，就表明律师对案件的研究分析等准备工作已经充分到位。

发问、举证质证和辩护三个提纲就是辩护律师的压舱石，能确保在法庭审理的过程中平稳航行，即使有较大的风浪，也无所畏惧。

熟悉控方套路，制定备用方案是定海神针

对未来事项的不确定性是让人感到紧张的内在因素。法庭审理过程中真正使人感到紧张的事项，通常在第二轮质证和第二轮辩

论中。

一般来说，控辩双方对第一轮举证质证和第一轮辩论都有充分的准备，甚至还形成了书面提纲和书面意见。在第一轮举证质证和第一轮辩论中，即使心里有些紧张，也在可控的范围之内，不会影响到举证质证和辩论的正常发挥。

但是对于如何发表第二轮举证质证意见和辩护意见，在很多情况下是无法预料的，即使事前做了预先准备，也无法做到周全。一旦控方发表了第二轮质证意见和辩论意见，辩护律师就需要当庭做出回应，这种情形下感到紧张也是难免的。

如果你对控方发表第二轮举证质证意见和第二轮辩论意见的套路非常熟悉，并且事先也准备了第二轮的备用方案，相信你在这种情况下就不会有紧张的感觉了。

掌握几个小技巧让你更加应付自如

辩护律师在法庭上如何使自己更加从容，还是有一些小技巧的，当然，这些小技巧也是来自经验的积累。

1. 把阅卷时制作的几个图表带上法庭

对案件的熟悉程度，虽然要靠用心记，记在脑海中，但是如果把阅卷时制作的几个图表随身带上，可以在发表意见时，对细节的掌握更加从容。

2. 把与案件有关的法律法规带上法庭

在法庭审理的过程中，控辩双方发言时，为了简洁，一般不会照读相关的法条，法官也不喜欢辩护律师过多地宣读法条。

但是如果控方发表意见时，对法律规定的适用出现了似是而非的错误，或者故意曲解法律规定，在这些情况下，辩方在发表辩论意见时，就有必要宣读具体法律规定，这样可以更加清晰地指出和反驳控方的错误。

3. 把保障律师诉讼权利的规定带上法庭

对辩护律师造成心理压力的另外一个因素来自法官，辩护律师在庭审中举证质证，甚至发表辩护意见时，都有可能会受到法官的不当干预。

法官的这些不当干预，会给辩护律师造成很大的心理压力，使其在发表意见时缩手缩脚。因而，辩护律师在开庭前应当把有关诉讼程序的规定，以及有关部门发布的保障律师参与诉讼权利的相关规定记熟，并且随身带上法庭。一旦法官实施了不当干预和限制的行为，律师便可以宣读这些规定，以此据理力争。这些相关规定就是律师手上的尚方宝剑，也是律师大胆发表意见的定心丸。

底层逻辑

辩护律师从容不迫的风范，来自他对案件心里有底，来自他对庭审的应对策略心里有底。

熟悉案情是辩护律师在法庭上有底气的基础。

事先准备发问、质证及辩护三个提纲是出庭的压舱石。

熟悉控方策略，制定备用方案是制胜的定海神针。

掌握几个小技巧使你出庭更加应付自如。

阅读和修改
庭审笔录很重要

庭审结束后，庭审笔录应当由被告人和辩护人进行审阅，经确认无误后签字，如果认为存在与庭审实际情况不一致的地方，应当修改和补充。

司法实践中，由于受到诉讼参与人发言的语音语速，以及书记员记录水平的影响，庭审笔录出现遗漏和错误的情形很多。被告人和辩护律师阅读和修改庭审笔录时也存在一定的问题。

有些律师不看庭审笔录就直接签字，有的甚至直接在空白纸的末尾签字，也有的律师因为修改庭审笔录与书记员发生矛盾。

影响修改庭审笔录的几种情况

庭审实践中，影响庭审笔录修改的因素是比较多的，分析这些因素的目的，是找到克服的办法。

1. 书记员不愿意辩护律师修改庭审笔录

有些书记员认为记错几个词句没有关系，不太愿意辩护律师修改庭审笔录。他们觉得这样麻烦，既要占用他们大量的时间，还有好多人等着陪着。

例如，我们曾经在一个区法院开庭，审阅庭审笔录时发现有几个关键词是错误的，便要求修改。书记员很不耐烦，说："就是你们律师麻烦，咬文嚼字。"

我很生气，就问他："你是哪个学校毕业的学生？你的老师是谁？他们怎么教你的？你难道不知道，刑事案件中个别关键的词句记录错误，就有可能会导致案件的错判吗？"

在这种情况下，这个书记员才不吭声了，只好让我们对庭审笔录进行了修改。

又如，我们在南方某中院办理一起虚拟货币传销案时，庭审笔录中有几个关键词出现了意思完全相反的错误，本来被告人的回答是无罪的，是有利的，记录却记反了，变成了有罪的、不利的回答，我们发现后及时进行了修改。

2. 有些律师不重视审阅和修改庭审笔录

实际上有些律师对庭审笔录的审阅和修改并不重视。这是对该庭审笔录的重要性不太了解导致的。

刑事案件有一个非常显著的特点，在很多案件中，个别的关键用词或说法就能决定案件能否定罪或者怎样量刑。如果在这些关键用词上出现错误，就会颠倒是非，产生不利的后果。而且，庭审笔录往往被合议庭作为案件讨论时的重要依据，一审案件的庭审笔录也为二审奠定了基础。

所以，详细审阅和修改庭审笔录，发现错误及时修改，发现遗漏及时补充，这是保证案件公正处理，维护当事人合法权益的重要手段。

3. 复杂案件庭审笔录内容太多

很多复杂案件中，被告人及辩护律师的人数较多，开庭时间长，庭审笔录的内容也很多，很难在较短的时间内快速审阅和修改完毕，有些法庭要求辩护律师签完字再走。这样就出现了两个极端的情形，有些辩护律师为了尽快离开，不看庭审笔录，签了字就走，有些辩护律师审阅和修改笔录用时太长，与书记员发生争吵。

审阅和修改庭审笔录的实用招数

1. 将发问环节的内容作为审阅和修改重点

法庭调查环节，对被告人的发问主要涉及三个方面：一是公诉人对被告人的讯问；二是辩护律师对被告人的发问；三是法官对被告人的讯问。

虽然有些辩护人发问时会有发问提纲，但是实际问话时的变化很大，不可能是按照原有的发问提纲一问一答。有些问话省略了，有些问话增加了，有些问话的前后顺序也有很大的变化。因此，即使庭审前将发问提纲交给书记员，庭审中的实际问话情况，与事先准备的发问提纲也会有很大的不同。至于公诉人与法官的讯问以及同案其他被告人的辩护律师的发问内容，更是无法确定。所以，与发问有关的内容就是庭审笔录中需要审阅和修改的重点。

被告人的回答内容更是审阅和修改的重点，因为被告人回答的内容是不可能体现在事先准备的发问提纲中的，被告人所有的回答内容都是现场发生的。辩护律师不可能在庭审后将被告人的回答内容整理成一份书面记录，这样的记录也是没有效力的。所以对于发问阶段的内容，辩护律师只有根据自己的记录，现场对庭审笔录进行补充和修改。

2. 把电子版质证提纲提前交给书记员

针对第一轮的举证质证，辩护人一般会事前准备书面的质证意见或质证提纲，而且在举证质证阶段基本上也是按照这种事先准备的提纲发表质证意见，不会有太大的变化。

为了便于书记员全面准确地记录自己的质证意见，可以在庭审前把第一轮质证意见的电子版交给书记员。这样在发表质证意见时，语速可以快一些，也不会出现太大的修改问题。

3. 第二轮质证意见是审阅修改的重点

因为第二轮的质证意见主要是针对控方的第二轮回应发表的，具有临时性、突变性。辩护律师事先准备第二轮质证提纲的难度很大，即使准备了也不可能一一对应，现场发挥的情况很多。所以在发表第二轮质证意见时，辩护律师的语速尽量放慢一些，以便让书记员能够比较完整地记录下来。

在审阅和修改庭审笔录时，如果第二轮质证意见内容不多，可以在庭审笔录上直接进行补充和修改。如果内容比较多，我们一般都是在庭审后制作书面的第二轮质证意见，和第一轮质证意见一起提交给法庭。同时也可以把第二轮质证意见的电子版发给书记员作为庭审笔录。

4. 把第一轮辩护意见电子稿提交给书记员

一般来说，第一轮辩护意见也多是事先准备好的，甚至还会有相应的书面辩护提纲，为了减少书记员的记录错误，可以把第一轮辩护意见的电子版直接发给书记员，当作庭审笔录使用。

5. 第二轮辩护意见也应提交书面稿

庭审笔录中涉及法庭辩论部分的内容，审阅和修改的重点也是第二轮辩护意见，因为第二轮辩论的内容都是控辩双方临时发挥的，没有现成的书面稿。所以在庭审后，也应当把现场发挥的第二轮辩护意见整理成书面稿件，并提交给法庭和书记员。

6. 注明以书面意见为准

一般情况下，开完庭后，书记员会要求辩护律师对庭审笔录在现场进行审阅和修改，现场签字确认。

如果辩护律师发现庭审笔录上记录的内容和自己实际发表的意见出入较大，而自己又没有准备书面的质证意见和辩护意见，也没有相应的电子版，可以先签名，庭后及时提交书面意见，并在签名处注明以庭后提交的书面意见为准。

这就是我们通常采用的做法，既弥补了因时间来不及，不能充分修改庭审笔录的弊端，又避免了与书记员和法官因修改庭审笔录发生冲突的情况，而且还能够提交完整的书面意见，有利于更加准确、全面地表达辩护律师的观点。

7. 提醒被告人认真审阅和修改庭审笔录

无论是办案人员的讯问笔录，还是法院审理阶段的庭审笔录，对于认定案件事实都会产生一定的影响。

很多被告人对此也深有体会，对于他们的供述笔录，经常辩解说他本来说的不是这个意思，但侦查人员就记成了有罪的意思。虽然发现后提出修改，但办案人员不同意改动，还说意思差不多，是一样的。最后到了法庭上，这些错误的笔录就成了有罪指控的证据。

所以我们在开庭前会见被告人时，一定要提醒被告人，对于开庭后的庭审笔录，在签字之前一定要认真审阅，每一句话、每一个字都不能放过。要慢慢地看，看清楚，弄明白，不要抢时间，不要因为书记员或者办案人员催促就草草了事。有遗漏的一定要补上，记录错误的一定要改正。

经过我们的提醒，我们办理案件中的所有被告人都会认真审阅修改庭审笔录。

比如，我们在广东办理一起涉黑案时，该案于 2019 年 10 月 19 日正式开庭，开庭前审判长制定了庭审日程安排表，规定每天庭审从 9 时开始，20 时结束。

进程表中当天安排的任务当天完成，不能拖到第二天。当天的庭审笔录当天审阅修改。结果第一天开庭直到 23 时才结束，因为太晚，审判长便让大家抓紧时间回去吃晚饭休息，庭审笔录第二天再进行审阅。

第二天大家抓紧时间，速度明显加快。18 时庭审便结束了，我们对第一天的庭审笔录签名后便立即离开了审判区。刚走出法院大门，便接到电话让我和另一个律师回去。回去后才知道是我们的当事人不愿意在庭审笔录上签名。

他告诉我们他原来没有认真看审讯笔录，吃了哑巴亏，对庭审笔录不能马虎，要求辩护律师陪同他一起审阅和修改庭审笔录。

我们两位辩护人就陪同了他半小时左右，告诉他怎么审阅和修改庭审笔录，告诉他重点审阅和修改他自己回答的问题和发言的部分，错误的一定要修改，有遗漏的一定要补充。并告诉他不需要辩护人陪同修改笔录，但是如果对审阅和修改庭审笔录的方式和时间有什么要求可以向法庭提出来，审阅和修改需要的时间应当得到充分保证，这是他的权利。

最后法院也同意给他充足的时间审阅和修改庭审笔录。

底层逻辑

庭审笔录很重要，必须认真审阅修改。

开庭前提交电子版质证意见、电子版辩护意见，庭审后提交书面意见，是弥补庭审笔录不足的有效绝招。

第十一部分

庭后工作

辩护成功的
延伸
和深化

庭审后要继续整理和沟通辩护观点

很多律师在开庭审理发表完辩护意见以后，就认为自己的辩护工作结束了，只等着法官宣布判决结果了。

实际上，庭审结束，并不意味着辩护工作的结束，在庭审以后，辩护律师还有很多工作可以做。特别是律师的辩护观点，仍然需要继续整理，进一步和法官进行沟通。

有些案件关系复杂，控辩双方分歧较大，辩护律师更要重视在庭审后对辩护观点的整理和沟通。

梳理修改补充辩护意见

在很多案件的庭审过程中，辩护律师当庭发表的辩护意见，与庭审前准备的书面辩护意见相比，可能会有较大的变化，因此，在庭审辩论结束后，辩护律师有必要对庭审发表的辩护意见重新进行整理。

1. 修改、补充第一轮辩护意见

一般来说，辩护律师在开庭前基本上都会准备好相应的辩护意见，在发表第一轮辩护意见时，基本上也都会把自己事先准备的辩护观点阐述出来。

但是，在庭审的过程中，辩护律师通过观察公诉人发问，聆听公诉人的举证质证意见和公诉意见，经常会产生一些新的观点。这些新的观点，有一些就糅在第一轮的辩护意见中发表了，有一些可能没有在法庭上表达出来。这些在法庭审理过程中产生的新观点，需要在庭审后重新整理，对原有的第一轮辩护观点进行补充，有的观点甚至要进行修改和调整。

2. 梳理第二轮辩护观点

第二轮辩护观点是不可能事前写进书面辩护词中的。而且，第二轮辩护观点，往往涉及控辩双方的争议焦点，双方都认为这些问题极其重要，才会在第二轮辩护中再次进行说明，所以，第二轮辩护观点中谈到的问题，对案件的认定特别重要。

因而，在庭审后对第二轮辩论发表的意见进行梳理，就显得特别重要，有些观点需要进行深化和条理化，整理好后交给法庭。

有很多律师在开完庭后，直接就将提前写好的辩护词当场交给法官或书记员，对于第二轮发表的辩护观点就不管不顾了，这种做法是不妥的。

3. 补充新的观点

有一些问题，辩护律师在庭审中可能没有说透彻，或者没有提到，在庭审结束后，可以对这些问题进一步进行思考和梳理，形成比较完整的辩护观点，然后把这些观点补充到辩护词里。

这些修改、补充和深化的辩护观点是非常重要的，如果能够在庭审后继续和法官保持良好的沟通，对案件的认定将会起到极其重要的作用。

提交书面辩护词

很多辩护律师在发表辩护观点时习惯口头表达，表达完毕以后也不愿意提交书面辩护意见。这种做法既不尊重法官，也与律师的专业形象不符，更难以引起法官对辩护观点的重视和思考。这种做法不专业，同时也是不负责任的表现，必须改正。

律师在庭审结束以后，应当结合庭审的实际情况，对发表的辩护意见进行修改、补充和完善，以书面辩护词的形式提交给合议庭。即使之前有书面辩护词，也要根据庭审的情况进行修改和补充。

将书面辩护词按照合议庭的人数制作，人手一套，便于合议庭在讨论合议案件时直接参考使用。

如果律师的辩护词写得非常好，法官在向领导汇报案件，或者提交审委会讨论案件时，会直接将辩护词作为参考资料。

和法官继续沟通

辩护律师在庭审后应当继续与法官保持沟通，特别是要和法官继续沟通辩护观点，这样可以向法官进一步透彻地阐明自己的辩护观点，给法官留下更深刻的影响，引起法官对辩护观点的重视和思考。

律师和法官进行沟通的时候，当然不可能把在法庭上发表的所有观点重复一遍，律师只能抓住最主要、最关键的辩护观点谈，这样才能加深法官对这些观点的思考，才可能对法官的意见起到影响作用。

从我们的实践来看，庭审后和法官交流时，可以抓住以下几个重点。

1. 控辩双方的争议焦点

控辩双方的争议焦点当然就是案件的重点，也是律师在庭审后与法官交流的重点，通过对这些问题的沟通，可以引起法官对这些焦点问题的进一步思考。

2. 指出控方的错误根源

在很多案件中，辩护律师认为不构成犯罪或者指控不能成立，那么，为什么侦查机关，乃至检察机关都坚持认定当事人构成犯罪，他们错在哪里呢，错误的原因和根源是什么呢？

辩护律师要把自己对这些问题的思考同法官进行交流，如果这些问题说透了，那么控辩双方争议的焦点问题有可能就会迎刃而解。

3. 回应法官的纠结

在庭审法庭辩论结束以后，对控辩双方的观点，法官当然也会有自己的思考，也可能会有纠结的问题。

所以在交流的时候，辩护律师应当观察和思考法官的纠结之处是什么，顺着这个思路进行分析，厘清相关问题，回应法官的纠结，才有可能解开法官的心结，这样的交流可能会起到更好的效果。

寻找提交类似的参考案例

在我国的刑事司法实践中，法院审理刑事案件越来越重视类案的指导作用，所以，辩护律师无论在庭审前还是在庭审后，都要非常重视对类案的查找和研究工作。

找到类似的无罪或从轻处罚的案例并提供给法官，就可以为法官提供参考，这些参考能够起到非常重要的影响作用。裁判文书网上有很多这样的案例，也有很多查找类案的检索工具可以使用。

把握沟通的时间节点

如果律师在庭审后还想和法官继续沟通辩护观点，就应当赶在合议庭讨论案件之前进行，如果太晚沟通就起不到作用了。

我们常用的办法就是，和法官协商提交书面辩护词的时间，尽量往后，或者直接询问最晚能什么时间提交辩护词，从法官的态度上可以判断出，合议庭可能最晚在什么时间讨论案件，也可以判断律师还有多少时间做补充性辩护工作。

底层逻辑

法庭辩论结束并不意味着辩护工作的结束。

对庭审辩护观点进行梳理是辩护的深化。

庭后提交书面辩护词有利于促进法官思考。

继续和法官沟通是辩护工作的延伸。

回访辅导上诉不可少

一审判决以后，律师是否需要会见当事人对其进行辅导，怎样辅导，很多律师对这个问题不太在意，或者有些茫然。根据我们的理解和实践，辩护律师应当认真对待这些问题，并掌握相关工作方法。

重视回访

一些律师之所以对一审判决后是否需要对当事人进行上诉辅导这个问题不太重视，主要是因为他们对这个问题的认识有偏差。

有些律师认为，在委托协议没有特别约定的情况下，有关辅导上诉的工作不属于律师的义务。他们和当事人签订委托协议的截止日期是一审判决或裁定之日，一审判决或裁定下达就意味着律师的工作完成了，所以也就不存在一审判决后还要回访的问题。

有些律师还进一步认为，对于上诉事宜的提示，法院在一审判决书上已经写得很清楚：如果不服本判决，自收到本判决之日起 10 日内，可以通过本院或者直接向上一级法院提起上诉。要不要上诉，上诉期限是什么，通过哪个渠道上诉，一审判决提示得非常清楚。

实践经验表明，这些想法是错误的。

律师在一审判决后回访当事人，对其就是否上诉的事宜进行辅导，这是辩护律师一审辩护工作产生的附随义务，并不因为法律没有明确规定而不需履行。

是否上诉，虽然在律师眼里，可能只是一个简单的决定和表达问题，但是在当事人眼里，却是一个复杂的专业问题，也是一个难以决定的重要问题，需要有专业人士的指点和帮助。

在一审判决后，会见当事人，对当事人的上诉事宜给予及时辅导，就成为一审辩护律师不可回避的责任。

如果当事人在上诉期间需要咨询，需要法律帮助，而律师不提供帮助，致使其判断错误，将会对他造成很大的损害；如果他因不懂期限规定，律师又没及时提供帮助，最终错过了上诉期，他的上诉权利也就丧失了，这样的后果是极其严重的。

很多律师也因为这个问题而受到投诉。因此，辩护律师应当高度重视这个问题。

回访节点

一审判决后，什么时间回访会见当事人，对其上诉事宜进行询问和辅导，辩护律师要掌握好节点，以便掌握主动。

1. 记住时间

律师在得知一审判决结果后，一定要记住要在 10 日以内会见当事人。

有些律师虽然知道回访的重要性，也准备去回访，但是认为 10 天的时间很充裕，就先去忙其他的工作，打算过几天再安排会见。这样拖下来，导致的结果可能是有些情况下把回访会见的事情忘记了；有些情况下想起这件事的时候，早已经超过 10 天了；也有些情况下到外地出差，安排了其他事情，在 10 天之内确实赶不回来，无法回访。这些情形造成的后果都是很严重的。

解决的办法，就是一定要记住这个时间点，争取尽早会见，越早会见越主动。

2. 打出提前量

律师一定要提前做好计划，在确定会见的这个时间段不要安排其他任何事情，而且还要提前预约，确保能够排上会见，否则，会见可能就被耽误了。而且，一定要把计划最晚会见的时间点卡在第 7 天到第 8 天，打出提前量，留下机动的空间。

告知上诉权

在一审判决后回访当事人时，律师一定要告诉当事人有上诉的权利，同时告知当事人也可以放弃这个权利，是否行使上诉权，由其本人决定。更要告诉当事人，上诉不加刑是我国刑事诉讼中的一个基本原则，但是在被告人上诉，检察机关同时提起抗诉的情况下，二审案件的审理就不受上诉不加刑原则的限制，也就是说，只要检察机关提出了抗诉，二审法院可以根据证据和事实，判处比一审判决更重的刑罚。

告知上诉期限

在会见当事人时，律师一定要说清楚，从其收到判决书的次日开始计算，有 10 天的上诉期限。

如果当事人担心计算错误的话，可以把时间往前提一天，但不能往后推一天；否则，当事人自己计算的时间与法院计算的时间不符时，就丧失了上诉权。还要告诉当事人，在收到判决后，对于自己是否上诉的意见，在 10 天的期限内，可以有多次表达，也可以反复变化，但是法院会以收到的当事人最后一次表达的意见为准。

告知上诉方式

在会见当事人时，律师还要对上诉方式进行辅导，要告诉当事人，主要有以下几种上诉方式。

1. 直接向法官表达

有很多一审判决是在法院公开宣判的，在法官宣读判决书后，当事人可以明确表示是否上诉的意见。也可以在收到判决书的时候，向送达判决书的法官或书记员表示是否上诉。

一般情况下，法院在宣判或送达判决书的时候，会主动询问被告人是否上诉，有的甚至还会让被告人在一份表格中填写是否上诉的意见。

2. 通过看守所转达

还有一种方式，就是可以通过看守所转达是否上诉的意见，特别是当事人要上诉时，可以明确地向看守所表示要上诉，让看守所把当事人的上诉意见转达给法院。一般来说，看守所都会转达，如果不转达，将会承担相应的责任。

有些看守所制作了一些表格，让被告人填写是否上诉的意见，然后把这些情况转达给法院。

3. 通过辩护律师转达

最后一种方式，就是当事人亲自书写表达要上诉的意见，让律师转达给法院。

代写上诉状

有些情况下，如果当事人坚持要求让律师帮其代写上诉状，辩护律师也不能生硬拒绝。

1. 事先起草

辩护律师在回访会见之前一定要考虑这个问题，并事先起草好上诉状。在会见时，如果当事人要求上诉，并且要求律师帮助起草上诉状，律师就可以拿出事先起草好的上诉状，让其当场签字，这样可以避免来回跑好几趟。

2. 当场书写

如果没有事先起草上诉状，当事人又坚持要求律师起草上诉状，律师和当事人在现场商量后，就可以让当事人当场手写上诉状，或者律师手写上诉状后让当事人签字。这种情况就要求律师去会见时，带些空白纸，以备当场书写上诉状使用。

3. 说明上诉状的目的

有些当事人可能会对上诉状的内容有特殊要求，要求反复修改，律师可以告知当事人，上诉状的内容不必写太多。上诉状不是二审辩护意见，具体内容不必展开，只要表达上诉的请求以及基本的几点事实理由就可以了。上诉状的目的是启动上诉，而不是要论证为什么一审判决是错误的，这是二审辩护词的内容，不是上诉状的内容。

传递意见

律师在去会见当事人之前，一定要事先征求其家属对上诉的意见和建议，然后，在会见的时候，把家属的意见转达给当事人。

当然，律师也要告诉当事人家属，是否上诉，这是当事人本人的权利，家属无权决定，家属也要尊重当事人本人的意见。

在会见完毕以后，律师也要把当事人是否上诉的意见转达给家属。

变通辅导

在有些情况下，律师的工作安排比较紧，如果预计自己在宣判的那段时间，可能没有时间会见当事人，进行上诉事宜的辅导时，可以采用一些变通的方法。

1. 提前辅导

在案件宣判之前，辩护律师在会见时，可以提前对当事人就上诉事宜进行辅导，让其做好准备。并且明确告诉当事人，宣判以后的那段时间，本人可能来不了，让其按照这些程序办。

这样变通的做法，至少可以使当事人提前做好心理准备，对上诉事宜心里有数，不会无所适从，也可以使其上诉权不受损害。

2. 另派助手辅导

还有一个变通的方法，就是如果主办律师在一审宣判后不能及时会见进行辅导，可以委派一辅办律师前往会见，进行辅导。

所以，在有些案件开庭的时候，指派两个律师作为出庭辩护律师是非常重要的，可以相互配合，避免主办律师顾此失彼。

签字

对当事人进行上诉事宜的辅导时，无论是一审判决后的回访辅导，还是提前会见进行辅导，辅导完毕后，都一定要让当事人签字。而且，要把辅导的情况转达给当事人家属，并让当事人家属在工作记录上签字，防止将来出了问题家属投诉。

底层逻辑

上诉辅导不可少。

把控时间最重要。

提前辅导是绝招。

专家论证的步骤

在办理刑事案件的过程中，很多辩护律师、当事人及其家属对于专家论证比较感兴趣，愿意聘请专家对案件进行论证，其目的是增强对案件的辩护信心，希望专家的观点可以影响办案人员。

对刑事案件进行专家论证，纯属个人选择，并不是刑事诉讼的必经程序，因而很多人对怎样进行专家论证并不了解。有些人想得过于简单，有些人则想得过于复杂。那么，如果要进行专家论证，应当怎么办呢？我们总结了实践中专家论证工作的基本步骤，可供参考。

协商方案

聘请专家对案件进行论证的决定，只能由当事人及其家属做出，辩护律师无权替当事人及其家属做这个决定。

由于辩护律师是案件的辩护人，对案情最熟悉，进行专家论证也离不开辩护律师的配合。如果当事人一方有对案件进行专家论证的想法，就应当和辩护律师协商聘请专家论证的方案。

需要商量的基本内容，大致有以下几项。

1. 专家名单

有些当事人或者家属可能听说过某些专家的名字，所以他们可能会直接点名要求聘请某些专家；也有些当事人及其家属从来没有接触过法律圈，没有听说过任何法学专家的名字，所以他们可能就会依靠律师给他们提供参考意见和参考名单。

商量聘请专家名单时，还要考虑一个问题，就是聘请的专家是以实体法专家为主，还是以程序法专家为主，这需要根据案件讨论的问题来决定。如果案件需要讨论的问题，主要是法律适用的实体问题，那么就要多聘请几位刑法专家；如果案件需要讨论的问题主要是程序和证据方面的问题，那么就要多聘请几位诉讼法学和证据法学方面的专家。

总之，对于想邀请的专家可以确定一个范围，并列出拟聘请的名单。至于聘请专家人数的多少，主要根据当事人一方的经济条件确定，少则三五人，多则七八人。我们有一个案件，甚至聘请了 12 名刑事法律专家进行论证。

2. 聘请途径

在协商的内容中，双方还要协商通过什么途径聘请专家。虽然有的律师认识一些法学专家，可以直接和这些专家进行联系，但是也有很多法学专家，律师自己也没接触过，就需要通过其他渠道聘请这些法学专家。

有一些大学和研究所有固定的专家团队或研究中心，对外提供专家论证的咨询服务，这也是聘请专家的一个重要渠道。

通过这些第三方渠道聘请专家，除了专家本人的费用以外，可能还要向这些组织方另外支付一些费用，但其好处也非常明显，就是简单直接省事。

3. 论证时间

专家论证活动在什么时间举行比较好，需要考虑两个因素：

一是要考虑专家论证的意见提交给哪个部门，需要的部门不同，安排专家论证和提交的时间也不同。

二是要考虑合法的因素。因为专家讨论的时候需要查阅案件中的证据材料，严格来说，在没有公开审理之前案件的证据材料不宜让外人知晓。如果在庭审之前举行专家论证会，把这些证据材料提供给专家，有些办案人员可能会拿这个问题对律师进行质疑，甚至可能会认为律师泄密。

尽管律师不一定这样看待这个问题，但我们还是要尽量做得稳妥一些。最保险的一个做法是在开庭前做好相关准备工作，待庭审结束，就立即展开专家论证工作，这样就最大限度地避免了风险。

4. 费用预算

聘请专家进行论证，要花费的费用不少，其中包括请专家的费用、会议费用、速记费用等基本费用，还包括律师的工作费用。

有些人可能不明白，专家论证为什么会产生律师工作费用，这是因为对专家论证活动进行组织或提供配合并不是辩护律师法定的工作内容，而是因当事人的意愿而产生的额外工作，并且这个工作要花费律师大量的时间和精力，所以需要向律师支付一定的工作费用或者劳务费，这笔费用与委托协议中约定的律师费不是一回事。

聘请专家

聘请专家是专家论证中最重要的一项工作，所以，在确定拟聘请的专家名单以后，就要抓紧时间联系这些专家，征求他们的意见，看他们是否愿意参与案件的论证工作。

有些情况下，事先拟定的专家，由于各种原因，不一定能够如愿请到。有些专家可能是不愿意参加，有些专家可能身体不好不便参加，也有些专家可能事情太忙，抽不出时间参加。所以，在确定名单时，应尽量多列出几位专家的名字，以留有余地。

准备资料

确定专家名单以后，就应当开始准备专家论证的资料。这些资料当然应当由辩护律师做准备，其他人要想做这项工作，难度非常大。

需要准备的资料，主要有以下几项。

1. 基本情况介绍

为了便于专家论证有针对性地高效率地进行，应当准备一份基本情况介绍材料，内容包括案情介绍、控辩双方的焦点意见，以及需要专家讨论的问题。这个材料是基础性的材料，非常重要，一般来说，只能由负责辩护的律师起草这个基础材料。

2. 起诉书和辩护意见

把起诉书和辩护意见提交给专家，便于专家比较全面和比较客观地了解控辩双方的意见和观点，从而得出自己的观点。

3. 基本证据材料

这些基本证据材料，既包括对被告人有利的证据，也包括对被告人不利的证据。

对证据材料的选择，会影响对案件是否能做出公正的判断。所以，辩护律师在选择证据材料时，要选择那些与需要探讨的问题有关的，以及对定罪量刑有重要影响的正反两方面的证据。如果选择的证据有偏颇，就会对专家起到误导作用，使专家难以提出客观公正的意见，对案件的处理也就起不到任何帮助作用。

所以，辩护律师在确定准备资料的过程中，要额外付出辛苦的劳动。

送出资料

律师把专家论证讨论会需要的资料准备好以后，应尽早送给专家，以便他们安排比较充裕的时间，对这些资料进行研究。

进行论证

在专家准备好以后，按照确定的时间，寻找一个合适的地点，把专家们聚集到一起，召开专家论证会。

1. 介绍情况

首先由辩护律师向有关专家介绍案件的基本情况，控辩双方的争议焦点以及需要专家讨论的问题。

尽管律师介绍的情况，已经用书面材料的形式提前送给了专家，但还是应在现场向专家们口头介绍一遍。

2. 回答专家提问

虽然专家们在举行论证会之前已经看过了相当多的书面材料，但是，专家们对案件中的很多问题可能会向辩护律师进一步了解。所以，辩护律师也要回答专家的各种提问。

3. 讨论

在听完介绍并现场发问了解情况的基础上，专家们会对案件发表自己的讨论意见，这些讨论意见就是专家论证意见的基础。

形成专家意见

专家论证会结束以后，应当由专人负责对专家们的讨论意见进行梳理和汇总，然后整理出专家论证意见的初稿，送各位专家审阅修改，形成正式的结论，由所有参会的专家签字。

正式的专家论证意见，一般要多签几份，相应的办案机关需要一份作为参考，律师事务所需要一份用于存档，家属也需要保留一份。

提交法院

专家论证意见正式定稿以后，应当尽早提交法院，如果太晚了，法院内部讨论可能已经结束，法官甚至可能已经写好判决书了，那么，专家论证意见也就起不到任何作用了。

注意事项

1. 专家论证意见不是证据

很多当事人及其家属不知道专家论证意见的法律地位和性质是什么，有些律师也不清楚，甚至有的律师直接把它作为证据使用。有的法院在判决书上还直接对专家论证意见不是证据进行了评析。所以我们在举办专家论证意见之前，首先就得清楚专家的论证意见只是一种学术观点，仅供参考。

2. 做好心理准备

我们要认识到，专家论证意见是对案件进行分析的意见，既然是对案件进行分析论证，参与分析论证的众多专家，对案件的认识，观点可能相同，最终形成一致意见，也可能观点不相同，难以形成一致意见。

同样的道理，专家论证得出的观点，可能是对当事人有利的，是当事人及其家属所希望的，也可能是对当事人不利的，与当事人及其家属所希望的意见相反。

所以我们在聘请专家对案件进行论证时，对于这种可能出现的情形，都要在心理上做好准备。

3. 由当事人一方决定

辩护律师可以向当事人及其家属提出聘请专家进行论证的建议，但是否同意这样做，应当由当事人及其家属做出决定，辩护律师至多只能提出参考意见，而不能反复劝说，硬性要求当事人必须聘请专家对案件进行论证。因为专家论证并非辩护律师的当然义务，更非法定的诉讼程序，而且也无法确定能否对案件结果起到积极作用。

4. 不能外传

既然专家论证意见仅是提供给办案机关使用的参考意见，所以专家论证意见不宜外传。有很多专家在签署专家论证意见时，特别强调这个注意事项。

底层逻辑

专家论证仅供参考。

论证材料必须客观。

论证时机也很重要。

为从轻处罚创造条件

有很多案件当事人认罪，辩护律师也作有罪的罪轻辩护，在这样的案件中，辩护律师不但要为当事人寻找具有从轻、减轻处罚情节的证据，而且，还要帮助当事人争取从轻处罚创造条件，比如争取达成谅解，积极退赃退赔。

这样的帮助工作，不仅在庭审前可以做，在庭审后仍然可以做。这些工作既是辩护工作的一部分，也是辩护的继续和延伸。

争取达成谅解

在许多案件中，特别是在有被害人或被害单位的案件中，如果当事人及其家属经过做工作，获得了被害人或被害单位的谅解，对当事人获得较轻的处罚，是有实际意义的。

1. 谅解至关重要

在有被害人的案件中，被害人的态度对案件的处理会起到一定的影响作用，为了获得对当事人更有利的量刑，与被害人达成谅解是一个很重要的条件。

特别是在一些可能判处死刑的案件中，被害人的谅解更加重要，如果能够得到谅解，当事人就可能会被判处缓期执行，如果不能得到谅解，就可能会被判处立即执行。

2. 当事人家属为主

有些当事人家属一开始不太明白做谅解工作的重要性，甚至还担心做谅解工作会不会有买通被害人的嫌疑，这种想法显然是错误的。很多当事人被羁押在看守所，做谅解工作主要就得依靠当事人家属。

当事人家属必须亲自到被害人家中，向被害人及其家属道歉，以诚恳的态度打动被害人及其家属，争取获得他们的谅解。如果被害人是单位，当事人家属也要到该单位，向单位的领导赔礼道歉，争取获得被害单位的谅解。

如果当事人没有被羁押，就应当亲自向被害人或被害单位做谅解工作。

3. 律师应主动配合

当事人家属在开展谅解工作，需要辩护律师的配合和指导，毕竟辩护律师是专业人士，更熟悉法律对谅解的有关规定，知道哪些方面是开展谅解工作的重点，以便向当事人家属提出建议。

实践中，有些律师不愿指导帮助当事人家属做谅解工作，躲得远远的，认为这项工作完全是当事人家属的事情，与自己无关，这种想法显然是错误的。辩护律师在这类案件中要把与被害人达成谅解作为一项重要的工作来做。

4. 做谅解工作永远不晚

很多案件中，虽然在庭审前当事人没有与被害人达成谅解，但是在开庭以后，辩护人和当事人家属还是不能放弃这项工作，谅解工作可以贯穿案件的始终，只要案件没有宣判，在庭审结束后也应当继续做谅解工作。

有些法官愿意让律师做这方面的工作，特别是法官很同情当事人的时候，也愿意给律师时间和机会做谅解工作。

如果在庭审后达成了谅解，应把相应的谅解协议及时提交给法官，以供法官在量刑时参考。

所以，辩护律师要配合家属坚持不懈地做好谅解工作。

做好退赃退赔工作

在许多案件中，对于给被害人或被害单位造成的损失，被告人应当积极退赔；对于犯罪所得的赃款应当积极退赃，被告人应当积极上缴赃款赃物。这些都是能够得到从宽处理的积极因素。

如果这些工作在庭审的过程中没有完成，辩护律师在庭审后应当继续配合被告人开展这项工作。

1. 退赃退赔有利于从宽

当事人积极退赃退赔，能够减少被害人的损失，在很多案件中，追回赃款，挽回损失是办案机关的一项重要工作，积极退赃退赔是被告人得到从宽处理的一个重要条件。

2. 退赃退赔有利于得到谅解

有些案件中，退赃退赔工作是和谅解工作联系在一起的，如果退赃退赔工作做得好，被害人或被害单位就更有可能会出具谅解协议，这样更有利于被告人获得一个较好的处罚结果。

3. 庭审后也可继续退赃退赔

在有些案件中，由于各方面条件的限制，在案件开庭审理之前，虽然被告人表示愿意退赃退赔，但是退赃退赔工作需要家属和亲友的配合，也需要一定的时间来处置财产，所以这些案件在开庭审理之前，退赃退赔工作还没有完成。

在开庭审理之后，辩护律师还应当继续积极配合和督促被告人家属和亲友做好退赃退赔的工作，并且及时和法院汇报进展情况，为被告人争取一个较轻的处罚。

4. 表明态度很重要

愿意退赃退赔，首先是一个态度问题。有时候被告人及其家属因为受到客观能力和客观条件的限制，不能及时全额退赃退赔，这时就需要首先表示愿意退赃退赔，并且尽最大努力先由家属交出一部分钱款。这种态度和行为能赢得法官对被告人的同情和理解，法官在量刑时自然就会给予相应的考虑。

积极退赃退赔也容易获得被害人的谅解，有利于推动达成谅解协议。在有些案件中，无论是否能达成谅解协议，被告人一方先表示愿意退赔，并且准备好相应的钱款，这种积极退赔的态度法官是欢迎的。当然，进一步争取谅解，那是下一步的工作，能够争取到谅解，对被告人就更加有利。

5. 需要家属和亲友配合

有些案件中，被告人自己有财产，比如有存款、投资、股权等，如果其主动表示愿意退赃退赔，就会把这些情况直接和办案机关讲清楚，办案机关就可以直接查封、扣押、冻结这些财产。

但是有些财产并不在被告人及其家属的名下，而是在其他亲友的名下，如果要想用这些财产进行退赃退赔，就需要家属和亲友的配合。有些情况下，被告人会写信给家属，有些情况下则需要通过律师找这些亲友解决这个问题。有些被告人的财产暂时不足以全额退赃退赔，也可以向其他亲友求助。

当然，律师在其中也能起到很重要的配合作用，就是要把被告人的意愿向办案机关转达，向法庭转达，向被害人一方转达，促成退赃退赔工作的开展和完成，并以此作为请求法庭对被告人从轻从宽处理的理由。

很多情况下，经过持续不懈的努力，很多亲友会伸出手帮助被告人退赃退赔，在我们办理的案件中，就出现过很多这样的情况。

我在重庆办理一起案件时，刚开完庭，就接到了被告人朋友打来的电话，通过我联系法院，让法院给他提供一个转款账号，他立即给法院打款。

律师在处理退赃退赔事宜的过程中，要注意发挥家属和亲友的作用，争取获得他们的配合和支持。

底层逻辑

退赃退赔，争取谅解，是从轻处罚的重要情节。

退赃退赔，争取谅解，可以贯穿整个办案的始终。

退赃退赔，争取谅解，离不开亲友和律师的支持配合。